Kris Kershaw

Odin

Der einäugige Gott und die indogermanischen Männerbünde

Arun

Arun-Verlag, Engerda 28, D-07407 Uhlstädt-Kirchhasel,
Tel.: 036743/233-0, Fax: 036743/233-17
e-mail: info@arun-verlag.de; www.arun-verlag.de
Originaltitel: The One-eyed God - Odin and the (Indo-)Germanic Männerbünde

Übersetzt aus dem Englischen von Baal Müller.
Gesamtherstellung: GGP Media GmbH, Pößneck.

ISBN 3-935581-38-6

Inhaltsverzeichnis

Kapitel 1: Das Auge im Brunnen

Teil I: Herjann

Kapitel 2: Die Einherier

Kapitel 3: Der Schimmelreiter

Kapitel 4: Feralis exercitus

Kapitel 5: Furor Teutonicus

Teil II: Der indoeuropäische Männerbund

*Kapitel 6: *teutā und *koryos*

*Kapitel 7: Der *koryos*

*Kapitel 8: Canis und der *koryos*

Kapitel 9: Analogien zu Odin

Teil III: Die Vrātyas

Kapitel 10: Krieger-Brahmanen

Kapitel 11: Rudra

Kapitel 12: Die Wahl eines Führers

Kapitel 13: Finsternis, Hunde und Tod

Schluss

Kapitel 14: Der Wolfsgott und das Auge im Brunnen

Anhang

Kapitel I: Das Auge im Brunnen

1.1. *grandaevus altero orbus oculo*

Odin hat ein Auge. Gewöhnlich trägt er einen breitkrempigen, tief ins Gesicht gezogenen Hut, seinen *Síðhöttr*, und einen weiten Reisemantel. Wenn er hier in Midgard weilt und mit den Menschenkindern Umgang pflegt, erscheint er oft als alter Mann mit langem grauem Bart; gewöhnlich ist er ein fremder alter Wanderer. Der ‚Graubart', der ‚Wanderer' sind nur die beliebtesten seiner Masken. Er ist ein Meister der Verstellung, wie sein häufiger Beiname *Grímr* besagt.[1] Sicherlich hat er seine Freude an der Täuschung. Aber das fehlende Auge ist das gleichbleibende Merkmal, und oft geschieht es, daß man zum Schluß das Gesicht flüchtig unter dem Hut zu sehen bekommt und plötzlich weiß, mit wem man spricht. Wenn er sich nicht verstellt, reitet er auf einem achtbeinigen Schimmel namens Sleipnir. Zwei Raben fliegen jeden Tag um die Welt, nehmen dann auf seinen Schultern Platz und erzählen ihm alles, was sie gesehen haben. Zwei Wölfe fressen von seinem Tisch. Auch wenn er sich niemals wirklich an Schlachten beteiligt, trägt er immer einen Speer. Unter den Seinen ist er freilich nicht der zerzauste alte Wanderer, sondern der König. Aber er ist immernoch einäugig. Das fehlende Auge ist kein Teil einer Verwandlung. Im *Haraldskvæði*, einem der ältesten erhaltenen altnordischen Gedichte,[2] wird Óðinn folgendermaßen benannt:

hinum eineygia / Friggjar faðmbyggvi
(„der einäugige Wohner in Friggs Umarmung", d.h. ihr Gemahl)

1.2. Odins Pfand

Die *völva* (Seherin) sagt zu Óðinn:

alt veit ec, Óðinn, hvar þú auga falt:
í inom mæra Mímis brunni.
(Vsp. 28, 7-10)

(Alles weiß ich, Odin, auch wo du dein Auge verborgen hast: in jenem berühmten Brunnen Mimirs.)

---

[1] *gríma:* Maske

[2] Die ältesten Strophen, zu denen dieser Vers gehört (de Vries 1964, 136f.), stammen aus der Zeit kurz nach der Schlacht von Hafrsfjord, die zwischen 885 und 900 datiert wird (Jones 1968, 89).

Sein Auge ist in Mimirs Brunnen. Snorri erzählt uns, wie es dazu kam (Gylf. 15):[3]

„Unter jener Wurzel aber, die zu den Reifriesen hinüberliegt, ist der Mimirbrunnen, in dem Scharfsinn und Verstand verborgen sind. Mimir ist der Name seines Besitzers, und dieser ist voll Weisheit, weil er aus dem Brunnen trinkt mittelst des Hornes Gjallarhorn. Hierhin kam eines Tages Allvater und verlangte einen Trunk aus dem Brunnen, bekam ihn aber erst, nachdem er sein Auge als Pfand hinterlegt hatte."

Das ist zwar sehr bündig gesagt, aber auch ein wenig merkwürdig. An anderen Stellen (Vsp. 46; Gylf. 26, 51) ist Giallarhorn das Horn Heimdalls, in welches er bläst, um die Götter zur letzten Schlacht zu versammeln.[4] Der Abschnitt aus der Völuspa geht außerdem mit den Worten weiter:

Dreccr miöð Mimir morgin hverian
Af veði Valföðrs –
(Vsp. 28, 11-13)

(Mimir trinkt jeden Morgen Met aus Walvaters Pfand.)

Aus seinem Auge? Rätselhaft. Wir werden auf Mimir und seinen Brunnen noch zurückkommen.

1.3. Heiti Odins, die sich auf sein Augenlicht beziehen

1.3.1. *Blindr*

Viele Beinamen (*Heiti*) Odins charakterisieren ihn als blind oder schwachsichtig:

Blindr (11).[5] Manchmal ist er einfach „der Blinde", ebenso:

Blindr inn bölvisi. Diese Odinsfigur ist Helgis Verräter in *Helgakviða Hundingsbana* II. Der Heiti bedeutet etwa „der blinde Böse" oder „der boshafte blinde Mann". Falk verweist auf Saxos *Bolvisus luminibus captus*, König Sigars schlimmen Ratgeber.

Blindr enn illi. König Haddings Berater in der *Hrómundar saga*, ein weiterer Verräter.

---

[3] Zit. nach: Thule. Altnordische Dichtung und Prosa. Hg. von Felix Niedner und Gustav Neckel. Bd. 20. Die jüngere Edda mit dem sogenannten ersten grammatischen Traktat. Übertragen von Gustav Neckel und Felix Niedner. Düsseldorf/Köln 1966. S. 63.

[4] Nach der in Neckels Glossar zur Edda angegebenen Wortbedeutung von *gialla* ‚laut tönen' würde das Horn zu diesem Zweck besser passen als zum Trinken.

[5] Die Zahlen in den Klammern beziehen sich auf Hjalmar Falk: *Odensheite*. Vgl. ARG II, 192, sowie zu Odins Namen überhaupt 49, 204.

Gestumblindi (43). Seit Wesséns Aufsatz von 1924 ist die Umschreibung *Gestr inn blindi*, „der blinde Gast", allgemein akzeptiert.[6] Odin ist der Gast[7] von König Heiðrik, den er bei einem Rätselwettstreit mit einem unlösbaren Rätsel besiegt.

Tvíblindi (141). „Der Zweifachblinde." Dieser Heiti erscheint oft in den *Thulur*. Nach Falk bezeichnet er Odin als jemanden, der selbst blind ist (aber nicht wirklich, er ist nur einäugig oder schlecht-sehend) und andere „mit Blindheit schlägt;" er steht auch mit *Herblindi* in Zusammenhang. Diese Interpretation wird von Simek (419) akzeptiert.

Gunnblindi (49). In den *Thulur*. Falk sagt: „Eigentlich: derjenige, der in Schlachten blendet, siehe *Herblindi*."

Herblindi (65). *Thulur*. Nach Falk könnte er derjenige sein, „der Heere mit Blindheit schlägt", ähnlich wie *Gunnblindi*. Simek stimmt dem zu (171). Ich bin mit dieser und der vorangehenden Interpretation nicht zufrieden, wie ich noch erläutern werde.

Bileygr (7). Es findet sich in Grm. 47, 4 und an weiteren Stellen und bedeutet „der Schwachsichtige". Falk verweist auf Fms. 2, 138, wo Odin dem König Olaf als alter Mann erscheint, der „von weiser Rede, einäugig und schwachsichtig" (d.h. *svaksynt*) ist, aber er vergleicht dies mit *Báleygr* (6), dem nächsten Namen, mit dem sich Odin selbst dem Geirroðr vorstellt und der sich häufig auf sein flammendes Auge bezieht. „Somit war Odin als Mensch schwachsichtig und als Gott flammenäugig" (Falk 1924, 4; Klingenberg 1972, 137).

1.3.2. Andere mögliche Heiti

Zu dieser Liste können wir *Hárr* (57) hinzufügen, das Falk in *Odensheite* als „der Graue", also der Grauhaarige und -bärtige, versteht, was sicher zu Odin paßt, von de Vries und Turville-Petre im Anschluß an Sijmons aber vom gotischen *haihs* ‚einäugig' abgeleitet wird.[8]

Falk 138 ist *Svipdagr blindi*, in *Ynglinga Saga* 34 der Pflegevater von Ingjald, dem Sohn des Schwedenkönigs Anund. Als der Junge eine Schwäche zeigt, gibt Svipdagr ihm ein Wolfsherz zu essen; „danach wurde Ingjald der Grimmigste und Aufbrausenste unter allen Männern" (nach Monsen 25). Als König vergrößerte er sein Reich auf das Doppelte durch verräterische Taten. Simek erkennt *Svipdagr blindi* als einen ‚Decknamen' Odins (378) an, ebenso wie de Vries u.a., und sicher

[6] Allerdings hat Detter dies schon 1893 vorgeschlagen (1893a, 86).

[7] Auf Reisen erscheint Odin oft als Gast; er gibt *Gestr* (42) als seinen Namen an, als er St. Olaf im *Nornagests Þáttr* (*Ólafs saga Tryggvasonar*) besucht.

[8] Sijmons: „Hárr, ein Óþensname, der [...] wahrscheinlich auf ein urnord. kompos. **haiha-hariR* ‚der einäugige Held' zurückzuführen ist; das erste Glied ist got. *haihs*, lat. *caecus* [...]" (Kommentar 1, 27). Sijmons bezieht sich auf Detter, welcher schrieb: „Die regelrechte nord. Entsprechung von got. *haihs* *μονόφθαλμος* Marc 9,47, müsste *hárr* lauten, so wie dem got. *faihs* an. *fárr* entspricht. Der Beiname Óðins könnte also ursprünglich ‚der Einäugige' bedeutet haben, so wie bei Saxo Othinus als *altero oculo orbus* erscheint [...]." Detters Erläuterung wird von Noreen zugestimmt (54.1); vgl. ARG II, 193, Anm. 3; G. Turville-Petre 1964, 62.

wird das Adjektiv „blind" auf jemanden bezogen, der es offensichtlich nicht ist, genauso wie die Rolle des Pflegevaters und üblen Ratgebers auf Odin deutet; überdies benennt Snorri einen Svipdagr als einen Nachfahren Odins in der Vorrede zu seiner Edda,[9] und nichts ist für einen Sohn oder Enkel eines Gottes natürlicher als gleich einer Hypostase seines Ahnen zu erscheinen. Aber die *Ynglinga Saga* fährt fort zu berichten, daß dieser Svipdagr blindi und seine beiden Söhne in einer späteren Schlacht gefallen seien. Nun ist es aber nicht Odins Gewohnheit, in einer Schlacht getötet zu werden. Niemals betätigt er sich im Schlachtgetümmel, und er hat, wo wir ihn zweifelsfrei erkennen, keine menschlichen Kinder, die aufwachsen und getötet werden. Auch hält er sich niemals jahrelang irgendwo auf: er ist der Wanderer, der Gast und immer geheimnisvoll. Ich denke, daß es sich hier um eine Verwechslung handelt.

Helblindi (eine Variante von 65) tritt im *Grímnismál* in vielen Manuskripten der Älteren Edda auf, wird aber, obwohl ein passender Beiname für Odin, allgemein als fehlerhafte Schreibweise von *Herblindi* angesehen.

1.3.3. „Blind", nicht „der Blender"

Wie oben angemerkt, möchte Falk *Gunnblindi*, *Herblindi* und möglicherweise auch *Tvíblindi* als „Blender", als jemanden, der andere blendet, verstehen und führt aus: „Nach dem sechsten Teil der Ynglingsaga konnte Odin seine Feinde blind, taub und in der Schlacht vom Schreck gelähmt machen; im *Flateyarbók* (II, 72) schlägt er seine Feinde mit Blindheit" (Falk 16). Dies ist sicher richtig, aber wir sind dennoch mit der Tatsache konfrontiert, daß Odin in anderen Heiti zweifellos blind genannt wird. Da seine Blindheit unabweisbar scheint, leuchtet mir nicht ein, was damit gewonnen ist, eine Formulierung mit dem Bestandteil *blindi* als „blind" und eine andere als „Blender" zu interpretieren.

Germanische Namen von der Art wie *Gunnblindi* haben ihre eigene mysteriöse Logik;[10] es ist ein Fehler, sie irgendwie in grammatisch korrekte Ausdrücke zu übertragen. Odin wird mit Krieg assoziiert, und er ist „blind". Es genügt, diese beiden Elemente nebeneinander stehen zu lassen. Diese Namen lassen sich nicht übersetzen.

Somit sind wir mit einem Gott konfrontiert, der „blind" genannt, niemals aber als blind dargestellt wird. Mit Bezug auf Nr. 11, *Blindr*, schreibt Falk: „Wenn Odin [...] als ‚blind' charakterisiert wird, ist dieser Terminus relativ zu verstehen (vgl.

[9] Genauer gesagt: sein Ururenkel. „Svebdegg, den wir Svipdag nennen" (nach Faulkes' Edda 4). Es handelt sich dabei um keine Erfindung Snorris; schließlich gibt es einen Odinsabkömmling namens Swæfdæg in der mythischen englischen Königsgenealogie. Höfler hat ihn auf überzeugende Weise auch als mythischen Ahnherrn der Sueben namhaft gemacht (1952, 37ff.).

[10] Gottfried Schramm verweist auf die lose Verbindung zwischen den Bedeutungen dieser beiden Elemente, „die überhaupt keinen zusammenhängenden Sinn ergaben". Es ist immer wieder versucht worden, solche „sinnlosen" Verknüpfungen als neuzeitlich abzutun. Dagegen spricht aber, daß sie bei einer ganzen Reihe von indogermanischen Völkern nachweisbar sind (1957, 145f.).

steinblindr ‚stockblind'), also ‚schlecht sehend' (siehe *bileygr*). Die Bezeichnungen ‚blind', ‚schlecht sehend' und ‚einäugig' gehen recht häufig ineinander über, z.B. bedeutete engl. *purblind* ‚schwachsichtig' früher ‚einäugig' und ‚blind' (isl. *þorri* = ‚einäugiger Mensch'); got. *haihs* ‚einäugig' = lat. *caecus* ‚blind'" (S. 5; vgl. Buck 1949, 322).

Aber Odin kann gar nicht so schlecht sehen. Im Gegenteil, er ist bemerkenswert scharfsichtig: Von Hliðskiálf aus kann er alle Welten überschauen. Er kann beispielsweise, laut der Einleitung zum *Grímnismál*, sehen, wie Friggs Schützling in einer Höhle lebt, mit einer Riesin Bälger zeugend, während sein eigener Liebling ein großer König ist. Er kann sehen, wo sich Loki versteckte, nachdem er Balders Tod verschuldet hat. Ebenso wie *Bileygr* ist er auch *Báleygr* ‚der Flammenäugige'. Aber er ist immer einäugig, und das Wortpaar *haihs – caecus* zeigt, daß beide Begriffe tatsächlich in einen anderen übergehen können. Daß noch viel mehr mit ins Spiel kommt, ist Thema dieser Untersuchung, doch zunächst müssen wir einige andere Beschreibungen von Odin heranziehen.

1.4. Andere Beschreibungen von Odin/Wotan

1.4.1. Snorri und Saxo

Wenn wir diejenigen Teile der *Ynglinga Saga* (2-9) und der *Gesta Danorum* untersuchen, in denen Odin als mächtiger Herrscher oder gottgleich verehrter Magier dargestellt wird, dann bemerken wir nichts von einem fehlenden Auge. Snorri sagt von König Odin: „Als er bei seinen Freunden saß, war er so gerecht und edel von Angesicht, daß alle voller Freude waren; aber wenn er sein Heer begleitete, erschraken seine Feinde vor ihm" (Yng.S. 6, S. 4). Auch als Snorri seine magischen Fähigkeiten und die Wandlungen seiner Gestalt, bei denen er zunächst noch genau wie der Gott aussieht, beschreibt, erwähnt er das verlorene Auge nicht.[11] Ebensowenig erwähnt Snorri dieses Kennzeichen in der Vorrede zu seiner Edda, in der Odin gleichfalls ein menschlicher König ist.

Saxo beschreibt weder seinen euhemeristisch aufgefaßten Odin noch die ihm ähnliche Goldstatue, die seine Verehrer angefertigt haben, näher (I, 25), doch sein Bericht legt nirgends nahe, daß König Othinus irgendeine physische Anormalität besessen habe. Dies ist auffallend, weil sich das Merkmal immer zeigt, wenn Othinus in einer übernatürlichen Gestalt erscheint. Die Geschichte vom menschlichen Othinus unterbricht die des Haddingus und kommt direkt nach der Episode, in der Haddingus von einem betagten Mann gerettet wird, dem ein Auge fehlt (23-24).

1.4.2. Wodan, Woden et. al.

Es gibt keine authentisch heidnischen Schriften aus dem südgermanischen Raum, die die heidnische Religion behandeln. Kein griechischer oder lateinischer Autor erwähnt einen einäugigen Gott, auch kein christlicher Schriftsteller auf dem Konti-

[11] Nebenbei bemerkt: Mimirs Kopf ist nicht in dem Brunnen, Odin hat es auf seinen Fahrten dabei (*Ynglinga Saga* 7).

nent oder in England.[12] Adam von Bremen verrät uns in seiner *Gesta Hammaburgensis Ecclesiae Pontificum* (1070) nicht, ob der Statue des Wodan in Uppsala ein Auge fehlte oder nicht.[13] Die frühen Germanen hatten anscheinend keine Tempel oder Götterbilder (ARG I, 271); solche Dinge sind Luxusgüter eines seßhaften Lebens. Sie mögen durchaus kleine Holzidole besessen haben, die aber die Jahrhunderte nicht überdauerten. In England existieren ein paar Bilder von Wodan in Manuskripten – da er der Stammvater des angelsächsischen Königsgeschlechts war –, aber auf diesen Bildern hat er zwei Augen (d'Ardenne 1962; J. Turville-Petre 1988).

Nun weiß ich zwar, daß ein Argument *ex silentio* nicht viel wert ist, aber in diesem speziellen Fall besagt es meines Erachtens doch etwas: Odins fehlendes Auge ist sein besonderes körperliches Merkmal. Es ist in Mythos und Poesie sicher bezeugt. Wenn dies auch für seine kontinentalen und angelsächsischen Entsprechungen gelten würde, könnte man kaum erwarten, daß es spurlos verschwunden wäre. Zweifellos ist ein derart verstümmelter Gott seltsam genug, so daß wenigstens einer der klassischen Autoren von seinen Informanten davon gehört und darüber eine Bemerkung gemacht hätte. Erstaunlicher ist, daß sich kein Wort über dieses Kennzeichen bei Adam findet, zumal er eine kurze Beschreibung dieser in Schweden befindlichen Statue gibt.

1.4.3. Ikonographie

Es bleiben drei mögliche Quellen für sichere bildliche Darstellungen: die skandinavischen Stein-Meißelungen, die von etwa 1500 v.Chr. bis zum Beginn unserer Zeitrechnung zu datieren sind (Almgren xi), kleine Metallobjekte wie Brakteaten, Haken und Schnallen aus der Völkerwanderungszeit, Reliefs und Gravuren mythischer Themen auf Grabsteinen, Behältern und auch Kreuzen aus der Zeit nach Annahme des Christentums. Bei der ersten Gruppe kann auch dann, wenn wir sicher sein könnten, daß es sich um Schnitzereien von indogermanischen Völkern handelt, nicht erwartet werden, daß sie uns die gewünschten Details anzeigen. Es gibt allerdings Figuren, die wir zweifelsfrei als Götter ansehen können, weil sie um einiges größer und lebensechter dargestellt sind als die Figuren um sie herum (Almgren 137ff; ARG I, 122); sie besitzen Attribute, die unverhältnismäßig groß

[12] Im sogenannten ‚Althochdeutschen Schlummerlied', das im 19. Jhdt. entdeckt, hinsichtlich seiner Authentizität aber umstritten ist, wird nach einer Aufzählung verschiedener Götter auch ein ‚einäugiger Herr' genannt: Unte Einauga herra hurt / horska aska harta. „Und der einäugige Herr / bringt bald Speere." Der Dichter und Germanist Karl Wolfskehl sieht in dieser Erwähnung den einzigen aus einer althochdeutschen Quelle überlieferten Hinweis auf Odins Einäugigkeit. Siehe Karl Wolfskehl: Das Althochdeutsche Schlummerlied – Ein Brief an Martin Buber, in: Gesammelte Werke, Bd. 2, hg. von Margot Ruben und Claus Victor Bock, Hamburg 1960, S. 62-66; Anm. d. Übers.

[13] *Gesta Hammaburgensis Ecclesiae Pontificum*, Buch IV. Craigie bemerkt, daß „in keiner anderen Schrift von historischer Bedeutung eine Abbildung Odins erwähnt wird" (1906, 408). Adams Odin ist Mars: *Wodanem vero sculpunt armatum sicut nostri Martem solent.* (Sie porträtieren Wodan ebenso bewaffnet wie unsere [Bildhauer] gewöhnlich Mars [darstellen].)

sind: Beispielsweise wird ein Gott mit einem enormen Speer gezeigt. Aber die Schnitzereien zeigen keine individuellen Gesichtszüge.

Was die Brakteaten und Ähnliches betrifft, so hat Karl Hauck viele Jahre mit deren Erforschung zugebracht und kann in seiner Untersuchung ‚Zur Ikonologie der Goldbrakteaten' (IK) sowie in weiteren Aufsätzen Wodan in ganzen Serien von Darstellungen nachweisen. Der Gott wird im Profil abgebildet und zeigt dem Betrachter abwechselnd beide Gesichtshälften. In den meisten Fällen hat er ein großes, klar erkennbares Auge, in anderen jedoch nicht, und Hauck behauptet von diesen, daß sie Odin mit einem fehlenden Auge zeigen. In der ‚Ikonologie' bildet er zwei Darstellungen ab, die, wie einige andere, ein übergroßes Auge haben, welches Hauck mit Odin als *Báleygr* in Verbindung bringt; sie stammen aus Schweden, etwa aus der Zeit um 500 n.Chr. (Hauck 1993, 441-460).

Auch in späten mythischen Szenen, in denen Odin eindeutig erkennbar ist, wie er auf Sleipnir reitet oder gegen den Wolf kämpft, ist er nur im Profil zu sehen. In einer Kirchenruine in Hegge in Norwegen befindet sich jedoch ein geschnitzter hölzerner Kopf, der zweifellos einäugig ist. Der Mund ist schief und streckt die Zunge heraus. H.R. Ellis Davidson bemerkt dazu vorsichtig, es „könnte eine Darstellung des einäugigen Gottes Odin sein. Die herausgestreckte Zunge würde zu Odin als dem Gott der Gehenkten passen" (Davidson 1969, 29).

Schließlich gibt es auf einem Bronzeplättchen aus Torslunda aus dem sechsten oder siebenten Jahrhundert eine Figur, von der wir sicher sein können, daß es sich um Odin handelt. Sie trägt einen gehörnten Helm, hat ein Schwert in einer Scheide, einen Speer in jeder Hand, und tanzt. In all diesem unterscheidet sie sich nicht von vielen anderen, auf ähnlichen Plaketten in Skandinavien und Sutton-Hoo gefundenen Waffentänzern. Die Platte – eine Preßform, mit der ein Muster z.B. auf einen Helm geprägt werden konnte – ist annähernd 5¼ mal 6 cm groß; auf dieser Schale könnte der Tänzer für jeden seiner Gebrüder gelten. Wenn das Bild aber um einige Male vergrößert wird, ist deutlich erkennbar, daß die rechte Augenhöhle leer ist!

Zur Linken des Tänzers ist ein anderer; er trägt ebenfalls ein Schwert und einen Speer, aber sein Kopf ist der eines Wolfes, und er hat einen aus seinem dreiviertellangen Gewand heraushängenden Schwanz, der in der Gravur schräg schraffiert ist, um Haar anzudeuten; menschliche Hände, Unterschenkel und Füße zeigen, daß es sich um einen von Odins Wolfskriegern, einen *úlfheðinn*, handelt (siehe Kap. 4). Diese Figur erlaubt uns in Verbindung mit dem fehlenden Auge der anderen, davon auszugehen, daß in der letzteren Odin dargestellt ist.

Die Bewegungsrichtung ist in dieser Szene von links nach rechts, Odin schreitet dem Wolfsmann voran. Möglicherweise ist der einzelne Wolfsmann ein *pars pro toto* und das Ganze die Darstellung des Gottes, wie er seine Krieger in einen ekstatischen Tanz geleitet (siehe 5.5.3 und 4). In Odins Erscheinungsform als Anführer von Kriegern – genauer gesagt: als Führer eines Heeres von ekstatischen Wolfskriegern – werden wir die Auflösung des Rätsels vom einäugigen Gott finden.

Es mutet ausgesprochen seltsam an, daß ein in Skandinavien um die Jahrtausendwende so wichtiges Merkmal nirgendwo sonst zu sehen ist. Da die heidnische Religion im nordgermanischen Raum sehr viel länger als anderswo gedieh, besteht die Möglichkeit, daß Odins Einäugigkeit einfach nur ein spätes und nordeuropäisches Phänomen ist. Die Sage vom Auge im Brunnen erscheint ziemlich gekünstelt – und doch ist der Topos der Einäugigkeit mit Sicherheit sehr alt und gehört zur mündlichen Überlieferung. Der Mythos ist jedoch eine Begründung für etwas noch Älteres. Seit dem frühesten indoeuropäischen Altertum war dieser Gott der einäugige Gott.

1.5. Odin, der Wolfsgott

Der Schlüssel zum Mysterium von Odins Auge kann weder in Skandinavien allein noch irgendwo sonst im germanischen Raum gefunden werden: die germanischen Quellen sind zu späten Ursprungs und zu spärlich. Aber aus diesen Quellen haben wir genug von Odin erfahren, um zu wissen, daß er ein uralter Gott ist und analoge Erscheinungen bei allen indoeuropäischen Völkern besitzt; die gesuchten Auflösungen können wir in demjenigen mythischen und kultischen Zusammenhang finden, in dem dieser Gott im Zentrum steht.[14]

Der Schlüssel zu dem Mysterium ist, wie ich glaube, in einem Ritual der Vratyas zu finden, der kultischen, kriegerischen Männerbünde des vorvedischen Indien: In einem rituellen ‚Würfelspiel', durch das der Führer einer Gruppe jener ekstatischen Wolfsmänner gewählt wurde.

---

[14] Hier wird der Leser vielleicht einwerfen, daß man diesen Gott nicht für die gesamte indoeuropäische Welt voraussetzen dürfe. **Wōðanaz* war nicht einmal im ganzen germanischen, sondern nur im nord- (*Óðinn*) und westgermanischen (*Wotan, Woden*) Raum verbreitet; die Goten hatten keinen Gott dieses Namens. Das ist freilich richtig, bzw. wenn sie einen hatten, ist uns der Name nicht überliefert. Aber ein häufiger Heiti Odins ist *Gautr* (35, mit der Variante *Gauti* 36), ein Name, der als *Gapt* (= *Gaut* [Frings 148] bei Paulus Diaconus den mythischen Ahnen der Langobarden bezeichnet, als *Gausus* im langobardischen *Edictus Rothari* und als *Geat* in den Genealogien der angelsächsischen Könige auftritt. Er wäre der namengebende Ahnherr der Goten, **der** Gote schlechthin. Ein anderer Beiname Odins ist *Gautatýr* (37), der „Gott der Goten". Aber Namen sind sowieso kurzlebig. Der indogermanische Wolfsgott hat so viele Namen wie es Stämme gegeben hat. Ähnlich wie *Bhava*, *Sarva* und viele andere Namen in vedischer Zeit zu solchen von Rudra wurden (11.2), entwickelten sich diese Wolfsgötter während der Periode nordwestgermanischer Einheit in mancherlei Hinsicht alle zu **Wōðanaz*, während sich ihre anderen Namen zu Beinamen zusammenfügten oder möglicherweise, wie im Fall von Rudra, manchmal auch „Söhne" bezeichneten. Wenn ich über Odin/Wodan schreibe, benütze ich diesen Namen als Gesamtnamen für alle germanischen Wolfsgötter, die zu **Wōðanaz* wurden.

1.6. Ein Überblick über das Buch

Wir beginnen (Teil I) mit Odin als dem Führer eines *herr*, eines Heeres oder einer Schar, und stellen Germanien in den Mittelpunkt, nehmen aber auch Analogien zu kriegerischen Gruppen und ihren Führern an anderen Orten des indoeuropäischen Kulturkreises in den Blick. Kapitel 2 untersucht Odins berühmtestes Heer, seine *Einheriar*. Kapitel 3 behandelt ihn als Führer der Wilden Jagd oder des Wütenden Heeres – als Reitergott auf einem dämonischen Pferd sowie als *Grímr*, Maskengott – und schildert die Verbindung der Masken mit den Toten. Kapitel 4 erläutert dämonische Krieger wie Odins Berserker oder das ‚Totenheer', welches Tacitus beschreibt. Kapitel 5 geht von seinem Namen aus: proto-germ. **Wōđanaz*, der die Personifikation der Raserei und den Führer der Wahnsinnigen bezeichnet; gemeint ist der Wahnsinn des Dichters und Sehers ebenso wie des ekstatischen Kriegers in kultischer Einheit mit seinen toten Ahnen.

Der indogermanische Männerbund ist das Thema von Teil II. Das sechste Kapitel behandelt die Opposition von Dorf und Wald, welche den Gegensatz von Stamm und Männerbund umfaßt; Kapitel 7 untersucht die im ersten Teil erkannten Charakteristika anhand der Männerbünde verschiedener indogermanischer Völker, und Kapitel 8 nimmt das große Symbol des Männerbundes in den Blick: *canis*, den Hund oder Wolf. Kapitel 9 liefert eine Übersicht der männerbündischen Götter, genauer gesagt: der Wolfsgötter, die dem Odin entsprechen.

Teil III ist den Vrātyas gewidmet, den Männerbünden des alten Indien. Kapitel 10 beschreibt, wie sie in antiken Texten gesehen wurden; 11 bezieht sich auf Rudra, den Vrātya-Gott, Odins nächsten Verwandten. In Kapitel 12 geht es um die Wahl des Vrātya-Führers: das rituelle Auswahlspiel, bei dem der Tod als Rudra in Gestalt von Kali, dem Hund, in den Anführer fährt und dieser sich dadurch selbst in Rudra verwandelt. In diesem Ritual liegt der Schlüssel zu Odins einem Auge. Kapitel 13 resümiert den wiederkehrenden Zusammenhang von Wörtern für Blindheit/Einäugigkeit, Dunkelheit, Unsichtbarkeit, Tod und Hund. Schließlich faßt Kapitel 14 alles zusammen und bietet einige Erklärungsvorschläge, die den Mythos vom Auge im Brunnen aufhellen sollen.

Zwischen Snorris Island und dem Indien der Vrātyas liegt eine Zeitspanne von rund 3000 Jahren und eine Entfernung von 7000 km. Ich hoffe, daß meine Untersuchung diese Kluft überbrückt.

Teil I:

Herjann

Herjan(n) ist ein Beiname Odins, der häufig in der Dichtung anzutreffen ist. Auf Gylfis Frage: „Wer ist der Höchste oder Älteste aller Götter?“[15] antwortete Hár, daß dieser Gott zwölf Namen habe, deren zweiter *Herran* oder *Herjan* laute. Gewöhnlich wird dies mit ‚Herrscher‘ übersetzt, jedoch verfehlt eine solche Übertragung die eigentliche Bedeutung.

Herjan geht auf germ. **harjanaz* und letztlich auf indogerm. **koryo-no-s* zurück, d.h. es gehört zu einer Gruppe von Nomina mit dem Suffix -no-: ‚X-nos‘ kann meist befriedigend mit ‚Herrscher der X‘ übersetzt werden. Daher leitet sich das gotische Wort für ‚König‘, *þiudans*, von **teuto-nos*, dem Häuptling der **teutā*, der Stammes- oder Volksgemeinschaft, her.[16]

Manchmal ist ‚Häuptling‘ aber nicht die passende Übersetzung. Während „lat. *Portunus* durchaus der Herr der Häfen und got. *þiudans* der des Volkes ist, ist es schwierig, den Namen von *Neptunus* in derselben Weise zu interpretieren. Die Verbindung von *Neptunus* mit dem Element des Wassers kann nicht als solche in den sozialen Bereich übertragen werden. In Wirklichkeit haben wir hier eine Inkarnation und nicht die Ausübung einer Autorität: *Neptunus* personifiziert das flüssige Element, er repräsentiert es“ (Benveniste 1973, 247). Dieser wichtige Aspekt ist bei der Frage nach Odins Beziehung zu dem *herr*, das er anführt, zu berücksichtigen.[17]

Wenn Odin nun Anführer und Personifikation des *herr* ist, müssen wir zunächst hinsichtlich seines *herr* feststellen, daß ihm das neuhochdeutsche ‚Heer‘ nicht entspricht: dieses läßt an einen hochorganisierten und disziplinierten *exercitus* oder eine ‚Wehrmacht‘ denken, was etwas völlig anderes ist. Im folgenden Abschnitt werden wir Odin als Führer von einigen verschiedenen ‚Heeren‘ oder ‚Scharen‘ betrachten, wobei wir mit dem beginnen, für dessen Führung er am meisten bekannt ist.

---

[15] „Hverr er æztr eða elztr allra goða?“ (Gylf. 3, 1, Faulkes S. 8)

[16] Ebenfalls got. *kindins* ‚Führer, Herrscher‘ (Wright), von **genti-nos*, Oberhaupt der *gens*, der Sippe. Ais. *dróttin* ‚Herr, Meister‘ (sinngemäß ‚der Herr‘), ‚Häuptling‘ (Zoëga), das mit ae. *dryhten* (in derselben Bedeutung) zusammenhängt, geht auf germ. **druxti-nos*, das Oberhaupt der *drótt* (ais.) oder *dryht* (ae.), der Haushaltsangehörigen, zurück, weshalb es lat. *dominus*, gleichfalls mit -no- gebildet, entspricht (dann das Gesinde eines Königs, d.h. seine Gefolgsleute und Truppen). Vgl. Benveniste 1973, 246f., vgl. 92.

[17] Wir befinden uns hier „auf typisch indogermanischem Boden, am deutlichsten im Germanischen erkennbar. **Die Vorsteherbezeichnung ist hier nur eine Ableitung der entsprechenden Gemeinschaftsbezeichnung**: germ. **theud-anaz*, got. *kind-ins*, fränk. *tung-inus*, an. *drott-in*, ahd. *kun-ning*, an. *fylk-ir*“ (Stegmann von Prizwald 1933, 135, Hervorhebung vom Autor).

„Diese Bildungen sind sehr alt, begegnen sie doch nicht selten auch im Lateinischen (z.B. *dominus*, *tribunus* usw.) und in Spuren im Griechischen (κοίρανος) und im Illyrischen (*teutana* ‚Königin‘). Sie haben individualisierende und zugleich repräsentierende Bedeutung. Der auf diese Weise aus einem Personenkreis herausgehobenen Person kommt wohl in jedem Falle ein Führungsanspruch zu, der sich zur Herrschaft steigern kann, doch ist nicht erkennbar, daß ein Herrschaftsverhältnis von Anfang an ausgedrückt werden soll“ (Schlesinger 1959, 107).

Kapitel 2: Die Einherier

2.1. Snorris Beschreibung der *Einherier*

Gangleri fragt: „Du sagst, alle, die seit Urbeginn der Welt in der Schlacht gefallen sind, seien jetzt bei Odin in Walhall. Was kann er ihnen als Nahrung geben? Ich sollte meinen, daß es dort sehr voll ist!“[18]

„Hoch antwortete: ‚Du hast recht, es ist sehr voll dort, und es wird sogar noch sehr viel voller, und doch scheint die Mannschaft zu klein zu sein, wenn der Wolf kommt.‘“ Der Hohe spricht sodann über den Eber Sæhrimnir, der „täglich von neuem gesotten“ wird und „abends wieder heil“ ist, und benennt den Koch und den Kessel. Für den Trunk sorgt eine „Ziege namens Heiðrun“: Sie „steht auf dem Dach von Walhall und beißt die jungen Sprossen von den Zweigen des hochberühmten Baumes Laerad, und aus ihren Eutern rinnt Met, jeden Tag ein Schöpfeimer voll; das ist so viel, daß alle Einherier davon völlig trunken werden.“ Es folgen eine Beschreibung des Hirsches, der ebenfalls auf dem Dach steht, und eine Aufzählung der vielen Flüsse, die aus dem Wasser fließen, welches von seinem Geweih tröpfelt.

Gangleri findet das alles sehr erstaunlich und erkundigt sich nach der Größe von Walhall. Der Hohe rechnet ihm vor (*Grímnismál* 23):

Fimm hundrað dura
Ok of fjórum tøgum,
svá hygg ek á Valhöllu vera.

Átta hundruð einherja
Ganga senn ór einum durum
þá er þeir fara með vitni at vega.

(Fünfhundert und vierzig weitere Türen zähle ich dort in Walhall. Achthundert Einherier auf einmal werden durch jede Tür stürmen, wenn sie zum Kampf gegen den Wolf ausziehen.)

Walhall kann also mindestens 432.000 Krieger beherbergen, und Gangleri ist neugierig, wie sie ihre Zeit verbringen, wenn sie nicht trinken. Diesmal zitiert ihm der Hohe *Vafðrúðnismál* 41):

Allir einherjar
Óðins túnum í
Högvask hverjan dag.

[18] *Gylfaginning* 38. Das Folgende stammt aus Gylf. 38-41, Faulkes 33-34. Übersetzungen altnordischer Dichtung ins Englische stammen von mir, K.K., engl. Prosaübersetzungen von Faulkes. Im Deutschen wird die Prosa-Edda nach Thule, Bd. 20 (1966) zitiert.

Val þeir kjósa
Ok ríða vígi frá,
Sitja meir um sáttir saman.

(Alle Einherier in Odins Burg kämpfen jeden Tag gegen einander. Sie töten sich gegenseitig und reiten zurück von der Schlacht; doch dann sitzen sie wieder versöhnt beisammen.)

Sämtliche Erklärungen, die der Hohe dem Gangleri gab, stammen aus dem *Grímnismál*, außer der einen Strophe aus dem *Vafðrúðnismál*. Snorri, der oft mehr weiß als die poetischen Quellen, die er anführt, hat diesmal nicht mehr anzubieten als das, was auch uns verfügbar ist.

Seltsamerweise verrät die *Völuspá* gar nichts darüber, wie die Einherier aus ihren vielen Türen hinaus zur letzten Schlacht gelangen. Der Hahn weckt sie:

Gól um ásom Gullinkambi,
Sá veer hölða at Heriaföðrs

(Bei den Asen kräht Gullinkambi, um die Helden beim Heervater zu wecken.)

Immerhin scheint die Annahme gesichert, daß diese Helden bei Walvater die Einherier sind; aber es wird nichts über ihren Auszug und ihre Taten im Kampf gesagt. Unbezweifelbar ist, daß sie dort sind; jedoch gehört es zum Wesen heroischer Dichtung, die Kämpfe von individuellen Helden so zu beschreiben, als ob Krieg eine Abfolge von Zweikämpfen sei und das Heer als ganzes nicht existieren würde.

Der Stoff des *Grímnismál* scheint gründlich bearbeitet zu sein. Einiges ist sicher sehr alt, aber an vielen Stellen wurde der Rhythmus des Gedichts unterbrochen und lange Namenslisten ergänzt, als ob ein Redakteur entschieden hätte, daß dort ein geeigneter Platz wäre, um verstreute Splitter einer Lehre unterzubringen.[19] Auf jeden Fall alt ist die Vorstellung von den Einheriern als Beschützern der Menschen vor dem Wolf. Der Männerbund, dessen mythisches Paradigma die Einherier darstellen, wurde stets als Schutz gegen die Kräfte der Auflösung gesehen, wie weiter unten erläutert wird. Einzigartig und für die germanische oder möglicherweise für die nordische Tradition charakteristisch ist jedoch, daß diese Funktion in die Zukunft übertragen und ins Eschatologische gewendet wurde. Tatsächlich geht die Schlacht um die Aufrechterhaltung der kosmischen Ordnung weiter, und in

[19] „Zwei Jahrhunderte waren seit der Einführung des Christentums im Jahre 1000 n.u.Z. vergangen, und wir bekommen den Eindruck, daß die älteren Dichtungen über die Götter zur Zeit ihrer Aufzeichnung von höherer Stelle als Archiv von mythologischen Lehren angesehen wurden, die für die Verfasser von Skaldenversen unverzichtbar waren. Wo solche Verse beispielsweise einige Beinamen Odins oder anderes für Skalden wertvolles Material auslassen, ist die Lücke oft in einem abweichenden Versmaß gefüllt, als ob der Sammler – oder einer seiner Vorgänger – gleichgültig gegen den künstlerischen Wert der Gedichte gewesen wäre und nur jegliches auffindbare Material zusammengestückt hätte." Phillpotts 1973, 24.

Analogie zu Thor als individuellem Kämpfer gegen die Ungetüme gibt es die Einherier, die bereit stehen, um gegen die Mächte des Wolfes zu kämpfen (Siehe Grønbech 1932, I 239ff.).

Wie wir im weiteren Verlauf dieser Untersuchung sehen werden, ist der Einherier, den Snorri beschrieben hat, eine gelehrte und literarische Weiterentwicklung von etwas, dessen Wurzeln sehr tief in die Vergangenheit zurückreicht, gleichermaßen im Mythos wie in der Realität. Im Augenblick genügt die Feststellung, daß es mindestens bis ins zehnte Jahrhundert nicht nur literarischer Mythos, sondern lebendiger Glaube war, ein toter Krieger könne erwarten, nach Walhall zu gelangen. Wir wissen dies von den Preisliedern auf die toten Helden Erich Blutaxt und sein Nemesis, Hakon den Guten. Dieser Glaube begründete den Mythos, der erklärt, warum Odin immer seine eigenen Lieblinge verriet.

2.2. Das Wort *einheriar*

Die Einherier sind „die toten Helden in Walhalla"; das Wort wird gewöhnlich im Sinne von „die ‚einzigen' oder die großen Helden" (C-V 121) verstanden. Der Singular *einheri* ist nur einmal belegt, nämlich in *Lokasenna* 60,4, wo Loki ihn spöttisch für Thor benützt:

sízt í hansca þumlungi hnúcþir þú, einheri
oc þóttisca þú þá Þórr vera.

(Als du dich ducktest und im Daumen des Handschuhs verkrochst,
du gewaltiger Held, da ließest du nicht wissen, daß du Thor seist!)

Wir wollen den zweiten Teil des Wortes zuerst behandeln: *-heri* ist ein Substantiv mit dem Stamm *-jan-*, das eine Person bezeichnet, die zum *herr* gehört. Diese Substantive, die bereits in der Zeit unserer schriftlichen Quellen selten geworden waren, werden allgemein (ziemlich frei) als Nomina agentia bezeichnet.[20] Das Simplex *heri* gibt es im Singular weder im Altisländischen noch in irgendeiner anderen germanischen Sprache, aber der Plural steht wahrscheinlich hinter dem Namen *Harii*[21] bei Tacitus, auf den wir noch zurückkommen werden. *Einheri*, *einheriar* ist also ein Fossil; der im Altisländischen gebräuchliche Männername *Einarr* geht dar-

[20] Vielleicht weil sie weitgehend durch wohlbekannte Formen mit *-er* ersetzt wurde (mit Endungen, die von lat. *-arius* entlehnt sind). Es handelt sich dabei um substantivierte Adjektive: zu einem Nomen X wurde ein Adjektiv mit der Bedeutung ‚zugehörig zu' mittels eines *-ja*-Suffixes als Zugehörigkeitsindikator gebildet (Kluge 5); dieses *X-ja*-Adjektiv wird durch Anhängung eines *-n* zu einem Nomen. Seitdem *herr* ‚Heer' selbst ein maskulines *-ja*-Nomen ist, war der Plural, ebenso wie der Gen. Sgl., ursprünglich identisch; später, im Altnordischen, bildeten die Substantive einen neuen Gen. Sgl. auf *-s*.

[21] „und name einer Göttin *Hariasa* [...], sowie *Hari-gasti* auf Neugauhelm" (de Vries: AEWB 224. „Dann bedeutete Plural got. *harjos* ursprünglich ‚Krieger, Heerleute', ebenso das latinisierte *Harii;* vgl. gall. Völkernamen wie *Tri-*, *Petru-corii*, deren 1. Element ‚drei', ‚vier' bedeutet (Flasdieck 1937, 298).

auf zurück, ebenso *einarðr* ,kühn' und *einörð* ,Tapferkeit' (C-V 121, siehe *einheriar*). Der Personenname *Einheri* ist im Althochdeutschen bezeugt (AEWB).

Ich werde in Kürze zu den Einheriern zurückkehren, aber zunächst ist das *herr* selbst zu untersuchen.

2.3. *Herr* und *Herjann*

Das in diesen Kontext gehörende Verb altnord. *herja*, ae. *hergian*, *herigan*, ahd. *herron*, *herion*, meint ,einen räuberischen Überfall verüben, zerstören, verwüsten, plündern, rauben, verheeren'. NE *harry* und *harrow* gehen auf dieses Wort zurück. Wenn *herja* usw. also das Tun eines solchen *herr* bezeichnet, dann sehen wir, um welche Art von Heer es sich handelt. Und tatsächlich ist im Altenglischen das Nomen *here* „dasjenige Wort, welches in den Chroniken immer für die dänische Streitmacht in England verwendet wird, während die englischen Truppen stets die *fyrd* sind; das Wort bezieht sich also immer auf Verwüstung und Räuberei" (Bosworth-Toller). Der Ausdruck, der im Englischen außer Gebrauch geriet und im Deutschen zu dem Wort ,Heer' wurde, bezeichnete also eine räuberische Schar und Rotte.

Dies gemahnt uns daran, was ,Krieg' in indoeuropäischer Zeit und in der Frühgeschichte aller indogermanischen Völker bedeutete: Krieg war Raubzug, Viehdiebstahl und Entführung von Frauen. Selbst der Trojanische Krieg war ein großangelegter Beutezug fernab der Heimat (Kirk 1968; Walcot 1979). Zu den am meisten realistischen Partien der Illias gehören jene, in denen Achilles mit seinen Überfällen zu Lande und zu Wasser auf Trojas Nachbarn im Verlaufe der eintönigen Belagerungsjahre prahlt, oder Nestors Erinnerungen an seine Jugend als Hirte, während wir in der Odyssee den Bericht des Helden von dem kretischen Seeräuber haben, einem fiktionalen Charakter, dessen Verhalten sehr an das des Odysseus selbst bei der Belagerung Trojas erinnert.

„Thukydides lag nicht falsch", schreibt Walcot, „wenn er die griechische Frühzeit als eine Zeit von Piraten beschrieb und darüberhinaus hinzufügte, daß Gewalt damals keine Schande für den Täter nach sich zog, sondern vielmehr ein hohes Ansehen begründete" (330). Odysseus hat sicher keinesfalls eine Bestrafung seiner Piraterie erwartet oder erhalten, und Achilles' Raubzüge, die ihm Frauen und Beute brachten, waren etwas, wofür er sich brüstete.

Im alten Indien „spricht die Wichtigkeit, Vieh zu erringen, aus einem häufig gebrauchten Wort für ,Schlacht', nämlich Skt. *gávisti-*, welches buchstäblich den ,Wunsch nach Vieh' bezeichnet, sowie aus dem Wort für einen erfolgreichen Fürsten oder Kriegsherrn, *gopá-* ,Herr der Rinder'" (Lincoln 1981, 101). Und – so sagt Lincoln trotz der Neigung vieler Interpreten, ,Rinder' spirituell aufzufassen – Kühe sind Kühe. Das iranische Zeugnis belegt dies. „Wenn der Gott Vδrδθraγna Beute gewährt, dann gewährt er Rinder [...]. Das entspricht der Realität des indo-iranischen Kriegers, dessen Hauptstreben auf den Viehdiebstahl abzielte" (Lincoln 1981, 102). Wie Kirk und Walcott bei ihren Betrachtungen des Trojanischen Krieges beide herausstellten, war das materielle γέρας für den Krieger genauso wichtig wie τιμή: tatsächlich war es von ihm untrennbar. Lincoln zitiert Keith: „Die Betonung, die die [vedischen] Dichter auf den Besitz von Kühen legen, ist beinahe pathetisch."[22]

Kehren wir zu unseren nordischen Seeräubern zurück, so finden wir dieselbe Sorte von Raubzügen und dieselbe Mentalität; wir müssen nur Vieh durch Gold ersetzen. Während die Germanen zu Tacitus' Zeiten noch Wohlstand in Vieh-Einheiten maßen (*Germania* 5), ist der erfolgreiche Wikinger, angelsächsische Prinz oder Feldherr nun ein *goldgiefa, beag-gifa* (ae.) oder ein *hringdrifi* (ais.): ein Ringspender oder *goldwine* (ae., wörtlich ‚Goldfreund'); sein Saal heißt *hringsele, beagseale, goldsele* (ae., wörtlich ‚Ring- oder Goldsaal), es handelt sich also um einen Saal, in dem goldene Ringe ausgeteilt werden. Der nordische oder angelsächsische Krieger ruft seine Gefährten um ihren Herrn zusammen, indem er sie an all das Gold erinnert, das sie von ihm erhalten haben. Wir sind von *pecus* zu *pecunia*, von Vieh zu Geld als Reichtum und Zeichen von Ehre und Besitz fortgeschritten, aber sonst ist ein Kriegszug im heroischen Zeitalter Germaniens dasselbe wie in den Heldenzeiten Griechenlands und Italiens. Diese *herjar* waren an ihre Herren oder Häuptlinge mit so starken Banden persönlicher Gefolgschaft geknüpft, daß es für einen Mann eine Schande war, seinen Führer zu überleben und eine Ehre bedeutete, mit ihm zu sterben, umso mehr, zumindest in der Dichtung, wenn die Schlacht von Anfang an verloren war: man denke nur an das altenglische *Malden* oder an das Ende der *Hrólfs saga Kraka*, als Hjálti in einer aufrüttelnden Rede Hrólfs Männer dazu drängt, wie ein lebender Schild um diesen freigebigsten aller Könige zu kämpfen und zu sterben. Ihre Hingabe an den Herrn ist leichter zu verstehen, wenn wir ihn, wie Benveniste, nicht nur als Führer einer Truppe, sondern vielmehr als deren Verkörperung ansehen: den *þiudans* nicht nur als König, sondern als Verkörperung seines Volkes, den *kindins* als Personifikation seiner Sippe, den *dróttin* als diejenige des *drótt*. Und so besteht die Antwort auf die Frage, ob Odin ‚ursprünglich' ein Kriegsgott gewesen ist, darin, daß er ursprünglich mythischer Führer und Verkörperung eines *herr* gewesen ist – das ist die Art von Kriegsgott, die er war.

2.4. Der PIE **koryonos*

Der PIE **koryo-no-s* ist im homerischen Griechisch als κοίρανος, was Titel und Personennamen bezeichnen konnte, bezeugt.[23] Die Existenz eines **koryonos* setzt einen **koryos* voraus: die vom **koryonos* angeführte, repräsentierte und verkörperte Schar. Das ist genau das, was unter dem gotischen *harjis*, dem althochdeutschen und altsächsischen *heri*, dem altenglischen *here* und dem altisländischen *herr* zu verstehen ist. Das got. *harjis* war der Kriegsverband eines Stammes. Wenn die Goten z.B. mit den Römern aufs Äußerste kämpften, erscheint die Anzahl Dreitausend

[22] Keith: The Age of the Rigveda, in: The History of India 1, 88, in Lincoln 1981, 101.

[23] Bei Griechen und Makedonen sind Personennamen davon oder von verwandten Wörtern abgeleitet (Heubeck 1985). Hinsichtlich des a in der zweiten Silbe vgl. Peters 1980, 170-183. Als keltischen Verwandten gibt das AEWB das gallische *corio-* (Krieger, Heer) an; vgl. *Tricorii, Petrucorii.*

fast wie eine Vorschrift (H. Wolfram 1987, 97). Der **koryos* ist eine wesentlich kleinere Einheit. Beispielsweise stellten zweiundvierzig Männer nach bayerischem Recht ein *heri* dar, nach angelsächsischem fünfunddreißig, nach dänischem fünf und nach langobardischem Gesetz vier (Schlesinger 1959, 109). Das sind sicher keine Stammesheere, sondern kleine Banden.

Raubzüge waren das Hauptgeschäft der Jünglinge, die als äußerst mobile Guerilla-Einheiten dienten und dabei Härte, Selbstkontrolle, heimliches Auftreten, strategisches Geschick und andere Vorzüge des Kriegers trainierten (was das Thema des zweiten Teils dieses Buches sein wird). Der **koryos* war der Zusammenschluß dieser Kriegernovizen (McCone 1987, *passim*). Es handelte sich dabei um eine kultisch-kriegerische Bruderschaft, d.h. ein solcher Jugendverband war ebenso religiös wie martialisch ausgerichtet, und die Bande, die ihn zusammenhielten, waren so stark wie Blut. Der üblicherweise für diesen kultischen Zusammenschluß verwendete Name ist ‚Männerbund'; und das ist auch der Terminus, den wir benützen. Dies ist das *herr*, dessen Wiederspiegelung oder Verkörperung *Óðinn Herjann* darstellt und dessen mythisches Paradigma seine *Einheriar* sind.

2.5. *Thor Einheri* und der *Einherier*

De Vries – und im Anschluß an ihn Simek – nennt Thor Einheri ‚der Allein-Kämpfende'; und sicher ist er das, nicht aber sind das die Einherier: sie werden als *herr* kämpfen. Das isländisch-englische Wörterbuch von Cleasby und Vigfusson (C-V) weist für *Einheri* den Eintrag *thou great champion* ‚du großer Held' auf, und für die *einheriar* die Erklärung *the ‚only' or great champions*, also ‚die einzigartigen oder großen Helden'. Von denjenigen, die diese Übersetzung vorziehen, wird *only* im Sinne von ‚auserwählt' verstanden; die Einherier sind die von Odin Auserwählten. Man verweist auf die Walküren, die die Gefallenen erwählen und nach Walhall geleiten. Aber *val kjósa* bedeutet nicht, diejenigen Erschlagenen auszusuchen, die nach Walhall gelangen, sondern es meint etwas Unheilvolleres.

Ich habe einen anderen Vorschlag für *Einheri*: Im Sanskrit gibt es gewisse Wörter, die mit dem Bestandteil *eka-* ‚eins' gebildet sind, wobei das *eka*-X das X schlechthin darstellt. Bei den *rājanya* ist der eigentliche König der *ekāraj*. Aus der Schar der Vrātyas, einem indischen Männerbund, der uns im dritten Teil beschäftigen wird, erhebt sich der *ekavrātya* zur Idealgestalt aller Vrātyas: er wird zum Gott, zum *mahādeva* (‚großer Gott' = Rudra, der Vrātya-Gott). Ebenso ist Rudra selbst der *ekadeva*.[24]

Die erste Silbe von *e-ka* ist das **ai-* des germ. **aina-* ‚eins', vgl. got. *ains*, ae. *án*, engl. *one* (vgl. *only*), nhd. *ein* und daher ais. *ein* in *einheriar*.[25] Ich möchte vorschlagen, daß es sich dabei um einen alten PIE Begriff handelt, der in die Dichtung

[24] Rudra ist nicht der einzige Gott, auch nicht für seine Anhänger; für sie ist er aber der Gott schlechthin. Ein anderes mythisches Wesen aus dem Kreis der Vrātyas ist der *ekarṣi* (*eka-ṛṣi*), das Urbild des Ṛṣis, des mythischen Sehers. Vgl. dazu Teil III, besonders 10.9.

[25] Ebenso das *oi* in lat. *u-nus* (<*oi-nos*) und griech. οἴ-νη ‚das As auf dem Würfel'; vgl. οἰος, οἴα (-η), οἰον; cyp. οἶFος ‚allein' (DELG); Buck 1949, 937.

des germanischen Sprachraums eingegangen ist. Thor ist demnach der Krieger schlechthin, der Inbegriff des Kriegers, seine Idealgestalt. Zweifellos ist er das! Und genauso ist es bei den Einheriern. Sie sind der Inbegriff des *herr*, des **koryos*.

Kapitel 3: Der Schimmelreiter

Wodans Name wird mit einem gespenstischen Heer verbunden, das mindestens bis zum Beginn des zwanzigsten Jahrhunderts überall in germanischen Landen gesehen wurde, wie es rasend über Wald und Feld und selbst über Dorfstraßen am nächtlichen Himmel galoppierte. Dieses Heer ist überall in einer von zwei Erscheinungsformen bekannt: als Wütendes Heer und als Wilde Jagd, ersteres mehr im Süden, die letztere mehr im nördlichen und mittleren Deutschland, aber es gibt keine klare Grenzlinie; manche Teile Süddeutschlands kennen auch die Jagd, Teile Norddeutschlands das Heer. In Skandinavien erscheint es unter Namen wie *Oskarei*, einer Ableitung von *ásgard-reið* (TM 946), *ásguðsreið* (ARG II, 196), oder *Oensjaegeren*, den ‚Odinsjägern'. In Frankreich trat es als *maisnie Hellequin* auf; England kannte *the Wild Hunt*[26] ‚die Wilde Jagd', und die Schweiz hatte ihr *Wuetisheer*, ihr *Guetigsheer* sowie die *Wilde Fare* (Christinger 1963, 15). Der vollständige Zusammenhang ist extrem verwickelt und muß uns nicht beschäftigen. Es ist offensichtlich, daß Wodan eine Vielzahl folkloristischer Elemente anzog, die ursprünglich nichts mit ihm zu tun hatten, aber es gibt auch Elemente, die seinem Kult durchaus eigentümlich sind, ebenso wie viele auf den ersten Blick keinen religiösen Charakter zu haben scheinen, bis wir sie in einem anderen Teil der indoeuropäischen Welt wiederfinden, wo diese Verbindung außer Frage steht; manchmal müssen wir auch dort, wo sich die genaue Bedeutung unserer Kenntnis entzieht, vermuten, daß wir ein sehr altes Brauchtum von kultischer Bedeutung vor uns haben. Ich werde nun Jagd und Heer kurz beschreiben und aus der Vielzahl der Überlieferungen solche Aspekte herausgreifen, die ursprünglich zu Wodan gehörten oder anderswo interessante Entsprechungen besitzen.

3.1. Das Heer und die Jagd

Bei der Heeresvariante wurden bewaffnete Männer gesehen, die eventuell auch miteinander kämpften. In beiden Fällen gab es Hunde und Wölfe; in manchen Gebieten kamen Werwölfe in die Häuser und stahlen Bier und manchmal auch Nahrung. Es gab zwei-, drei-, sechs- und achtbeinige Pferde und Wesen mit feurigen Augen. Oft schritt dem Heer ein Mann voran, der die Menschen aufforderte, die Straßen zu verlassen. Es gab schwarzgekleidete Männer mit schwarzen Gesichtern. Häufig waren auch ein Wagen, ein Schlitten oder ein Pflug dabei. Handwerker

[26] Reiter, *qui vulgari gallicano hellequin, et vulgari hispanico exercitus antiquus* [span. *ejercito antiquo*] *vocantur*, „die vom gewöhnlichen Gallier ‚Hellequin' und vom gewöhnlichen Spanier ‚das alte Heer' genannt werden" (*Tractatus de universo*, William of Auvergne, 1230, in Flasdieck 248), also die Schar der Toten; vgl. J. Grimm: Deutsche Mythologie 761-793. Dort wird die ganze Vielfalt von Erscheinungen der Jagd bzw. des Heeres erschlossen. Der Harlekin machte bekanntlich eine große Karriere auf der englischen Bühne; dieser Entwicklung spürt Flasdiecks Aufsatz nach.

jeglicher Art stellten ihre Werkzeuge zur Schau, und es mochten auch Akrobaten und Gaukler im Gedräng dabeigewesen sein. Ein eigentümliches Kennzeichen der Jagdvariante war die Verfolgung und Gefangennahme eines oder mehrerer weiblicher Dämonen, ebenso konnte die Beute ein Hirsch sein, oder es gab überhaupt keine Beute. In einer Variante gibt es nur einen einsamen Jäger ohne Jagdgenossen, den Wilden Jäger selbst mit seinen Hunden. Er ist hinter einer schaurigen Hexe her, die er, wenn er sie ergriffen hat, über sein Pferd wirft. Außerdem gibt es verschiedene Jagden, die von einer Jägerin namens Fru Gode, Fru Waur, Frau Holda, Berchta und ihrer alpenländischen Schwester Perchta mit ihren Perchten angeführt werden. Der Heerführer wird gelegentlich als eine der alten Heldengestalten angesehen; oft ist es Dietrich von Bern. Verschiedene Landschaften kennen ihre eigenen Sagen hinsichtlich dieser Erscheinungen, und manche Dörfer haben ihren ‚Tollen Jägergraben' oder eine ‚Muotesheergasse', die die gewöhnliche Route der wilden Gesellschaft waren. Manchmal wurden Kinder, die ungetauft starben, oder kürzlich verstorbene berüchtigte Übeltäter in dem Gefolge gesehen. Und trotz der schreckenerregenden Natur dieses Umzugs von Geistern und Dämonen erwarteten die Menschen sie freudig, da ihr Erscheinen Fruchtbarkeit über Feld und Vieh brachte. Üblicherweise erschien die Rotte in den heiligen zwölf Nächten zwischen Weihnachten und Dreikönig; in Deutschland auch in der Karnevalszeit oder während anderer wichtiger Feste (vgl. ARG II, 139ff; Höfler 1973, 86-91; de Vries 1931, 24-30; Flasdieck 1937, 283-330; DM; hinsichtlich der Schweiz: Christinger 1963, 15ff).

3.2. Legende, Mythos und Kult

3.2.1. Der Gegenstand des Männerbundes

In seinen ‚Kultische Geheimbünde der Germanen' (1934) zeigte Otto Höfler, daß Heer und Jagd als zeitgenössische kultische Ausübungen der wodanischen Religion[27] angesehen werden können – und mehr noch: daß die gespenstischen Horden, die Wodan führte – das Heer, die Jagd und seine Einherier – ihre realen Entsprechungen in ekstatischen Kriegerbünden besaßen, in jungen Männern aus Fleisch und Blut, die sich in kultischer Einheit mit den toten Kriegern ihrer nationalen Vorzeit befanden. Höflers Annäherung an den Nationalsozialismus zerstörte seine Glaubwürdigkeit in der wissenschaftlichen Gemeinschaft, und zweifellos sind seine ‚Kultischen Geheimbünde' ein jugendliches, überschwengliches, weit ausgreifendes und oft frustrierendes Werk. Tatsächlich aber kamen Ethnologen wie namentlich der Schweizer Karl Meuli insgesamt zu denselben Ergebnissen hinsichtlich der Verbindung von Mythos und Brauchtum und verknüpften den heidnischen Totenkult mit den maskierten weihnachtlichen Umzügen, mit den Masken und Orgien des Karneval.[28]

[27] Und von anderen Kultpraktiken derselben Jahreszeiten, die sich verständlicherweise mit dem Wodanskult vermengten, nachdem die Bedeutung dieser heidnischen Riten in Vergessenheit geraten war; ähnliches gilt für einige späte Ergänzungen, die leicht zu erklären sind.

[28] ‚Bettelumzüge im Totenkultus, Opferritual und Volksbrauch', 1927. Meuli widmete sich diesen Themen über viele Jahre hinweg; seine Aufsätze erschienen gesammelt – abgesehen

Dieser Zusammenhang wurde schon früher hergestellt, niemals aber so gründlich. Höflers unmittelbare Quelle für zahlreiche Anregungen waren Lily Weisers ‚Altgermanische Jünglingsweihen und Männerbünde' (1927); doch bereits 1895 hat Ludwig von Schroeder das Totenheer der deutschsprachigen Länder mit der Horde von Geistern und Kobolden im *Thiasos* des indischen Gottes Rudra (‚Bemerkungen zu Oldenbergs Religion des Veda') verbunden, und in ‚Mysterium und Mimus im Rigveda' von 1908 bezog er die deutschen Tänzer aus Fleisch und Blut und die *Salii* des römischen Marskultes auf die mythischen Maruts in Indien und behauptete, daß auch die Maruts in einer sehr frühen Epoche durch tanzende und singende junge Männer dargestellt worden sind. Noch früher hatte K. Dilthey dieselben Merkmale in den Wilden Jagden von Artemis und Dionysos aufgewiesen (1870; 1874). Jarl Charpentier (1909; 1911) und in seiner Nachfolge J. Hauer (1927) bemerkten, daß die Vrātyas alles andere als eine fremde und marginale Gruppe waren, sondern im Mittelpunkt der indischen Religion und Religionsgeschichte standen.

Höfler kannte alle diese Schriften. Was allerdings fehlte, war eine Beschreibung dieser Männerbünde, ausgehend von ihrem eigentlichen Ort im Mittelpunkt der indoeuropäischen Kriegergesellschaft. Sie waren so grundlegend, daß jede indoeuropäische Tochternation Fragmente des ursprünglichen Bildes wie Teile eines Puzzles beibehielt; wenn aber das Bild des vollständigen Puzzles und sein Ordnungsprinzip unbekannt sind, dann ist es fast unmöglich, anhand der einzelnen Teile einen Sinn festzustellen oder auch nur zu wissen, welche Teile überhaupt zum Puzzle gehören.

Die Zeit um 1900 erlebte die Veröffentlichung mehrerer wichtiger ethnologischer Untersuchungen zu Männerbünden, Masken und Übergangsriten bei zeitgenössischen Krieger- und Viehzüchtergesellschaften,[29] die ein grobes Gerüst und wenigstens ein ähnliches Bild lieferten und darüberhinaus eine sozialwissenschaftliche Grundlage für das Studium von Phänomenen bildeten, die zuvor nur deskriptiv behandelt wurden.

Henri Jeanmaire wandte diese Ergebnisse in ‚Couroi und Courètes' (1939) auf das antike Griechenland an. Und genauso wie Jeanmaire mehr als sechzig Seiten seines Buches einer Zusammenstellung seiner afrikanischen Quellen widmete, so verwendete Geo Widengren die ersten siebzig Seiten von ‚Hochgottglaube im alten Iran' von 1938 für die Darstellung afrikanischer Funde. Im selben Jahr wurde Stig Wikander von Höflers ‚Kultischen Geheimbünden' zu seinem Werk ‚Der arische Männerbund' inspiriert, das ebenfalls eine Anregung zu weiteren Untersuchungen lieferte. Widengren widmete sich des Männerbund-Themas erneut im Jahre 1969 in ‚Der Feudalismus im alten Iran', und Andreas Alföldi griff es 1974 in ‚Die Struktur des voretruskischen Römerstaates' auf. Dann erschienen in rascher Folge zwei

von dem über Masken, den er für das Handbuch von Bächtold und Stäubli verfaßte – unter dem Titel ‚Zum Maskenwesen' in Band 1 seiner Gesammelten Schriften.

[29] Der *locus classicus* ist Heinrich Schurtz: Altersklassen und Männerbünde, 1902. Das Gesichtsfeld dieses Buches ist weltweit; die afrikanischen Viehzüchtergesellschaften können als Modell für die alten indoeuropäischen Kulturen gelten.

sehr bedeutende Werke über diesen Gegenstand, das Buch ‚Bruderschaft und Würfelspiel' (1986) von Harry Falk, aus dem wir im dritten Teil ausgiebig zitieren, und der umfangreiche Aufsatz ‚Hund, Wolf und Krieger bei den Indogermanen' von Kim McCone (1987), das ein vollständiges Bild der indogermanischen Welt liefert. Währenddessen untersuchten Folklore-Forscher und Religionshistoriker Ahnenkulte, Ekstase, Übergangsriten und andere Elemente aus diesem Zusammenhang, und die neue komparative Mythologie von Dumézil und seinen Nachfolgern bot eine völlig neuartige Sicht auf die heidnischen Götter. Das Ergebnis zeigt, daß es unmöglich ist, weiterhin Höflers Funde zu verwerfen. Die gesamte Forschung hat sie nicht nur bestätigt, sondern dieselben Phänomene im ganzen indogermanischen Raum nachgewiesen, wo auch immer Informationen über Kulte und Mythen überliefert sind.

3.2.2. Die Toten und die Lebenden

Die Sagen von einem Wilden Heer oder einer Wilden Jagd gehen weder auf das Heulen des Wintersturmes oder die schrillen Schreie der Zugvögel noch auf menschliche Fehlwahrnehmungen infolge von Epilepsie, Halluzinationen oder Trunkenheit, sondern auf reale kultische Umzüge von Maskenträgern zurück, deren unmittelbare Nachfahren in unserer Zeit die Umzüge an Karneval und *Mardi Gras* sind. In vorchristlichen Epochen hatten diese eine tiefe religiöse Bedeutung; hinter den Bräuchen standen – wie Höfler sagt – „Kern-Mythen" (1973, 12f). Zunächst gibt es den universalen Glauben, daß es etwas im Menschen gibt, was höheren, göttlichen Ursprungs ist, sodann die weitverbreitete Anschauung, daß eine göttliche oder heilige Macht im Wunder des Wachstums wirkt. Ebenso allgemein ist offenbar die Vorstellung, daß etwas im Menschen nicht durch den physischen Tod zerstört werden kann. Und dieses Weiterlebende ist nicht, wie es einer konventionellen modernen Ansicht entspricht, eine Art Seelenhauch, sondern es ist die Lebenskraft selbst (Ranke 1951, 204).[30] Und trotz aller Beweise des Gegenteils wird von dieser Kraft angenommen, daß sie in ihrem eigenen Körper weiterlebt. Es ist der Mensch selbst, welcher fortdauert; er ist nun unsterblich, denn er kann nicht noch einmal sterben.

Drei Grundanschauungen, schreibt Meuli, beherrschen die Vorstellung des Primitiven von einem Toten: Er lebt weiterhin; er ist mächtig; er ist zugleich wohlgeartet und heimtückisch (Meuli 1975, I, 303). Der dritte Aspekt entspricht auf Seiten der lebenden Mitglieder der Gesellschaft einer emotionalen Unentschiedenheit hinsichtlich der toten, die durch den zweiten nur gesteigert wird; er weist auf die Gefahr hin, die von dem Toten ausgeht, obwohl er auch ein wertvoller Helfer und Beschützer sein kann. Diese Ambivalenz ist allgemein zu beobachten, doch in manchen Gesellschaften herrscht die Furcht vor, während in anderen der Wunsch überwiegt, in Kommunion mit den Toten zu verbleiben, von denen angenommen wird, daß sie ein Interesse am Wohlergehen ihrer Familie und ihres Stammes haben.

---

[30] Ranke untersucht die Vorstellungen vom Leben nach dem Tod, wie sie aus den Sitten der indoeuropäischen Völker sprechen; in mancherlei Punkten berührt sein Werk dasjenige Höflers und bestärkt dessen Thesen.

Unter den Indoeuropäern und ebenso bei den afrikanischen Stämmen, die in den oben erwähnten Untersuchungen behandelt wurden, ist diese letztere Zugangsweise zum Totenreich vorherrschend. Die Toten sind die verehrten Ahnen, aber sie sind noch mehr: Sie sind die Unsterblichen, in denen die Lebenskraft, jener göttliche Funke, so viel mächtiger und wirksamer ist, da sie nun nicht mehr sterben müssen. Tatsächlich sind es die toten Krieger, mit denen wir uns beschäftigen. Egal ob ein Mann in der Schlacht oder in hohem Alter gestorben ist, er lebt weiter als ein Krieger in der Blüte seiner Jugend – natürlicherweise, denn es ist ja der junge Krieger, in dem sich die allgemeine Lebenskraft in ihrer größten Fülle manifestiert. Solche unsterblichen Krieger sind die Einherier des vorangegangenen Kapitels.[31]

3.3. *Age Sets* und Ahnenkult

In den erforschten afrikanischen Krieger- und Viehzüchter-Gesellschaften wurden die männlichen Mitglieder in drei oder vier Altersgruppen unterteilt, oft noch mit Untergruppen. Es gab offenbar eine Klasse der älteren Männer, die die Jahre ihrer Kriegstauglichkeit hinter sich hatten und deren Weisheit und Erfahrung immer noch von großem Wert für den Stamm waren. Dann gab es die Klasse der erwachsenen verheirateten Männer, die Frauen, Kinder und Vieh besaßen, die wirtschaftlichen Lasten des Stammes trugen und im Kriegsfall die organisierten, diszipliniert kämpfenden Truppen ihres Volkes stellten. Die unterste Schicht waren die kleinen Jungen, die noch in der Obhut der Frauen lebten und keinen Teil des Systems darstellten.

An einem bestimmten Zeitpunkt vor Eintritt der Pubertät wurden die Knaben von der Welt der Frauen getrennt, um in der Kriegskunst und den Lehren ihres Volkes unterwiesen und in die Welt der Männer eingeführt zu werden. Sie sollten nun die Späher und Guerilla-Kämpfer darstellen: hochmobile Banden ekstatisch kämpfender Krieger, die sich als erste ins Schlachtgetümmel stürzen. Genau diese Gruppe, die wir mit McCone den **koryos* genannt haben,[32] interessiert uns in unserer Untersuchung der germanischen und indoeuropäischen Welt.

---

[31] Um als Krieger weiterzuleben, war es für sie keinesfalls notwendig, in einer Schlacht gefallen zu sein. Ihr ursprünglicher Charakter – als derjenige von mächtigen, hilfsbereiten Ahnen – lebt in der Vorstellung ihres Kampfes an der Seite der Götter gegen die Mächte des Chaos weiter. Im Zuge der weiteren Entwicklung dieses Motivs im Norden wird diese Hilfe jedoch nutzlos für uns, die Erde und die irdischen Dinge, insofern Odins Göttergeneration vernichtet werden wird; jedoch ist das, anders als die Einherier, eine späte Konzeption; vgl. KGG 282. Wikander erkennt dieselbe Anschauung in den frühiranischen *fravašis*: „Die Totenseelen als das Totenheer, das in den Kämpfen der Lebenden sich beteiligt" (1938, 63). Karl Hauck bemerkt hinsichtlich Sutton Hoo: „Wenn dem toten Herrscher in sein Grab auch seine Standarte mitgegeben wurde, so darf man jedenfalls im Bereich wodanistischer Religion erwägen, ob seine Zeit sich den Herrscher nicht als Führer einer Toten-Gefolgschaft gedacht hat." Die Zeit war frühchristlich, doch die Idee vom toten Herrscher als „Totenführer im Totenheer" sollte noch nicht so bald aussterben (1954, 24).

[32] Zu Altersgruppen als Sozialsystemen im allgemeinen: Stewart; Tornay; Schurtz 83-201; Bock 148-151. Zu Zentralbrasilien: Maybury-Lewis 126ff. (im Gegensatz zu Viehzüchter-

Das Alter, in dem die Knaben sich diesem ersten Übergangsritual unterzogen, ist von Volk zu Volk unterschiedlich. Wir wissen, daß sie in Sparta sieben Jahre alt waren; es gibt gute Gründe für die Annahme, daß sie auch im alten Indien sehr jung gewesen sind (siehe III). Die Härte der Übungen, denen sich die Jungen unterziehen mußten, variierte selbstverständlich, aber in einer hochorganisierten, erfolgreichen Kriegergesellschaft wie derjenigen der Massai vor fünfzig Jahren war das Training lang und schonungslos, und es wird sicher bei den Indoeuropäern nicht anders gewesen sein. Typischerweise lebte der Junge eine längere Zeit während seiner Ausbildung wie ein wildes Tier im Walde; er wurde dadurch ein zäher und kräftiger Jäger und Kämpfer. Aber das war nur ein Teil seiner Heranbildung zum Manne bei solchen Völkern. Als Familienvater und vollwertiges Stammesmitglied mußte er sicher auch die richtigen Gebete und kultischen Praktiken sowie die Geschichte seines Stammes kennen. Darin bestand Wissen, *veda*, lange bevor die Veden niedergeschrieben wurden.

Es ist hier nicht möglich, auf alle Wandlungen innerhalb dieses Systems einzugehen. Wichtig für uns ist, daß sich der Übergang von der früheren Welt der Frauen und anderen Nichteingeweihten in die Gesellschaft der männlichen Stammesangehörigen – und zwar aller, die jemals gelebt haben – vollzog. Die Initiation bedeutete durchaus einen Tod: Das Kind starb, und ein Mann wurde geboren. „Wenn die Initiation als ein Geschehen von Tod und Wiedergeburt beschrieben wird, dann ist dieser Tod selbstverständlich ein ritueller Tod, aber es ist der einzige reale Tod, da nur die geheiligte Wirklichkeit tatsächlich real und bedeutungsvoll ist“ (Snoek 1987, 104). Höfler faßt zusammen, was mit dem Jungen geschah: Einmal initiiert, gehört er zur Gemeinschaft der unsterblichen toten Ahnen. Der Initiierte existiert gegenüber dem Ungeweihten in einer gesteigerten Wirklichkeit. Sein physischer Tod ist bedeutungslos.[33]

Wir werden zu diesem Thema noch einiges mehr im nächsten Kapitel sagen; jetzt ist es an der Zeit, zum Wütenden Heer und den kultischen Praktiken, die der Legende zugrundelagen, zurückzukehren.

3.4. Masken

Es gehört zum Wesen der Toten, daß sie nicht gesehen werden.[34] Eine sehr wichtige Funktion der geweihten Jugend, des **koryos*, bestand darin, die Toten in den Zeiten des Jahres, in denen sie umgingen, sichtbar zu machen. Es ist nicht ausreichend zu sagen, daß sie die Toten repräsentierten; sie bewirkten ihre Erscheinung tatsächlich. Sie sind die Toten.[35]

---

gesellschaften in Ostafrika 135). Zu Indo-Europa vgl. Mallory-Adams: Encyclopedia of Indo-European Culture 6f.; Widengren 1969, 92-95, und unsere Kapitel 6 und 7.

[33] Höfler 1934, 252. Wenn die Initiation ein ‚wirklicher Tod‘ ist, dann ist dieser ebenso eine Initiation zu einer ‚neuen Wesensform‘ (vgl. Eliade 1977, 16).

[34] Die Toten, die in den Sagas erscheinen, sind *draugar*, unnatürliche und unheilbringende Gestalten, die niemand um sich zu haben wünscht; sie sind Gespenster, was etwas völlig anderes ist. Zum Thema der unsichtbaren Toten und zum unsichtbaren Gott der Toten vgl. Hermann Güntert: Kalypso. Die Toten und ihr Gott haben vieles gemeinsam.

3.4.1. Masken und Ahnenkult

Die Hilfsmittel, mit denen sie sich in die Toten verwandeln, sind Masken. Mit ‚Maske' ist nicht notwendig etwas gemeint, was das Gesicht bedeckt. Die primitivste Form der Maskierung besteht darin, sich einfach nur Gesicht (und Körper) zu bemalen.[36] Aus Skandinavien besitzen wir Darstellungen von Kulttänzern, die sehr realistische Wolfsköpfe und bis zu den Knien reichende Pelzgewänder trugen, wie z.B. auf der Helm-Schmuckplatte aus Torslunda, die wir oben unter 1.4.3. beschrieben haben; andere Masken bestanden aus Teilen von Tierköpfen (oder wurden so angefertigt, daß sie entsprechend aussahen) oder aus dem ganzen Kopf, wobei das Gesicht des Maskierten aus dem geöffneten Rachen herausschaute, wie auf Bildern des Herakles in seinem Löwenfell oder des Hades in seinem κυνῆ, seinem Hundekopfhelm. Wieder andere waren nur Mützen aus Tierfell oder aus der Schädeldecke eines Tieres. Meuli macht deutlich, daß der *pilleus*, die Fellmütze, die das Freiheitssymbol bei den Saturnalien war, ursprünglich eine solche ‚Maske' darstellte.[37] Andere Masken mögen geradezu grotesk gewesen sein.

Die Tiere, die außer dem Pferd im Wütenden Heer erscheinen, sind Hund, Wolf und häufig noch der Bär. Das sind natürlich genau die Tiere, in welche sich ein germanischer Krieger ‚verwandelte', wenn die Kampfeswut über ihn kam. Der Hund, der Wolf und das Pferd sind somit Totentiere, Tiere, die in indogermanischer Sage und Ikonographie eng mit dem Tod assoziiert waren. Diese Überschneidung ist, wie wir sehen werden, kein Zusammenfallen. Es muß freilich betont werden, daß es weder der Zweck der Masken war, ihren Träger einem Tier ähnlich zu machen – selbst unser völlig maskierter Wolfstänzer aus 1.4.3 ist eindeutig ein Mensch, und jeder sah das, zumal seine Hände und Beine unbedeckt sind – noch den Maskenträger unkenntlich zu machen. Die Maske zeigt, daß ihr Träger ein dämonisches oder übernatürliches Wesen ist. Er ist nicht mehr er selbst: er ist ein Ahnherr.[38]

---

[35] „[...] die verwandlungskultische Selbstidentifikation mit verehrten Toten, also eine kultische Gemeinschaftsstiftung mit unsterblich gedachten Toten" (Höfler 1973, 13).

[36] Tacitus' schwarz angemalte *Harii* sind in dieser Weise maskiert; Asche und Wasser sind leicht zur Hand für diesen Zweck. Die nackten, mit pflanzlicher Farbe angemalten Männer von Harlech sind ein anderes Beispiel. Meuli berichtet von australischen Stämmen mit stark entwickeltem Ahnenkult, ähnlich wie wir ihn beschreiben werden, die sich zwecks Maskierung Gesicht und Körper färbten (1975, I 72, Anm. 2).

[37] 1975, I 269. Eine der drei Formen des *pilleus* ist nach Sueton der *galerus*: „*galerus*, *galear*, zu *galea* [Lederhelm] = griech. γαλέη [Marder], ist ursprünglich die Tierkopfhaube aus Wieselfell wie κτιδέη, λυκέη, κυνέη, αίγή, λεοντῆ diejenige aus Wiesel-, Wolfs-, Hunds-, Ziegen-, Löwenfell [...]" (269). Dies sind alles Kriegertiere – nicht zu vergessen Juno als in Ziegenfell gekleidete Kriegergöttin; zu Wiesel- (wahrscheinlicher Vielfraß-)Kriegern, die den Wolfskriegern ähnlicher sind vgl. Alfödi 1974, 37ff. Präaugusteische Bronzestatuetten zeigen den Lar, wie er eine dem *pilleus* ähnliche Kopfbedeckung trägt, obwohl sie wahrscheinlich aus Hundefell war. „Die *Lares praestites*, sagt Plutarch, hatten einen Hund neben sich und waren selbst mit Hundefellen bekleidet" (Meuli 1975, I 271 u. Tafel 25, 281). „Jedenfalls gewährte der Pilleus der Saturnalien Maskenrecht; schon darum muß er weit mehr gewesen sein als nur irgend ein Hut" (270).

[38] „Maskenbrauch wurzelt nun einmal, wo immer er erscheint, im Totenglauben und im Totenkult" (Meuli 1975, I 275). Dies ist eines der faszinierenden Phänomene, die auf der

Ob also die Jugend ein vollständiges Tierfell oder ein Teil davon trägt oder sich die Gesichter mit Asche geschwärzt oder mit Gips weiß gefärbt hat[39] – es ist nicht mehr derselbe Mensch, der handelt und existiert. „Die Geister nun äußern sich viel-

---

ganzen Welt bei Völkern nachweisbar sind, die Zehntausende von Jahren hindurch keine Verbindung zueinander gehabt haben können. Wo immer es Maskenkulte gibt, handelt es sich um Ahnenkult; die Masken verwandeln ihre Träger in die Ahnen. Meuli gibt eine Fülle von Beispielen für dieses Brauchtum in Nord- und Südamerika, Afrika, Australien und auf den pazifischen Inseln an. Die Ausübung solcher Kulte reagiert zweifellos auf ein unabweisbares menschliches Bedürfnis. Für die klassische Welt, insbesondere Italien, siehe Altheim 1931, 48-91. Bei den frühen Germanen verrieten die Namen der Masken, was ihre Träger zu sein fühlten. Die folgenden Angaben stammen von Meuli 1975, I 81-93:
Walapauz (lang.): *Wala* < ahd. *walu-*, „die Erschlagenen auf dem Schlachtfelde". Der zweite Teil ist möglicherweise mit nhd. *Butz* (Kobold) verwandt (< ahd. *pôzan*, klopfen).
Masca (lang.): Nach dem *Edictum Rothari* 197 ist es verboten, eine Frau zu töten *quasi strigam quam dicunt mascam*, ‚als Hexe, welche sie [die Langobarden] *masca* nennen'. „Im Langobardischen bezeichnet *masca* zunächst einen unholden Geist, der ähnlich wie die römischen Strigen lebende Menschen innerlich auffrißt [...]. Zugleich muß aber das Wort auch ‚Gesichtsverhüllung', ‚Vermummter' bedeutet haben, wie aus dem späteren Sprachgebrauch, aber auch aus frühangelsächsischen Glossen (7. Jh.?), die *mascus*, *masca* gleich *gríma*, *egesgríma* [‚Maske', ‚Schreckensmaske', schweiz.] [...] setzen, unwiderleglich hervorgeht."
Talamasca (lang.): *dalamasca, thalamascha*. „Allgemein sieht man darin das Verbum *dalen, dallen, talmen* ‚kindische, läppische Dinge reden [...]"; die Weise, wie Geister oder die Besessenen [unsere durch eine Initiation wiedergeborenen Jünglinge] reden. Zu *masca* und *thalamasca*, ARG I, 257, siehe auch Güntert: Kalypso 114f.; in den ahd. Glossen: Ranke 213f.
Ahd. ***hagazussa***, woher nhd. Hexe. Wie *masca* = *striga* erinnert sie an den weiblichen Dämon, der oft die Jagdbeute darstellt (Polomé 1987).
Ahd. ***hagu-, hagabart***, mhd. ***hagebart***. Verwendet als Synonym von *schembart* und *larva*. Die Bedeutung ist umstritten.
Ahd. ***scema***; ***Schembart***: „Zu ahd. *scinan* ‚scheinen', weiterhin zu griech. *skia* [Schatten oder Geist eines Toten, Gespenst] gehörig, heißt es ‚Schein, Erscheinung, Schattenbild', nhd. ‚Schemen' und bezeichnet als solches gewiß ein Seelenwesen, wie lat. *umbra*, griech. σκιά [...] eine ‚Schattenseele' [...]." In frühen Glossen meinte es ‚Gespenst, Dämon'; später glossiert als ‚Gesichtsmaske'. „Das Seelenwesen wird auch hier durch Maskierte dargestellt. Die Maske heißt dann mhd. *schemehoubet*, bayr. *schemhawpt*, *schiemhaupt* oder *schembart* [...]. Für die Zeit des Schembart-Laufens ist das eben angeführte schweizerische Zeugnis für das Ende des Hirtenjahres (Alpentladung) als offenbar hochaltertümlich sehr wichtig."
Ahd. ***grīma***: "Wie ahd. *scīmo* zu *scīnan*, so steht *grīma* zu *grīnan* ‚das Gesicht verzerren', nhd. ‚Greinen' [...]. Die Glosse *scenici. grîmûn* bezeugt ein *crîma* in der uns geläufigen Bedeutungsentwicklung ‚Vermummter, Possenreisser'; die Bedeutung ‚Maske' (auch ‚Helm mit Maske') hat es im Altnordischen bewahrt."
"Schweiz. *īsengrind* aus *īsengrim*, mit leicht verständlicher Umdeutung auf *grind* ‚Kopf', da die Maske offenbar helmähnlich den ganzen Kopf bedeckte, also ‚Eisengespenst, Eisenmaske' [...]."
Schließlich die ***Perchten***, deren Name von der Jahreszeit abgeleitet ist: Ahd. *zu dero perahtun naht*, d.h. zu Weihnachten oder den Zwölf Nächten, Meuli 1975, I, 286.

[39] Schwarz wie „das schwarze Heer der Harier" oder weiß wie „das weiße Heer der Phoker", Weniger 1906/1907.

fach so, daß sie von Lebenden Besitz ergreifen, um durch sie zu sprechen und zu handeln. [...] *larvatus* ist ein ausgezeichnetes Beispiel für diese Vorstellung; *larvatus* heisst der von den *larvae* Besessene, ein Wahnsinniger, Behexter. Besessene, freilich im religiösen, nicht im medizinischen Sinn, sind die bei solchen Festen häufigen Maskenträger" (Meuli 1975, I, 268). „Solche Feste" sind Jul und Karneval, die Saturnalien und Compitalien, die Anthesterien und Dionysien, jedes eine Art „Besuchsfest der toten Ahnen" (Meuli 1975, I, 296; vgl. Eliade 1977, 17; Schurtz 356f.). Warum erscheinen die Toten? Sicherlich nicht aus Sehnsucht nach der Welt, die sie verlassen haben. Nein, sondern weil sie sich um ihre Nachfahren kümmern – deshalb, weil sie es waren, die uns nicht nur unser Leben, sondern unsere Weise zu leben, unsere Sitten und Gesetze überlieferten. So kommen sie zu bestimmten Zeiten des Jahres zurück, um über die Ordnung zu wachen, die sie selbst in *illo tempore* begründet haben. Das ist der Grund warum – in jedem Land, in dem sie erscheinen – die Bünde der jungen Männer für die gesellschaftliche Ordnung verantwortlich sind.[40]

Die Ahnen fordern religiöse Hingabe. Nicht jedem ist erlaubt, an dem Heiligen teilzunehmen; deshalb geht den Ahnen ein Wächter voran und fordert die Menschen auf, die Straßen zu verlassen, oder sie selbst tragen Schellen und andere lärmende Instrumente. Die Verehrung nimmt dann durchaus materielle Züge an: man erwartet ein großes Gelage und Besäufnis und hat in germanischen Landen einen großen Durst nach Bier. Es ist das Recht der Horde, in Häuser und Kneipen einzubrechen und mitzunehmen, was sie möchte. Wenn ihr die geforderte Ehrerbietung entgegengebracht wird und sie alles in Ordnung findet, weiht sie das Dorf oder Gehöft für das kommende Jahr; anderenfalls erfolgt schnelle und grausame Rechtsprechung: Sie decken das Dach ab und reißen die Türen heraus, in schweren Fällen legen sie das Haus in Schutt und Asche und streuen Salz in den Brunnen.[41]

---

[40] Die Anführer (*principes*) in *Germania 12* mit ihren als Verteidiger der öffentlichen Ordnung beschriebenen Hundertschaften – *centēni* (in *Germ. 6* für die blitzschnellen Jungen verwendet, die zu Fuß kämpften) – waren sehr wahrscheinlich ein als Stoßtrupp fungierender Männerbund (Price 1994, 46-49); ae. *hamsocn* als männerbündische Justiz, 51f). Wo sich die Männerbünde von einer reinen Altersgruppengliederung zu geschlossenen Gesellschaften oder Geheimbünden entwickelten, bildeten sie ebenfalls eine Art Geheimpolizei aus; Beispiele finden sich in Schurtz 362-367.

[41] „[D]as Zerstören oder Abdecken des Daches, das Zerstören oder Aushängen der Tür im mittelalterlichen Europa und darüber hinaus [sind] weit verbreitete, ernsthafte Rechtstrafen gewesen [...]; der Volksjustiz sind sie bis in das 20. Jahrhundert geläufig gewesen. Nun sind Dachabdecken, Türaushängen und Brunnenwüsten oft verbunden mit dem Löschen des Herdfeuers [...], resp. dem Einschlagen des Backofens [...]; da hätten wir also nichts anderes als die *tecti et aquae et ignis interdictio*, wie die alten Römer sagten, die Ächtung; so erhält die berühmte Formel einen neuen, ganz konkreten Sinn. In der Tat läßt sich auch sonst zeigen, daß die angeführten Strafen wirklich Ächterstrafen, resp. aus Ächterstrafen hervorgegangen sind" (Meuli 1975, I 294; vgl. 247ff.). Meuli gibt Beispiele für dieses Brauchtum oder dessen Nachwirken im gesamten indogermanischen Raum an und kommt zu dem Schluß: „Nach allem müssen also diese Ächterstrafen wohl indogermanisches Erbe sein; ihr Erscheinen im Maskenrecht verschiedener indogermanischer Völker stützt die Annahme, auch das Maskenwesen selbst reiche in so hohes Altertum zurück" (295).

Die Jünglinge sind besessen und glauben, daß sie die Toten sind. Was ist mit den anderen? Wissen sie nicht mehr, daß es nur ihre eigenen Söhne und Brüder sind? Dieser Aspekt ist für uns besonders schwer zu begreifen. Meuli schreibt, „die Versuche des Menschen, seinem Erlebnis des *mysterium tremendum fascinosum* Gestalt zu geben, haben immer wieder zu seltsamen, uns grotesk anmutenden Formen geführt, und doch bringen sie für ihre Verehrer das Numinose zu überzeugendem Ausdruck" (Meuli 1975, I, 297). Wir haben einfach die Ethnologen, die diese Phänomene als lebendigen Glauben studiert haben, beim Wort zu nehmen, daß tatsächlich alle Mitglieder der Gemeinschaft Teilnehmer des Kultes waren.[42]

Noch mehr wird unser Fassungsvermögen strapaziert, wenn wir bedenken, daß diese Sitten noch lange nach dem Verlust des ursprünglichen religiösen Zusammenhangs fortbestehen. Heer, Jagd, Perchten, Oskarei und anderes sind vielerorts mindestens bis zum Anfang des zwanzigsten Jahrhunderts überliefert, und die Menschen glaubten wirklich, daß die Ritte eine segnende Wirkung hatten, auch wenn sie wußten, daß die Dorfjugend hinter den Masken steckte.[43] Ich werde jetzt zu den Legenden um Heer und Jagd zurückkehren, da wir nun gesehen haben, woher viele ihrer Bestandteile stammen.

Die bewaffneten Männer sind am klarsten einzuordnen; Männer in Waffen, die sich gegenseitig bekämpfen, gemahnen an die Einherier. Unpassenderweise sind gerade sie ein Element, das in Vergessenheit geriet. Die schwarzen Männer sind der *feralis exercitus* (Kap. 4), sind Wodans dämonische Krieger, die Toten. Wir haben kurz die Hunde und Wölfe erwähnt; die *canidae* sind jedoch für die hier untersuchten Gegenstände germanischer und indoeuropäischer Kultur von so großer symbolischer Bedeutung, daß sie ein eigenes Kapitel erfordern (Kap. 8). Was die Werwölfe, die Bier und Nahrung stahlen, betrifft, so übten diese ihr sakrales Stehlrecht aus. Der Warnrufer ging, wie wir gesehen haben, der Schar voran, um die Menschen vor der Begegnung mit dem Heiligen zu schützen.

3.4.2. Dämonische Pferde

Dann sind da noch die Geisterpferde. Diese waren natürlich Masken und konnten (zweibeinig) von einem Mann dargestellt werden, der eine Pferdemaske und ein weißes Gewand trug, oder von jemandem, der auf einem Steckenpferd ritt, wobei weiße Stoffe den Pferdekörper und die beiden Beine des Mannes die des Pferdes andeuteten; die dreibeinige Version bestand aus einem Pferdekopf aus Holz oder anderem Material auf einem Stab, der von einem, wiederum weiß gekleideten, Mann

[42] Damit verbunden ist ein „fester Glaube an eine wirkliche Verwandlung, an ein Eingehen in den Totenzustand. Dafür spricht das Erlebnisgefühl sowohl der Brauchtumsträger wie der mehr oder minder beteiligten Zuschauer. Gerade die Berichte der Letzteren betonen ja immer wieder, daß es Tote sind, die in diesen Kulten agieren und keine menschlichen Darsteller oder Maskenträger" (Ranke 205).

[43] Höfler macht dies zur Genüge deutlich, 1973, 45-49. Dumézils Behandlung des Gesamtphänomens oder -glaubens (1929, 48f.) nähert sich bezüglich der Maskierten sowie der Zuschauer Huizingas im ersten Kapitel seines ‚Homo Ludens' expliziertem Begriff des ‚Spiels'. „Wesentlicher als die Frage, was da im einzelnen ‚wirklich' geschieht, ist die Wirkung auf ein aufnahmewilliges Publikum" (Burkert 1962, 42).

getragen wurde, der sich waagerecht über den Stock beugte, um den Pferdekörper nachzuahmen, und sechs- oder achtbeinige Pferde wurden von drei oder vier weißgekleideten Männern gebildet, deren vorderster den Pferdekopf hielt oder trug; außerdem gab es kopflose Pferde und kopflose Reiter (R. Wolfram 1932). Eine ‚falsche' Anzahl der Beine kennzeichnete sie als dämonische Wesen. Eine realistische Darstellung war nicht beabsichtigt, des weiteren waren auch viele reale Pferde dabei, die eine große Bedeutung besaßen (siehe R. Wolfram 1937); falls sie keine Schimmel waren, wurden sie mit weißen Tüchern bedeckt. Der Führer wird oft ‚der Schimmelreiter' genannt, und Odin ist auf seinem achtbeinigen Schimmel Sleipnir der Schimmelreiter schlechthin κατ' ἐξοχήν.[44]

Maltens Aufsatz von 1914 ‚Das Pferd im Totenglauben' ist noch immer die umfassendste Studie zu diesem Thema.[45] Er stellt Griechenland in den Mittelpunkt,

[44] In Anbetracht der Kentauren mit ihren menschlichen Oberkörpern und ihren Pferdeleibern im Gegensatz zu den Gandharven mit menschlichen Körpern und Pferdeköpfen nahm Dumézil an, daß es eine IE kultische Bruderschaft von Pferdemaskenträgern gegeben habe. Die von solchen Wesen überlieferten Mythen lassen dies plausibel erscheinen, und volkstümliche Relikte bezeugen diese Riten an der Wintersonnenwende, vgl. 1929 *passim*, bes. Kap. 1, sowie Jeanmaire 1939, 247ff. Unsere nordischen Pferdemasken gehören zu diesem Gesamtbild (vgl. bes. Wolfram 1932a). Wie wir gesehen haben, wird nicht versucht, die Masken realistisch aussehen zu lassen. Das herrschende Prinzip kann vielleicht als *pars pro toto* angesehen werden, jedenfalls wenn wir bedenken, daß das hier Repräsentierte nicht der gewöhnliche Wolf oder das gewöhnliche Pferd, sondern ein übernatürlich-dämonisches Wesen ist.

Zumindest in der germanischen Welt sind Pferdemasken oft im selben kultischen Umfeld wie die Schwerttänze anzutreffen; Steckenpferde, Schwerttänze und kultische Bruderschaften werden von Richard Wolfram erschöpfend behandelt. In Rumänien wurde ein ähnlicher Tanz zumindest bis in die Dreißiger Jahre des zwanzigsten Jahrhunderts von einer initiierten Gemeinschaft, genannt die *Câlusari*, aufgeführt: *câlus* bedeutet ‚kleines Pferd', und das Suffix ‚ar' bezeichnet ‚die kleinen Pferdetänzer'" (Vuia 1935, 97). Zu der Zeit, als der Tanz, den Vuia beschreibt, vor der Englischen Gesellschaft für Volkstanz inszeniert wurde, trugen die Männer meistens weiße Sommerkleidung, pflegten früher jedoch Frauenkleider anzuziehen. Der Tanz wurde zu Pfingsten aufgeführt, "wenn die Feen für die Menschen am gefährlichsten sind"; die Tänzer personifizierten die Feen und versöhnten sie zugleich (100f.). Eine Beschreibung aus dem 19. Jhdt. deutet an, daß der erste Tänzer einen geschnitzten Pferdekopf in der Hand hielt (98). Der Schreiber verweist auf einen ähnlichen Tanz, der in Zentralpreußen am Dritten Tag nach dem Weißen Sonntag von einer Gruppe männlicher und weiblicher Tänzer aufgeführt wurde, die auch einen Umzug von Haus zu Haus durchführten, wobei sie Geschenke erhielten; unter ihnen befand sich "ein Mensch wie ein künstliches Pferd", der "Schimmelritter" genannt wurde (104). Zum selben Thema: Eliade 1976a und b, 80-82; zu den mythischen Vorbildern, den *Sântoaderi*, 82-84; zu *Câlusari*, *Sântoaderi*, Feen u.a. 84-85. Mehr über Pferdemenschen in Mythos und Folklore findet sich bei Christinger 84-86. Bezüglich der *kallikantzari*, der von Dumézil und Jeanmaire untersuchten folkloristischen Abkömmlinge der Kentauren, sowie unserer germanischen Pferdemasken läßt sich feststellen, daß das dämonische Pferd indoeuropäische Wurzeln hat, die weitverbreitet und tiefverwurzelt waren.

[45] Malten gibt natürlich zu, daß dies nur ein Aspekt des Pferdes ist. Der andere ist das göttliche Pferd, das Sonnenroß, sind die Dioskuren: das weiße Pferd, eher leuchtend als gespenstisch. Bezügl. des germanischen Kontexts siehe Steller 1930.

ist mit zahlreichen Fotos von Keramikobjekten und Stelen illustriert und enthält auch viel komparatives Material. Das Pferd gehört zu den bevorzugten Gestalten, in denen sich die chthonischen Mächte manifestieren. Pferde stehen sowohl mit Hades als auch mit dem chthonischen Poseidon, dem Erderschütterer, der später erst zum Meeresgott wurde, in Verbindung (Malten 196). Pferdedämonen werden reitend oder fahrend dargestellt; sie können Menschen mit sich reißen und in ihr Reich entführen. Auch Odin bzw. Wodan holt sich Menschen. Einer von ihnen war Dietrich von Bern, weshalb er manchmal als Odins Stellvertreter das Wütende Heer anführt. Ebenso gibt es dämonische Pferde, die ihre Herren, wie Pegasos den Bellerophontes, den Mächten des Todes überantworten (Malten 197). Die Gottheit kann zu Pferde reiten oder selbst das Pferd sein, aber „das Totenroß ist ursprünglicher als die Gottheit“ (Malten, 208f). Das Pferd fungiert auch als Totenführer; oft zeigen Darstellungen auf Stelen den Verstorbenen auf dem Rücken eines Pferdes sitzend, und zumindest in einigen davon, wie etwa den skandinavischen Schnitzarbeiten, die den berittenen Helden zeigen, der in Walhall empfangen wird, reitet der Tote in das *au-delá* (Malten 234f; Davidson 1993, 33). Manchmal erscheinen Menschen nach ihrem Tod als Geisterpferde; ähnlich dem Totengott kann der Tote auf dem Pferd reiten oder dieses selbst sein. „Der Töter wie der Tote erscheinen nach ältester Anschauung in der Gestalt des gespenstischen Pferdes“ (Malten 235; vgl. Höfler 1934, 37ff); in diesem Punkt ähnelt das Pferd dem Hund.[46]

3.4.3. Der Reitergott

Wir erkennen also im Pferd ein Totentier, im weißen oder grauen Pferd ein Geisterpferd, in der Pferdenachbildung mit zu wenigen oder zu vielen Beinen ein dämonisches Pferd, und wir sehen Odin als Reiter auf dem dämonischen Pferd. In der Tat ist Odin der Reitergott. Seine Namen lauten *Atriðr* (31) ‚der in die Schlacht Reitende‘ (vgl. *atreið* ‚Reiterattacke‘) und *Fráriðr* (31) ‚Vorausreitender‘ (Simek) oder ‚Schnellreiter‘ (adj. *frár* ‚schnell‘; Hj. Falk). Außerdem ist er der *Reiðartýr*, der ‚Wagengott‘ (111), was uns daran erinnert, daß die indogermanischen Krieger und ihre Götter zunächst auf Streitwagen kämpften, bevor sie zu Reitern wurden.[47]

Wenn wir das eben Gesagte bedenken, wird es uns nicht wundern, Odinsheiti zu finden, die Pferdenamen sind. *Jalkr* (92) erscheint ziemlich häufig in Dichtung und Prosa, und tatsächlich nennt sich Odin selbst im *Grímnismál* zweimal so: Dort sagt er (49,3), er nannte sich selbst *Iálc*[48] bei *Òsmundar*, d.h. diesen Namen gab er während seines Aufenthalts bei Asmund an, aber dann, auf dem Höhepunkt der

---

[46] Zu den Themen ‚Kentauren und Totenreich‘, ‚Herakles, Kentauren und die Toten‘ sowie den Gandharven und den iranischen Gandareva siehe Dumézil 1929, 171f.

[47] Holländ. *Woens wagen* = Ursa major (Frank 1924, 24). Vgl. Weber 1973. Weber verbessert *rungnis* zu *rögnis* (= Odins) in *Sigrdrífumál* 15, 6: [es werden Runen geritzt] *á því hvéli, er snýz undir reið Rungnis (Rögnis)*, „auf das Rad, das sich unter Odins Wagen dreht,“ und gibt eine Gravur aus Levide K wieder, die eine typische Begrüßungsszene in Walhall zeigt: die Walküre, das Trinkhorn, den Hund, das Pferd und den Krieger, der jedoch nicht zu Pferde reitet, sondern in einem kleinen Karren sitzt. Vgl. Steller 66.

[48] Bei Neckel steht ‚á‘; bei Falk, de Vries AEWB und Sijmons-Gering ‚a‘.

letzten Strophe, sagt er, daß er *Gautr oc Iálcr með goðom* (54,6) genannt wird (54,6); und wenn dies ein Name ist, den er bei den Göttern verwendet, muß er einen gebräuchlichen Kultnamen darstellen (Falk 1924, 20; vgl. Steller 62). *Jalkr* bedeutet ‚Wallach' und hat daher zu einem gewissen Kommentar Anlaß gegeben: Hjalmar Falk merkt an, daß Hengste auf der Höhe ihrer Zeugungskraft dem Freyr geweiht wurden, damit dieser Vieh und Saat gedeihen läßt, meint aber, daß *Jalkr* als Odinsname wahrscheinlich „etwas anderes" bedeuten würde (Falk 1924, 40).

Meines Erachtens bezeichnete dieser Name in jener vorschriftlichen Vergangenheit, als Odin ihn annahm, nicht den Wallach. Namen für Nutztiere scheinen manchmal nicht genau fixiert zu sein; so bedeutet z.B. neuengl. *stallion* im Neuhochdeutschen ‚Hengst', aber seine skandinavischen Entsprechungen dän. *hest*, schwed. *häst*, neuisl. *hestur* meinen das Pferd im allgemeinen. Das AEWB gibt für neuschwed. *jålk* ‚Hengst' und *yaager* im Dialekt der Orkney-Inseln ‚Pferd' an.[49] Andere Pferdeheiti sind *Hrosshársgrani* (83)[50] und wahrscheinlich *Brun* (14) und *Vakr* (152).[51]

Zwei weitere Odinsheiti müssen hier noch erwähnt werden: *Grímr* und *Grímnir* (47 u. 48) von *gríma* ‚Maske' in den *Grimnismál* und den *Thulur* könnten sich auf Odins Lust an der Verwandlung beziehen, wahrscheinlich liegt ihnen aber, in Verbindung mit den ekstatischen maskierten Bruderschaften, eine tiefere Bedeutung zugrunde: In Wirklichkeit ist es, meiner Auffassung nach, so, daß die Geschichten vom incognito reisenden Odin eher von den Namen inspiriert sind als umgekehrt.[52] *Jólnir* (94) verbindet im *Þórsdrápa*, den *Thulur* und der Prosa den Gott mit dem großen Julfest zur Wintersonnenwende, mit dem Hauptfest der Maskenträger.

---

[49] ‚Stier' ist im Deutschen der Bulle, aber der englische *steer* ist kastriert; der deutsche Widder ist im Engl. ein *ram*, die englische Entsprechung *wether* ein kastrierter Ziegenbock oder ein Schaf. Diese Beispiele zeigen bei einer kurzen Betrachtung der Anzahl von Pferdenamen, die im Laufe der Zeit von einer Sprache aufgenommen wurden oder in Vergessenheit gerieten, daß nicht viel mit der Gleichung *Jalkr* = Wallach anzufangen ist. Falls *Jalkr* Pferd bedeutete, war er ebenso ein Name wie Úlfr oder Hunding oder auch Hengist und Horsa. Auf jeden Fall war er als göttlicher Name etabliert.

[50] In den *Thulur* und der *Gautreks saga*, in der sich Odin als Starkads Pflegevater selbst *Grani* und *Hrosshársgrani* nennt. *Grani* heißt nach dem AEWB „‚pferd', eig. pferd mit eigentümlich behaarter oberlippe;" *grön*, fem. ist „barthaar, schnurrbart; lippe". Grani war der Name des Pferdes des Helden Sigurd; dieses war ein Sohn des Sleipnir. (Möglicherweise gelangt de Vries von hier zu seinem Pferd, das sonst unbekannt ist.) Gráni mit ‚a' wäre ‚der Graue', der Schimmel selbst. Falk hält ‚Grani Sleipnisson' auch für den Ursprung von **Rauðgrani** (109, ‚mit rotem Schnurrbart'), was ein Pferdename ist.

[51] *Vakr* ist nach Sijmons-Gering als Pferdename belegt. *Árvakr* ist eines der beiden Pferde, die den Sonnenwagen ziehen.

[52] Und hinsichtlich unserer Maskennamen ist an die Odinsheiti *Hárbarðr* (63) und *Langbarðr* (101) zu erinnern. Odins grauer Bart war ein Teil seiner bevorzugten Erscheinungsform, während *Langbarðr* ihn mit den Langobarden verbindet. In ‚Schembart' und ‚Isenbart' bedeutet ‚-bart' allerdings ‚Maske' und nicht ‚Bart'; vgl. Isengrim, Grímr. War Odin ‚der Maskengott'? Ich denke ja.

3.4.4. Der Ahnensegen

Wir haben nun alle Elemente der Sagen um die Wilde Jagd besprochen, die dem Odinskult eigentümlich sind. Bevor wir uns nun den Teilen zuwenden, die aus anderen Traditionen aufgenommen wurden, sollte noch einmal betont werden, daß von den Ahnen, insofern sie sich weiterhin um ihre Nachfahren kümmern, angenommen wird, sie würden der Sippe, dem Vieh und dem Acker Segen bringen (ARG II, 139). Daher glaubte man, wie Höfler, Meuli, Wolfram u.a. nachgewiesen haben, auch nachdem die religiösen Praktiken längst zu volkstümlichem Brauch geworden waren, daß die Wilde Jagd förderlich sei, und begrüßte sie trotz des Chaos und der Gefahr, die sie mit sich brachte. Der **koryos* bringt Fruchtbarkeit aus demselben Grund, aus dem er Ordnung bringt: weil er dem Volk die Ahnen vergegenwärtigt. Da der Aspekt der Fruchtbarkeit für die auch nach ihrer Bekehrung zum Christentum an den alten Bräuchen festhaltende Landbevölkerung ausschlaggebend war, gerieten diese nicht in Vergessenheit. Wenn Turville-Petre schreibt, daß die Existenz mit Odinsnamen verbundener und mit *akr* und *vin* gebildeter Ortsnamen „nahelegt, daß Òðinn für viele Menschen seinerzeit mehr ein Fruchtbarkeitsgott als ein unbarmherziger Gott der Könige, Sieger, Meineidigen und Dichter, als welcher er in den literarischen Quellen erscheint, war“ (1972, 18), dann mißachtet er diesen Aspekt.

3.5. Feste zur Jahreswende

Wir wissen, daß kultische Umzüge einen wesentlichen Teil der großen Feste in der indogermanischen Welt darstellten; Beschreibungen dieser Umzüge, vor allem der mit den Dionysosfesten verbundenen, sind uns aus Griechenland überliefert, und im *Mahābhārata* VII, 20266ff. findet sich eine besonders lebhafte Beschreibung eines Festes, dem eine Prozession vorangeht, die unter Führung einer ekstatischen Horde, Segen und Wachstum spendend, durch die Lande zieht. Wir wissen ebenfalls, daß diese großen Gelage das gesamte Leben der Gemeinschaft erfaßten und daß jede gesellschaftliche Gruppe oder deren Repräsentanten daran teilnahmen und wichtige Rollen zu spielen hatten. Des weiteren wurden, auch in Gesellschaften, die nicht primär landwirtschaftlich ausgerichtet waren, Fruchtbarkeitsriten bei jedem großen Fest vollzogen. Wenn die Frauen nicht gebären und die Kühe nicht kalben, wird das Volk nicht gedeihen, auch wenn die Männer siegreich aus der Schlacht heimkehren. Es ist daher nicht erstaunlich, Waffentänze und Regentänze bei denselben Veranstaltungen aufgeführt oder bewaffnete Männer in Wolfsmasken und einen das Sonnenrad zum Kultplatz ziehenden Wagen zu sehen.

Es genügt, Hauers Rekonstruktion des indischen *Mahāvrata* zu lesen, um einen Eindruck von der Vielfalt kultischer Praxis bei Sonnenwendfesten zu gewinnen (Hauer 246-296). Es gab athletische Wettkämpfe wie im antiken Griechenland, Wagenrennen und Wettbewerbe von Bogenschützen. Ein Arier und ein Sudra[53] kämpften um ein weißes Fell, das die Sonne darstellte, so wie in *illo tempore* Götter

[53] Mit ‚Arier' (*Aryans*) sind hier die indoeuropäischen Eroberer Indiens bzw. deren Nachfahren gemeint, und ‚Sudras' sind die dunkelhäutigeren Ureinwohner. Anm. des Übersetzers.

und Dämonen um die Sonne stritten. Die Götter siegten, und der Arier gewinnt und verdeutlicht damit, daß der Sieg der Götter fortwährt. Zwei rituelle Dialoge, grobe Abwandlungen von verbalen Wettstreiten, wurden gesprochen: In dem einen priesen und schmähten zwei Männer abwechselnd die Opfernden; der andere war ein phallischer Dialog zwischen einer Hure (einer kultischen Prostituierten) und einem Veda-Studenten. Desweiteren gab es rituellen Geschlechtsverkehr, an dem sich, auf geweihtem Boden, offenbar jeder beteiligen konnte;[54] später wurde er von einem repräsentativen Paar vollzogen. Heiratsfähige Mädchen führten Regentänze auf; die Zeremonie hatte auch ‚schamanische' Elemente, etwa die ekstatischen Erlebnisse des Hotar-Priesters auf einer Schaukel und andere mehr.

Dies alles verdient erwähnt zu werden, denn obwohl sich das beschriebene Fest von seinem Ursprung fortentwickelt hat,[55] ist es doch das früheste Zeugnis eines sehr primitiven indoeuropäischen Gelages – primitiv und doch extrem vielschichtig, mit einer hochentwickelten Symbolik, ein Fest, das eindeutig die Anleitung jeder Gruppe sowie eine Gesamtchoreographie erfordert. Das *Tāṇḍya Mahābrāhmaṇa* (XXIV) behauptet, daß anfangs die *daivā vrātyās* diese Riten ausgeübt hätten, d.h. sie wurden von den vergöttlichten Vorfahren der Vrātyas, des indischen Männerbundes, der uns im dritten Teil beschäftigen wird, begründet (Hauer 246). Hauer führt den Kommentator des *Kātyāyana Śrauta Sūtra* (XXII, 4,3) an: „Bei diesen Festen waren geübte Sänger, Tänzer und (Zauber-)Waffenträger vonnöten, die in der Vrātya-Genossenschaft von besonderen Lehrmeistern ausgebildet wurden" (Hauer 237).

Einige der die Wilde Jagd kennzeichnenden Aspekte waren zweifellos Bestandteile derselben Feste wie die Maskenträger, gehörten aber zu einem anderen Kultus. Unter den skandinavischen Steingravuren befinden sich Abbildungen von kultischen Prozessionen mit Wagen, Schiffen, die auf Schlitten gezogen werden, und Pflügen. Wir wissen von einem Umzug mit einem Schiff als Teil eines Fruchtbarkeitskultes der Nerthus in Germanien (*Germania* 40). Dabei hat man Räder, die die Sonne repräsentierten, mit Wagen transportiert; später wurden sie als Räder der Fortuna interpretiert.[56]

Andere Elemente müssen in spätererer Zeit in den Kult eingegangen sein. Als die Männerbünde spätestens mit der Ausrottung heidnischer Frömmigkeit verschwanden, begannen andere exklusive Männergesellschaften – am bekanntesten

---

[54] „Solche Bräuche reaktualisieren den ursprünglichen Augenblick der Schöpfung oder den seligen Zustand der Anfänge, als es weder sexuelle Tabus noch moralische oder soziale Gesetze gab" (Eliade 1978, 94).

[55] Die in Hellas so wichtigen *agones* wurden in Indien unterdrückt, und in der Zeit, auf die sich Hauers Quellen beziehen, war das Wagenrennen eine Prozession, und das Bogenschießen wurde als eine Form von Regenzauber erklärt.

[56] Manchmal ist ein Mann an das Rad gebunden. Es ist nicht ganz klar, ob dieser das kleine Figürchen darstellen soll, das oft auf dem Rad der Fortuna zu sehen ist, oder jemanden, der durch mittelalterliche Foltermethoden geqält wird, einen geistigen Gefährten der hängenden Männer, die im Zusammenhang mit Odin erscheinen bzw. tatsächlich stehen, auch wenn die Bedeutung im Mittelalter auf dem Kontinent mit Sicherheit in Vergessenheit geraten war. Ein mitteldeutscher Nachtsegen, der die Wilde Jagd abwendet, lautet folgendermaßen:

sind die handwerklichen Gilden – die Lücke zu schließen. Daher finden wir bei der Wilden Jagd Handwerker, die Werkzeuge oder Symbole ihres Gewerbes mit sich führen. Auch Akrobaten und Jongleure scheinen eine spätere Zutat zu sein, abgesehen davon, daß wir sie in Indien im *Thiasos* des Rudra-Śiva finden. Das Auftreten von Ermordeten, allgemein bekannten Sündern und ungetauften Kindern kann als christliche Folklore oder Teil eines Versuchs von Klerikern, heidnische Praktiken, die sie nicht eliminieren konnten, zu volkspädagogischen Zwecken umzufunktionalisieren, ausgeschieden werden. In derselben Weise verwandelten sich der Schimmelreiter in den Teufel, die Maskierten in Dämonen, und es wurden Geschichten von dem Jäger als einem leidenschaftlichen Waidmann erzählt, der die sonntägliche Messe versäumte, um seiner Jagdbessenheit zu fröhnen, und nun zur Strafe verdammt ist, für alle Ewigkeit durch den Himmel zu reiten. Gehenkte aber verweisen durchaus auf den ursprünglichen Kult; Odin war der *Hangaguð* (59), *Hangatýr* (60) und *Hangi* (61), und es ist anzunehmen, daß Wodan dies ebenso war, da auf dem Kontinent Opfer in heiligen Hainen für ihn aufgehängt wurden. Außerdem war Odin berüchtigt, der Schutzpatron aller Arten von Gaunern und Landstreichern zu sein, was als Teil seiner späteren Dämonisierung vernachlässigt werden könnte, wären nicht Rudra und Hermes ebenfalls Patrone vergleichbaren Gesindels. Es ist offensichtlich, daß diese Persönlichkeitsmischung auf vielfache Wurzeln zurückgeht.

Wenn wir die für die Jagdvariante spezifischen Teile betrachten, wird die Situation noch komplizierter. Höfler und andere nehmen an, daß das Heer das Ursprüngliche war, da Odin ein Kriegsgott und niemals ein Jägergott gewesen ist. Das ist zweifellos richtig. Die Verbindung könnte in einem intransitiven Gebrauch von ‚jagen' im Sinne von ‚rennen' liegen, um den rasenden Galopp[57] des Heeres zu beschreiben, zumal die Jagenden oft keine Beute bei sich hatten. Einst war nur von solchem ‚Jagen' die Rede, und leicht genug konnte die passende Beute aus verfügbarer Folklore entnommen werden.

Der Hirsch ist ein typischer Bestandteil der Märchenjagd in germanischen und keltischen Sagen, während der Dämon zu einem alten Fruchtbarkeitskult oder zumindest zu archaischem Erntebrauchtum gehört haben kann. Andererseits ist die Jagd ein wichtiger Bestandteil des Lebens der Heranwachsenden; manche verwandten Götter, wie namentlich Rudra, sind Wilde Jäger, und man braucht nur

---

Wutanes her und alle sîne man,
di di reder und die wit tragen
geradebreht und erhangen
ihr sult von hinnen gangen.
Höfler 1934, 117

Wotans Heer und alle seine Mannen / die die Räder und die Hölzer tragen / Gerädert und gehängt / sollt ihr von hinnen gehen!

[57] Der rasende Galopp war in den 1930ern immer noch ein Julbrauch in Skandinavien (Wolfram 1937); er ist selbst magisch, eine Art von Bewegungsritus („Leben weckt Leben, Kraft weckt Kraft," Höfler 1934, 289).

nach Irland zu schauen, um zu bemerken, wie wichtig die Jagd für die Mythologie der Jugendbünde sein kann.[58]

Dann gibt es noch die Frage der Wilden Jägerinnen: Diese könnten ebenfalls als nachträglich hinzugefügte Dämonen ausgeschieden werden, die in das Heer aufgenommen wurden, nachdem es eine Jagd geworden war und den ursprünglichen Jäger ersetzt hatte, der keine spezielle Bedeutung mehr besaß; jedoch nennt Bede die Zwölf Nächte *modra nect* (Philippson 1929, 66; ARG I, 195), und es gibt Wilde Jägerinnen auch in Griechenland: So führt Artemis-Hekate eine rasende Horde von Geistern an.[59] Der einsame Jäger mit seinen Jagdhunden erinnert sehr an Arawn, den Lord of Annwen, der Verbindungen zu den Toten, aber nicht zu den Männerbünden hat. Schließlich ist zu bedenken, daß die Jägerinnen – ob einzeln oder zu mehreren – von maskierten Männern oder Jungen dargestellt wurden.[60]

Die Umzüge hatten sicherlich, wie überall die zu den Kultplätzen führenden Prozessionen, festgesetzte Routen. Um die feueräugigen Dämonen anzudeuten, wurden, wie wir wissen, große Zuckerrüben ausgehöhlt, wie Kürbislaternen zurechtgeschnitzt, mit kleinen Kerzen versehen und bei den Umzügen auf Stangen getragen.[61]

---

[58] Wenn Beck sich auf das Jagen als „Sinnbild des Kampfes" (1968, 242) bezieht, dann gilt diese Behauptung ebenso für das Leben wie für die Literatur. Durch Jagd und Raub wird die Gruppe Jugendlicher „ein Verband stets kampfbereiter Krieger" (Schurtz 321; vgl. Kap. 7. Vgl. aks. *zeno* ‚jagen' = θείνω, *hánti* usw. ‚töten'.)

[59] Artemis war als Bogenschützin eine Mörderin der Frauen bevor sie πότνια θηρ'ων und eine Jägerin im gewöhnlichen Sinne wurde; vgl. Dilthey 1870, Nilsson 1906, 394-397; Rohde II, 82-87.

[60] „Wie bei den Primitiven ist das Maskenwesen Sache der Männer, bzw. der Männerbünde" (Meuli 1975, 162; Schurtz 357). Weiser stellt enge Parallelen zwischen der Perchta und den Perchten und Artemis mit ihrem Gefolge heraus, 55, Anm. 48.

[61] Der Leser erkennt hier sicher die Ursprünge unserer Halloweenbräuche: das Totenfest, die Kürbislaterne, die Masken, die die Geister der Toten und später auch diverse Berufe repräsentieren (Cowboy, Astronaut); die ungemütliche Sitte des *Trick-or-Treat* (bei der Kinder von Haus zu Haus gehen, Süßigkeiten verlangen und dem, der sie ihnen verweigert, einen Streich spielen, Anm. d. Übers.) geht zweifellos unmittelbar auf das Heischerecht zurück. Auch das Alter der Maskenträger ist ähnlich. Meuli zitiert ein Lied von Jungen aus Rhodos, die Bewirtung fordern und anderenfalls Dach und Türen des Hauses zerstören. Die Tatsache, daß sie eine Praxis der Bruderschaften (siehe 3.4.1) androhen, läßt es wahrscheinlich erscheinen, daß das zu einem Kinderspiel Gewordene einen kultischen Ursprung hatte (1975, 40, siehe auch 295). Die kleinen Lampions sind ebenso ‚Masken'; vgl. die römischen *oscilla*, Meuli 1975, 251ff.; Altheim 1931, 48-91. Masken müssen nicht zwangsläufig getragen werden; neben den kleinen Köpfen, die auf Stöcken getragen oder als Votivgaben aufgehängt wurden, gibt es die großen Marmormasken des Dionysoskultes, s. Wrede 1928.

3.6. Harlekin

In Frankreich wurde das Heer, laut lateinischer Quellen, *familia hellequini* und im Altfranzösischen *la maisnie Hellequin*,[62] d.h. ‚Anhang oder Gefolge des Harlekin', genannt. Aber wer ist dieser Harlekin? Sicherlich nicht der Clown.

In seinem Aufsatz ‚Harlekin. Germanischer Mythos in romanischer Wandlung' (Anglia 1937) behandelt Flasdieck die Geschichte dieses Namens und der ihm zugehörigen Charaktere, zählt alle bisher vorgeschlagenen Etymologien und Erklärungen auf und legt schließlich seine eigene Etymologie vor, die seitdem allgemein anerkannt ist. Seine Prämisse ist, daß die germanischen Invasoren ihr ‚Heer' bzw. ihre ‚Jagd' mit nach Britannien brachten; ihr Name für dessen Anführer wurde von dort ins Französisch der Normandie und später ins Mittelfranzösisch übernommen.

Im Jahre 1181/82 erschien die *fabula* des *Herla rex antiquissimorum* von Walter Map.[63] König Herla verbrachte drei Tage bei einem Zwergenkönig in dessen unterirdischem Palast und bemerkte dann, daß auf der Erde zweihundert Jahre vergangen waren. Sein Gastgeber hatte ihm einen Hund mitgegeben und ihn gewarnt, daß niemand von seinem Pferd absteigen dürfe, bevor nicht der Hund heruntergesprungen sei. Einer tat es und zerfiel sofort zu Staub. Herla und seine Männer sind seitdem immer auf Reisen, und manch einer behauptet, er hätte sie noch oft gesehen (251).

Herla kann nicht keltisch sein. Es ist kein entsprechender altenglischer Personenname überliefert, jedoch kann er vielleicht in dem frühmittelenglischen Familiennamen *herel* wiedererkannt werden. Dagegen ist der althochdeutsche männliche Personenname *Herilo* in verschiedenen Gegenden im neunten Jahrhundert belegt.[64] *Herla* erscheint hauptsächlich als erster Bestandtteil englischer Namen. Für das Jahr 744 ist ein Bischof *Herlewald* in Glastonbury bezeugt, ebenso ein Mönch namens *Harlewine*, der 1077 in Bath lebte, und andere; außerdem gibt es im Althochdeutschen Männernamen wie *Herlefried* und *Herlof* sowie die Frauennamen *Herladrud* und *Harilpurc*. Zahlreiche englische Ortsnamen sind mit diesem Bestandteil gebildet, und Personennamen, die mit *Erla-* beginnen, treten auch in England auf (312-315).

Flasdieck leitet diese Namen von **Haril(x)* ab, das er mit dem ahd. Personennamen *Harelunc*, verschiedenen mit diesem korrespondierenden, auf **Her(e)ling* zurückgehenden englischen Ortsnamen, der Harlungensage und den *Herelingas*, den ‚Leuten von Herel(a)', von *Widsith* 112 (317) in Verbindung bringt. „Wohl aber ist

---

[62] „Die [Bezeichnung] *maisnie Hellequin* begegnet zuerst bei Ordericus [Vitalis 1075-1143?] und bezeichnet das Wilde Heer" (Flasdieck 253). (Jede nur denkbare Schreibweise des Namens ist in Grimms ‚Deutscher Mythologie' angegeben.)

[63] Walter Map (1140-1210), der "erste englische Essayist", war ein Freund von Henry II. und Giraldus Cambrensis; Flasdieck 250f. (Flasdieck zitiert einen englischen Schriftsteller, A.W. Colton, *Poet Lore* V [1893], S. 537.)

[64] In St.Gallen, am Chiemsee und in Fulda, „vielleicht auch *Herlo*, St.Gallen 771" und einiges mehr; „vergleiche [...] *Hereca* im 8. Jahrhundert, gebildet zu ae. *here* mit Diminutivsuffix -(i)ca [...]" (Flasdieck 312).

am ehesten in dem Namen Herelingas, wohl zuerst in Deutschland belegt als Harelungi in der Ekkehard von Aura (an der fränk. Saale) zugeschriebenen ‚Weltchronik' kurz nach 1100, ein Hinweis zu finden." Diese Form stellt sich „zunächst dar als patronymische Bildung zu **Haril(x)*, kann also sowohl bedeuten ‚Söhne des H.' wie auch ‚Leute des H., Stamm der H.', gewährt aber auf jeden Fall den Ausgangspunkt des Personennamens **Haril(x)* (321)."

Dieser Name kann sowohl ein a- oder ein an-Stamm sein. Ahd. *Herilo* und *Herla* bei Walter Map zeigen ebenso wie afrz. *Herlekin* den an-Stamm **xarilan-* von germ. **xaria-* ‚Heer' (321).

Das l-Suffix kann an einen Diminutiv wie Wulfila denken lassen, aber Flasdieck gibt eine Fülle von Beispielen aus dem Altenglischen, die kaum als Verkleinerungsformen zu interpretieren sind, etwa „*mān-for-dœdla* ‚Frevler' (Beowulf 563), zu *dœd* ‚Tat' und *geniþla* ‚Feind' zu *niþ* ‚Streit' ...". Viele von ihnen, wie *bytla* ‚Baumeister', von *botl* ‚Haus', repräsentieren eine neuere Sorte von Nomina agentis. Flasdieck führt eine Liste altenglischer Namen mit diesem Suffix an und schließt: „Bemerkenswert ist, daß unter den Appellativen fast sämtliche personenbezeichnenden Nomina agentis zu einer engen Bedeutungsgruppe gehören. Man mag sich geneigt fühlen, dieses wortbildende Element als ‚Suffix der umherschweifenden Berufe' zu betiteln.[65] **Xarilan-* bedeutet also wohl ‚Heerführer'" (322ff).

**Xarilan-* ist also ein Synonym für das oben behandelte *Herjann* und paßt gut zu den anderen Odinsheiti, die mit *Her-* gebildet werden: *Herföðr*, *Herjaföðr*, *Hertýr*, *Herteitr* (67-70). Flasdieck schlägt vor, daß das (nicht belegte) **Xarilan-* eine semantische Verengung erfuhr. „In mythologischer Sphäre wurde es zum Heerführer κατ' ἐξοχήν, zum ‚Führer des Totenheeres' und damit in gewissem Sinne ein Beiname Wodans" (323).[66]

Urgerm. **xaril-* wurde zu ae. *herel-*, welches dann im zehnten Jahrhundert[67] synkopiert wurde und Maps *Herla* ergab (325). Allerdings gibt es bei Map auch das Wort *Herlethingus*, „das zweifellos Eigenname ist." Das Bodleian-Manuskript stammt aus dem dritten Viertel des vierzehnten Jahrhunderts, und es ist wahrscheinlich, daß ein ursprüngliches *ch* während der Übertragung in ein *th* verwandelt wurde, wie schon von Malone und anderen angenommen wurde (327).

Der zweite Teil des Namens ‚Harlekin' wäre ae. *cyng*, *cyning* ‚König',[68] das uns zu Maps *Herla rex* zurückführt. Woden ist *Herla cyng* (vgl. *Æðelbald cyng*). „Entrundung des ae. y [y] fand in weiten Teilen des Sprachgebietes schon im Laufe des 10., 11. Jahrhunderts statt." Im Mittelenglischen wurde ‚-ng' am Schluß in

---

[65] Unter Zitation von Karl Kärre: Nomina agentis in Old English, Uppsala 1915, 74f.

[66] Flasdieck hält für möglich, daß die jungen Männer *Harlungen/Herelingas* ‚wurden', nachdem und weil sie gehängt wurden – „daß sie diesen Namen ‚Wodansleute' erst sekundär erhielten, weil nach dem Glauben des Volkes eben Gehängte vornehmlich zum Wilden Heer gehören [so auch Malone: *Widsith* 165]" (324f.).

[67] Noch früher bei Namen; Campbell 145, 348.

[68] „Schon G. Phillips (1853) ... meinte, sehr wahrscheinlich steckt in *kin* ‚König'. Die hier vorgetragene Etymologie könnte man daher als eine philologisch begründete Wiederholung der Theorie von Phillips bezeichnen" (326).

manchen Gegenden zu ‚ŋ', nicht aber im Westen; daher schrieb Map, der im Westen lebte, **chingus* (327).[69] Das Französische hatte keinen /ŋg/ oder /ŋ/ entsprechenden Konsonanten. Bei der Übernahme des ae. **Herla king* mußte es daher zu einer lautlichen Veränderung kommen, „wie sie durch die bekannte anglofranz. Schreibung *-n* für engl. *-ng* in fme. Hss. veranschaulicht wird; so hat die ältere Lagamonhs. nicht selten gerade *kin* für king" (328).

Zusammenfassend läßt sich sagen: „Die Basis des afrz. Herlekin ist also ein ae. **Her(e)la cyng* ‚König Harilo', me. **Herla king*. Das Wort entstammt der anglofranz. Kultursphäre; *Harlekin* ist ein Beitrag des germanischen Spätaltengland zum westeuropäischen Sprachschatz" (329).

Wir beginnen nun, ein Merkmal zu erkennen, das die Scharen, die Odin/Wodan führt, gemeinsam haben: Sie sind tot.

[69] „Die gelegentliche Verwendung von ‚ch' scheint phonetisch bedeutungslos zu sein, da es sich sowohl für c als für ċ zeigt" (Campbell 173, 427, Anm. 1).

Kapitel 4: *Feralis exercitus*

4.1. *Harii*

Tacitus schreibt über die *Harii* in der *Germania* (43):

Ceterum Harii super vires, quibus enumeratos paulo ante populos antecedunt, truces insitae feritati arte ac tempore lenocinantur: nigra scuta, tincta corpora; atras ad proelia noctes legunt ipsaque formidine atque umbra feralis exercitus terrorem inferunt, nullo hostium sustinente novum ac velut infernum aspectum; nam primi in omnibus proeliis oculi vincuntur.[70]

Tacitus' Informationsquellen sahen in den *Harii* einen Stamm. Wesentlich wahrscheinlicher ist jedoch, daß sie die Stoßtruppen, das *her* der Lugier gewesen sind. Ihr Name macht das deutlich: Sie sind die Männer des *her* (Kap. 2). Die letzte Zeile besagt, daß Tacitus oder seine Quelle die schwarze Farbe ihrer Körper und Waffen und ihre nächtlichen Angriffe für Täuschungsmanöver, für eine Art psychologischer Kriegführung, hielt. Tatsächlich können wir aber aus dem, was wir im vorangegangenen Teil diskutiert haben, schließen, daß diese Krieger die Toten sind.[71] Einem Römer erschienen sie sicher schreckenerregend, und die Annahme, daß der Zweck dieser Maskerade darin lag, Terror zu verbreiten, wird wohl naheliegend gewesen sein; aber die Praktik wird nicht als gelegentliche List, sondern als Brauch dargestellt. Abgesehen davon kann man wohl kaum hoffen, einen Feind mehr als ein- oder zweimal mit einem solchen Trick zu schrecken. Nein, die Harier glaubten, wie unsere sonnenwendlichen Maskenträger, daß sie die Ahnen seien: eine Armee der Unsterblichen, die toten Helden ihres Stammes.

Die Wirkung war nicht in erster Linie an den Feind adressiert, der, wenn er Germane oder Kelte war, sicher dieselbe Art von Kriegern in seinem eigenen Stamm

---

[70] Übrigens steigern die an sich schon schrecklichen Harier über die Kräfte hinaus, durch die sie die eben erwähnten Völker überragen, ihre angeborene Wildheit noch durch geschickt angewendete äußere Mittel und die Wahl der Angriffszeit: ihre Schilde sind schwarz, ihre Leiber bemalt; finstere Nächte wählen sie zum Kampf, und schon durch den grauenvollen und düsteren Anblick eines „Gespensterzuges" verbreiten sie Schrecken, kein Feind hält den überraschenden, beinahe höllischen Anblick aus; denn in allen Kämpfen erliegen zuerst die Augen. Tacitus: Germania, übertragen und erläutert von Arno Mauersberger, VMA-Verlag, Wiesbaden o.J., S. 115.

[71] „Das Heer schlechtweg ist aber das Geisterheer, die Schar der *einherjar*, als deren Führer Odin *Herjann*, *Herfaðir*, *Herjaföðr* heißt" (Much: *Germania* 485).
„Das bisher als verderbt betrachtete Wort *herfor*, das in der Guðrunarkviða 1, 8 vorkommt, scheint einen Beleg für aisl. *herr* in der Bedeutung ‚Totenheer' zu bieten." Herborg sagt Gudrun, wie sie, nachdem alle ihre Verwandten getötet sind, diese zu ihren Begräbnissen begleiten und mit eigenen Händen auf ihre *herfor*, ihre Reise zum ‚Totenheer', vorbereiten müsse (Gutenbrunner 1940a, 20).

hatte,[72] sondern eher an die Kämpfenden selbst. Die Toten können nicht getötet werden; weder Feuer noch Schwert kann ihnen etwas anhaben, wie Snorri über Odins Berserker sagt.

Tacitus hat uns eine sehr wertvolle frühe Beschreibung von kultisch-ekstatischen Kämpfern hinterlassen. Die meisten Gelehrten scheinen anzunehmen, daß die *Harii* reife, ausgebildete Krieger, wie die in *Germania* 31 beschriebenen Chatten,[73] gewesen seien, doch ich halte es mindestens für wahrscheinlich, daß sie der **koryos* der Lugier waren. Diese jugendlichen Krieger waren normalerweise die Guerillakämpfer. Aber eine kurze Passage liefert nicht genügend Informationen, um eine Argumentation in die eine oder andere Richtung zu erlauben.[74] Über die Chatten sind wir besser informiert.

4.2. *Chatti*

Dieser Stamm erweckt bei Tacitus ein hohes Maß an Bewunderung. Sie sind ziemlich klug für germanische Verhältnisse und militärisch besser organisiert und diszipliniert als die meisten anderen Germanen. Sie verlassen sich auf ihre Infanterie und führen größere militärische Unternehmungen und nicht nur die schnellen Raubzüge anderer Stämme durch (*Germania* 30). Es ist bei ihnen Sitte, daß sich ein Jüngling, der in das Mannesalter eintritt, Bart und Haare wachsen läßt, bis er einen Feind getötet hat – *super sanguinem et spolia revelant frontem*, über Blut und Beute „entblößen sie das Gesicht". Die Feigen und Unkriegerischen blieben verwahr-

[72] Nach Caesar (*Bello Gallico* 5, 14) war es bei den Britanniern Sitte, nackt zu kämpfen und sich den Körper blauschwarz anzumalen. Für die Römer, denen das aus der Vergangenheit ihrer eigenen Nation nicht bekannt war, machte dieser Brauch die Britannier schlicht zu *horridiores*. Wir wissen genug über die Männerbünde bei den Kelten, um sicher behaupten zu können, daß die Verwendung von pflanzlichen Farben ein Zeichen dafür war, daß diese Britannier die Manen gewesen sind; was Caesar sah, war also eigentlich ein *feralis exercitus*.

[73] Eine andere weitverbreitete Annahme ist die, daß Tacitus' *Harii* identisch mit Plinius' *Charini* sind, die er als einen Stamm der Vandalen auflistet (HN IV, xiv, 98), siehe RE III, 2143, sowie Muchs *Germania* 485; die *Lugii* sind die Vandalen (Much 479). Aber die anderen Stammesnamen passen nicht, und Plinius' Betrachtung der Goten (*Gutones*) als eines anderen Vandalenstammes zeigt, daß er nicht hinreichend informiert war. Ich würde gerne dafürhalten, daß die *Charini* vermutlich dieselbe Institution wie die *Harii* darstellten, nicht aber dasselbe Volk waren. Auch dieser Name kommt von **harjaz* und ist, wie Much sagt, „mit lit. Karinis ‚zum Kriege gehörig' zusammenzuhalten" (485). Es gibt jedoch keinen Grund für die Behauptung, daß es nur einen dieser Bünde in einem großen *gens* gab, das aus verschiedenen Stämmen bestand. Wahrscheinlicher ist, daß jeder Stamm einen besaß und daß sie, da sie im Prinzip dasselbe waren, ähnliche Namen hatten. In Indien gab es durch Eide verbundene Bruderschaften, die Vrātyas genannt wurden, und andere, die Vrātīnas hießen. Nach den vorliegenden Informationen waren sie exakt dieselbe Art von Gemeinschaft, aber nicht dieselbe Gruppe (siehe Teil III).

[74] Keinesfalls bezeichnet der Name, wenn wir uns an das *her* usw. erinnern, ‚Heer' im heutigen Sinne, sondern eine Räuberbande; wir können also keinen Schluß auf Berufssoldaten ziehen. Zu den Hariern vgl. Polomé 1992, bes. 184f.

lost. Die Tapfersten trugen auch einen eisernen Ring, bis sie ‚ihren Mann' getötet haben. Diese Mode gefiel vielen Chatten, so daß sie auch von Graubärten gepflegt wurde. Solche Männer standen in jeder Schlacht in vorderster Front:

Omnium penes hos initia pugnarum, haec prima semper acies, visu nova; nam ne in pace quidem vultu mitiore mansuescunt. Nulli domus aut ager aut aliqua cura: prout ad quemque venere, aluntur – prodigi alieni, contemptores sui – donec exsanguis senectus tam durae virtuti impares faciat (31).[75]

Diejenigen Krieger, die auf Kosten der Bevölkerung leben, eine niemals nachlassende Wildheit zeigen und in ihrer Rüstung sterben, sind lebenslang geweihte Krieger. Sie verbleiben in jenem geweihten Zustand, der für die meisten Männer einen Teil des adoleszenten Übergangsrituals darstellt.

4.2.1. Weihekrieger

Jeder, der mit der Wikinger-Literatur vertraut ist, wird bemerken, wie genau Tacitus' Beschreibung zu den Berserkern und, mehr noch, zu Starkaðr paßt.[76] Obgleich weder von ihm noch von den anderen gesagt wird, daß sie lange, unordentliche Haare und Bärte haben, sind auch sie von ungemütlicher und wilder Erscheinung. In den Sagas sind die Berserker Tyrannen von oft unwahrscheinlicher Körperkraft, dabei mehr Angeber als Helden; sozial werden sie als Parasiten und Abschaum dargestellt.[77] Aber es gibt auch Zeichen für eine andere Sichtweise. Haraldr Lúfas Berserkergruppe spielte, nach dem Gedicht von Torbjörn Hornklofi, eine wichtige Rolle in der Schlacht von Hafursfjord, und wenn jemand in dieser

[75] In allen Kampfhandlungen liegt der erste Angriff bei ihnen, sie bilden immer die vorderste Linie und bieten einen schrecklichen Anblick; denn auch im Frieden mildern sie ihr Aussehen nicht durch eine gesittetere Lebensform. Keiner dieser Kämpfer hat Hof, Acker oder sonst etwas, dem seine Sorge gilt: sie werden von jedem, zu dem sie gerade kommen, nach Möglichkeit verpflegt – Verschwender fremder Habe, Verächter des Eigenbesitzes –, bis die Entkräftung des Alters sie zu so hartem Heldenleben unfähig macht. Mauersberger, 89f.

[76] Höfler vergleicht Starkaðr Punkt für Punkt mit den Weihekriegern der Chatten: Germanisches Sakralkönigtum 190ff.

[77] Zum Beispiel haben König Athils von Schweden und Hrolf von Dänemark in der *Hrólfs saga kraka* beide in ihrem Gefolge Gruppen von zwölf Berserkern, die ihre Wichtigkeit herausposaunen und von jedem eine sklavische Schmeichelei erwarten, einschließlich dem König, dabei aber keine Gegner für wirkliche Helden wie Svipdag oder Böðvar Bjarki darstellen. In der *Eyrbyggia saga* werden zwei Berserker wie Sklaven verkauft; sie taugen trotz ihrer Stärke zu keiner Arbeit, verbreiten aber solche Furcht, daß sie aus dem Hinterhalt getötet werden müssen, als einer von ihnen ein ordentliches Mädchen zur Frau begehrt. Der *berserksgangr* tritt häufig als unkontrollierbare und unwillkommene Art von Besessenheit auf, so daß der Berserker recht eigentlich wie eine volkstümliche Vorstellung oder Hollywoodversion des Werwolfs, eines Wesens, mit dem er religionsgeschichtlich eng verbunden ist, erscheint. Die zwölf Söhne des Arngrim müssen in der *Hervarar saga* ihre Schiffe und ihr Gefolge verlassen, als sie den *berserksgangr* über sich kommen fühlen; sie kämpfen mit Bäumen und Felsen bis der Anfall vorüber ist und vermeiden dadurch, ihre Männer oder einander zu töten. Sie unterscheiden sich nicht sonderlich von Kveldúlfr, dem Großvater Egil Skallagrimsons; er war tagsüber ein gewöhnlicher Mann, aber gegen Abend packte ihn eine wölfische Wut, so daß sich das Gerücht verbreitete, er wandle seine Gestalt.

Saga als ‚großer Berserker' bezeichnet wird, ist das mit Bewunderung gesagt: er ist wertvoll für den König und schwer zu töten. Hier sehen wir Berserker so in Erscheinung treten, wie es ihrer tatsächlichen Rolle als Elitetruppe des Königs entsprochen haben muß. Torbjörns Worte (18),

> grenjuðu berserkir guðr vas á sinnum,
> emjuðu Úlfheðnar ok ísörn dúðu.
>
> (Es kreischten die Berserker – dies war ihre Schlacht;
> die Wolfshäute schrien und schüttelten ihre Waffen.),

zeigen uns die ekstatischen, wie Bären und Wölfe heulenden Kämpfer und gemahnen an Snorris berühmte Beschreibung in der *Ynglinga Saga* 6: „[Odins] Mannen liefen ohne Panzer herum, rasten wie Hunde und Wölfe, bissen in ihre Schilde und waren stark wie Bären und Bullen; sie erschlugen Männer, doch weder Feuer noch Stahl konnte ihnen etwas anhaben. Dies nannte man einen ‚Berserkergang'" (nach Monsen 5).

Wenn wir nun auf Starkaðr blicken, erkennen wir zwei Weisen, wie man gleichsam auf Kriegsfuß stehen konnte: einerseits als Krieger-Dichter und Recke des Königs, andererseits als Verschlinger rohen Fleisches[78] und übelster Königsmörder. Die in der *Gautreks Saga* erzählte Geschichte vom Streit der Götter über Starkads Schicksal schildert sowohl Odins Helden als auch wie dieser den Bauern erschien, die ihn zu versorgen hatten. Zwar wird nichts über sein Haar oder Bart gesagt, doch ist er von Kampfesnarben entstellt und sieht so häßlich und furchterregend aus, daß er sich in einem der ihm zugeschriebenen Gedichte beklagte, die Menschen würden ihn für einen Riesen halten.

Sein Sohn Grim, Egils Vater, erlitt ebenfalls öfter wölfische Anfälle, die zuweilen eine mörderische Wirkung hatten.
Saxos Berserker sind in vielem ähnlich, sie sind sowohl tölpelhaft als auch dämonisch. Wie Arngrims Söhne und die Berserker an den Höfen von Athils und Hrolf bevorzugten sie Zwölfergruppen, etwa die zwölf Söhne des Vestmar in Buch V und Harthbens Recken in Buch VII. Neben Harthben selbst würde Goliath aussehen wie einer der Sieben Zwerge; wie Snorris Berserker beißt er Stücke aus seinem Schild heraus und verschluckt glühende Kohlen, und, vergleichbar den Söhnen Arngrims, ist er so rasend, daß er sechs seiner Recken die Eingeweide herausreißt. Des weiteren gibt es die zwölf Brüder aus Norwegen in Buch VI; einer von ihnen heißt Björn, und sechs andere haben Namen, in denen ‚Björn' vorkommt (hinsichtlich der restlichen schweigt die Geschichte, aber wir dürfen raten); sie verwüsten, plündern, schneiden ab, ziehen heraus, nehmen mit, verbrennen und schlachten (macht das aus ihnen ein *her*?). Harthben und seine Meute verhalten sich eher wie Menschenfresser im Märchen; sie lieben es, ‚Prinzessinnen zu entführen und zu vergewaltigen' (206). Vestmars Söhne heulen wie Wölfe und stellen ein durch und durch destruktives Element am Hofe des guten Königs Frothi dar.
In all diesem zeigen sich Spuren älterer Anschauungen. Egils Sippe hat trotz ihrer Besonderheiten eine herausgehobene soziale Stellung, und Kveldulfs Kamerad und Stiefvater, ein Berserker, wird „ein Mann aus guter Familie" genannt (21).

[78] Saxo II, 106; Anm. 84 in I, Buch 6, S. 185. Ein typisches Verhalten von Männerbünden.

Der Dialog ist einen Blick wert: Thor bestimmt, daß Starkad „weder Sohn noch Tochter haben und seine Familie mit ihm enden soll“ (155). Das ist in der Tat das Schicksal des lebenslangen Weihekriegers. Odin gibt ihm daraufhin drei Lebensspannen, und Thor legt fest: „Er soll in jeder davon eine besonders üble Tat begehen.“ Das hat Starkad zweifellos auch getan, aber das Verüben böser Taten entsprach dem, wofür Berserker und ihresgleichen bekannt waren. Als nächstes befielt Odin, „daß er die besten Waffen und Gewänder haben soll“.

> *Thor*: ‚Ich ordne an, daß er weder Land noch Hof haben soll.‘
> *Odin*: ‚Ich gebe ihm dafür großen Reichtum.‘
> *Thor*: ‚Ich verfluche ihn, daß er niemals mit dem, was er besitzt, zufrieden sein soll.‘
> *Odin*: ‚Ich schenke ihm die Dichtkunst, damit er so schnell Verse machen wie er sprechen kann.‘
> *Thor*: ‚Er soll sich hinterher niemals an das erinnern können, was er gedichtet hat.‘
> *Odin*: ‚Ich bestimme, daß die Edelsten und Besten ihn bewundern werden.‘
> *Thor*: ‚Jeder aus dem gemeinen Volk soll ihn hassen‘ (156).

Lange bevor etwas noch heute Erhaltenes über Starkad niedergeschrieben wurde, wird er schon eine die Regeln sprengende Figur gewesen sein. Einige Fakten über diese geweihten Krieger sind überliefert, aber ohne den religiösen Kontext waren sie unverständlich. Als Elitekämpfer und für ihren Befehlshaber wertvolle Recken hatten sie sicher die besten Waffen und Rüstungen, zumal die Kämpfer, wie Tacitus bezeugt, mit Beute bezahlt wurden (*Germania* 14), die zu damaliger Zeit sicher aus Waffen, Kleidung und Streitrossen der toten Feinde bestand. Tacitus schreibt (*Germania* 5), daß die Germanen keinen Sinn für den Wert von Gold oder Silber besaßen; Wohlstand wurde für sie noch in Vieh gemessen, was sie mit den im dritten Teil geschilderten vedischen Kriegern gemeinsam haben. Das hatte sich zur Zeit unserer frühesten altenglischen Dichtung bereits geändert. Wenn die Wikinger und Angelsachsen gierig erscheinen, muß allerdings bedacht werden, daß ‚Ringe‘ mehr waren als einfach nur Gegenstände aus Gold: sie waren des Kriegers γέρας. Sie verdeutlichten seinen τιμή. Diese Helden waren begierig nach Ehre; wie große Viehherden ihren Vorfahren Ehre einbrachten,[79] so verschafften ihnen goldene Armreifen Ehre und Respekt, und davon konnten sie nie genug haben. Aus diesem Grunde gibt es unseren Krieger mit seinem großen Reichtum, aber keinen Söhnen, welche diesen erben könnten, und nicht einmal einem eigenen Bauernhof, auf den er sich zurückziehen könnte; dennoch ist er immer habsüchtig, niemals zufrieden.

Daß diese Männer oft schwerste Verwundungen ertragen haben, kann man sich gut vorstellen, da sie ja an der Spitze jedes Angriffs standen und sich selbst für unverwundbar hielten, auch gegenüber reinem Stahl. Zweifellos werden die Führer und ‚besten‘ Männer sie hochgeschätzt haben, doch für das gewöhnliche Volk müssen sie eine Plage gewesen sein. Weiser stellte heraus, daß die einfachen Leute der

[79] Vgl. Zarathustras trauriger Einwand zu Ahura Mazda, er sei nicht fähig, die Lehre zu verbreiten, da er so wenig Vieh besitze, *Yasna* 46.

Chatten oder eines anderen Stammes sie nur auf religiösem Boden unterstützt haben. Weder die *bœndr* des Nordens noch die gewöhnlichen verheirateten Männer der Chatten waren Schwächlinge; Kämpfer waren sie alle und durchaus in der Lage, ihr Heim und ihren Besitz zu verteidigen. Daß sie solche Leute so üppig ernährten wie diese wünschten, lag daran, daß sie sie als dem Gott zugehörig ansahen.[80] Alles, was Tacitus beschreibt, läßt darauf schließen. Sie trugen bis zum Ende ihrer Tage das, was gewöhnlich eine Herabstufung symbolisiert: den eisernen Ring, normalerweise ein Zeichen der Versklavung, das ungekämmte Haar und den zottigen Bart, die sonst bei einem erwachsenen Mann anzeigten, daß er feige und unfähig zum Kampfe war, d.h. seine Unfähigkeit, ein Mann des Stammes zu sein, verdeutlichten. Wir werden zu diesem Punkt noch zurückkehren, doch zunächst möchte ich zwei historische Personen erwähnen, die sich einer solchen Lebensweise gewidmet haben.[81]

4.2.1.1 *Civilis*

In Buch IV und V seiner Historien berichtet Tacitus von einem Aufstand der Bataver unter Civilis.[82] An dem Tag, als sich Civilis gegen Rom erhob, schwur er, sich bis zur Vernichtung der römischen Legionen nicht mehr das Haar zu schneiden; nachdem er die fünfte und fünfzehnte besiegt hatte, schor er es sich wieder. Tacitus hebt hervor, daß ein solcher Schwur oft von Barbaren abgelegt wurde und daß sich Civilis sein Haar rot gefärbt hat (IV 61). (Ammianus berichtet von dieser Praxis auch bei den Alemannen [27.2.2]: Ein Offizier der römischen Reiterei traf auf eine Bande solcher Räuber, die sich, nachdem sie eine römische Truppe in die Flucht geschlagen und die Anführer getötet hatten, an einem Fluß ausruhten, wo sich einige, ihrer Sitte gemäß, ihr Haar rot färbten – *quosdam comas rutilantes ex more.*)[83] Wir erkennen hier den Zusammenhang zwischen einem feierlichen Schwur und der Weihe des Haares, die in diesem Fall nicht lebenslang, sondern bis ein Ziel erreicht ist, gilt: Der Mann ist für diesen Zeitraum dem Gott geweiht (*sacer*). Auch Gruppen konnten einen solchen Eid ablegen: sechstausend Sachsen schwuren, sich Haar und Bärte solange nicht zu schneiden, bis sie sich bei den Sueben gerächt haben (Gregor von Tours: Geschichte der Franken V, 15 [S. 184]).

---

[80] Man erinnere sich an das im vorangegangenen Kapitel vorgestellte Heischerecht.

[81] Wir lassen einige Segnungen und Flüche aus. Die Gabe der Dichtung wurde zweifellos von Odin zugeteilt, und die Hofdichter waren allesamt Krieger, aber diese Verfluchung durch Thor kann nicht so einfach wie das Übrige erklärt werden. Vielleicht sollte sie den Grund angeben, warum so wenige Dichtungen von dem (historischen oder legendären) Starkad erhalten sind. Was seine drei Lebensspannen betrifft, scheint Starkad immer als narbiger alter Krieger dargestellt worden zu sein; in der *Heimskringla* tritt er als *Starkaðr inn gamli*, Starkad der Alte, auf.

[82] Civilis entstammt der *stirps regia*, der königlichen Sippe der Bataver, nicht nur dem Adel. Zu Civilis, dem Wodanskult und dem Heerkönigtum vgl. Schlesinger 1959, 139.

4.2.1.2 *Haraldr hárfagr*

Snorri erzählt das Folgende von dem ersten gesamtnorwegischen König (Hkr. III, 3, 4): Harald, der zunächst nur einen Teil Norwegens als König beherrschte, sandte Männer aus, die um die Hand einer gewissen Gyda, der Tochter des Königs von Hordaland (eines anderen Gebietes in Norwegen), anhalten sollten. Die Jungfrau antwortete Harald, daß er ein zu geringer König für sie sei; sie würde ihn erst heiraten, wenn er um ihretwillen ganz Norwegen erobert hätte. Ihre Worte befeuerten ihn zu königlichem Handeln und er tat den folgenden Schwur: „Þess strengi ek heit, ok þvi skýt til guðs, þess er mik skóp ok ollu ræðr, at aldri skal skera hár mitt né kemba, fyrr en ek hefi eignazk allan Nóreg með sköttum ok skyldum ok forráði, en deyja at öðrum kosti." „Dies schwöre ich feierlich und rufe als Zeugen den Gott an, der mich hervorgebracht hat und alle Dinge lenkt, daß mein Haar weder geschnitten noch gekämmt werden soll, bis ich mir ganz Norwegen unterworfen und tributpflichtig gemacht habe oder sterbe."

Zehn Jahre später, als ihm Norwegen vollständig untertan war, nahm der König ein Bad, und Jarl Ragnvald, der ihm die Haare schnitt, gab ihm einen neuen Beinamen: „Þá kölluðu þeir hann Harald lúfu, en síðan gaf Rögnvaldr honum kennengarnafn ok kallaði hann Harald inn hárfagra [...]" (23). „Man war gewohnt, ihn Harald den Zottigen zu nennen, aber danach gab Rögnvald ihm einen Beinamen und nannte ihn Harald Schönhaar." Hoffentlich besagt diese Passage nicht, daß Harald zehn Jahre lang nicht gebadet hat;[84] ein Bad gehört allerdings normalerweise zur Rückkehr vom geweihten zum profanen Status, zur Entsakralisierung.

---

[83] Zur Sitte des Haarefärbens bei der Kriegsvorbereitung vgl. Miller 43, 49. Die von Civilis verwendete Farbe war fast sicher Mennige, Bleioxyd, das einen rot-goldenen Ton ergibt; Martial erwähnt seine Beliebtheit bei römischen Damen in zwei Gedichten, in dem einen nennt er die Farbe *spuma Batava*, im anderen *Chattica spuma* (Höfler 1952, 204). (Die Bataver waren ursprünglich ein Stamm der Chatten, *Germania* 29.) Der Alemannenkönig Cnodomarius trug einen flammendroten Haarknoten (Ammianus Marcellinus, RG XVI.12.24). Sucellus, der gallische „Hammergott", ist von „Feuerfunken" umgeben und hat ein alter ego namens Rudiobus; rot ist ein Symbol für Kraft, denn es ist „die Farbe blühender Jugend". „Die rote Farbe Jupiters und seines Abbildes, des Triumphators, war als Zeichen blühender Lebenskraft gemeint" (Köves-Zulauf 1977, 71f. und 74 Anm. 179). Thor und Indra, die Hammergötter Germaniens und Indiens, haben leuchtend rotes Haar. Der slavische Gott Svantovit, ein Männerbund-Gott, „ist von Röte umgeben [...]. Rot ist bei den Indoeuropäern die Farbe des Krieges" (Sergent 1994, 34; vgl. G. Nagy 1979, 331). Rot „kommt [...] gerade im Totenkult sehr häufig vor [...]"(Altheim 1931, 81).

[84] Sicher eine lange Zeit – aber, wie wir sehen werden, ist nicht zu baden oder jegliche körperliche Hygiene zu meiden, ein verbreitetes Merkmal dieser Art Weihe und bezeichnet die Zugehörigkeit zu den Toten. Die Geschichte scheint, so wie sie überliefert ist, apokryph zu sein, doch das ‚Haar-Kriegertum' war durchaus real. Eine spätere Zeit verlangte eine Erklärung für den Beinamen Lufa; siehe Kabell 1973, 10ff. (Kabell zeigt, wie die germanische und nordische Phonologie den tendenziellen Gleichklang von Wörtern wie ‚Heer', ‚hoch', ‚Haar', ‚hehr' und *haihs* (einäugig) und eventuell auch [*hross-*]*hár(r)* erzwang und dabei den Skalden unendliche Möglichkeiten für Wortspiele an die Hand gab; die genannten sind sämtlich Odinsworte.

4.3. Die Haartrachten der *Suevi*

Tacitus berichtet (*Germania* 38), daß es ein den Sueben eigentümlicher Brauch gewesen sei, das Haar nach einer Seite zu kämmen und zu einem Knoten zu binden. Der weitere Teil seiner Darstellung klingt jedoch ein wenig konfus:[85] Einerseits unterscheiden sich durch diese Haartracht freigeborene Schwaben von anderen Germanen und von ihren Sklaven, die kurzgeschoren waren (Much 428), während dieser Stil andererseits bei manchen germanischen Stämmen – freilich nur von der Jugend – nachgeahmt wurde. Much bezieht sich auf Monumente, auf denen diese Haartracht abgebildet ist: das Haar ist gewöhnlich auf die vordere rechte Kopfseite gekämmt und dicht am Ohr zu einem Knoten gebunden; zwei Figuren haben ihr Haar so zusammengedreht, daß es wie ein Horn absteht (427). Den dritten Beleg stellen Köpfe dar, die in Dänemark, Norddeutschland und den Niederlanden in Sümpfen gefunden wurden, und deren Haar und Knoten erhalten ist. Diese Funde, unter denen der niederländische jedoch von außerhalb des den Sueben zugeschriebenen Gebietes stammt, und die anderen nicht zweifelsfrei Sueben waren, bestätigen die schriftlichen und bildlichen Quellen dahingehend, daß jene Sitte in der Tat weitverbreitet und nicht nur auf ein bestimmtes Volk beschränkt war.[86]

Diese Haartracht wurde nach Tacitus also gelegentlich von der Jugend anderer Stämme übernommen, während die Sueben sie, auch im bereits ergrauten Alter, beibehielten. Oft türmten sie ihr Haar noch am Oberkopf auf: Die Ranghöchsten trugen die aufwendigsten Knoten. All dies wurde nicht um der Mode willen getan, sondern um die Männer größer und furchteinflößender erscheinen zu lassen, wenn sie in die Schlacht zogen.[87]

Much schließt daraus: „Um ein Stammeszeichen handelt es sich also dabei nicht, vielleicht aber um einen früher weiter verbreiteten Brauch, der sich bei abgelegenen Völkerschaften länger hielt" (429; vgl. Timpe 183f., 306; Gropengießer 102). Es wäre hilfreich zu wissen, ob die oben erwähnten Greise alle älteren Krieger eines jeden Stammes einschlossen, oder ob, ähnlich den *plurimis* der Chatten, die in Tacitus' Quellen beschriebenen lediglich besondere geweihte Krieger waren, und ob es die jugendlichen Krieger in einem großen Gebiet, vielleicht dem gesamten westgermanischen Raum, gewesen sind, die ihr Haar, im Gegensatz zu den Ostgermanen, die es lang und zerzaust trugen, knoteten. Ich glaube, daß eher die zweite Annahme richtig ist.

---

[85] Wie das Problem, wer Suebe ist und wer nicht. Die Stammesliste stimmt weder mit Plinius' HN IV noch mit Tacitus' eigener Unterteilung der Germanen in drei Hauptstämme überein (Much: *Germania* 425f.). Vgl. insbesondere Neumann 1992 und Timpe 1992, beide *passim*.
[86] Ein solcher 1965 entdeckter Kopf wurde auf den Anfang unserer Zeitrechnung datiert, also ungefähr in die Zeit, aus der Tacitus' Bericht stammt. Die Ausgabe von 1967 zeigt ein Foto eines Kopfes mit Haarknoten (428). Much zitiert zwei Absätze aus Seneca, die sich auf diese Knoten bei den Germanen beziehen, und einen aus Martial, der den Knoten der Sugambrier – keines suebischen Stammes – beschreibt, während die Abbildungen suebischer Stämme auf der Marcussäule keine Knoten aufweisen (428f.).
[87] Zu indeoeuropäischen Haartrachten im Krieg vgl. Miller 1998, 49.

Jeanmaire verweist auf die enge Beziehung der Worte, die die Griechen glauben machte, zwischen κοῦρος und κείρω zu existieren, und sie veranlaßte, das erstere vom letzteren abzuleiten. Ob die Etymologie richtig ist oder nicht, sie deutet auf einen Zusammenhang zwischen der Zugehörigkeit zu einer bestimmten Altersgruppe und dem Haarschnitt.

„Die Sitte eines entsprechenden Opfers zum Zeitpunkt des Übergangs von der Kindheit zur Adoleszenz ist eine alte griechische Praxis [...]. Es könnte daher möglich sein, daß die Bezeichnung *kouros* tatsächlich in einer frühen Zeit den jungen Kriegern zugemessen wurde, die, nachdem sie ihre militärische Ausbildung erhalten hatten, jenes Opfer ihrer Locken dargebracht haben, das ihren Eintritt in ein neues Leben zum Ausdruck bringen soll, und sie wären durch eine besondere Haartracht konsequent von der Masse der übrigen Krieger mit langen Haaren geschieden.

Etwas, das dieser Annahme Gewicht verleihen könnte, ist die Tatsache, daß diese Gepflogenheiten von Haartracht und -schnitt eine ziemlich allgemeine Bedeutung bei den kriegerischen alten Völkern Europas besaßen und mit den Riten, die die Einführung der jungen Krieger in das militärische Leben heiligten, verbunden waren. Diesbezüglich haben einige Gelehrte darauf aufmerksam gemacht, daß das Schneiden des Haares (oder des Bartes) bei den alten Germanen dieselbe Wichtigkeit besaß wie das Anlegen der Waffen [...] (37).“[88]

Er fährt fort, ausführlich aus den ‚Origines de la Noblesse‘ von M. Guilhiermoz zu zitieren, wo die fortwährende Kontinuität zwischen der Ausrüstung eines jungen Mannes mit Waffen bei den alten Germanen und demselben Brauch im Mittelalter behandelt wird. Der Abschnitt endet mit dem Schluß, „daß das Schneiden von Haar und Bart einerseits und die Waffenübergabe andererseits zwei unterschiedliche Handlungen innerhalb ein- und derselben Zeremonie waren oder daß die eine vielleicht die andere ersetzen konnte“ (Jeanmaire 39).

Für unsere Untersuchung ist das sehr hilfreich und interessant, da unser Wissen über die alten Germanen, selbst wenn wir alle antiken Quellen zusammennehmen, sehr lückenhaft und nicht unbedingt zuverlässig ist. Informationen über andere indoeuropäische Völker auf derselben urtümlichen Stufe helfen uns, die Bruchstücke zu ordnen und so zusammenzusetzen, daß sich ein Sinn ergibt; und selbstverständlich funktioniert es umgekehrt genauso. Doch zurück zu unseren Quellen!

4.4. *Procopius* und *Ammianus* über jugendliche Krieger

Das eben Gesagte ist alles, was uns Tacitus über Haartrachten berichtet. In *Germania* 13 spricht er über die ‚Schwertleite‘ bei den Germanen im allgemeinen. Ein Jugendlicher darf Waffen erst tragen, nachdem die Gemeinschaft ihn für fähig erklärt hat, sie zu verwenden. Dann wird er in einem formellen Ritus ausgerüstet, den Tacitus mit der römischen Einweihungszeremonie vergleicht, bei welcher ein Jüng-

[88] Bezüglich des Zusammenhangs von Haartracht und Männerbünden sowie *kouros*-artigen Göttern und Helden (trugen Keresāpa und Kṛṣṇa Zöpfe?) siehe Widengren 1969, 34ff.

ling die *toga virilis* erhält: „ante hoc domus pars videntur, mox rei publicae" (13, 5). Er erhält seine Waffen – einen Schild und einen Speer – von einem ehrwürdigen Mann, etwa von seinem Vater oder einem Verwandten. Ein junger Mann wird normalerweise von seinem Vater oder dem nächsten männlichen Verwandten ausgestattet; falls er seine Waffen von einem Häuptling überreicht bekommt, wird er wahrscheinlich der *comitatus* dieses Mannes, welche Institution sodann von Tacitus beschrieben wird. Es wäre nützlich zu wissen, in welchem Alter dies stattfand, ob es eine Zeremonie unter Einbeziehung des Haares gab, welche Art militärischer Ausbildung der Junge absolviert und welche Prüfung er bestanden hat, um den Stamm von seiner Waffentauglichkeit zu überzeugen. Ohne diese Informationen müssen wir die spärlichen Informationen aus anderen Quellen heranziehen.

Procopius sagt uns über die Heruler, die mit Narses gegen die Perser fochten, daß die ‚Sklaven' (δοῦλοι) ohne auch nur ein Schild in die Schlacht zogen; erst wenn sie sich im Krieg als tapfer bewährt haben, erlauben ihnen ihre Herren (δεσπόται), Schilde zu tragen (PW II. 25.28). Es wird allgemein angenommen, daß das Verhältnis, welches Procopius als eines von Herren und Sklaven ansah, eher dasjenige zwischen einem erwachsenen Krieger und einem oder mehreren jungen gewesen ist. Tacitus – so können wir hervorheben – legte Wert auf die Feststellung, daß keine Schande – *nec rubor* – darin bestand, zwischen den *comites* eines Häuptlings gesehen zu werden. Im Gegenteil, es war eine Ehre, für dessen Ruhm zu kämpfen, Schulter an Schulter mit ihm zu stehen oder zu fallen. Aber der *comitatus* konnte leicht von jemandem fehlinterpretiert werden, der die Bande persönlicher Gefolgschaft und die gemeinschaftlichen Gelegenheiten, Ruhm und Gewinn zu erwerben, die diesem Verhältnis zugrundelagen, nicht verstand.[89]

Ein letzte kleine Information bezüglich der jungen Krieger oder Kriegernovizen und der älteren Kämpfer, bevor wir versuchen, die Teile zusammenzufügen: Ammianus schreibt, „Hanc Taifalorum gentem [...] ac turpem obscenae vitae flagitiis ita accepimus mersam, ut apud eos nefandi concubitus foedere copulentur maribus puberes aetatis uiriditatem in eorum pollutis usibus consumpturi" (31.9.5). „Ich habe gelernt, daß dieser abstoßende Stamm der *Taifali* so sehr im schändlichen

[89] „*Comes* [...] übersetzt ganz buchstäblich das verbreitetste germanische Wort für den Gefolgsmann **ga-sinþa(n)-*, **ga-sinþian-* (ahd. *gisint*, as. *gisīd*, ae. *gesīþ* und ahd. *gesinde*, got. *gasinþia*, *gasinþa*, anord. *sinnī*) ‚Gefährte, Weggenosse' zu **sinþa-* ‚Weg, Gang'. Dazu gehört auch eine Kollektivbildung [...] fortlebend in unserem Gesinde, aber ebenfalls mit der Grundbedeutung ‚Weg-, Reisegenossenschaft'. Wenn das Gefolge des Fürsten so heißt, ist auszugehen davon, daß es seinen Beruf besonders auf dem Kriegspfad erfüllte; vgl. ahd. *sind* ‚Reise, Heereszug' und mhd. *reise*, das insbesondere ‚Kriegszug, Heerfahrt' bedeutet. [...] Zugleich handelt es sich aber um seine Hausgenossen im Frieden, die für ihn tatsächlich auch mit die Stelle vertraten, was für uns das Hausgesinde ist" (Much: Germania 225). Daher afrz. *mesnie*, lat. *familia*. Man denke auch an die jungen Knappen an mittelalterlichen Höfen, die vor allem die Tafel besorgten, sowie an die Junker; sie könnten für Uninformierte leicht wie Sklaven aussehen. Es wäre hilfreich, das Alter der Knaben zu wissen. Ich nehme an, daß die δογλοι der Heruler ziemlich jung waren, ähnlich wie die Jungen vieler ursprünglicher Völker, die fast nackt und nur mit einem Messer bewaffnet in die Schlacht oder in die Wälder geschickt wurden, um erst nachdem sie sich als Kämpfer, die durchzuhalten vermögen, erwiesen haben, richtig ausgerüstet zu werden.

Treiben ihrer schmutzigen Lebensweise verstrickt ist, daß sich bei ihnen heranwachsende Knaben in einem abscheulichen Verkehr mit Männern befinden und den Frühling des Lebens mit widerlichen Praktiken verschwenden." Starker Tobak und zweifellos ein Mißverständnis. Ammian fährt fort hinzuzufügen, daß ein Heranreifender, wenn er eigenhändig einen Eber fängt oder einen riesigen Bären tötet, dadurch vom Makel seiner Unkeuschheit befreit wird.

Was Ammianus gehört hat, erinnert an die dorische Art der Knabenliebe, an das, was Harald Patzer „die ältere" oder die „sogenannte dorische Knabenliebe" nennt.[90] Die Beziehung zwischen dem erwachsenen Krieger und dem jugendlichen ist eine der Erziehung und Förderung und sicher keine sexuelle. Sie ist in Wirklichkeit Teil eines Übergangsritus.

Erinnern wir uns, was Tacitus über die Jünglinge sagte, die gerade ihre Waffen erhalten hatten: *ante hoc domus pars videntur, mox rei publicae*. Vor der Aushändigung wurden sie als Mitglieder des Hauses angesehen, danach des Staates. Vor der Zeremonie waren sie eine Art von Wesen, im Augenblick der Waffenübergabe wurden sie zu einer völlig anderen. Dieser Wandel wird von primitiven Gesellschaften stets als Wiedergeburt angesehen: das Kind stirbt, der Mann wird geboren, wobei wir die Realität von rituellem Tod und Geburt beachten müssen (3.3). Bevor der Wechsel stattfinden kann, muß der Knabe auf seine neue Rolle als Erwachsener vorbereitet werden. Weil wir die Entwicklung eines Kindes zum Erwachsenen, die sich in zahllosen kleinen Schritten und von einer persönlichen, öffentlichen und religiösen Stufe zur anderen vollzieht, grundsätzlich im Moment seiner Geburt beginnen lassen, kann es uns schwerfallen zu verstehen, wie ernst ursprüngliche Völker dieses Faktum des ‚neuen Mannes' (oder der ‚neuen Frau') nehmen.

Der Mann muß zuallererst im Gebrauch von Waffen, in allen während der Schlacht und bei der Jagd nötigen körperlichen Fertigkeiten und Übungen ausgebildet werden. Er muß die Regeln kennen, die die Beziehungen innerhalb des Stammes und zwischen den Stämmen beherrschen, und ebenso diejenigen, die das Verhältnis zu den Reichen der Ahnen, der Götter, der Dämonen, der Ortsgeister und allem sonst als wirklich Gefühltem bestimmen. Weiterhin muß er die heilige Geschichte des Kosmos und seines Volkes sowie die Rituale, die diese Mythen feiern,

[90] Patzer 1982, bes. Kap. 1. ‚Sogenannt', weil sie nicht auf die Dorer beschränkt war. Die ‚neuere' oder ‚klassische' Form entwickelte sich von der Kriegerweihe weg. Für Griechenland einzigartig ist meines Erachtens, daß sich diese Institution in Attika und anderswo zu einer Vorbereitung auf das Leben als Bürger der Polis ausformte, als das bürgerliche Wesen anstelle des Krieges in den Lebensmittelpunkt trat. Schönheit – τὸ καλόν – deren sichtbare Manifestation die physische Schönheit war – wurde bei den Knaben stärker als kriegerische Tapferkeit kultiviert. Sapphos Dichtung bezeugt, daß es eine ähnliche Enwicklungsbahn für Mädchen gab; vgl. Patzer 90-125. Außerdem haben wir in Griechenland ein Volk, das in einem relativ primitiven Stadium ins Licht der Geschichte tritt und seine Lebensart nicht zugunsten einer entwickelteren aufgab; daher verfügen wir hinsichtlich der Knabenliebe über Berichte von Zeitgenossen, freilich weder von den Darstellern selber noch mit vollem Verständnis, aber weit über Ammian hinausgehend. Es ist leicht nachvollziehbar, daß gerade diese Institution verzerrt wiedergegeben worden wäre, wenn sie jemand beschrieben hätte, ohne sie zu begreifen.

und die dazugehörigen Lieder und Tänze kennen. Und natürlich muß er auch in sämtliche Mysterien seines Geschlechtes eingeweiht werden. Die Frau muß ebenfalls auf ihre Rolle vorbereitet werden. Dies ist alles Teil dessen, was wir gewöhnlich als Pubertätsriten bezeichnen, wobei allerdings zu bedenken ist, daß hier, wie van Gennep betont, von einer ‚sozialen Pubertät' die Rede ist. Es ist wichtig, im Gedächtnis zu behalten, daß der von uns so genannte ‚säkulare' Bereich völlig in den des Heiligen eingebunden ist und der Initiationsprozeß immer sowohl die Einweisung als auch die Weihe umfaßt. Die Jungen werden von ihren Familien getrennt und verbringen eine gewisse Zeit vollständig von der profanen Welt und insbesondere auch vom anderen Geschlecht abgeschottet. In manchen Gesellschaften gehört zur Ausbildung eine individuelle Betreuung; ein Mann teilt jeweils einem Jugendlichen seine Fertigkeiten und sein Wissen mit.

4.4.1 Eine Analogie im dorischen Griechenland

Was das dorische Griechenland betrifft, sind wir relativ gut über die Bräuche in Sparta und der dorischen Bevölkerung auf Kreta informiert; hinsichtlich der letzteren haben wir den Bericht von Ephoros aus dem vierten Jahrhundert (Patzer 72-90; Jeanmaire 421-460). Das Weiheritual beginnt mit der Entführung eines Knaben und der Verfolgung des Entführers durch die Verwandten des Jungen. Wenn diese das Männerhaus des Kinderräubers erreicht haben, findet dort eine Versöhnung statt; der Entführer gibt den Eltern Geschenke, und sie begleiten ihn mit dem Jungen zu einer Stelle im Wald, wo die beiden von nun an zwei Monate mit Jagen verbringen werden. Tatsächlich war der Ablauf im voraus so angeordnet: Der Mann hat sich den Jungen aufgrund seiner Begabung mit den Kriegertugenden von Mut und Selbstkontrolle ausgesucht, und dessen Familie hat ihn als jemanden kennengelernt, der diese Fähigkeiten bei ihrem Sohn fördern wird.[91]

Am Ende der zweimonatigen Periode begleitet die Familie das Paar zurück in die Gemeinschaft. Der ältere Partner überreicht dem jüngeren eine Fülle von Geschenken, darunter eine Waffenausrüstung, einen Stier und ein Trinkgefäß. Der Junge weiht den Stier dem Zeus, sie feiern ein großes Fest, und danach wird der Jüngling ein Mitglied der *syssitia* seines erwachsenen Freundes. Wir erkennen, wie diese drei genannten Geschenke die Gesamtheit des neuen Lebens des Jungen umfassen. Das Überreichen der Waffen erhebt ihn in den Kriegerstand, das Erlernen ihres Gebrauchs muß nun folgen. Das dem Zeus dargebrachte Stieropfer heiligt seine Männlichkeit (oder seinen Eintritt in das Mannesalter), und der Kelch ist ein Zeichen seiner Zugehörigkeit zur Gesellschaft, zur *politeia*.

Der Junge ist nun der *παραστάτης* seines Gefährten. Er und jeder andere von seinem Freund geförderte Junge, dem noch kein Bart gewachsen ist, sind die *παραστάται* dieses Mannes; sie stehen zu seiner Rechten in der Gefechtslinie, kämpfen Schulter an Schulter mit ihm, teilen seinen Ruhm und tragen den Namen der

[91] Man erinnere sich der Prüfungen, der die jungen Knaben in der *Völsungasaga* unterzogen wurden, bevor sie erst ihre Ausbildung bei Sigmund begannen.

κλεινοί. Sie erinnern jetzt sehr an Tacitus' *comites*.[92] Der ältere Gefährte wird nun als ihr *φιλήτωρ* angesehen.[93]

Mit Ausnahme des ‚Knabenraubs', der sich auf Kreta zu beschränken schien,[94] ist das hier Skizzierte ein Erziehungsmodell, das, neben weiteren archaischen Gegenden, diejenigen dorischen Städte charakterisierte, die nicht seine klassische Form ausbildeten. Sparta spezifierte das dorische Modell im Zuge seiner eigenen Entwicklung; Details sind bei Jeanmaire (463-591) nachzulesen. Es muß hervorgehoben werden, daß die Beziehung nur zwischen einem Mann und einem bartlosen Knaben bestand und dann endete, wenn dieser physisch zu einem Erwachsenen heranreifte, desweiteren daß der Mann der liebevolle Förderer des Jungen und für seine Entwicklung und sein Wohlergehen verantwortlich war, daß diese Förderung eine gesellschaftliche Verpflichtung beinhaltete und daß sich solcher Verkehr, wie ihn Ammian meint – weit davon entfernt, der Zweck der Beziehung zu sein – nur selten und in ritueller Form vollzog: die fürsorgliche Zuneigung des *philetor* durfte nicht in ein lustvolles Verhältnis abgleiten und der Junge nicht mißbraucht oder wie eine Frau behandelt werden.[95] Wenn es wirklich eine Beziehung zwischen einem Mann und einem Jungen war, von der Ammianus gehört hat, dann muß sie diese Form gehabt haben. Auf den Eber und den Bart werden wir zurückkommen.

---

[92] Und gemahnen ebenso an die altengl. *eaxlgestealla* (Beow. 1326, 1714). Jeanmaire bemerkt, daß das Band zwichen den Knaben und seinem Entführer „analog zu dem ist, welches in unserem Rittertum den Knappen an seinen Herrn knüpfte" (452).

[93] „Dazu ist beachtenswert, daß uns der griechische Gewährsmann ausdrücklich mitteilt, der ältere Partner habe der *philetor* des Knaben geheißen, sei also nicht der *erastes* der klassischen Form der Knabenliebe gewesen. Das Wort *philein* [...] meint eine Art der Zuneigung, die nicht eigentümlich sexuell bestimmt ist, jedoch immer ein tätiges ‚Wohltun' einschließt. Die Endung *-etor* verweist häufig auf eine Art Amt [...], so daß wir auf die genaue Übersetzung: ‚(liebevoller) Betreuer' geführt werden" (Patzer 79).

[94] Vgl. jedoch die Geschichte von Zeus und Ganymed, Patzer 81.

[95] Patzers Unterscheidung von *dikaios* und *adikos eros* in der klassischen Kultur (46-62) liefert ein gutes Modell auch für die Regeln der dorischen Zeitstufe. Verkehr fand zwischen den Schenkeln statt, nicht anal; er wurde im Stehen vollzogen, der Junge ‚spielte' niemals ‚die Frau'. Die Inschriften von Thera sind, wie Patzer hervorhebt, mißverstanden worden. „Sie gehören zu einem von der übrigen Stadt getrennten Bezirk, der dem Götterkult und der gymnastischen Jugenderziehung vorbehalten ist. Doch dominiert offenkundig der sakrale Zweck. [...] Mit all diesem zeigt sich ein völlig anderes Milieu als das der pompejanischen ‚Graffiti'. [...] Auf Thera befinden wir uns in einem Bereich, der dicht besät ist mit Spuren fleißiger Götterverehrung. Unter den zahlreichen hocharchaischen Göttern, die hier im Umkreis unserer Knabeninschriften mit Namen genannt (wohl: angerufen) werden, wobei oft die Verehrenden dazu genannt sind, haben den Vorrang solche, die wie schon der Hauptgott Apollon Karneios [...], die dorische Mannestüchtigkeit, vor allem aber die in den Jünglingen erhoffte und zu entwickelnde, in ihrer Obhut haben, vor allem Zeus mit einer sonst unbekannten Gottheit *Kures* (von *kuros* ‚Jüngling'), was schon Hiller [...] mit dem kretischen Zeusopfer der Knaben im Bericht des Ephoros und mit dem jünglingshaften kretischen Zeus, der im Hymnus von Palaekastro angerufen wird [...], überzeugend in Beziehung setzte [...]" (85). Siehe 5.4.4. Patzer sagt nicht, daß der sexuelle Akt hier selten war – er war es augenscheinlich nicht –, sondern er war von kultischer Natur. Es ist „kaum denkbar, daß hiermit etwas anderes gemeint ist als eine sakrale Annäherung, wenn nicht Identifizierung,

4.5. Der liminale Zustand (*marge*)

Welche Form der Übergangsritus auch immer annehmen und wie lange er auch dauern mag, es gibt stets einen Zeitraum, in dem der Junge weder dem elterlichen Hause angehört, weil man ihn aus diesem abgeholt hat, noch ein Teil der Männergesellschaft ist, da er noch nicht in diese aufgenommen wurde. Er befindet sich in einem Stadium, das van Gennep als *marge* bezeichnet.

Unter den Übergangsriten können mit van Gennep (14) *Rites de séparation*, *Rites de marge* und *Rites d'agrégation* oder *Rites préliminaires*, *liminaires* und *postliminaires* unterschieden werden. Pubertätsriten, die immer mehr oder weniger komplex sind, haben diese drei Elemente. In unserem Fall wird der Junge von den Nichtkriegern (der *domus*; der Welt der Knaben) getrennt und in die Gemeinschaft der Krieger aufgenommen. Das Trennungsritual kann ziemlich dramatisch ablaufen, sicher aber nicht mehr als unser kretischer Kinderraub, bei dem der Junge ‚gewaltsam' aus seinem Elternhaus entführt wurde. Das Aufnahmeritual stellt seine Einführung in die Welt der Männer dar, wenngleich die Mannbarkeitsrituale in Kulturen, in denen der Prozeß des Erwachsenwerdens – wie in den erforschten Krieger- und Viehzüchtergesellschaften im Afrika des 20. Jahrhunderts – ziemlich lange dauert, mehrere Stufen umfassen. In Sparta verließ der Junge die häusliche Welt der Frauen im Alter von sieben Jahren und trat in die männliche Welt ein, doch war er bis zu seinem dreißigsten Jahr noch kein τέλιος, kein vollgültiger Mann. Während dieser Zeit mußte er noch viele Stadien durchlaufen, jede mit ihren eigenen Vorschriften und Pflichten. In diesem Sinne ist die gesamte Periode von dreiundzwanzig Jahren eine Zeit der *marge*, doch tatsächlich sind darin viele Trennungen und Vereinigungen mit mehr oder weniger akzentuierten Zwischenräumen, die ich Grenzperioden (*liminal periods*) nenne, enthalten. Um das fünfzehnte oder sechzehnte Jahr herum fand ein Pubertätsritus im engeren Sinne statt.[96] Die Jungen (*mellerines* oder *sideunai* genannt) lebten für ein Jahr außerhalb des Stadtgebiets

an den jugendlichen Gott, der den Jünglingen Manneskraft spendet, also geradezu den Gott der Jünglingsinitiation (86). Bezügl. Thera vgl. auch Jeanmaire 456ff. (mit einigen Beispielen). Jeanmaire stellt heraus, daß die Götter der Inschriften sämtlich kourotrophe Gottheiten waren. Demgegenüber meint Sergent (1986), daß die Beziehung doch sexuell war, daß der Knabe die Rolle der Frau ausübte und dies Teil der Erziehung war. Es scheint mir allerdings unglaubwürdig, daß ein Junge, der zu einem Krieger gehärtet und gestählt wurde, gleichzeitig ‚verweiblicht' und zur Passivität erzogen wurde – und das von derselben Person, die für seine Ausbildung zum Krieger zuständig war. Im Bewußtsein der Schwierigkeit, den Ansichten von jemandem hinsichtlich einer von der unsrigen so verschiedenen Gesellschaft zu vertrauen, schließe ich mich dennoch Patzer und, wenn ich ihn richtig verstehe, Jeanmaire, an.

[96] τοὺς δέ ἐφήβους [...] καλούσιν Σπαρτιάται σιδεύνας· διέκρινον δὲ αὐτοὺς ἄρα τή ήβη, τουτέστιν περὶ πεντεκαίδεκα καὶ ἑκκαίδεκα έτη γεγονότας τών νεωτέρων παίδων καὶ καθ' ἑαυτοὺς ήσκουν ἀνδρούσται. „Die Spartaner nennen ihre Epheben *sideunai*. In der Pubertät, d.h. wenn sie etwa fünfzehn oder sechzehn Jahre alt sind, trennen sie sie von den jüngeren Kindern und erziehen sie allein, weitab von der Stadt, damit sie Männer werden" (Photius, in Jeanmaire 505, Anm. 1).

unter freiem Himmel.[97] Dabei ging es natürlich um mehr als bloßes Camping, aber es ist ein gutes Beispiel für ein Leben im Grenzbereich. Der zweimonatige Rückzug unseres kleinen kretischen Jungen in den Wald ist noch ein Beispiel, und der spartanische *kryptie* (*κρυπτεία*) ist ein anderes. Der Kreterknabe erhielt nach diesem Waldaufenthalt seine Waffen und wurde in die *syssitia* seines Gönners aufgenommen, aber er war deshalb noch kein Mann oder Krieger; dafür waren noch weitere Passageriten notwendig (Jeanmaire 499-569).

Doch zurück zu den Chatten: Wenn sie das Mannesalter erreichten, ließen sie Haare und Bart wachsen und schoren sich nicht, bis sie einen Feind getötet hatten. Aber zu einem Zeitpunkt, bevor der Bart zu sprießen begann, wurde der Junge mit Waffen ausgerüstet. Wenn der erste Flaum anzeigte, daß er physisch ein Mann war, hatte er die Aufgabe, eine Prüfung seiner Männlichkeit abzulegen. Er befand sich offenbar in einem Zwischenstadium (*marge*): er war ein Mann und war es doch noch nicht, weil er erst eine mannhafte Tat zu verrichten hatte. Eine solche Probe gehört zu allen Reiferitualen in Kriegergesellschaften. Wir wissen, daß in Sparta wahrhaft schreckliche Prüfungen in verschiedenen Lebensstadien stattfanden. Bezüglich der speziellen Mutprobe bei den Chatten aber ist die Logistik problematisch: Much weist darauf hin (390f.), daß auch die Nachbarn der Chatten wilde Krieger waren. Der Stamm hätte die Hälfte seiner männlichen Jugend verloren, wenn das wirklich die Aufgabe gewesen wäre. Aber auch diese Leute, so grimmig sie waren, standen nicht permanent im Krieg, und – was wichtiger ist, damit ein solcher Test als Prüfung der Mannhaftigkeit gelten kann – der junge Mann muß überhaupt imstande sein, die Verrichtung seiner Tat – in Gestalt eines Kopfes – vorweisen zu können. Mitten in der Schlacht ist es jedoch nicht möglich, einem Mann, den man soeben getötet hat, den Kopf abzuschneiden. Hinterher kann man die Köpfe einsammeln, aber nicht als Beweis, daß ein ganz bestimmter Jugendlicher ‚seinen Mann' getötet hat (vgl. Reinach 1913).

4.5.1 Auszug aus der *marge*

Wenn wir uns der *Taifali* erinnern, finden wir eine Lösung dieses Problems: Eine andere große Tat kann die Tötung eines Mannes ersetzen. Für die *Taifali* bestand sie darin, einen Eber zu fangen oder einen großen Bären eigenhändig zu töten. Das ist kein Kinderspiel. Die Jugend der Heruler konnte sich ihrer Waffen würdig erweisen, indem sie Tapferkeit in der Schlacht zeigte; vermutlich bestand ihre Prüfung darin, in richtigen Kriegen zu kämpfen und sich wacker zu halten. Eine andere Möglichkeit ist die Tötung eines ‚Ungeheuers'. In der *Hrólfs saga Kraka* tötet Böðvar Bjarki einen mächtigen fliegenden Kobold, der Hrolfs Güter einmal jährlich heimgesucht und seinen Viehbestand verspeist hat. Bjarki war der Beschützer eines ängstlichen Jungen namens Hott. Nachdem er Hott gezwungen hat, das Blut des Monsters zu trinken, was einen sofortigen Wandel seiner Persönlichkeit bewirkt, richtet Bjarki das Monster wieder auf, so daß es wie lebendig aussieht. Als der König und sein Hofstaat am nächsten Morgen kommen, um den

[97] In Platos Nomoi 666 bemerkt der Athener, daß man auf Kreta die Jugend wie eine Herde Fohlen auf die Weide schicke (Jeanmaire 427).

Schaden abzuschätzen, sehen sie das Monster und zeigen sich allesamt, obgleich sie alle Helden sind, entsetzt. Jemand soll es töten. Bjarki schlägt Hott vor; dieser ist bereit, hat aber kein Schwert. Er will die Tat verrichten, wenn der König ihm sein eigenes Schwert gibt. Hrolf ist einverstanden, und Hott ‚erschlägt' die Bestie. Sodann übereignet Hrolf ihm sein Schwert für immer und verleiht ihm auch einen neuen Namen: Von nun an ist er Hjalti, nach dem Schwert Gullinhjalti, und er gehört jetzt zu den königlichen Recken.

Wir erkennen hier sämtliche Bestandteile einer Kriegerweihe: Bjarki ist in der Rolle des Fürsorgers und bereitet Hott auf seine Aufgabe vor; dieser besteht die Prüfung, wird vom König bewaffnet und erhält einen neuen Namen, was eine übliche Gepflogenheit nach einer solchen ‚Wiedergeburt' ist. Und zu welcher Jahreszeit geschah das Ganze? Zum Julfest, das eine Hoch-Zeit der Monster, aber auch eine bevorzugte Zeit für Initiationen ist, wie wir noch sehen werden.

Benjamin Blaney hat in seiner Untersuchung zu den Berserkern (1972) zahlreiche Saga-Beispiele, die nach verworrenen Erinnerungen an Einweihungsriten aussehen, angegeben, die alle in irgendeiner Weise mit Berserkern zu tun haben. Bjarki und Hott stehen beispielsweise, nachdem sie das Ungeheuer getötet haben, Hrolfs zwölf Berserkern gegenüber. Hrolf beendet den Kampf, bevor jemand verletzt wurde, doch die Berserker wurden offenkundig gedemütigt.

Folgendes Modell hat Blaney expliziert (93-129):

1. Ein Junge verläßt die Heimat. (Hott wurde entführt.)

2. An seinem neuen Aufenthaltsort wird er unwürdig behandelt und mißbraucht. (Hrolfs Männer verwenden Hott als Zielscheibe, auf die sie mit Knochen werfen.) Sein äußeres Erscheinungsbild ist verwahrlost. (Typischerweise trägt er einen zerlumpten Pelz; Hott ist bloß schmutzig, weshalb Bjarki ihn als allererstes wäscht.)

3. Er tötet ein Monster oder einen Bären, wofür er

4. Anerkennung (und manchmal einen neuen Namen) erhält und von seinen Peinigern als zu ihnen gehörig angenommen wird.

5. Unmittelbar danach besiegt er einen Berserker (ohne ihn zwangsläufig zu töten). 4 und 5 werden manchmal verschmolzen, und die große Tat ist dann der Sieg über einen Berserker.[98]

6. Niemals sind dabei Frauen anwesend.

---

[98] Vgl. den Kampf des Narthelden Soslan mit Totras, den er erst gewinnen kann, nachdem er ein Wolfsfell übergezogen hat. „Das in dieser Legende beschriebene Duell zwischen einem erwachsenen Anführer und einem jungen Krieger war eines der Rituale der Aufnahme von Heranwachsenden, das in den Sitten der Osseten überlebte," die von den Skythen abstammen (Ivancik 1993, 319). Stand eine ‚große Tat' hinter der Kopfjägerexpedition des in Wolfsfell gekleideten Dolon in Euripides' *Rhesos*? Gernet hebt die Verbindung von Kopfjagd und Initiation überall im indogermanischen Raum hervor (1936, 196f.). Ein männlicher Ossete erlangte die volle Reife erst nach drei *balc* – kriegerischen Raubzügen – von einem, drei und sieben Jahren Dauer. Der einjährige Auszug war eine Vorbedingung für die Heirat (Ivancik 319). Ein Makedonier war kein Mann „bis er einen Eber ohne Netz oder Falle getötet hatte" (Athenaeus in Vidal-Naquet 1986, 118). Als Setantae einen ungeheuren Hund aus der Unterwelt tötet, der die kriegerischen Tugenden verkörpert, erhält er seinen Erwachsenennamen und seine eigentliche Identität und nimmt als Cú Chulainn die Funktion eines

Die Berserker sind in solchen Geschichten üblicherweise Rüpel. Gleichwohl treten sie in Initiationsszenen so regelmäßig auf, daß man den Eindruck erhält, ein Teil ihrer Rolle als Elitekrieger habe darin bestanden, bei der Ausbildung der nächsten Generation mitzuwirken. Was immer ihre Aufgabe bei der Erziehung der Jugend gewesen ist, sie fordern am Schluß der Einweihungszeremonie den neuen Krieger heraus.[99] Dieser nimmt ihre Herausforderung prahlerisch an, und sie führen eine Art Zweikampf durch, bei dem der Nachwuchs den Berserker gründlich verprügelt – rituell, versteht sich – und dabei zeigt, daß er ein ihnen ebenbürtiger oder überlegener Mann ist.

4.6. Dämonenkrieger

Als Hjalti dem Bjarki von Hrolfs Berserkern erzählt, sagt er, der König „kennt ihre Stärke, und sie erringen große Siege und Reichtümer für ihn". Diese Einschätzung mitten in einer Darstellung, welche die Berserker lediglich als eine Horde von Angebern erscheinen läßt, ist ein Rest von Erinnerung an die ursprüngliche Funktion der Berserker als Elitekämpfer.

Es lohnt sich, auf den Wortlaut in Snorris Beschreibung zu achten: Die Berserker *váru galnir sem hundar eða vargar*. Das Wort, das zuvor mit ‚verrückt' übersetzt wird, heißt *galinn* und ist ein Partizip Perfekt von *gala* ‚eine Zauberformel singen', bedeutet also ‚verzaubert' und wird zwar als Adjektiv mit ‚toll' oder ‚rasend' wiedergegeben, muß aber etwas wie ‚durch Zauber toll/rasend gemacht' bedeutet haben. Das mit ‚Wölfe' übersetzte Wort ist nicht der Gattungsbegriff *úlfr*, sondern *vargr*, das den Wolf in der Wildnis, die beutelüsterne Bestie, bezeichnet. *Úlfr* wird allein oder in Komposita oft als Männername verwendet, *vargr* dagegen

Wachhundes an, eine Aufgabe, die mit ihm wächst, bis er der Beschirmer von ganz Ulster ist (McCone 1969, 18). Eine rituelle Drachentötung gehörte zum Initiationsritus im Iran (Widengren 1969, 18); sie überdauerte in den Mysterien des Mithra, die „einen Nachhall der kultischen Männerbünde" darstellen (33f. u. Anm. 100). Hinsichtlich der Schlachtung von Ungeheuern zu Initiationszwecken vgl. Lincoln 1981, 128.

[99] Dies trägt dazu bei, ein typisches Verhalten der Berserker zu erklären. Es war z.B. bei Hrolfs Berserkern üblich, „wenn sie zum Hof zurückkehrten, zu jedem anwesenden Mann zu gehen [...] und ihn zu fragen, ob er sich für so wacker hält wie sie es sind" (285). Svipdag machte dieselbe Erfahrung, als er an Aðils Hof kam: Die zwölf Berserker kamen zu ihm und „fragten, ob er womöglich eine Art Held sei, so großartig wie er sich benehme. ‚So ein Held wie jeder von euch', antwortete er [...]. Die Berserker blickten finster, machten dann ein lautes Gebrüll und forderten Svipdag heraus: ‚Willst du mit uns kämpfen?' [...] Wir wollen sehen, wie stark du wirklich bist'" (253). Die *Hrolfs Saga* ist relativ jung (15. Jhdt.), tradiert aber ein sehr altes Material in einer weniger veränderten Form als sonst. In der *Víga-Glúms saga* (13C) wird Glum in ähnlicher Weise von einem Berserker namens Björn verspottet, bis er aufspringt, ein Scheit Holz greift und Björn so lange gnadenlos verprügelt, bis dieser davonläuft. Glums Sage ist eine der zwei Initiationsgeschichten in der Saga, vgl. Blaney 96-100; bezügl. Glum und seiner Sippe als Odin-Verehrer siehe Höfler 1952, 224-238. Bjarkis Teilnahme an der Demütigung der Berserker kann erst nachdem die Weihung nicht mehr als solche verstanden wurde hinzugefügt worden sein. Für den Autor der Saga war der Held des Stückes Böðvar Bjarki.

niemals. Diese eindeutige Wortwahl unterstreicht die Darstellung des Berserkers als Dämonenkrieger.

4.6.1 Eine Einweihungsszene in der *Völsungasaga*

Es ist schon länger bekannt, daß das achte Kapitel der *Völsungasaga* eine versteckte Initiationserzählung ist. Sinfjötli, der Sohn von Sigmunds Schwester, hat Prüfungen seines Mutes und seiner Selbstbeherrschung bestanden und seine Eignung als Gefährte Sigmunds unter Beweis gestellt. Dieser hält den Jungen jedoch immernoch für zu jung und will ihn zur Härte erziehen; daher durchstreifen sie die Wälder und verbringen den Sommer damit, „Menschen zu töten".[100] Eines Tages kommen sie zu einem Haus, in dem zwei Männer schlafen, über denen Wolfshäute aufgehängt sind. Sigmund und Sinfjötli ziehen die Felle an und können sie nicht wieder ablegen. Sie leben jetzt wie Wölfe. Sie verabreden miteinander, daß jeder von ihnen allein mit bis zu sieben Männern kämpfen darf, doch wenn einer gleichzeitig von noch mehr angegriffen wird, soll er um Hilfe heulen. Dann trennen sich ihre Wege. Später wird Sinfjötli von elf Männern überfallen und tötet sie alle, wird dabei aber schwer verwundet. Als Sigmund ihn findet, rühmt er sich seiner Tat. In einer wölfischen Wut fällt Sigmund ihn an, packt ihn an der Gurgel und beißt ihm die Kehle durch. Dann trägt er den toten Jungen zu der Hütte. Einige Zeit später sieht er ein Wiesel, das einem Artgenossen die Kehle zerbeißt, dann davonläuft und mit einem Blatt wiederkehrt, daß es ihm auf die Wunde legt, worauf das zweite Wiesel aufspringt als wäre nichts geschehen. Ein Rabe bringt nun Sigmund ein solches Blatt; er legt es auf Sinfjötlis Hals, und der Junge springt völlig geheilt auf. Später sind sie wieder imstande, die Felle abzustreifen und zu verbrennen. Sigmund erklärt Sinfjötli schließlich für reif, um künftig sein Gefährte zu sein.

Wir sehen hier unter anderem einen rituellen Tod und eine Wiederauferstehung. Das Blatt wird gewöhnlich als ein Motiv aus der Volkssage erklärt, als Versuch des Erzählers, Sinfjötlis Rückkehr von den Toten begreiflich zu machen; und in der Tat, jeder mit Grimms ‚Kinder- und Hausmärchen' Vertraute wird sich an das ‚Lebenskraut' aus manchen Geschichten erinnern.

Im *Atharva-Veda* II,9 aber, das Hauer aufgrund seiner Ähnlichkeit mit RV X,57 und Kāth. IX,6 als „Erweckungslied"[101] bezeichnet, wird nach dem ersten Vers ein „Lebenskraut [...] appliziert, und dann Vers 2 gemurmelt: ‚Herbeigekommen ist er, heraufgekommen ist er (aus der Unterwelt); gelangt ist er zur Schar der Lebendigen (*jīvānām vrāta)*; er ist der Vater von Söhnen geworden, der erhabenste der Männer.' Dieser letzte Satz ist [...] durchaus sinnvoll in einem Erweckungslied für den geweihten Jüngling, der nun eintritt in die Schar der zeugfähigen Männer" (Hauer

[100] Sie überfallen Bauernhöfe, um alles das zu erbeuten, was sie durch Jagd nicht bekommen können. Dies ist ein üblicher Abschnitt in der Erziehung junger Männer in primitiven Kriegergesellschaften. Bezügl. der jahreszeitlichen Aktivitäten siehe 6.5.1.

[101] „[...] eines der zeremoniellen Erweckungslieder, die gebraucht wurden, um einen Ohnmächtigen oder scheintot Daliegenden, der in die jenseitige Welt der Väter gegangen war, wieder in die Welt der Lebendigen zurückzurufen (Hauer 185). Nach Kaús. 27, 5, 6 wurde diese Hymne „für die Befreiung von dämonischen Mächten" gebraucht. Aber die zuletzt zitierte Zeile ist „natürlich unsinnig in einem Dämonenexorzismus".

186). So ist es wenigstens wahrscheinlich, daß das Lebenskraut von einer tatsächlichen Kultpraxis aus seinen Weg in das Märchen fand; für den, der die *Völsungasaga* im dreizehnten Jahrhundert niedergeschrieben hat, war das Blatt ebenso ein Element des Volksglaubens wie das Wiesel.

Der Autor war freilich etwas in Verlegenheit bezüglich Sigmunds und Sinfjötlis Leben als *úlfheðnar*. Das Werwolfleben ist ein Teil der Ausbildung junger Krieger in der gesamten indoeuropäischen Welt. Wir werden diesen Aspekt später wieder aufgreifen. In den oben angeführten Zeilen von Þórbjörn hornklofi wird *úlfheðnar* neben *berserkir* genannt. In den Sagas werden die beiden Begriffe im Prinzip austauschbar verwendet, häufiger findet sich jedoch der Berserker. Sowohl bärenartige Wesen als auch Krieger in Wolfskleidung sind auf Helmplatten abgebildet. *Úlfheðinn* erscheint als Männername im Altisländischen, und im Althochdeutschen gibt es sein exaktes Äquivalent *Wolfhetan*,[102] während ‚Berserk' nicht als Personenname belegt ist, obwohl es in den germanischen Sprachen unzählige mit ‚Bär' gebildete Namen gibt.[103] Außerdem gibt es zahlreiche Stammesnamen, die sich auf den Wolf beziehen, sei es direkt oder als ‚Deckname', aber keiner leitet sich vom Bären ab, während Odin, der mit Wölfen eng verbunden ist, verschiedene Bärennamen, aber keine Wolfsnamen hat. Die Bedeutung dieser Phänomene verliert sich in der Ferne der Zeit. Aufgrund der literarischen und ikonographischen Belege scheint es, daß *berserkr* und *úlfheðinn* denselben Typus von kultischem Krieger bezeichnen. Ich möchte die Vermutung wagen, daß jeder Initiierte für einen bestimmten Zeitraum ein *úlfheðinn*, der *berserkr* hingegen das Mitglied einer Kriegerelite war; aber das ist nicht mehr als eine Vermutung. Der Wolfskrieger ist indoeuropäisch; der Krieger als Bär scheint nur germanisch zu sein.

Wenn wir in der *Völsungasaga* weiterlesen, sind wir erstaunt, daß eine so lange und anstrengende Einweisungsphase für eine weder schwierige noch heroische Tat erforderlich war. Höfler (1934, 188-218) zeigt, daß das Rachemotiv ursprünglich nichts mit Sigmund und Sinfjötli zu tun hatte; diese wurden auf die Geschichte eines anderen aufgepfropft. Der Dichter des Beowulf wußte über die beiden, „daß sie mit ihren Schwertern sehr viele aus dem Riesengeschlecht erschlagen haben" (883-884). Fitela (*Sintar-fizzilo*) war Sigemunds Neffe, dem er von seinen weiten Wanderungen und Heldentaten erzählt hat, von Dingen, die den Söhnen der Menschen unbekannt waren. Einmal, als Fitela nicht bei ihm war, tötete er einen Drachen und gewann einen großen Schatz, wofür er weithin berühmt wurde (874-884);[104]

---

[102] Blaney merkt an, daß es keine Männer gibt, die den Wolfskriegern entsprechend teilweise Bärentracht tragen, und ebenso keine Wölfe, die den Bären entsprechen (69); er schließt daraus, daß die letzteren wohl die vollständige Verwandlung des kultischen Kriegers in Tiergestalten darstellen. Wie Böðvar Bjarki, der in Gestalt eines großen Bären in der letzten Schlacht kämpft, ist er der „Schlachtenbär" (71).

[103] Es sind zwei Isländer aus dem zwölften Jahrhundert namens *Biarnheðin* bekannt; Jacob Grimm erwähnt einen ahd. Pernhetan (ZfdA 2, 1842), „doch ohne Belegnachweis", Müller 1967, 202; siehe auch Schramm 77, Blaney 24.

[104] Die *Völsungasaga* und das mhd. Nibelungenlied kennen Sigmunds Sohn Sigurð/Sigfrid als den Drachentöter. Hoops hält Sigemund, in Anbetracht des Alters des *Beowulf*, für den ursprünglichen Drachentöter (1932, 111).

die Verse 898 bis 900 künden von seinem großem Ruhm. Von Fitela weiß der Dichter lediglich, daß er Sigemunds Freund in der Not und Gefährte bei der Jagd auf Ungeheuer war.

Mit anderen Worten, es ist nicht viel von den Taten dieser beiden bekannt, aber zwei Punkte können als Ergebnisse herausgestellt werden: Die wichtigste Aufgabe der Weihekrieger, der Männerbünde, bestand darin, ein Bollwerk gegen feindliche Mächte zu sein (Höfler 1934, 202). Vor einem mythischen Hintergrund ist das ein Aspekt der Schlacht der Götter gegen die Dämonen, die zwar in einer Hinsicht in *illo tempore* gewonnen wurde, in einer anderen aber fortdauert; aus einer eschatologischen Perspektive sind es die Einherier als Aufgebot gegen die Heerscharen des Wolfes; aus der Sicht des täglichen Lebens aber handelt es sich um die Ahnen und die Krieger, die sich in kultischer Einheit mit ihnen befinden, als Beschützer vor den Kräften der Zerstörung, unabhängig davon, ob diese unsichtbare dämonische Mächte oder der Stamm vom anderen Ufer des Flusses sind.[105] Urbild und Inbegriff aller Dämonenabwehr ist der Mythos der Drachentötung.[106] Der Drachentöter ist, auch wenn er seine große Tat alleine verrichtet, immer irgendwie mit der Institution des Männerbundes verbunden.[107] Der zweite Aspekt ist, nach Höfler, daß der Höhepunkt im Leben eines Weihekriegers nicht in bestimmten Ereignissen seines Lebens, sondern in seinem Tod, in dem Augenblick, in dem sein Herr ihn für sich beansprucht, zu finden ist (1934, 202). Daher gibt es so viele Erzählungen von Schützlingen Odins, die von ihm selbst oder auf seine Veranlassung hin getötet wurden. Ist er also ein verräterischer Gott, der seine Gefolgsleute hintergeht? Richtiger gesagt: Er ist ein wilder Gott, nicht leichter zu zügeln als Dionysos, und wie dieser kann er seine Getreuen mit göttlicher Macht erfüllen und zu übermenschlichen Höhen emporheben. Aber sie gehören ihm, und sie für sich zu fordern, ist sein Recht.

---

[105] „Die Vernichtung des politischen Feindes war ein anderes Beispiel für die Erschaffung und Zerschlagung der bekannten Ordnung durch die destruktiven, schädlichen Mächte um diese herum [...]. Daher wurde die Abwehr des Stammesfeindes als Nachvollzug der mythischen Schlacht gegen die chthonischen Ungeheuer in *illo tempore* angesehen. Die Auffassung von mythisch-religiösen und politisch-historischen Ereignissen als Relation von Urbild und Abbild ließ diese Beziehung als eine natürliche erscheinen und umgekehrt" (Arent 1969, 141).

[106] Der vedische Drachen als *dāsá*, „'böser Dämon', ‚Feind' [...], ‚Nichtarier', ‚Barbar'" (Watkins 1995, 311ff.).

[107] Zum Beispiel: „Die militärische Organisation, wie wir sie im ältesten Iran finden, ist somit ein kriegerischer Männerbund, verbunden mit dem Kultus eines heroischen Drachentöters, mit Mythen und Riten, in denen der Drache die zentrale Position einnimmt. Die Fahne trägt die Gestalt eines Drachens. Der von diesen Bundesmitgliedern verehrte Hochgott ist selber ein Drachentöter, das vollkommene Vorbild der Mitglieder (Widengren 1969, 21). Vgl. Sigfrid: the Nibelungs as Männerbund, Magoun 1945, 107f.; Price 1974 *passim*; 1981, 561; 1994, 35-44.

4.6.2 Dämonenkrieger bei den Chatten

Wir haben gesehen, daß es einen Zeitraum in der Ausbildung des jungen Kriegers gibt, in dem er sich in einer Interimsphase, einer *marge*, befindet; er ist tot hinsichtlich seines frühen Selbst als Kind, aber er wurde noch nicht in die Altersklasse der heiratsfähigen Männer wiedergeboren. Ein häufiges äußeres Kennzeichen dieses ‚Todesabschnitts' ist die totale Vernachlässigung jeglicher Art von körperlicher Hygiene. Das wilde Haar und der Bart der jungen Chatten und von Haraldr Lúfa können eine abgemilderte Form dieses Zeichens sein; davon ausgehend, dürfte es nicht schwer gewesen sein, eine besondere Art von Haartracht zu entwickeln, um Altersklassen innerhalb eines Stammes oder auch Stämme voneinander zu unterscheiden, wie Tacitus in *Germania* 38 anzudeuten scheint. Es gibt keinen Grund für die Annahme, daß z.B. die langhaarigen Achäer ungekämmt waren; die frühesten *kouros*-Statuen haben langes, aus dem Gesicht frisiertes Haar, das in adretten Locken, wie bei Apollon, herabfällt; auch sind sie bartlos.

Ein noch älterer Sachverhalt ist jedoch aus Indien überliefert, da im zweiten *Upanayana* der *Sāmavedins* eine Vorschrift für den Brahmacārin (zusätzlich zur Anweisung, das Haar wachsen zu lassen) lautet: „Du sollst unterlassen: Geschlechtsverkehr, auf (einem) Bett zu schlafen, Baden, Kämmen, die Zähne zu putzen, die Füße zu waschen, Rasieren, Honig oder Fleisch zu essen." Ebenso trägt er ein Tierfell. Es wird angenommen, daß dieser junge Student tot ist. Wenn er, „nach einem oder mehreren [!] solcher Jahre im Schmutz", gewaschen und rasiert wird, dann ist er wiedergeboren – und „nicht nur äußerlich" (Falk 1987, 70). Mit anderen Worten, der Jüngling war, wie Sinfjötli, ‚wirklich' tot; wenn er ins Leben zurückkehrt, wird er in die nächste Lebensstufe hineingeboren und ist – wie Sinfjötli – reif, um ein gleichwertiger Gefährte bei den Taten der Erwachsenen zu sein. Wir werden uns in Teil III der indischen Überlieferung widmen, so daß ich dies vorerst ohne weitere Informationen zurückstelle. Wer eine möglichst lebendige Beschreibung einer solchen schmutzigen, langhaarigen, rituell toten Person in ihrem zottigen Fellgewand sowie der über sie verhängten Verbote wünscht, kann sie einmal mehr in den ‚Kinder- und Hausmärchen' finden.[108]

Wir sehen also den Heranwachsenden zwischen zwei Welten (in der *marge*) existieren: durch Haar und Kleidung gekennzeichnet und außerdem ‚tot', weil er noch nicht in die nächste Lebensstufe wiedergeboren wurde. Daher ist es diese Gruppe, welche vorzüglich geeignet ist, die Toten in den Zeiten des Jahres zu vergegenwärtigen, in denen sie unter den Lebenden wirksam sind, wie wir im vorangegangenen Teil gesehen haben. Gleichwohl gab es nach Tacitus bei den Chatten Männer, die sich dafür entschieden haben, das wilde Erscheinungsbild der Jugend niemals aufzugeben. Diese Männer verblieben permanent in der *marge* und wurden nie in die Altersklasse der erwachsenen Krieger aufgenommen. Sie wurden

[108] 100 ‚Des Teufels rußiger Bruder', 101 ‚Der Bärenhäuter'. Ähnliche Volksmärchen finden sich bei den Slaven; Falk (1986, 72) zitiert Lutz Rörich, ‚Märchen und Wirklichkeit', 1974; s.a. Kretzenbacher 1968. Vgl. den Odinsheiti *Loðungr* (102), der sich auf Odins zottigen Umhang beziehen könnte. Das altwestnordische *loðinn* bedeutet bei tierischen Fellen ‚zottig', ‚haarig' (Müller 1970, 214, Anm. 29).

niemals wiedergeboren. Sie standen außerhalb der Stammesgesellschaft, unbeteiligt an deren Annehmlichkeiten, aber auch nicht ihren Gesetzen unterworfen. In die Schlacht stürzen sie sich, stets an vorderster Front, wie die Jugend in wilder Ekstase – sie sind dämonische Krieger.[109]

4.6.3 Zwei Totenheere

Mit anderen Worten: Es gab bei den Chatten also zwei Gruppen dämonischer Krieger: sämtliche heranwachsenden Jünglinge und die Elitetruppen. Es gibt allen Grund zu der Annahme, daß diese Einteilung in jedem Stamm gefunden werden könnte, auch wenn sie nirgends so deutlich geschildert wird wie bei den Chatten. Zusätzlich zu den vorliegenden literarischen Quellen bezüglich der Jugendweihen, die, wie ich zugebe, eine gewisse Lektüre zwischen den Zeilen erfordern, existieren reichlich ikonographische Zeugnisse jener Art von Waffentänzen, wie sie Tacitus in *Germania* 24 beschreibt. Diese Tänze waren stilisierte militärische Manöver; ihre Bewegungen zu erlernen, war Teil der Ausbildung junger Männer. Aus zahllosen weltweit und speziell im indoeuropäischen Raum anzutreffenden Parallelen kann erschlossen werden, daß dieses Training in Gruppen, die durch das Alter definiert, abgeschlossen und geweiht waren, stattfand. Wir werden darauf noch zurückkommen.

Die Belege dafür sind im germanischen Kulturraum für die geweihten erwachsenen Krieger deutlicher; schließlich haben wir hier, außer den Angriffstruppen der Chatten, die Berserker. Letztere scheinen ebenfalls in speziellen Einheiten organisiert gewesen zu sein: In den Sagas treffen wir sie gewöhnlich in Zwölfergruppen an, und es gibt zu viele Gemeinschaften von zwölf Berserkern als daß sie etwas anderes sein könnten als durch Schwur verbundene Bruderschaften.[110]

Im Fall der Berserker wissen wir, daß sie Odins Mannen gewesen sind. Alle diese Krieger jedoch, die jungen wie die älteren, waren von der übrigen Gesellschaft geschieden und einem Gott geweiht. Und dieser Gott war Wodan.[111]

---

[109] Die Tatsache der ‚Feigen und Unkriegerischen', die immer im Übergang verbleiben und sich niemals ihre Anerkennung verdienen, ist wieder eine andere Sache. In einigen afrikanischen Stämmen gibt es Krieger, die nicht in die Altersklasse der Erwachsenen aufgenommen werden, weil ihre Herde nicht groß genug ist, um eine Ehefrau mitzuernähren. Ein solcher Mann bleibt im Übergangszustand, bis er genug Vieh und Land erworben hat und einen Hausstand gründen kann. Im nächsten Kapitel sehen wir dasselbe Prinzip bei den Iren. Ich vermute, daß dieser Aspekt auch bei den Germanen – eher als Feigheit – eine Rolle gespielt hat. Vermutlich wäre die Existenz solcher Menschen nicht geduldet und sie wären vertrieben worden, wenn sie tatsächlich unfähig zum Krieg gewesen wären; Weiser meint, „es ist nicht unwahrscheinlich, daß sie geopfert wurden" (38).

[110] Wenn ihre Namen alliterieren oder sie alle ‚Bär'-Namen haben, nahmen sie neue Namen an, um ihr neues Verhältnis zum Ausdruck zu bringen.

[111] Der Gott, der bei den Germanen **Woðanaz* wurde, war zweifellos einmal unter verschiedenen Namen bei verschiedenen Stämmen bekannt. Der Gott **Semno*, den Polomé (1992, 180) als Gott des Semnonenhaines (*Germania* 30) einführt, könnte einer davon gewesen sein, so wie viele Beinamen Odins stammesspezifische Namen von männerbündischen Göttern gewesen sein müssen. Vgl. unten Apollo (9.5), Mars (9.6.1) und Rudra (11.2).

Wir sehen Wodan also mit einem anderen *her* verbunden: der ekstatischen Gemeinschaft kultischer Krieger. Aber diese kultischen Krieger – seien sie nun der jugendliche **koryos* oder die erwachsenen Weihekrieger – sind rituell und sakral tot. Es bestätigt sich also das oben über Wodans *her* Vorausgeschickte: Es ist tot.

4.7. *Mercurius*

Deorum maximum Mercurium colunt, beginnt das neunte Kapitel der *Germania*. Dieser Gott war Wodan, und die Tatsache, daß diese Angabe sowie die nachfolgende – *cui certis diebus humanis quoque hostiis litare fas habent*[112] – Tacitus und denjenigen, auf deren Wissen er sich stützte, recht befremdlich erschienen sein muß, spricht für ihre Glaubwürdigkeit. Caesar begann im *Bellum Gallicum* (VI, 17) mit denselben Worten, charakterisierte den Gott dann aber mit Attributen, die ihm nach der *interpretatio graeca* zukommen[113] – von Menschenopfern ist nicht die Rede.[114]

Zweifellos kannte Tacitus die Worte des göttlichen Julius, ob er sie nun ausdrücklich wiederholte oder nicht. Wichtiger ist freilich, daß Herodot dasselbe über die thrakischen *Könige* sagte: im Gegensatz zur allgemeinen Bevölkerung, die nur Ares, Dionysos und Artemis verehrte, huldigten die Könige[115] hauptsächlich dem

Einige Beispiele für erwachsene Weihekrieger real und mythisch: Sigmund und Sinfjötli wurden als Ehrengarde ausgeschickt, um Eirik Blutaxt in Walhall zu begrüßen. Odin hat Sigmunds Tod bewirkt; Sinfjötlis veranlaßte er nicht, aber er erschien nach dessen Tod persönlich und nahm ihn mit. Auch die Weihe des Haares ist mit Odin verbunden. Höfler, der darin Detter folgt, leitet den Namen von Odins Schützling Hadding, dem Hadingus bei Saxo, von altnord. *haddr* ‚langes Haar', ab (Höfler 1952, 106) und erläutert den dänischen Namen *Odinkar*, der im zehnten Jahrhundert im königlichen Stammbaum sowie in vier Runeninschriften (*Oþinkar, Oþinkaur*) bezeugt ist, als Verbindung aus dem Gottesnamen und dem Wort *kárr* „krause Locken" (Höfler 1952, 129). Dieser Name ist als einer der wenigen mit dem Namen ‚Odin' gebildeten Personennamen besonders interessant. So wie Snorri Haralds Schwur bei seiner Schilderung Odins in der *Gylfaginning* wiedergibt, kann ‚der Gott, der mich schuf' usw. nur Odin sein. Und dann gibt es natürlich noch Helgi, ‚den Geweihten', der Odin zugehört.

112 „Von den Göttern verehren sie Merkur am meisten; sie halten es für göttliches Gesetz, ihm an bestimmten Tagen auch Menschenopfer darzubringen."

113 Sie betrachten ihn als den Erfinder aller Künste und halten ihn für den Anführer auf Reisen und Märschen sowie für den Wirkmächtigsten beim Handel und der Erzielung von Wohlstand. Caesars *Mercurius* ist der gallische Gott Lug; bezügl. der Gemeinsamkeiten von Lug und Merkur bzw. Lug/Wodan siehe Polomé 1992, 176f.

114 Oder impliziert die Tatsache, daß diese Bemerkung zu Beginn des 17. Abschnitts unmittelbar auf die Behandlung von Menschenopfern im 16. folgt, einen Zusammenhang? Nach Reinach „wurde der Name Merkurs in der gallischen Sprache zweifellos manchmal einem Gott mit einem Beutel oder einer Tasche gegeben, der eigentlich ein Kriegsgott war; es wäre verwunderlich, wenn diese Beutel in den Augen der Gallier nicht dazu dienten, *têtes coupées* (statt Getreide) zu empfangen" (276, Anm. 1).

115 „Das Wort ‚Könige' (βασιλές) darf hier nicht nur auf regierende Monarchen im eigentlichen Sinne, solche die tatsächlich königliche Macht ausübten, sondern allgemeiner auf alle Personen bezogen werden, die zur königlichen Verwandtschaft oder den herrschenden

Hermes, von dem sie abzustammen behaupteten und bei dem sie alle ihre Eide schwuren (V, 7). Herodots' Notiz ist trotz ihrer Kürze ungemein aufschlußreich, da sich der Gott, den er ‚Hermes' nennt, später als der berühmte ‚thrakische Reiter' zeigt.[116] Fast alle Kultobjekte aus der römischen Zeit (2. bis 4. Jhdt.) zeigen diesen Reiter als „Jagdgott und Seelenfänger, der die Seelen der Verstorbenen in die Unterwelt abführt, wo sie als Reiter ein glückliches und unsterbliches Leben mit ihrem Gott führen; darum wird der Verstorbene in der Grabinschrift manchmal als ‚Heros' (*Ἥρως*), ‚junger Heros' (*νέος Ἥρως*) oder ‚Knabenheros' (*κούρος Ἥρως*) bezeichnet." Auch der Gott selbst wurde ‚Heros' genannt und war in jener Zeit der populärste Nationalgott der Thraker.[117] Einige Gravuren zeigen ihn, wie er den menschlichen Heros in sein ewiges Reich führt; auf anderen sieht man den Toten ohne Geleit. Dies erinnert an skandinavische Schnitzereien, die einen Reiter darstellen, wie er in Walhall von einer Frau mit einem Trinkhorn begrüßt wird (vgl. 3.4.2). Auf zwei Steinen hat das Pferd acht Beine; folglich ist der Reiter ein toter Krieger auf Odins Roß oder Odin selbst. In vielen der thrakischen Reliefs hat der Reiter drei Köpfe.[118]

Wir sehen jetzt die Beziehung etwas genauer: Merkur bzw. Hermes war ein seltsamer Gott, der zwar am meisten verehrt wurde, aber nur ein Gott der führenden Schichten war, ein seltsamer Gott, der trotz seiner Verbindungen zu den Toten hauptsächlich Menschenopfer erhielt.[119] Derjenige Aspekt der thrakischen und germanischen Götter, der ihre Identifikation mit Hermes/Merkur nahelegte, dürfte ihre Ver-

Familien gehörten, auf alle, die durch die Bande des Blutes und der Treue zu ihrem göttlichen Ahnherren verbunden waren, dessen Kult ihnen allein zukam, und die sich deshalb, obwohl sie am nationalen Gottesdienst teilnahmen, in bestimmter Hinsicht vom übrigen Volk getrennt und über dieses erhaben fühlten." Die ‚königlichen Skythen' hatten auch ihren eigenen Gott (Pettazzoni 83).

[116] Das wenigstens ist die *communis opinio* (Kazarow 1953, 135). Die Situation wird dadurch verkompliziert, daß andere Götter (Dionysos, Apollo, Äskulap, Silvanus) als Reiter dargestellt sind. Das Pantheon scheint seit Herodots Besuch gewachsen zu sein. Der thrakische Hermes und Wodan: ARG I, 151; Caesars Merkur, Herodots Hermes und Tacitus' Merkur: 166.

[117] „Die Tatsache, daß Hermes nur von einer beschränkten Oberschicht [...] verehrt worden ist, der Kult des thrakischen Reiters in römischer Zeit in allen Schichten der Bevölkerung große Bedeutung besaß, erklärte sich durch die geschichtlichen Ereignisse: während der makedonischen und später der römischen Herrschaft wurden die sozialen Unterschiede im Volk ausgeglichen. Die fremde Herrschaft hatte auch in Thrakien ein Erstarken der nationalen Besinnung bewirkt, die – weil ihre Betätigung auf politischem Gebiete unmöglich war – einen Ausdruck in religiöser Wiedergeburt gefunden habe; so wird verständlich, daß auch der alte Hermeskult der Könige jetzt allgemeine Geltung erlangte und zwar unter dem ebenfalls fremden Namen *Heros*" (Kazarow 1953, 135.

[118] Kazarow 1938 *passim*; Kirfel 95-98. Ein augenfälliges archaisches Kennzeichen, das viele indoeuropäische Gottheiten aufweisen; steht es hinter den Odensheite *Þriði* und *Þriggi* (144 u. 145)?

[119] Nach Tacitus' *Germania* 9 ist er der einzige Empfänger, doch in den Annalen (13, 57) schreibt er von Kriegsgefangenen, die Mars und Merkur geweiht wurden. ‚Mercurius' erhielt Menschenopfer anscheinend als regulär zu seinem Kult gehörig (*certis diebus*), während einiges oder alles in der Schlacht Erbeutete – Waffen, Pferde, Menschen – dem entsprechenden Stammesgott nach einem Sieg geopfert wurde.

bindung mit den Toten gewesen sein und ganz besonders ihre Rolle als *psychopompoi* (Seelenführer).

4.7.1 Hermes an den Grenzen von Raum und Zeit

Hermes' Verbindung mit den Toten ist sehr alt. In zahlreichen Stadtstaaten finden wir ihn in den Ahnenkult miteinbezogen. Wie die Toten erhielt er Opfer zum Neumond. In Athen wurde ihm zusammen mit den Toten zu gleichen Teilen am Fest der *Chytroi*, dem dritten Tag der Anthesterien, geopfert. In Argos endeten die dreißig Trauertage mit einem Opfer an Hermes. Sein Charakter als Totengott herrschte in Thessalien vor; Thessalien, Aetolien und Argos hatten *Hermaios* genannte Monate, die kurz vor oder nach dem attischen Anthesterion kamen und anscheinend ebenfalls Seelenmonate waren. Er erhielt einen Anteil der Speisen und Getränke, welche die Toten und die mit ihnen in Zusammenhang stehenden Dämonen wie Hekate genossen.

Hermes weist aber auch andere, noch ältere Charakterzüge auf, für die sein Name Zeugnis ablegt: Eine Herme ist ein steinerner Pfeiler, der eine Grenzlinie markiert – und ebenso bewacht: Die phallische Herme ist aggressiv und apotropäisch. Daher finden wir Hermes als Wächter von privaten Häusern sowie an Kreuzwegen.[120] Auch der Neumond ist eine Grenze zwischen diesem Monat und dem nächsten; und die Seelenmonate Anthesterion und Hermaios liegen in der mediterranen Welt an der Grenze zwischen Winter und Frühling. Es gibt also einen inhärenten Zusammenhang zwischen Hermes als Toten- und Hermes als Grenzgott. „Eben am Scheidepunkte der vergehenden alten und der herannahenden neuen Zeit, des Monats wie des Jahres, wie an den Scheidelinien der menschlichen Besitzungen sind die Totenseelen und ihr Gott Hermes (vgl. Hekate und Janus) besonders wirksam" (Eitrem 41f.).

Erinnern wir uns, daß Odin als ‚Schimmelreiter' ebenfalls besonders tätig in diesen Grenzzeiten des Jahres ist: an Jul, dem großen Fest des Jahreswechsels, an Karneval, bei dem die heidnischen Maskenzüge in den christlichen Kalender aufgenommen wurden, obgleich er sicher entweder zur Frühlingstagundnachtgleiche oder zum tatsächlichen Frühlingsbeginn gefeiert wurde, und zur letzten Ernte an der Grenze zwischen Herbst und Winter. Die Zeiten des Übergangs sind seltsame

[120] „*Hérma* heißt ein Steinhaufen, als künstlich angelegtes Mal, als elementare Form der Markierung [...]. Eine andere, schon vormenschlich angelegte Form der Revierabgrenzung ist das phallische Imponieren, das dann symbolsierend ersetzt wird durch aufgerichtete Steine oder Pfähle. Insofern gehören Steinhaufen und ‚apotropäischer' Phallos seit je zusammen. [...] Man hat phallische Holzfigürchen geschnitzt und auf die Steinhaufen gesteckt. Um 520 hat der Peisistratos-Sohn Hipparchos in Athen für solche Male, die die Mitte zwischen den einzelnen attischen Dörfern und der Agora von Athen markierten, die Steinhaufen eingeführt, die dann sich allgemein durchsetzten: ein vierkantiger Pfeiler mit männlichem – zunächst regelmäßig erigiertem – Glied und einem bärtigen Männerkopf. Die Obszönität ist durch die geometrische Form aufgefangen und gleichsam neutralisiert. Ein solches Monument hieß schlechtweg ‚Hermes' – erst durch lateinische Tradition wurde die feminine Form ‚die Herme' eingebürgert. Bald stand fast vor jedem Haus in Athen ein zugehöriger ‚Hermes'. Wie Vasenbilder zeigen, fanden oft private Opferfeste an Hermen statt" (Burkert 1977, 243f.)

Zeiten, ob von Monat zu Monat, von Jahreszeit zu Jahreszeit oder von Jahr zu Jahr; es sind Zeiten, die weder ganz das eine noch das andere sind. Sie sind wie Grenzlinien, die weder meinem noch deinem Besitz völlig angehören, oder wie Torwege, die nicht innen noch außen sind. Wie Eitrem hervorhebt, waren Hermes und die Toten an diesen Grenzlinien von Raum und Zeit besonders tätig. Warum gerade hier? Vielleicht weil in solchen Zeiten und an solchen Orten der Ungewißheit die klaren Bestimmungen von Hier und Dort verschwimmen.

Dasselbe bemerken wir bei Odin: An bestimmten Grenzen der Zeit brechen der wilde Gott und sein rasendes Heer aus dem Dunkel hervor. Das ist sicher Folklore, doch wie mancherlei Folklore bewahrt sie genuine Elemente der alten Religion. Odins Weihekrieger befinden sich, wie wir gesehen haben, in einem Grenzbereich, gleichgültig, ob es sich um Jünglinge oder um Elitekämpfer handelt: entweder in einem verlängerten zeitweiligen oder in einem permanenten Übergangsbereich. Somit steht auch Wodan mit Grenzen in Zusammenhang.

Wodan ist nicht Merkur/Hermes. Die Nähe zu den Toten und das Totengeleit müssen die markantesten, für solche Identifikation sprechenden Merkmale dieses Gottes gewesen sein, die doch in so vielen anderen Hinsichten nicht einsichtig erscheint.

Schließlich gibt es einen großen Unterschied zwischen Odin als Totenführer und Hermes: Hermes geleitet die Toten aus dem Diesseits in den Hades;[121] Odin hingegen mag zwar auch persönlich seinen Helden nach Walhall führen, hauptsächlich ist dies aber die Aufgabe der Walküren. Odin als Totenführer, Odin als *Psychopompos* ist *Óðinn Herjann*; er führt die Verstorbenen als Mitglieder seiner verschiedenen Heere: die Einherier am Ende der Tage, das rasende Heer der Manen in Zwischenzeiten, zu Zucht und Segen der Lebenden, und in die Schlacht seine geweihten Krieger.

[121] Und dann sorgt er mit seiner Macht, sie zu ‚fesseln', dafür, daß sie dort bleiben. Auch Odin ist ein Gott der Bindung. Sie haben noch andere Gemeinsamkeiten, wie eine Untersuchung der homerischen ‚Hymnen an Hermes', die Tacitus kaum gekannt haben dürfte, zeigen würde. Diese sind freilich eher das Ergebnis einer konvergierenden Entwicklung als eines genetischen Zusammenhangs.

Kapitel 5: *Furor Teutonicus*

Wodan id est furor, sagt Adam von Bremen, „Wodan, das ist Raserei;" und er beschreibt die Statue des gleich dem Mars gerüsteten Gottes (*Gesta Hammaburgensis ecclesiae pontificum* IV, 26 [QB 104]).

Höfler erläuterte die mannigfachen Facetten dieses „Vielgestaltigsten" der Götter, indem er sie alle von seiner Rolle als Gott der ekstatisch-kriegerischen Bruderschaften herleitete.[122] Adams Worte sagen genau dasselbe in konzentrierter Form: Hier ist der Gott als Krieger; sein eigentlicher Name beinhaltet den Begriff der *ekstasis*.

In dieser Untersuchung stellen wir nur eine bewußte Auswahl von Eigenschaften Odins in den Mittelpunkt, solche nämlich, die ihn unmittelbar als *Herjann*, *Psychopomp* und Bundesgott ausweisen. Wenn wir allerdings die Wurzel, mit der sein Name gebildet wurde, untersuchen, ist es hilfreich, weitere Aspekte kurz heranzuziehen.

5.1. **wōþ-*

Die Wurzel **wōþ-* ist die germanische Ableitung von indogerm. **uat-* oder **uāt*, welches für das Italische im lat. *vātes*, für das Keltische im gallischen *ouateis* (Nom. pl.) und im altirischen *fāith* belegt ist.[123] *Vates* ist wie seine keltische Entsprechung Bestandteil eines sakralen und magischen Vokabulars. Ein *vates* war der inspirierte, ekstatische Wahrsager.[124] Ebenso war er ein Dichter, da er seine Orakelsprüche in Versen vortrug (Dahlmann 1947, 346). Die Tatsache, daß Vergil die Bezeichnung *vates* als ein Synonym für das griechische Lehnwort *poeta* nehmen konnte, bedeu-

[122] „Ich glaube, daß sein vielumstrittenes Wesen erst faßbar wird, wenn wir ihn als *Gott der ekstatischen Männerbünde* sehen. Da erst, so scheint mir, treten die vielfachen und scheinbar so widerspruchsvollen Seiten im Bilde dieses berühmtesten Gottes der Germanen zur Einheit zusammen, erst da wird er zur Gestalt" (Höfler 1934, 324).

[123] „Got. *wōds* ‚besessen', ais. *ōðr*, ags. *wod* ds. (**wōda-*) ahd. *wuot* ‚insanitus'; aisl. *øsa* ‚rasend, verrückt machen', ags. *wēdan*, ahd. *wuoten*, alts. *wōdian* ‚wüten, rasend, verrückt sein'; ahd. **wuot* (Gen. *wuotī*), mhd. *wuot* ‚heftige Gemütsstimmung' [...] (Pokorny 1113). Das lat. *vātes* verweist auf ein indoeuropäisches *a*. Es gibt keinen Grund, *vates* als keltisches Lehnwort anzusehen. Sowohl seine Deklination als auch seine Verwurzelung in der ältesten Schicht des religiösen Wortschatzes sprechen für seine Altertümlichkeit, während das stärkste Argument dagegen – es habe keine Verwandten im Lateinischen – aufgrund des besonderen Charakters dieses Wortes nicht überzeugt. Zu dieser Diskussion siehe Meid 1991, 26, Anm. 24; 1971, 52, Anm. 24.

[124] „Das begeisterte, aufgeregte Wahrsagen war gewiß dem alten Latium nicht ganz fremd, wie schon das Wort *vates* lehren kann, das ursprünglich den Rasenden bezeichnete, wie *μάντις* [...]. Sein göttlicher Repräsentant ist Faunus, oder die Mehrheit der Fauni, die deswegen auch *fatui* ‚die Schwatzenden' heißen (W. Otto 1909, 553f.).

tet, daß er sowohl in ein vorausgesetztes Goldenes Zeitalter der lateinischen Dichtung zurückhorchte als auch den, wie man sagen könnte, ‚säkularen Poeten' zu den höheren Gefilden der gotterfüllten Barden emporhob (Runes 1926; Dahlmann 1947). Allerdings war der säkulare Gebrauch des Wortes allein deshalb möglich, weil der geweihte *vates* selbst, und mit ihm die religiöse Ekstase,[125] außer Gebrauch geraten und nicht mehr sonderlich beliebt war; „der ernste Römer", trat, wie Walter Otto bemerkte, dem *Enthusiasmos* mit Mißtrauen und Abneigung entgegen.[126]

Altirisch *fāith*[127] bedeutet ebenfalls ‚Seher, Prophet'. Die Korrespondenz von *vates* und *fāith* geht jedoch tiefer: „Die enge Verbindung zwischen den beiden Termini wird zur Genüge durch die Tatsache erhellt, daß **kan-* [lat. *canere*, air. *canid*] in beiden Sprachfamilien der stehende Begriff für die Tätigkeit des *vates* oder *fāith* ist. Cicero schreibt *quae nunc usu veniunt cecinit ut vates* in perfekter Übereinstimmung mit der gewöhnlichen irischen Wendung *amail cechain in fáith*."[128] Marstrander schließt daraus, „die Korrespondenzen von *canit* und *canid* sowie *vates* und *fáith* weisen auf eine gemeinsame kulturelle Basis zurück. Diese Worte waren tatsächlich Bezeichnungen für magische Denkmuster, die einmal italischen und keltischen Völkern gleichermaßen angehörten [...]. Was einst in einer prähistorischen Periode den Ahnen der Völker, die in historischen Zeiten Kelten und Italiener genannt wurden, gemeinsam war, lag im geweihten, magischen Gebrauch des Wortes. Freilich hatten an dieser Zeitspanne auch die teutonischen Stämme teil."[129]

Die germ. Wurzel **wōþ-* war sehr produktiv; ihr semantisches Feld reicht vom Wahnsinn bis zur Dichtung. Das Verbindende liegt in der ‚Raserei'; und wenn wir nicht die keltischen und lateinischen Analogien hätten, wäre nicht klar, welche Art von Raserei ursprünglich gemeint war. Wir haben die der Krieger im berühmten *berserksgangr* kennengelernt; aus einer späten Perspektive wurde diese Raserei

---

[125] Besser: *superstitio*. „Der deutliche Wortsinn von *superstitio* ist ‚Darüberstehen' oder ‚Hinauftreten'. Wissen wir nun einmal, daß es in ältester Zeit im Sinne der prophetischen Aufregung, der Wahrsagerei überhaupt verwendet worden ist, so kann es nicht mehr schwer fallen, die Verbindung zwischen dem Begriff des Hinauftretens, Hinaufsteigens und dem der Aufregung bzw. Prophetie zu finden. Ein bekanntes Wort führt auf den rechten Weg. Dem Griechen ist *ekstasis* der Zustand des begeistert Erregten. *Ekstasis* ist *ekstasis psyches*, Heraustreten der Seele. So ist denn wohl auch *superstitio* zu verstehen als *superstitio animae*. Der Unterschied aber besteht darin, daß superstitio nicht, wie ekstasis, das Heraustreten der Seele bezeichnet, sondern ihr Hinaufsteigen" (Otto 1909, 552.

[126] „Man sah in der *superstitio* nur die *abalienatio mentis* [...]." Otto zitiert Bouché-Leclerc, *Histoire de la divination*: „Insgesamt verschmäht die italische Tradition, wenn sie ihrem eigenen Genius folgt, die ekstatische Divination" (554).

[127] *fáth* (uătu-) ‚Prophezeiung, Ursache' = walisisch *gwawd* ‚Gedicht'. Pokorny 1113.

[128] Marstrander 1934, 337. „Wie im ganzen *canere* von einem semasiologischen Gesichtspunkt aus gut mit dem germanischen **galan* (mit dem Verbalnomen **gal-ðra-*; vgl. mit dem parallelen Suffix *-tlo-* in kelt. **kan-tlo* von *canid*) zusammenpaßt" (336; s.a. Meid 1971, 18, 25; Anm. 59).

[129] Marstrander macht mit gutem Grund die Existenz eines heute vergessenen germanischen Verbums, das aus der Wurzel **kan-* gebildet wurde geltend; 339ff; s.a. Meid 1971, 18, 25, Anm. 58.

negativ im Sinne unkontrollierbarer Ausbrüche von brutaler Aggression[130] – wie bei den Söhnen von Arngrim oder dem Vater des Skalden Egil (4.2.1) – gesehen, aber in der ursprünglichen positiven Sicht war sie die Verwandlung eines Kriegers nicht nur in ein wildes Tier, sondern, mehr noch, in einen Ahnen, in einen der unsterblichen, unverwundbaren Heroen des Stammes. Der *berserkr* und der *ulfheðinn* waren, wie wir gesehen haben, geweihte Krieger, und ihre Raserei war ebenfalls eine religiöse Ekstase.[131]

Tatsächlich bedeutete ‚Wahnsinn' bei den alten Völkern nicht den Verlust der Kontrolle, sondern die Übernahme der Kontrolle durch jemand anderen: Wahnsinn war Inspiration oder Besessenheit. Ich nehme an, daß sich auf einer Stufe, auf der die Mächte selber noch entscheidend sind, die Frage, wer jemanden inspiriert oder besitzt, nicht stellt; erst in einem späteren, reflektierteren Stadium wird diese Frage sehr wichtig, und die Besessenheit wird positiv oder negativ bewertet.[132]

Das gotische *woþ* (*wōds*) ‚wahnsinnig, besessen' (Wright 375) muß bereits diesen pejorativen Sinn von Besessenheit entwickelt haben, da es die Übersetzung von *δαιμονιζόμενος, δαιμονισθείς* (‚von einem Dämon besessen') ist, wie in Mark 5,15: *jah gasaíhrand þana wodan* ‚sie sehen den Besessenen' und 5,18 *saei was wods* ‚der, welcher besessen wurde'.[133] ‚Besessen' entspricht auch ais. *ōðr*, ae. *wōd* (**wōda-*), ahd. *wuot*, ais. *øsa*, ae. *wēdan*, ahd. *wuoten*, alts. *wōdian*, ahd. **wuot* (gen. *wuoti*), mhd. *wuot*; **wōþa-* verweist auf ais. *oðr* (Poesie), ae. *wōþ* (Lied, Klang, Stimme, Poesie) (Pokorny 1113). Das sind nur wenige Beispiele. Das Altisländische und Altenglische weisen eine Fülle von Vokabeln auf, die mit dieser Wurzel gebildet sind und die ganze Bandbreite vom Wahnsinnigen bis zum Dichter abdecken.

---

[130] Nora Chadwick verweist auf die Berserker als ein Beispiel heroischer Ekstase mit pathologischen Zügen (1952, 65).

[131] Bezüglich des sowohl dem Krieg als auch der poetischen Inspiration zugehörige *wōþ-* sowie *Wōðanaz-Óðinn* als Gott des Krieges und der Dichter ist es wichtig, sich zu erinnern, daß auch die keltischen Druiden Krieger waren; Le Roux u. Guyonvarc'h 1986, 103-106; Meid 1971, 23, Anm. 51.

[132] Eine reflektierte Stufe der Betrachtung des Kriegers zeigt sich in der Illias, deren Sprache bereits die beiden Seiten des Heldenfuror ausdrückt. Sie wird von Maria Daraki in ‚Le Héros *a menos* et le héros *daimoni isos*: une polarité homérique' untersucht. Der mit *menos* erfüllte Held handelt als Teil seiner Gemeinschaft; er ist ein defensiver Held und stachelt den *menos* seiner Mannschaften an. *Menos* stammt von einem Olympier und wird in Erhörung eines Gebetes gewährt. Die Waffen des Helden werden mit *menos* geschärft, und oft führt der Gott seine Lanze oder seinen Pfeil; der Held ist eigentlich also ein Werkzeug seines Gottes [...]. Der dämonische Held ist ein Angreifer, ein einsamer, auf individuelle Ruhmestaten brennender Held. Er kämpft wie eine Bestie oder ein Wilder, mit bloßen Händen oder einem Messer, oder er wirft mit Steinen. Derselbe Held kann in der einen Szene von *menos* ergriffen und in der anderen wie ein Dämon sein. Das Problem ist also keine Frage von gut und böse, sondern eher der Gefahr geschuldet, die der Kampfmaschine, welche ein Krieger ist, innewohnt. Vgl. Dumézils ‚Sünden des Kriegers', Encyc. 635.

[133] καὶ θεωροῦσιν τὸν δαιμονιζόμενον; ὁ δαιμονισθεὶς.

„Offenbar einige Zeit bevor diese Stämme südwärts zogen, bildeten die Vorfahren der germanischen, keltischen, oskisch-umbrischen und lateinisch-faliskischen Völker eine sehr wichtige Untergliederung der nordwestindoeuropäischen Sprachgemeinschaft aus, wobei sie bedeutende Merkmale ihrer sozialen, wirtschaftlichen, religiösen und politischen Verfassung teilten und in einem entsprechenden Wortschatz widerspiegelten, z.B.: lat. *vātes* ,Wahrsager, Seher': gall. ούατεις ,Seher', ir. *fáith* ,Dichter', ae. *wōþbora* ,Dichter, Redner, Prophet' aus einer Wurzel **wāt-*, die ,göttliche Inspiration' zum Ausdruck bringt, was im altnord. *óðr* bewahrt wird, das die ,inspirierte geistige Tätigkeit' bezeichnet – daraus resultiert der Name des Gottes *Óðinn* (ahd. *Wotan*), der über solche Fähigkeiten als inspirierter Gott, Fürst der Dichter und Meister der weissagenden Runen verfügt" (Polomé 1972, 59; vgl. Marstrander 1934, bes. 337f.).

5.2. *Óðr*

Das Wort *óðr* ,inspirierte geistige Aktivität' ist ebenso der Name eines Gottes. Unglücklicherweise weiß (oder vermutet?) Snorri lediglich genug über ihn, um zu erklären, warum ,Freyjas Tränen' eine Kenning für Gold ist: Óðr ist Freyjas Gemahl,[134] der sich oft auf weiten Reisen befindet und sie deshalb nötigt, Tränen aus lauterem Golde zu weinen (Gylf. 34). Wir erfahren nichts darüber, warum dieser Gott ,inspirierte geistige Aktivität' genannt werden sollte, aber unsere Neugier wird insofern angestachelt als der von Snorri und Saxo euhemeristisch verstandene Odin ebenfalls viel unterwegs ist. Und das ist alles, was dort über diesen Gott zu sagen ist – abgesehen davon, daß ein ,Wode' manchmal der Führer des rasenden Heeres im südgermanischen Raum ist (Flasdieck 1937, 308).

Als die Götter nach Vsp. 18 Ask und Embla erschufen, statteten sie diese folgendermaßen aus:

ōnd gaf Óðinn, óð gaf Hœnir,
lá gaf Lóðurr oc lito góða.

(Óðinn gab den Lebensodem, Hœnir gab Geist,
und Lóðurr gab Haar und gutes Aussehen.)[135]

---

[134] Vsp. 25, 8 nennt sie *Óðs mœr*, sein ,Mädchen', was man gewöhnlich im Sinne von ,Frau' versteht, obwohl es viele Möglichkeiten gibt und Freyjas Ruf nicht der beste ist. Hdl. 47, 1 sagt von ihr *Rannt at Œði/ey þreyiandi*, ,du rennst immer lüstern hinter ihm her' (fügt aber hinzu, daß er nicht der einzige ist und vergleicht sie weiterhin mit einer Ziege). „Auch die Skalden kennen ihn als Gatten der Freyja; Einarr Skúlason umschreibt das Wort ,Gold' *als Óðs beðvinu auga regn* [Regen aus den Augen von Ods Bettgenossin]; ein Jahrhundert früher hatte Skúli Þórsteinsson dafür die einfachere Kenning *Freyju tör* [Freyjas Tränen] geprägt" (de Vries 1954, 338).

[135] Die Passage ist voll von Unbekanntem, aber dies ist wenigstens ein nachvollziehbarer Versuch einer Übersetzung im Anschluß an Polomé 1969, 265-290. De Vries 1954 ist ebenso hilfreich.

In verschiedener Hinsicht ist diese Stelle rätselhaft. Man hätte gern gewußt, warum zwei nahezu Unbekannte Odins Partner bei einer so wichtigen Unternehmung sind und warum es gerade Hœnir sein soll, der *óðr* spendet, wo es ihm doch selbst an ‚inspirierter geistiger Tätigkeit' gebricht?[136] Diese Fragen müssen unbeantwortet bleiben, aber Snorri kann uns mit der Bedeutung von *óðr* weiterhelfen. Als er die Geschichte in Gylf. 9 nacherzählt, gibt er *óðr* mit *vit ok hrœring* wieder.[137]

„Man fühlt, wie er um die Bedeutung dieser Wörter gerungen hat, die ihm offenbar überhaupt nicht geläufig waren; ein Beweis, wie alt diese Strophe, oder jedenfalls der ihr zugrunde liegende Mythos gewesen sein muß. Snorri hat also bemerkt, daß *óðr* nicht genau dasselbe wie *vit* bedeutet; eine Umschreibung ‚Verstand, Vernunft' kann also nicht die richtige sein. Er fügt deshalb zur näheren Bestimmung *hrœring* hinzu; das bedeutet aber ‚Bewegung', auch ‚Antrieb, Lust' (vgl. *hugarhrœring* ‚Erregung'). *Óðr* ist also offenbar nicht einfach ‚Geist', sondern ‚der erregte Geist'. Palmér hat deshalb die Bedeutung richtiger als ‚geistige Aktivität' zu bestimmen versucht. Welcher Art diese Aktivität war, beweist eben das von Snorri danebengestellte *hrœring*, denn jeder muß dabei doch wohl an *Óð(h)rœrir*[138] [den Dichtermet] denken. Das Substantivum *óðr* bedeutet also genau dasselbe wie das Adjektivum, gleichgültig ob man es als ‚Besessenheit, (göttlicher) Rausch, Exstase oder Inspiration' umschreiben will [...]" (de Vries 1954, 345).

5.3. *Óðinn*

Flasdieck schrieb, **uōðanaz* „bedeutet [...] ‚Herr der Dämonen'; *Ódr* aber ist noch der alte Dämon schlechthin" (1937, 310f). Mit anderen Worten, ‚Ódinn' verhält sich zu ‚Ódr' so wie ‚Herjann' zu ‚Herr'. Der Vergleich hinkt jedoch etwas. ‚Herjann' geht, wie wir oben gesehen haben, auf germ. **harjanaz* zurück, d.h. es ist aus dem Wort **harja-* (Heer) mit Hilfe des Suffix ‚-na-' (indoeur. ‚-no-') gebildet; im Hinblick auf das griech. κοίρανος, den kelt. VN *Coriono-totae*, scheint dies im westindorgermanischen Stadium geschehen zu sein. **Wōðanaz* ist tatsächlich in derselben Weise abgeleitet, aber von einem proto-germ. **wōða*, nicht von dem proto-germ. Vorläufer von *Óðr*, der ein u-Stamm wäre: **wōðu-z*.[139]

Aber germ. **wōða-* würde ‚inspirierte geistige Aktivität, *ekstasis*, Wut' bedeuten. Wie kann es einen ‚Führer' des **wōða-* geben? Es gibt eigentlich zwei Mög-

[136] Dieser Mangel zieht schließlich die Abtrennung von Mimirs Haupt nach sich, wie in *Ynglinga Saga* 4 erzählt wird.

[137] Faulkes (1982): „vit, n., Intelligenz, Wissen; hrœring, f., Bewegung, Fähigkeit zur Bewegung (oder Emotion?)."

[138] „der den Geist zur Ekstase erregt", AEWB 416; „Herz-Erreger", G. Turville-Petre 1964, 36f.

[139] **wōðuz*. Nachgewiesen als *woðuriðe* (d.s.) im 5. Jhdt. in einer Runeninschrift aus Tune, Norwegen (*WoðuriðaR*: ‚Der rasende Reiter', wahrscheinlich ein Priester des Wodanskultes. Düwel 32; Krause 1971, 46; ARG II, 121). Vgl. ais. *óðr*, g.s. *óðar*, d.s. *œði*; *wōða*: ae. *wōð*, d.s. *wōdhae*, Campbell 235.

lichkeiten: Die erste besteht darin, daß **woða-* in der Tat ein abstraktes Substantiv ist, das so etwas wie ‚Ekstase' bedeutet. In unserer Erörterung des *Herjann* führten wir Benveniste an, um zu belegen, daß der mit dieser -no-Bildung zum Ausdruck gebrachte Führer die Verkörperung seines Volkes ist, genauso wie eine Gottheit, deren Name auf diese Weise gebildet ist, den Bereich, dem sie vorsteht, verkörpern kann; daher personifiziert und beherrscht Neptun das Reich des Wassers.[140] Gemäß dieser Analyse wäre **Wōðanaz* die Ausgestaltung von **wōða*, der Ekstase; und die ekstatische Raserei – sowohl die mantische als auch die des Berserkers und die Inspiration des Barden – wäre auch seine Domäne.

Die zweite Möglichkeit besteht darin, **wōða-*, aus dem Odins Name gebildet wurde, nicht als abstraktes Nomen, also nicht als proto-germanische Form von ‚Wut' etc., sondern als Kollektivum zu verstehen und auf Menschen, die von Raserei ergriffen sind, zu beziehen (Benveniste 1973, 247). Parallel dazu schlägt Meid *holda* vor, ‚daemonum turba', einen Schwarm Dämonen (in Burchard von Worms; 1991, 27). Dann wäre **Wōðanaz* der Anführer des Wütenden Heeres sowie auch, in einem bestimmten Sinne, dessen Verkörperung.

Beide liefern eine vollkommen akzeptable Lösung, aber die zweite Möglichkeit ist wahrscheinlicher; nach unserer Auffassung von Odin ist sie insgesamt vorzuziehen.

Meines Erachtens ist es hier lohnend, angesichts der Bedeutung dieses Namens, im Anschluß an Meids Aufsatz ‚Das Suffix -no- in Götternamen' (1957) eine kurze Übersicht über dieses Thema zu geben.

5.3.1 Das Suffix *-no-*

In den westindoeuropäischen Sprachen gibt es eine ziemlich große Anzahl Namen von Göttern und Göttinnen, die mit diesem Suffix gebildet wurden.

5.3.1.1. Beispiele

Latein: *Silvā-nus*, Wald- und Feldgott (*silva* ‚Wald, Gehölz').

Volcā-nus, Feuergott, „zu einem verlorengegangenen **volcā* = Skt. *ulkā* ‚Feuerbrand, Flamme, feurige Erscheinung am Himmel'."

Populō-na (auch: *-ōnia*), Beiname von Juno (*populus*, Volk, politische Gemeinschaft).

Quirī-nus, „Gott der Bürgergemeinschaft, wahrscheinlich als **Co-virī-nos* zu lat. *cūria* < **co-viriā* oder volsk. Abl. Sg. *covehriu*, (St. **co-virio*) ‚Männerschaft, Bürgerschaft'."

Umbr.: *Vofio-ne* (Dat. Sgl.), ein Gott, der dem lat. Quirinus entspricht, möglicherweise wie **Leudhionos* aus ahd. *liuti*, aks. *ljudije* ‚Volk, Nation'.

Umbr., Volsk., Mars.: *Vesū-na*, altitalienische Göttin, „vgl. Skt. *vásu-* ‚Gut, Besitz'."

---

[140] Benveniste 1973, 247; vgl. Meid 1957, 73. Eine genaue Parallele ist nach Benveniste *Selene* (*σελασ-να von σελας ‚Leuchten'), der Mond und die Göttin des Mondes, die den Glanz personifiziert (1973, 248).

Gall.: *Epo-na*, Pferdegöttin (gall. **epos* = lat. *equus*, Pferd).
Buxe-nus, Beiname von Mars „zu gall. **bocso-*, **bosco-* ‚Wald' (vgl. frz. *bois*, italien. *bosco*, gall. ON *Buxea silva* etc.)."

Illyr.: *Menza-nas*, „Beiname des Juppiter bei den Sallentinern in Unteritalien; zu einem **mendio-* ‚(kleines) Pferd' [...]. Dem Gott wurden nach Festus [...] Pferdeopfer dargebracht."

Lit.: *Perkū-nas*, Donnergott der alten Litauer; wurde in Eichen verehrt, vgl. lat. *quercus* < **perq*ᵘ*us*. „Urverwandt ist das germanische Paar an. *Fjörgynn–Fjörgyn*."

Unter ihnen befinden sich einige germanische Götternamen zusätzlich zu Wodan und Óðinn:

Ais.: *Ulli-nn* < **Wulðinaz*; vgl. got. *wulþus* ‚Ruhm'; *wulþags* ‚berühmt', ἔνδοξος.
Filli-nn, nur im Altnord. nachgewiesen, von indogerm. **Feldinaz*, vgl. ahd. *feld*.

Wgerm.: *Verca-na*, ahd. *werk*, vgl. griech. ᾿Εργάνη, Beiname von Athene, zu ἔργον, ἐργάζεσθαι.
Hluda-na, vgl. ahd. *holda* ‚*daimonum turba*' (72-74).

5.3.1.2. Ein ‚Führersuffix'?

Wie wir oben gesehen haben, wird dieses Suffix bei Sterblichen verwendet, um den Anführer einer Gruppe zu bezeichnen, an deren Namen es angehängt wird; das Suffix -no- ist deshalb ‚Führersuffix' genannt worden. Auf diese Weise gebildete Führer- oder Herrschertitel sind jedoch in germanischen Sprachen[141] keineswegs häufig und noch seltener in anderen Sprachen (75-76).[142]

Tatsächlich wird das Suffix häufig gebraucht, um ein Mitglied einer Gruppe anzuzeigen, z.B. *Romā-nus*, *vicī-nus*. Neben Formen mit einer Führer- oder Herrscherbedeutung existieren entsprechende Bildungen, die auf Gleichrangigkeit verweisen. Daher gibt es, neben dem got. *þiudans*, Eigennamen, die ihre Träger als Mitglieder der **teutā* kennzeichnen: gall. *Toutonos*, fem. *-a*; lang. *Teudinus*, *Theodinus*, *Todinus* etc.; ebenso der Stammesname *Teutoni* (76-78).[143]

---

[141] Got. *þiudans, kindins*; ae. *dryhten*; ais. *Herjann*; afrk. *thunginus*. Ebenso ahd., as. *hunno*; auf eine ältere Form **hundina-* verweisen Ortsnamen (76).

[142] Lat. *dominus, tribunus*; illyr. *Teutana*, der Name einer Königin. „Das Keltische bietet nur das dem lateinischen *dominus* semasiologisch entsprechende *tegernos*, das auch hinsichtlich seiner Bildung singulär ist, da es kein reines -no-Suffix, sondern das Konglutinat -rno- aufweist" (77).

[143] Oder *Teutōnes*, aufzufassen als „‘Angehörige der **teutā*’ bzw. als ‚Bewohner des **Teuta* (an. *þjóð*) genannten Landstrichs’, wie die von Plinius und Servius für das voretruskische Pisa bezeugten *Teutani* bzw. *Teutanes* als ‚Bewohner und Angehörige des Stadtstaates Teuta.’" Noch ein Beispiel ist der Name des altbritannischen Stammes *Corionototae*. Das erste Glied entspricht genau *Herjann* und *κοίρανος*, doch „[m]an wird diesen Namen kaum als ‚Volk der Heerführer' bzw. ‚des Heerführers', sondern nur als ‚Volk der Heerleute, Volk, das aus Kriegern besteht', deuten dürfen" (77f.). Des weiteren schlägt Meid (1999, 77, Anm. 26)

Die Bedeutung ‚Führer' oder ‚Herrscher' kann also nicht im Suffix allein liegen. Das Suffix selbst wiederum kann nur allgemeine Beziehungen anzeigen. Die oben aufgezählten ‚Führer'-Termini sind alle mittels eines kollektiven Nomens gebildet – Volk, Stamm, Heer usw. – aber es ist nicht die Wortbildung als solche, welche die Bedeutung ‚Führer' impliziert (78-79).

5.3.1.3. Das Suffix *-no-* in Götternamen

Wenn es sich um den Namen eines Gottes handelt, stellt sich die Frage nach einer Zugehörigkeit natürlich nicht: Wo der Gottesname im Zusammenhang mit einer Gemeinschaft von Menschen gebildet wurde, ist der Gott der Führer und Schutzherr der Gruppe; daher *Quirīnus*, der Gott des *coviriom*,[144] *Populonia*, die Göttin des *populus*, und in Germanien *Hludana* (westgerm.), das Oberhaupt der *holda*, der Dämonenschar, und *Wodan*, *Óðinn*, der Anführer des Wütenden Heeres. Im grammatischen Sinne betrachten wir, wenn diese Analyse richtig ist, den Gott so, als wäre er aus den Reihen der Ekstatiker, des **woðā*, zu seiner Stellung als Führer und Schutzherr aufgestiegen: Wodan der Erzwütige, ebenso wie Wodan als *Herjann* Anführer des **harja-* war.[145]

5.4. Dichtergott und Runenmeister

In einer oben angeführten Passage nannte Edgar C. Polomé Odin „den Dichterfürsten, den Meister der weissagenden Runen". Odin war der Dichtergott. Zwei seiner berühmtesten Helden, der legendäre (?) Starkaðr und der historische Egill Skallagrimsson waren begabte Dichter. Wir haben gesehen, daß das lateinische Wort *vates* ‚Seher' im Sprachgebrauch in der Bedeutung ‚Dichter' weiterlebte; im Keltischen bedeutet das altirische *fáth* oder das walisische *gwawd* ‚Gedicht', und das Verbindende ist sicher die Versform, in welcher der Seher seine Orakel kundtat. Eines der ausgeprägtesten Merkmale von Odins Persönlichkeit ist seine Besessenheit von Wissen, insbesondere von Wissen um die Zukunft: Daher die Mythe, daß er eines seiner Augen gegen einen Trunk aus Mimirs Weisheitsbrunnen tauschte. Aber Orakelsprüche waren nicht die einzige Art Wissen, die in Versen weitergegeben wurden. Bei präalphabetischen Völkern sind alle wichtigen Informationen – und besonders alle, die auswendig gelernt werden müssen – in Verse gefaßt; die

---

vor, *Coriono-totae* bedeute „die Leute des Heerführers (eines Gottes?)", was ich für richtig halte. Sie wären dann das Volk des Herjann.

144 Hinsichtlich einer anderen Etymologie (mit derselben Bildung) siehe 9.7.

145 Vgl. Anm. 3 zu Teil 1. Meids Artikel behandelt noch eine weitere Möglichkeit: ‚Wodan' als -no-Ableitung eines -tu-Abstraktums. Unter diesem Gesichtspunkt ist *Óðr* (<**Wōþu-z*), dessen Name identisch mit dem Nomen *óðr* ist, die Ekstasis; Óðinn-Wodan ist der Gott, der diese Macht besitzt, der über sie verfügt und sie überträgt; er ist sie jedoch nicht selbst wie *Óðr* (86-89). Wie wir bereits angedeutet haben, finden wir jedoch die Ableitung von **wōða-* wahrscheinlich und aus Gründen, die bald klar sein werden, überzeugend. Mehr über -no-Derivationen bei Königs- und Götternamen findet sich in Charles-Edwards, bes. 40ff. Zu ähnlichen Bildungen zu **potis*/**-no-* (vgl. zahlreiche Beinamen Rudras mit *-pati*) siehe Meid 1957, 82-85, und Sergent 1995, 192.

Versform fungiert als mnemotechnische Einrichtung, und zugleich werden durch sie auch alltägliche Themen bewahrt. Alle von den indoeuropäischen Kriegern während ihrer Ausbildung in der Jungmannschaft zu erlernenden Lehren waren in Versen formuliert (Huizinga 127; Campanile 1987, 26; Bader 1989, 17; vgl. Gaechter 1970); das schloß die Geschichte des Volkes, Hymnen an die Götter und Erzählungen über sie ebenso ein wie allgemeine Informationen über die Lebensführung in einer gefahrvollen und unübersichtlichen Welt – eine Art gnomischer Verse, Spruchverse, welche die als *Hávamál* bekannte Sammlung exemplarisch repräsentiert. Solche Eddaverse, die aus Fragen und Antworten zu mythischen Themen bestehen, könnten durchaus Medien zur Bewahrung und Speicherung von Wissen gewesen sein (ARG II, 122). Somit war Odin wohl von Anbeginn mit der Dichtung besonders verbunden – daher stammt seine Rolle im Mythos vom Raub des Dichtermets.

Ebenso ist er, in Polomés Worten, der „Meister der weissagenden Runen". Odin erfand die Runen nicht; er gewann sie durch seine Selbstfolterung (*Hávamál* 138-141). In *Germania* 10 berichtet Tacitus, daß die Germanen eine einfache Form des Orakels besaßen, das in Staat und Haushalt angewandt wurde, um den Willen der Götter zu nahezu allem zu erkunden. Von einem früchtetragenden Baum wurde ein Zweig geschnitten und dann weiter in kleine Teile zerteilt, die mit „gewissen Zeichen" markiert und per Zufall über ein weißes Tuch gestreut wurden. Der Priester oder *pater familias*, der das Orakel befragte, erhob seine Augen zum Himmel sowie zu den Göttern und nahm drei der Holzstücke,[146] die entweder ein Ja oder ein Nein zur Antwort gaben.

Bezüglich der *notis quibusdam discretos* „[der Holzstückchen], die mit gewissen Zeichen markiert waren," schreibt Much: „Man wird nicht fehl gehen, wenn man annimmt, daß diese *notae* Runen, **rūnos*, buchstäblich ‚Geheimzeichen' genannt wurden" (*Germania* 191). Ob sie Buchstaben waren, kann anhand dieser Passage nicht beurteilt werden. Auch wenn die Germanen bereits eine Runenschrift besaßen,[147] ist anzunehmen, daß diese Zeichen sehr einfache, ins Holz geschnittene

[146] Nach Much, *Germania* 192, sollte *ter singulos* als „‚dreimal je einen', nicht, was der Wortlaut auch zuließe, ‚dreimal alle einzeln'," gelesen werden. Die Dreizahl stammt aus Fällen, wo der Bescheid ja oder nein lautete und sicherte in ihnen ein Ergebnis." Siehe auch ARG I, 260.

[147] ARG I, 259; II, 56f. Arntz 1935 faßt die umfangreiche Debatte, die bis zu seiner Zeit über dieses Thema geführt wurde, zusammen und stellt heraus, daß das Wort ‚Rune' in nordgermanischen Quellen stets mit Magie, aber nur indirekt mit Prophetie verbunden ist. Runen werden nicht verwendet, um die Zukunft vorauszusagen; sie werden verwendet, um einen Toten zu erwecken, damit **er** die Zukunft voraussagen wird, wie Háv. 157 und Saxos Bericht (I, 38) über Harthgrepa belegen. Ob Tacitus' *notae* Runen waren oder nicht, „[s]icher ist denkbar, daß man schon vor der Erfindung der eigentlichen ‚Runen' irgendwelche magischen Zeichen verwandte, die später durch diese abgelöst wurden" (247). Unter Rekurs auf Caesars kurze Erwähnungen von Losen bei den Germanen (BG I, 50) und Tacitus' Angaben datiert Arntz die Annahme der Runenschrift in die dazwischenliegenden anderthalb Jahrhunderte und glaubt fest, daß sich Tacitus auf Runen bezieht (249). Düwel nimmt ebenfalls das erste Jahrhundert als Entstehungszeit der Runen an; die ersten Zeugnisse stammen aus der Zeit um 200 n.Chr., „aber es ist keineswegs sicher, daß die dort genannten *notae* Runen waren" (102), also Zeichen im Sinne von ‚Buchstaben'.

Markierungen waren.[148] Ziehen wir das Wortfeld von ‚Runen' heran, dann bemerken wir, daß es Runen bereits vor der eigentlichen Runenschrift gab und daß Buchstaben ‚Runen' genannt wurden, weil man sie als geheim und magisch betrachtete.[149]

Somit erkennen wir als mit Odin verbunden die Tätigkeiten des *vātes* und *fáith*, derjenigen Personen also, deren Titel sich bei Römern und Iren auf seinen Namen beziehen. Freilich sind sie Menschen, während er ein Gott ist. Und die Wurzel **vāt-,* die sie teilen, hat ein weites Bedeutungsspektrum im Germanischen.

5.5. Ekstase, Besessenheit, Inspiration, Wahnsinn

„Wie sein Name zum Wortstamm ‚Wut' gehört, bleibt er vor allem ein wilder Gott der Besessenheit" (Höfler 1934, 340).

Wir haben den Wahrsager seine Prophezeiungen in einem ekstatischen Zustande göttlicher Inspiration in Versen verkünden sehen. Um die Ekstase nicht zu romantisieren oder diese Inspiration zu entschärfen, sollte man sich erinnern, daß die Griechen selbst *μάντις* mit *μαίνομαι* verbanden.[150] *μαίνομαι* bedeutet ‚rasen, wüten': das klingt nach Odin und seinen Kriegern. In ‚Arès und Dionysos' hebt M.G. Lonnoy hervor, daß dieselben Begriffe für Besessenheit, Inspiration und Raserei in der griechischen Tragödie für beide Götter verwendet wurden. „Der gesamte Wortschatz der religiösen Besessenheit wird für bacchische Raserei ebenso benützt wie für kriegerische Ekstase: der Kämpfer ist von Ares genauso besessen wie die Mänade von Dionysos" (Lonnoy 1985, 67). Der Wortschatz der dionysischen Besessenheit wird auf den Krieger übertragen (*ἔνθεος, βακχάω, θυιάς, μαίνομαι, κατέχεσθαι* und Ableitungen von *πνεύμα* und *οἶστρος*) (Lonnoy 68f.), während Dionysos drohen kann, gegen Theben mit einem Heer von Mänaden zu marschieren, deren Waf-

[148] „vielleicht mit eingeriebener Farbe" (191). Ich neige dazu, Much zuzustimmen. Tacitus' Worte legen ein deutliches Ja oder Nein nahe: entweder verbieten die Lose etwas, oder sie befehlen es, in welchem Fall weitere Bekräftigung durch Zeichendeutung erforderlich ist (Vorzeichen? *augurium*). Es wäre zu viel, im *interpretatur* eine Art Lektüre zu erkennen; allein die Tatsache, daß das Familienoberhaupt die *notae* lesen konnte, läßt darauf schließen, daß es einfache und seit langem gebräuchliche Zeichen waren. Ein anderes Beispiel für die allgemeine Verwendung von Losen liefert Bede, der von den kontinentalen Sachsen schreibt, daß bei Kriegsausbruch einer der regionalen Führer, die alle gleichgestellt waren, durch das Los zum Herzog (‚der das Heer zieht', d.h. Heerführer) gewählt wurde. Zeiß 1932, 147.

[149] Got. *rūna* heißt ‚Geheimnis, Mysterium' (*izwis atgiban ist kunnan rūna þiudangardjos guþis*, Mk. 4, 11) (ύμίν δέδοται γνώναι τό μυστήριον τής βασιλείας τού θεού [...]); ahd. *girūni* ‚geheim', *rūnen* ‚wispern' etc.; althd., as. *rūna* ‚vertrauliches oder geheimes Gespräch'; as. *girūni* ‚Geheimnis'; ae. *rūn* ‚Mysterium, Geheimnis', *rūnian* ‚wispern, geheimnisvoll reden, sich verschwören', *rūnlic* ‚mysteriös', *ryn(e)lic* ‚geheim, mystisch, bildlich, sakramental' etc.; vgl. nhd. ‚raunen' und ‚Alraune', die geheimnisvolle, magische Pflanze. Siehe Düwel, 1; Dumézil 1973, 34.

[150] „Wenn die Griechen mit ihrer Verbindung von μάντις und μαίνομαι richtig lagen – und die meisten Philologen denken dies – dann gehört der Zusammenhang von Weissagung und Wahnsinn zu den Grundideen des indoeuropäischen Denkens" (Dodds 1963, 70).

fe der Thyrsos ist (Lonnoy 68). Dieselben Worte, welche die in den ‚Bacchen' von Dionysos besessene Agaue gebraucht, werden von thrakischen Soldaten in der ‚Hekuba' verwendet – und ebenso von Ares selbst, der von der Gier nach Blut und Tod besessen ist (*κατέχη*) (Lonnoy 68). Die beiden Götter selbst sind rasend; Euripides nennt Dionysos *θυρσομανής*, den rasenden Gott mit dem Thyrsos (*Phoen.* 791); Äschylos nennt Ares ‚rasend', μαινόμενος (Sieben gegen Theben, 343), und Sophokles heißt ihn *οἰστρηθείς*[151] (Die Trachinierinnen 653).

Von Ares inspirierte Krieger sind von einer wilden Raserei besessen, die sich im *μαίνεσθαι* ausdrückt; aber auch Dionysos kann ein Heer in Ekstase versetzen. „Daher sieht man zuweilen eine von Waffen starrende Armee von Panik ergriffen, bevor sie einen Speer erhebt. Diese Panik stammt von Dionysos" (Bacchen 302-4). „Die Raserei, die die Krieger packt, hat zwei Seiten, da sie diese gleichermaßen zum Heldentum befeuern, wenn sie von Ares stammt, als auch zur Flucht veranlassen kann, falls sie auf Dionysos zurückgeht" (Lonnoy 70). Jedoch vermag Dionysos seiner Bacchantenschar auch erstaunliche Kräfte zu verleihen, wie die thebanischen Boten bezeugen können, die diese Frauen lebende Tiere zerfleischen und Bäume einschließlich der Wurzeln mit bloßen Händen ausreißen gesehen haben, während sie selbst unverwundbar für feindliche Waffen waren: „Die Speere der Männer waren spitz und scharf, und doch floß kein Blut, während die Ruten, die die Frauen warfen, Wunden schlugen. Und die Männer rannten, von Frauen gejagt, davon!" (Bacchen 761-4). Ihre Härte und Unverwundbarkeit kam von Dionysos. Rufen wir uns in Erinnerung, was Snorri von Odin sagte: „In der Schlacht konnte Odin seine Feinde blind oder taub machen oder vor Schreck erstarren lassen, und ihre Waffen waren nicht mehr als Stöcke; [...] [seine eigenen Mannen] schlugen die anderen, doch weder Feuer noch Stahl konnte ihnen etwas anhaben" (nach Monsen 5).

5.5.1. Ekstase

Odins Männer waren unverwundbar, da sie in einem ekstatischen Zustande fochten. Dessen Aneignung ist manchmal das Ergebnis ausgefeilter Vorbereitungstechniken und gewaltsamer Übungen, obgleich er auch plötzlich und gegen den Willen über einen kommen kann. Und obwohl nicht jeder Rausch zur Ekstase führt, haben halluzinogene und andere Substanzen doch eine bedeutsame Geschichte in vielen Kulten als Mittel, diesen Zustand zu erreichen. Indra steigert sich durch den Genuß von Soma in das hinein, was bei Thor sein *Ás-megin* wäre. Nach drei Schluck Soma ist er fähig, Vṛtra zu töten. Im alten Iran verwandelte *haoma* (= Soma) Männer in Wölfe. Herodot berichtet, wie die skythischen Männer durch das Inhalieren des Rauches brennender Hanfsamen berauscht wurden. Wein ist natürlich dem Dio-

[151] 68f. „Die im letzten Partizip, das auf den vom Stachel eines Insekts (οἶστρος) herrührenden Wahnsinn verweist, zum Ausdruck gebrachte Metapher nimmt von der Geschichte der Io ihren Ausgang, die von einer Bremse bis zum Wahnsinn gequält wurde, und wird dann im Zusammenhang mit den von Dionysos getriebenen Bacchanten wiederaufgenommen" (Bacch. 32, 117-119, 795) (69).

nysos heilig, und es ist nicht verwunderlich, daß Odin der Gott ist, welcher den Dichtermet von den Riesen gestohlen hat.

Man braucht nur durch die dem Soma gewidmeten Teile von Wendy O'Flahertys Auswahl von Hymnen aus dem Rigveda zu blättern, um einen guten Eindruck von der Art des Entzückens zu erhalten, das den Berauschten zuteil wurde, in diesem Fall durch den Genuß einer Droge:

> Wir haben getrunken vom Soma; wir wurden unsterblich; wir fuhren zum Licht; wir fanden die Götter (VIII, 48, 3).
>
> Schwäche und Krankheit vergingen; die Mächte des Finstern flohen im Schrekken. Soma stieg in uns auf, erweiterte sich. Wir kamen zum Ort, wo sich ausdehnt das Leben.
> Der Trunk, den wir tranken, erfüllte die Herzen, ein Unsterbliches in Sterblichen (VIII, 11,12).
>
> In meiner Weite übertraf ich das All und diese weite Erde.
> Trank ich nicht Soma?
> Ja! Hierhin setz' ich die Erde oder dorthin vielleicht.
> Trank ich nicht Soma?
> Ich will die Erde vernichtend zerschlagen, hier oder vielleicht dort.
> Trank ich nicht Soma?
> Einer meiner Flügel ist im Himmel; den anderen schleppte ich unten.
> Trank ich nicht Soma?
> Groß bin ich, groß! Ich fliege zur Wolke.
> Trank ich nicht Soma? (X, 119, 8-12)

Und dann gibt es die berühmte Hymne vom langhaarigen Ekstatiker, der einen Rauschtrank („möglicherweise etwas anderes Halluzinogenes als Soma") aus Rudras Kelch trinkt:

> Langhaar hält das Feuer, hält den Rauschtrank, hält Himmel und Erde.
> Langhaar erhellt alles, so daß ein jeder die Sonne erkennt.
> Langhaar verkündet das Licht.
> Diese Darbenden, in Wind Gehüllten, ergriff wilde Wut. Wenn Götter sie fassen, sie reiten im Sausen des Windes.
> ‚Wahnsinn der Askese, wir ritten im Wind. Unsere Leiber sind alles, was ihr bloß Sterblichen sehen könnt' (X, 136, 1-3).
> Langhaar trinkt aus dem Kelch und teilt mit Rudra den Trunk (7).

Bemerkenswert ist, daß dieser *Kesin* ‚Langhaar' sich und seine Begleiter als Asketen bekundet; in Vers 7 zeigt sich, daß deren Entzücken wenigstens zum Teil die Wirkung eines Rauschtrankes ist. Darin besteht kein Widerspruch.

5.5.2. *Furor heroicus*

P.L. Henry bemerkt in dem Aufsatz, dessen Titel ich mir für die Überschrift dieses Abschnitts borgte: „Es ist eine äußerst interessante Tatsache, daß im Altindischen der Terminus *tápas-*, ‚Hitze', der mit dem irischen *ten* ‚Feuer' und *té* ‚heiß' korrespondiert, nicht die Glut des Kriegers, sondern die des Brahmanen im Sinne religiöser Kasteiung bezeichnet" (Henry 1982, 236). Tatsächlich ist das sehr interessant, obwohl es selbstverständlich genug erscheinen wird, wenn wir im dritten Teil die *vrātyas*, die ‚Kriegerbrahmanen', kennengelernt haben. Im Kommentar zu Rigveda X.136, aus dem wir eben zitiert haben, schreibt Oldenberg: „Dieses Lied schildert lebendig das orgiastische Treiben der alten vedischen Welt, noch unveredelt von dem Erlösungsdurst, der die Asketen buddhistischer Zeiten im Innersten bewegte, noch ganz in die rohen Formen des wilden Medicinmännerthums gebannt" (Oldenberg 1894, 406). Insgesamt – so fährt er fort – zog es die vedische Welt vor, zu dieser Art wilder Ekstase eine Distanz zu wahren. Jedoch erkennt Oldenberg im *dīkṣā*-Ritus[152] den Versuch, diesen Zustand durch Askese zu erreichen; wir liegen nicht falsch, schreibt er, „wenn wir den Vollzieher dieser Weihe, der hungernd und wachend, stammelnde Sprache redend, in das Antilopenfell gehüllt neben dem dämonenverscheuchenden Zauberfeuer sitzt, den der Ethnologie so wohlbekannten Typen der wilden Zauberpriester, welche durch Kasteiungen Besessenheit zu erreichen suchen, vergleichen" (Oldenberg 407). Heestermann ging weiter, wenn er im *dīkṣitā* einen Aspekt des *vrātya* wiedererkannte, und Falk sah noch einen weiteren Aspekt des Kriegerbrahmanen im *brahmacārin,* dem *tapas*-erfüllten Brahmanenschüler, dessen Erfahrung – „er geht in einem Augenblick vom östlichen zum nördlichen (?) Meer" (AV XI.119) – Oldenberg mit der des *Kesin* von RV X.136 vergleicht, „der Asket lebt in den beiden Meeren, im Osten wie im Westen."

Ebenfalls interessant ist die Entgrenzungserfahrung des somatrinkenden Ekstatikers im RV (‚Groß bin ich, groß' usw.), da diese auch für die irischen Krieger eine Weise ist, den *furor heroicus* zu erleben. Über Cú Chulainn steht geschrieben, daß er „anschwoll und wuchs wie eine Blase, die sich aufbläht [...], und der tapfere Held erhob sich hoch über Fer Diad" (*Táin Bó Cúalnge* in Henry 235). Beowulfs Stärke von dreißig Männern ist Teil desselben Syndroms, obwohl sie der christliche Dichter als eine Gabe Gottes beschreibt; auch von Beowulf wird eine ‚Vergrößerung' ausgesagt: „*eacen* (198), p. pl.: got. *aukan* ‚wachsen' [...]; auch wird vom ihm behauptet (709), daß er sich geistig ausdehnt (*bolgenmod*)" (Henry 237).

Cú Chulainn ist nicht nur gewachsen, er ist verwandelt: „Es wird von ihm gesagt, daß er grauenhaft, vielgestaltig und unerkennbar wurde."[153] Eine gängigere Verwandlung des ekstatischen Kriegers ist diejenige in eine beutelüsterne Bestie, gewöhnlich einen Wolf oder Bären. Und das führt uns zu unseren *berserkir* und *úlfheðnar*, den dämonischen Weihekriegern, zurück.

---

[152] Die *dīkṣā* ist eine Einweihungszeremonie, „die ‚die neue Geburt', d.h. die Initiation in eine höhere Lebensstufe, zum Ziel hat" (Gonda 1960, I, 151). Jemand, der sich selbst auf diese Weise weiht, ist ein *dīkṣita*.

5.5.3. Kriegstänze

Ekstase war, wie nicht vergessen werden darf, Teil des Kultes; sie wurde mit altbekannten Kultpraktiken – wie dem Genuß des Soma – erreicht und war niemals ein Selbstzweck, sondern vielmehr ein Mittel zum (kultischen) Zweck.[154] Nachdem Indra Soma getrunken hatte, tötete er Vṛtra und machte das Gewässer frei. Sterbliche strebten nach Kontakt oder Vereinigung mit den Unsterblichen, nach der Enthüllung geheimer Weistümer und gesteigerten schöpferischen oder sonstigen Kräften. Viele Mittel waren in Gebrauch; in Indien gehörten dazu das Sichbesinnen in der Einsamkeit, Atemübungen wie z.B. langes Luftanhalten, vielerlei Arten der Selbstmarterung und vor allem das Fasten (Gonda 1960, 183ff.; Oldenberg 401f.). Erst wenn der *dīkṣitā* ausgemergelt ist – so wird geschrieben –, dann ist er rein genug für das Opfer; doch Oldenberg fügt hinzu, daß Selbstfolter durch Hitze Teil des Rituals gewesen zu sein schien, zumal der *dīkṣita*, mit einem Antilopenfell bedeckt und einem Turban auf dem Kopf, an seinem Feuer saß (Oldenberg 402). Sowohl Fasten als auch Sichaussetzen an die Elemente waren, jeweils für sich oder in Kombination, Mittel, die im heidnischen Irland und in Skandinavien angewandt wurden, um die geistigen Kräfte zu steigern.[155]

Der ekstatische Tanz war ein weiteres kultisches Mittel zur Erweiterung der Fähigkeiten.[156] Bei Saxo lesen wir von einem Waffentanz als Teil einer Siegesfeier nach einem Zweikampf sowie auch anläßlich der Vorbereitungen für einen solchen.[157] Tacitus beschreibt einen Speertanz in *Germania* 24; er wurde bei einem profanen Gastmahl zur Unterhaltung der Gäste aufgeführt. Xenophon berichtet,

[153] Henry 235. *Ríastrad* ‚der Akt der Verzerrung'; siehe Encyc. 632 zum ekstatischen indoeuropäischen Krieger. Ähnlich wird der Druide Colptha, als er sich zur Schlacht rüstet, groß – 240 Fuß hoch – und ungestalt. „Forbius Droma Damhghaire", Sjoestedt 1926, 82.

[154] Wir müssen freilich bedenken, daß Ekstase nicht das Außerkontrollegeraten meinte. Wie Nora Chadwick in ihrer Arbeit über Schamanen schreibt, „ist es wichtig, die perfekte Selbstbeherrschung des Sehers hervorzuheben, nicht nur seines künstlerischen Materials, sondern auch seiner eigenen Bewegungen [...]. Er weiß genau, wie weit er auf seiner geistigen Reise gehen kann, wann er innehalten muß und wie er sich selbst und seine Hörer auf die Rückkehr in die materielle Welt vorbereiten soll" (60f.). Die Trennung von der Realität bezieht sich nur auf deren Beschränkungen und erlaubt eine vollständige Konzentration auf eine Fähigkeit oder Kraft, ob diese nun in der Komposition von Versen („Wir haben gesehen, daß der Seher in den am besten belegten Berichten der rückständigsten Völker imstande war, während seiner Ekstase aus dem Stegreif zu dichten und eine ausgearbeitete Dichtung vorzutragen", ebd. 61) oder in der Handhabung von Waffen in Tanz oder Schlacht besteht (οἶδα δ'ἐνὶ σταδίῃ δηίῳ μέλπεσθαι Ἄρηι; „Ich weiß für feindlichen Ares im Zweikampf zu tanzen," Hektor zum Telamonier Ajax, Illias VII, 241).

[155] Van Hamel erläutert Odins neun Tage und Nächte der Selbstaussetzung in Wind und Wetter ohne Nahrung und Getränk „als eine primitive magische Praxis, die eine Aktualisierung des göttlichen *ásmegin* bewirken und die Unterwerfung der Runen erzwingen sollte" (1932, 288).

[156] „Daß Indra einige Male ein Tänzer genannt wird [...] und die māyābesitzenden Asvin tanzende Helden [...], dürfte auf das Bekanntsein mit kraftschaffenden ekstatischen Tänzen hindeuten" (Gonda 1960, 184). Zu Indra und Marut als Tänzer siehe v. Schroeder 1908, 47ff., 106ff.

mit genaueren Detailangaben, von einer Aufführung bei einem Gelage; der thrakische Schwerttanz hatte fast die Form eines kleinen Dramas (*Anabasis* 6,1,5; siehe Kazarow 1916, 56f.). „Auch der *πυρρίχη* der Spartaner gehört hierher", bemerkt Much (321). Aber der pyrrhische Tanz war keine profane Zerstreuung beim Festschmaus, sondern göttlichen Ursprungs. Die dorischen Kreter schrieben seine Erfindung den Kureten, die Spartaner den Dioskuren zu; bei den Panathenäen feierte man mit ihm Athenes Sieg über die Giganten. Es handelte sich um einen „mimischen Kriegstanz [...], der Angriff und Verteidigung in der Schlacht" darstellte (DCA 530), um ein Drama im Kleinen, wie der von Xenophon beschriebene thrakische Schwerttanz (siehe 5.5.4 im Anschluß). Von allen vedischen Göttern ist Indra, der Krieger, der Tänzer *par préférence*, und seine häufig auftretenden Begleiter, die Maruts, sind ebenfalls Tänzer.

Es ist bemerkenswert, daß die Hauptfiguren auf vielen von uns erwähnten Helmplatten und Brakteaten in eindeutig tänzerischen Haltungen gezeigt werden, wobei sich etwa die Beine in unnatürlichen Stellungen befinden oder die Glieder der Darsteller gekreuzt oder auf merkwürdige Weise verschlungen sind. Auf manchen weiteren tanzen sie zumindest wahrscheinlich, und in wieder anderen sehen wir, wenn Beck richtig liegt, dramatische Szenen (1968 *passim*). Wenn wir die Torslunda-Grabplatten aus Becks Aufsatz heranziehen, bemerken wir auf Nr. I, daß sich die Füße und Beine des Mannes zwischen den beiden (einigermaßen stilisierten) Bären und die daraus folgende Drehung des Körpers um 90° in der Sprung- und Tanzhaltung befinden, die auf sehr vielen anderen Gegenständen erkannt wurde.[158] Eine Hinterpfote des linken Bären ist oberhalb der Fußsohle des Mannes (Beck 1968, 238f.).

Auf Platte III haben wir zwei (absichtlich nicht genau identische) Krieger mit großen Ebern auf den Helmbüschen, die schwere Speere senkrecht und in ihren rechten Händen Schwerter halten. Sie sind im Profil abgebildet, und ihre Haltung scheint keine tänzerische zu sein, aber die Speere und Eber sind so riesig, daß ihr Auftritt einen zeremoniellen Charakter haben muß. Dasselbe gilt, neben vielen anderen, für den berühmten gehörnten Helm des Mannes von Finglesham, das Tänzerpaar auf dem Helm von Sutton Hoo und den Tänzer auf Becks Platte IV. Solcher

---

[157] Bei der Feier des doppelten Sieges des dänischen Prinzen Uffo über zwei Sachsen in Buch 4 und vor Starkads Duell mit dem sächsischen Recken Hama in Buch 6. In Fishers Übersetzung klingen beide Veranstaltungen wie reine Prozessionen, aber das *tripudium* ist der tänzerische Dreischritt der Salier; ich bezweifle, daß Saxo den Begriff zufällig verwendet. Siehe Hauck 1954, 43. Tacitus berichtet, daß Civilis' Truppen das *tripudium*, „wie es ihre Sitte war", vor einer Schlacht tanzten (Historien V, 17).

[158] Diese kühn springenden Akrobaten, die pathetisch chaplinesken Figuren und die hornhelmigen Schwerttänzer, machen freilich alle dieselbe Art von Bewegung, sie tanzen, und das kennzeichnet ihr Auftreten. Es kann keinen Zweifel geben, daß es sich um besondere Tänze handelte, Tänze mit besonderen Ausprägungen und Haltungen, die zu jener Zeit allen vertraut waren. Die Ähnlichkeit in der Darstellung des Bewegungsablaufs in unterschiedlichem Material und an verschiedenen, weit auseinanderliegenden Orten zeigt eindeutig, daß es wohlbekannte Phänomene waren, die in das Reich der Kulte und rituellen Tänze gehörten [...]" (Holmquist 1960, 103f.)

Schmuck ist sehr schwer und würde einen Krieger aus der Balance gebracht haben; die Helme der *Cornuti*, einem ‚gehörnten' germanischen Kontingent in Konstantins Heer, haben kleine Ziegenhörner (Alföldi 1959, bes. Fig. 4). Daher halte ich es für wahrscheinlich, daß es sich auch bei diesen Figuren um Tänzer handelt.[159]

Auf IV erkennen wir die unter 1.4.3. beschriebene Szene: einen Krieger mit einer Wolfsmaske, der einem einäugigen Speertänzer mit einem Hörnerhelm folgt. „Der Befund weist uns also mit Sicherheit auf Odin-Woden im Waffentanz" (Hauck 1954, 47).

5.5.4. Tanzende Götter

Hauck behauptet kühn: „Odin-Woden selbst ist in der Vorstellung des germanischen Heidentums als Waffentänzer lebendig. Waffentanz und Woden-Religion gehören ähnlich eng zusammen wie der Waffentanz der römischen Salier mit der Marsverehrung" (1954, 48).[160]

Genau dieselbe Auffassung wurde 1908 von Leopold von Schroeder in ‚Mysterium und Mimus im Rigveda' vertreten; das ‚Mysterium' des Titels ist das kultische Drama, der ‚Mimus' ist der mimetische Tanz. Daß letzterer in der indoeuropäischen Welt gut belegt ist, haben wir schon zum Teil gesehen; daß ersteres, das Kultdrama, aus dem mimetischen Tanz hergeleitet werden kann, wird sich aus dem Nachfolgenden klar erhellen. Im germanischen Raum sind zahlreiche Beispiele von beiden überliefert; einige von ihnen beschreibt von Schroeder.

---

[159] Holmquist hat denselben Gedanken hinsichtlich der Figuren auf einer kleinen Goldplakette aus Helgö, Schweden (Fig. 11 in seinem Aufsatz): „Weitere männliche Figuren sind Speerträger und treten den Figuren auf den Stanzen und Helmen aus Torslunda an die Seite. Wenn das der Fall ist, ist es natürlich nicht unmöglich, daß sie Tänzer sind, die vielleicht zu einem solchen Tanz schreiten, wie er etwa auf dem Helm von Sutton Hoo dargestellt ist" (109).

[160] Die verbleibende Torslunda-Stanze von Beck (II) zeigt einen Mann mit nacktem Oberkörper, der ein Ungeheuer an einer starken Fessel oder einem Strick hält. Die Bestie ist eine Bestie sui generis (239). Die Szene verweist nach Beck auf die zahlreichen Erzählungen von germanischen Helden, die mit ‚Untieren bzw. Unholden' [der Art von Kreaturen, die im Norden unter der Sammelbezeichnung *trollr* bekannt ist] kämpfen. Da diese Ungeheuer häufig für normale Waffen unverwundbar sind, muß der Held notgedrungen immer wieder mit ihnen ringen oder sie würgen, was nach Beck der Grund für die Fessel sein kann (242ff.). „Die Drosselung ist so kunstvoll ausgeführt, daß das Untier mit jeder Bewegung seiner Pranke den würgenden Zug verstärken muß" (239). Wenn wir berücksichtigen, daß die Tötung von Ungeheuern ein charakteristisches Element von Initiationsgeschichten ist (3.5.1), dann scheint es möglich, daß wir auf dieser winzigen Platte eine Szene aus einem Kultdrama haben. Und zumal, wie wir bereits gesehen haben und noch in weiteren Details erkennen werden, kleine Dramen oft einen Bestandteil der Waffentänze bildeten, kann es gut sein, daß der Tanz auf allen vier Stanzen von Torslunda wiedergegeben wird.

5.5.4.1. Mysterium und Mimus in der *Anabasis*

Bevor wir nach Germanien zurückkehren, möchte ich einen Blick in Xenophons Beschreibung der Tänze werfen, mit denen er in Paphlagonien unterhalten wurde, da wir bei diesen primitiven, von einem Zeugen aus erster Hand und zudem von einem fähigen Journalisten beschriebenen Unterhaltungen einige Merkmale erkennen, die sich immer wieder beobachten lassen (Buch VI, 1).

„Als die Spenden dargebracht waren und man den Päan gesungen hatte, erhoben sich zuerst die Thraker und tanzten in Waffen zur Flöte, führten mühelos hohe Sprünge aus und handhabten dazu die Schwerter. Am Schluß schlug jeder nach seinem Partner, so daß es allen vorkam, er habe seinen Mann getroffen. Der aber ließ sich in einer Finte zu Boden fallen: die Paphlagonier schrien auf. Nun nahm der eine dem andern die Waffen und ging weg, indem er den Sitalkas[161] sang. Andere Thraker trugen den zweiten feierlich hinaus, wie wenn er tot wäre. Es war ihm aber nichts geschehen. Darauf traten die Änianen und Magneten auf, die in Waffen die sogenannte Karpaia [Erntelied] aufführten. Der Gang des Tanzes war folgender: der eine legt die Waffen nieder, sät und treibt sein Gespann an, wobei er sich häufig umwendet, als ob er sich fürchte. Nun naht der Räuber. Sobald ihn jener erspäht, greift er zu den Waffen, tritt ihm entgegen und schützt kämpfend sein Gespann. Das führten sie im Takt zur Flöte auf. Schließlich fesselt der Räuber den Mann und treibt ihn mitsamt dem Gespann weg; bisweilen fesselt auch der Pflüger den Räuber. Dann bindet er ihn mit rückwärts gefesselten Händen neben die Ochsen und treibt ihn vor sich her. Darauf trat ein Myser vor, an jedem Arm einen Schild, und führte einen Tanz auf: bald tat er, als ob er zwei Gegner vor sich hätte, bald gebrauchte er die beiden Schilde wie gegen einen einzigen, bald führte er mitsamt den Schilden Drehungen und Salti aus, so daß es ein herrlicher Anblick war. Schließlich tanzte er den Persertanz, indem er, die Schilde zusammenschlagend, niederkauerte und sich wieder erhob, und all das im Takt zur Flöte. Darauf traten die Mantineer und einige andere Arkadier herzu, von Kopf zu Fuß gerüstet, so schön sie es vermochten; sie schritten im Takt, von der Flöte begleitet, nach dem Rhythmus des Enoplios, sangen den Päan und tanzten wie in Prozessionen zu den Sitzen der Götter. Die Paphlagonier, die zusahen, hielten es für etwas Außergewöhnliches, daß alle diese Tänze in Waffen ausgeführt wurden.“[162]

Bei der letzten Gruppe, den Arkadiern, sehen wir einen bewaffneten Tanz, der offensichtlich mit religiösen Festen verbunden ist. Der Mysier vollführte mehrere mimetische Tänze. Das Erntelied der Änianen und Magneten ist ein kleines Drama. Der Titel ist deshalb interessant, weil sich das Spiel auf die Frühjahrssaat bezieht; vermutlich ist es eine rituelle Dämonenaustreibung, die eine gute Ernte bewirken soll.[163] Der Tanz der Thraker bewegt sich im Grenzbereich von mimetischem Tanz

---

[161] „Die nach dem Nationalhelden benannte Nationalhymne“, Rouse 138.

[162] Übers. nach Xenophon: Anabasis, Der Zug der Zehntausend, Griechisch-Deutsch, hg. von Walter Müri, bearbeitet und mit einem Anhang versehen von Bernhard Zimmermann, München/Zürich 1990, S. 327f.

[163] Vgl. aber germanische Krieger-Bauern in männerbündischen Siedlungen, Price 1994, 21, 59.

und Drama. Wir finden also in einem einzigen Ereignis die ganze Entwicklungslinie vom Tanz über den Mimus zum Mysterium repräsentiert. Das Erntelied sollte uns davor bewahren, ‚militärische' Funktionen leichtfertig vom Fruchtbarkeitsaspekt zu trennen, sei es im Kult selbst oder in den Charakteren der kultisch verehrten Götter. Das Leben ist selten so einfach, und die beste Gottheit ist eine, die die Interessen ihres Volkes in vielen unterschiedlichen Lebenssituationen fördert.[164]

5.5.4.2 Der Schwerttanz in Germanien

Der Schwerttanz bestand im germanischen Raum[165] bis ins frühe zwanzigste Jahrhundert hinein mit derselben zähen Langlebigkeit wie die Wilde Jagd.

Der Tanz ist häufig mit einer Art Folkloredrama verbunden. Manchmal gibt es nur das Theaterstück, und der Name allein verweist auf den Ursprung; öfter wird nur der Tanz aufgeführt, dem nicht selten ein Prolog in Versen vorangeht, der die dramatische Situation erläutert. Die Tänze sind insgesamt von ernsthafter Natur, aber häufig mit komödiantischen Einlagen angereichert. Die bevorzugten Jahreszeiten für solche Aufführungen liegen um Weihnachten herum und an Fastnacht, zu denselben Zeiten also wie die Wilde Jagd; der 1. Mai und Hochzeiten sind ebenfalls populäre Gelegenheiten. Typischerweise tragen die Tänzer weiße Gewänder; oft haben sie Glocken an ihren Beinen, gewöhnlich trägt nur der Vortänzer oder -sänger einen Hut (v. Schroeder 1908, 107f.).

[164] Es ist zu bemerken, daß das Mahl, an welchem die Tänze aufgeführt wurden, kaum einen profanen Anlaß hatte. Die Hellenen hatten ihre auf dem Markt erzielten Gewinne durch Beraubungen der Paphlagonier ergänzt. Letztere reagierten darauf, indem sie den Griechen auflauerten, wo immer sich eine Möglichkeit ergab. Schließlich schickte der paphlagonische König eine Gesandtschaft mit passenden Geschenken zu den Griechen, um eine Übereinkunft im Geiste wechselseitiger Toleranz zu erreichen. Diesem Vertrag wurde erst am nächsten Tag, nach einer Abstimmung der griechischen Soldaten, zugestimmt, doch schon in der Nacht, als die Gesandten kamen, wurden sie gastfreundlich empfangen, und dem Mahl ging ein Opfer voran; Paphlagonier und Griechen befanden sich für diesen Abend also, obwohl noch kein Vertrag unterzeichnet war, im Verhältnis der Gastfreundschaft. Das Gelage selbst wurde mit einem Trankopfer und einer Hymne eröffnet.

[165] Einschließlich früher deutsch- oder germanischsprachige Regionen, die nun Französisch oder slavische Sprachen sprechen, und sogar Spanisch, ein Vermächtnis der Goten. Siehe R. Wolfram 1932b, 34-41. Die Art von überliefertem Schwerttanz ist freilich nicht die von Tacitus beschriebene, in der das Schwert offensichtlich eine Waffe ist – der pyrrhische Typ – sondern eine Art Reihentanz, bei der das Schwert eine Stütze in der linearen Bewegung ist, welche die Tänzer zu einer Girlande verbindet, die sich windende Bewegungen vollzieht; „sein Wohlgefallen besteht im Spiel der Bewegungslinie" (Wolfram 1932b, 34-38). Beide Arten sind von sehr hohem Alter. Der Reihen- oder Labyrinth-Tanz ist derjenige, der die glückliche Heimkehr von Theseus und der athenischen Jünglinge und Jungfrauen feierte (siehe Moreau 1947). Davidson schreibt allerdings, „es scheint sicher bezeugt, daß, im Gegensatz zu populären Ansichten des 19. Jahrhunderts, die Kettentänze/Reihentänze/Labyrinth-Tänze, die in manchen Teilen Englands fortleben, keine unmittelbare Verbindung zu den Kriegstänzen der Wikinger haben können" (1965, 27). Ich wäre da nicht so sicher: sowohl dieser Tanz als auch Labyrinthe sind wesentlich älter als die Wikinger.

Der Schwerttanz ist das Privileg mancher Gilden oder geschlossener Gesellschaften gewöhnlich junger, unverheirateter Männer. „Die Tatsache, daß diese Tänze nur von Männern getanzt wurden, ist ein sicherer Beweis ihres rituellen Charakters“ (R. Wolfram 1932b, 38). Wieder haben wir eine Parallele zur Wilden Jagd, die ursprünglich eine Angelegenheit der elitären Männerbünde war; als diese jedoch aufhörten, prinzipiell für jeden geöffnet zu sein, wurde sie zum Vorrecht geschlossener Männergesellschaften: der Bergleute, Handwerkerzünfte, sogar der Schornsteinfeger. „Diese Männergesellschaften haben gleichermaßen kriegerische wie rituelle Funktionen. Die letzteren bestehen hauptsächlich in der Repräsentation der Ahnengeister, des Heeres der Toten“ (Wolfram 1934, 39). Es ist nicht überraschend, daß wir oft der Jagd Zugehöriges mit den Tänzerbünden assoziiert finden, z.B. das ‚Heischerecht‘.[166] In seiner Betrachtung der Geheimgesellschaften der frühen dreißiger Jahre des zwanzigsten Jahrhunderts schreibt Wolfram: „Sie leben wie andere Leute im Dorf, aber zu bestimmten rituellen Zeiten verschwinden sie und führen ihre Riten und Tänze durch, obwohl sie meistens gar nicht mehr wissen, was sie bedeuten“ (Wolfram 1932b, 40).

Die Anzahl der Tänzer variiert. Sieben ist eine beliebte Zahl, aber die Breslauer Tänzer aus von Schroeders Zeit waren sechsunddreißig, und dazwischen gab es alle möglichen Gruppen. Eine interessante Siebenergruppe auf der Insel Papa Stour, die zu den Shetland-Inseln gehört, ist im neunzehnten Jahrhundert beschrieben worden. Der Vortänzer stellte sich selbst als den Heiligen Georg vor und seine sechs Mittänzer als Recken aus ganz Europa. Abwechselnd tanzte er und pries seine großen Taten, führte jeden der Recken reihum mit ähnlichem Lob ein und rief sie dazu auf, Solotänze wie er selbst vorzuführen. St. Georg ist häufig der Vortänzer bei englischen Tänzen, obwohl diese selbst in mannigfacher Form erscheinen. Washington Irving beschrieb einen an Weihnachten aufgeführten ‚Tanz‘, bei dem der Vortänzer eine alte Ballade über St. Georg und den Drachen rezitierte, während ein Narr Possen aufführte. Ein „Schwertfechterspiel“ in Claustal im Harz war ein Drama mit sieben Darstellern, von denen einer, Snortison, erschlagen wurde, um anschließend wiedergeboren zu werden und erneut zu tanzen (v. Schroeder 1908, 109-112).

Morristänzer[167] – manchmal mit schwarzen Gesichtern (Wolfram 1932b, 41) – könnten mit St. Georg und dem Drachen in Verbindung stehen. Robin Hood ist häufig der Vortänzer der Morristänzer (nach Wolfram 1932a ist er Odin). Andere übliche Varianten beinhalten die Tötung und Wiederauferstehung des Narren als Anführer der Schwerttänzer (v. Schroeder 1908, 113-117).

Ein besonders interessanter Tanz ist der sogenannte Riesentanz in Yorkshire:

---

[166] „So schildert uns Wallis in seiner History of Northumberland (1769) den dort üblichen Schwerttanz, der zu Weihnachten, ‚the yule tide of the druids‘, aufgeführt wird. Da ziehen junge Leute in seltsamer Kleidung mit Musik von Haus zu Haus, führen den Schwerttanz (sworddance) auf und erhalten dafür kleine Spenden“ (v. Schroeder 1908, 115. Zu den Gilden, der Hanse und ihren männerbündischen Wurzeln vgl. Benveniste 1973, 63-65).

[167] Der Morristanz ist ein alter englischer und nur von Männern aufgeführter Volkstanz (Anm. d. Übers.).

„Vermummte Landleute führen ihn ihm Herbste auf. Es scheint eine Art Schwerttanz gewesen zu sein, da die Haupthandlung darin bestand, daß zwei Schwerter um den Hals eines Knaben geschwungen und geschlagen wurden, ohne ihn zu verletzen. Besonders wichtig aber ist der Umstand, daß der vornehmste Riese hier Woden genannt wird[168], seine Frau Frigg. Das zeigt uns die mythologische Bedeutung des Tanzes unzweifelhaft deutlich. Und wenn wir hier Woden selbst als riesischen Tänzer auftreten sehen, als den Obersten einer riesischen Tänzerschar, so gewinnen wir einen neuen und wichtigen Zug im Bilde des Gottes, der ihn dem wilden Tänzer Rudra-Siva noch ähnlicher macht - einen Zug, von welchem wir sonst bei Woden-Odin nichts hören und der unzweifelhaft alt und echt sein wird."[169]

Von Schroeders Annahmen waren ausgezeichnet, wie wir meines Erachtens noch näher sehen werden. Bis zur ‚Neuen Komparativen Mythologie' von Dumézil stellte niemand so gewagte Zusammenhänge zwischen den Göttern der verschiedenen indoeuropäischen Völker her wie von Schroeder. Aber die Kenntnisse der Religionswissenschaftler seiner Zeit konzentrierten sich vor allem auf den Bereich der Fruchtbarkeitskulte, Jahresgötter und Vegetationsgeister, und von Schroeder irrt nicht überraschend, wenn er Wodan und Rudra-Siva, Dionysos und Mars auf denselben Typus von Fruchtbarkeitsgöttern reduziert. Dies ist angesichts der bereits behandelten Gegensätze umso weniger verwunderlich, als die Akteure selbst keine Ahnung mehr davon hatten, welche Art von kultischen Handlungen sie durchführten. Wie im Fall des Perchtenlaufs und anderer Erscheinungsformen der Wilden Jagd, mit denen die Schwerttänze eine augenfällige Verwandschaft haben, wurde etwas als magisch und machtvoll empfunden, was daher töricht gewesen wäre, aufzugeben. Das einzige, was es ‚bedeutete', war, daß es die Ernte wachsen ließ. Man gibt etwas Bewährtes nicht auf, lediglich weil das Glaubensbekenntnis wechselt.

---

[168] Man denke an ‚Mercurius den Riesen' im altengl. Runengedicht.

[169] 1908, 118. Möglicherweise gibt es einen zusätzlichen ikonographischen Beleg für einen tanzenden Woden im *Long Man* von Wilmington. (Dies ist ein wirklicher Gigant, 226 Fuß von Kopf bis Fuß auf einem Kalksteinhügel in Sussex.) Hawkes sieht in ihm eine starke Ähnlichkeit mit dem kleinen Mann von Finglesham. Er hält dafür, daß der Riese ursprünglich einen Hörnerhelm getragen habe und daß die ‚Stäbe' in jeder seiner Hände die typischen Speere seien; er vermutet „eine vorsätzliche Unterdrückung [...] von allem Martialischem und Barbarischem, das an ihm gewesen sein könnte" (Hawkes 1965, 29). Wenn der Riese wie der Finglesham-Mann aus dem 7. Jhdt. stammt, dann gehört er zum heidnischen Sussex, obwohl sein Stil schwedisch ist. Später beraubten die Christen ihn seines gehörnten Helmes, seiner Speerspitzen und einiger anderer Attribute. „Um es zusammenzufassen: Hinter den Ideen stehen drei Tatsachen – die Ähnlichkeit der Figur mit einem Schnallenmann von Finglesham (wenn dieser unbewaffnet wäre), sein allgemein recht schwedischer Stil (nicht zu vergessen seine Füße), die abgemessenen Proportionen und das Verhältnis zur Topographie. Meines Erachtens sollte man sie nun alle zusammen als einen Schlüssel zum Geheimnis des *Long Man* betrachten" (27-30). Much beschließt seine Zusammenfassung der Literatur über den Schwerttanz in Deutschland und England mit den Worten: „Die Berichte über die deutschen Schwerttänze sprechen sehr für die Annahme, daß der von Tacitus geschilderte einen mimischen Charakter gehabt habe, also wirklich ein Spiel gewesen ist" (321).

Es war die nächste Generation von Folklore-Forschern und komparativen Religionswissenschaftlern, die erkennen konnte, daß zwei Arten von Fruchtbarkeitszauber mit diesen Riten verbunden waren. In der Tat gibt es den sterbenden und wiederkehrenden Gott oder Dämon. Aber es gibt auch den Bewegungszauber, die lebenspendende Macht kraftvoller oder auch gewalttätiger Manifestationen des Lebens, die vom Krieger in der Blüte der Jugend und mehr noch von den Ahnen als unsterblichen jungen Kriegern repräsentiert wurde. Aus dieser kurzen Beschreibung einiger weniger Schwerttänze wurde deutlich, daß wir in die Nähe der kultischen Bruderschaften zurückgekehrt sind. Die Tötung und Wiederbelebung des jungen Narren sind der Tod und die Auferstehung des Initiierten. Die Tötung und Wiederbelebung von Snortison sind der Tod und die Wiedergeburt des Vegetationsgeistes.[170] Die „Tötung und Wiederkehr des Fruchtbarkeitsdämons war mit der Tötung in den Initiationsriten vermengt; darin liegt es, daß die Narrenszene in den Schwerttänzen leicht als ein Frühjahrsbrauch angesehen werden kann" (Wolfram 1932, 41).

Erschwerend kommt ferner die Vermischung von Snortison und Snapdragon mit dem wirklichen Drachen – Vṛtra, Aži Dahaka, Fafnir – der großen Drachentötersage hinzu, die v. Schroeder veranlaßt, den reinen Fruchtbarkeitsaspekt bei Indra überzuinterpretieren. Dennoch waren seine Forschungen brilliant und von richtiger Grundauffassung.

5.5.4.3 Mars und die Salier

Trotz der Legende vom Himmelsschild und der Einsetzung der *Salii* durch Numa gab es seit ältesten Zeiten in ganz Italien Kriegstänzercollegien mit *ancilia*, die mit anderen Göttern als Mars[171] verbunden waren. Aus Inschriften geht sicher hervor, daß die Aufnahme in diese Collegien in jungen Jahren erfolgte, etwa in dem Alter, in dem man die *toga virilis* empfing (Evans 1939, 50, Anm. 4). Wissowa bemerkt, daß die Jünglinge mit der „Ausrüstung der römischen Hopliten ältester Zeit" sowie mit Lanze und Schild des Mars ausgestattet waren (Wissowa 1912, 556), doch in Wirklichkeit tragen sie auf Bildern sehr unterschiedliche Arten von Kleidung, vom eindeutig priesterlichen Ornat bis hin zur *trabea*, einem leichten Reiterkostüm; und auch die Schilde variieren (Alföldi 1959, 39). Auf wenigstens einem Relief, in Apagni, sind diese von altertümlicher Machart – eine über eine ovale Form gespannte Haut – und die ‚Lanzen' sehen aus wie Trommelstäbe. Jane Harrison vermutet, daß sich Dionysius von Halikarnassos auf diese bezieht, wenn er von einem „Speer oder Stab oder etwas ähnlichem" spricht, und daß es sich um thrakische

[170] Während im thrakischen Tanz der *Anabasis* der ‚tote' Tänzer auch ‚tot' weggetragen wird; die Wiederbelebung gehört nicht zu diesem Spiel, das weder mit Initiation noch mit Fruchtbarkeit zu tun hat.

[171] Obwohl zweifellos dieselbe Art von Gott und sehr wahrscheinlich zu einem späteren Zeitpunkt von Mars absorbiert worden. „Die Existenz der Salier auf dem Palatin und dem Quirinal zeigt auch eine parallele Entwicklung dieser zwölfköpfigen Priesterschaft in zwei Gemeinschaften an, welche zwei Götter, der Natur nach blutsverwandt, verehrten" (Evans 1939, 50).

Schilde handelt. „‘Meiner Ansicht nach‘ sagt er, ‚entsprechen die *Salii* dem, was die Griechen in ihrer Sprache die Kureten nennen. Wir (also die Griechen) benennen sie aufgrund ihres Alters nach dem Wort *kouroi*, die Römer nach ihren anstrengenden Bewegungen, nach ihrem Hüpfen und Springen, für das sie das Wort *salire* haben.‘ Dionysius trifft genau den Punkt: der Begriff *Kouretes* drückt die den Saliern, Korybanten etc. gemeinsame Eigenschaft aus, daß sie alle jung sind; die verschiedenen speziellen Namen und die Bedeutungen einiger verlorengegangener Namen heben bestimmte Einzelaspekte hervor“ (Harrison 1962, 194f.; vgl. Fig. 49).

Eine ältere Stufe beschreibt Raymond Bloch in seinen ‚Origins of Rome‘ (138 u. [Pl.] 58):

„Zufälligerweise ist ein außerordentlich wertvolles archäologisches Zeugnis einer Szene aus einem Waffentanz überliefert, wie er zu Beginn des achten Jahrhunderts an der Grenze von Latium und Etrurien getanzt wurde. Es handelt sich um eine doppelkonische bronzene Urne [...]. Auf ihren Ausbuchtungen und ihrem Deckel ist eine merkwürdige Szene mit einer Gruppe von mehreren primitiv und unbeholfen ausgeführten Figuren dargestellt. In zwei konzentrischen Kreisen befinden sich nackte Krieger, die lediglich eine flache Kopfbedeckung tragen und eine Art Tanz aufführen, bei dem sie gestikulieren und Lanzen und kleine runde Schilde schwenken. Manche von ihnen halten in beiden Händen Schilde. Sie sind um ein vierbeiniges Tier, möglicherweise einen Bären, gruppiert, das in der Mitte des Deckels angebracht ist. Unter den bewaffneten Tänzern ist einer, der ein Rind vorantreibt, das ein anderer zu opfern sich anschickt. Die Winzigkeit der Figuren und die Rohheit der noch unentwickelten Ausführung verhindern eine genaue Analyse der komplexen Szenerie. Klar ist allerdings, daß sie einen magischen Tanz darstellen soll. Angesichts des Kreises von Tänzern, des Tanzes und des lauten Zusammenschlagens der Waffen rund um das gefesselte Tier war die Veranstaltung wohl dazu gedacht, das Jagdglück zu sichern und Mensch und Vieh vor wilden Tieren zu schützen.“

Die römischen Salier eröffneten die Kriegszeit am ersten März, an dem die *ancilia* hinausgetragen wurden (*ancilia movere*), und waren bis zu den Oktoberriten tätig, die das Kriegsjahr beschlossen, wobei die *ancilia* in das *sacrarium* zurückgetragen wurden (*ancilia condere*). Sie folgten einer festgesetzten Route durch die Stadt und hielten an bestimmten Plätzen inne, um ihre Tänze aufzuführen. Diese bestanden aus drei Elementen: den Schritten, dem Lied und dem Schlagen der Lanzen gegen die Schilde. Die Schrittfolge – *tripudium* und *saltatio* – bestand aus einem Dreierschritt und einem Sprung. Die Tänzer hatten einen Meister bzw. *magister*, einen Vortänzer, den *praesul*,[172] und einen Sänger, den *vates*. Diese Anführer wählten sie nach Bedarf aus ihrer Mitte; es handelte sich also nicht um ständige Aufgaben (Wissowa 495). Das Lied war so alt, daß sie selbst nicht mehr wußten, was die Worte bedeuteten (Bloch 1960, 118).

[172] Kann ein weiterer Beleg für einen tanzenden Wodan in der Tatsache, daß Jordanes den gotischen ‚Mars‘ (=Wodan) *praesul* nennt, gesehen werden? (*bellorum praesulem*; Getica V, 40, 41, QB 90.)

Nach den Beschreibungen des Tanzes war es kein Scheingefecht wie in der *Germania*, sondern eher ein Reihentanz (oder ein ‚Labyrinth-Tanz‘). Dennoch war er zweifellos mit dem Krieg verbunden, und Bloch resümiert, daß es „eine Art Kriegsnachahmung“ war, „die mit den Mitteln imitatorischer Magie den Sieg Roms und die Niederlage seiner Feinde zu bewirken beabsichtigte [...].“ Aber unter dem Einfluß von Frazer u.a. schlägt er vor, daß diese keine menschlichen Feinde waren, „sondern die von primitiven Menschen am meisten gefürchteten Wesen – die bösen Geister, die immer auf der Lauer liegen, eine ständige Gefahr, die den Stamm bedroht. Der Waffentanz diente dazu, den Stamm, sein Gedeihen, die Fruchtbarkeit seiner Herden und Ernten zu schützen.“ Letztlich läßt er offen, ob der Tanz ein Kriegs- oder Erntebrauch ist (Bloch 1960, 139f.).

Wir haben schon genug gesehen, um zu wissen, daß diese Frage nicht mit einem Entweder-Oder, sondern mit einem Sowohl-Alsauch zu beantworten ist. Feinde sind Feinde, ob sichtbar oder unsichtbar. Aber die bislang beobachteten Gemeinschaften, die gegen sichtbare und unsichtbare Feinde kämpfen und das Wohlergehen des Stammes fördern, sind kultische Bruderschaften, die mit den Ahnen vereinigt sind und diese repräsentieren; deshalb, weil sie – rituell und sakral – die Ahnen sind, haben sie die Fähigkeit, den Stamm vor Feinden zu schützen und großen Segen über Heim und Vieh und Feld zu bringen. Kann das auch für die Salier gelten? Wir werden den Gott, dem sie geweiht sind, etwas näher betrachten.

Mars ist bekanntlich der römische Kriegsgott. Aber die Bohne ist dem Mars heilig, und diese gehört zum Totenkult; sie hat diese Bedeutung schon im vorindoeuropäischen Altertum (v. Schroeder 1908, 146). Noch etwas mehr verrät Mars' Verbindung zu den Laren im Kult der *Fratres Arvales*. Die Alten selbst identifizierten die Laren mit den *manes*, den Ahnen.[173] Der Lar wird (als *Lar familiaris*) am heimischen Herd zusammen mit der Vesta und den Penaten verehrt, aber sein wichtigster Kultplatz ist an Grenzen und Wegkreuzungen (*Lar compitalis* und *Lar vialis*). Wir haben oben bereits etwas über die Compitalien, die Feste des *Lar compitalis*, in dem Abschnitt über Masken erfahren; die Compitalien sind ein Fest der *familia*, ein Fest für die privaten Sklaven, die dann dieselben Privilegien erhalten wie bei den Saturnalien. Die Masken waren bei den Compitalien die *oscilla*, kleine aus Wolle gefertigte Puppen, die an Kreuzungen aufgehängt wurden. Der Lar selbst wird als tanzender Jüngling mit lockigem Haar und einem Trinkhorn in der Hand abgebildet. „Diese einem griechischen bakchischen Typus entlehnte Darstellung der Compitallaren war schon zu des Naevius Zeiten üblich gewesen und sollte die Laren offenbar als die Vortänzer bei der ausgelassenen Fröhlichkeit der Compitalienfeier wiedergeben“ (Wissowa 172). Zu anderen Zeiten bewacht der *Lar compitalis* die

[173] „und zwar Seelen guter Menschen, zum Unterschiede von den Larven und Lemuren, den unruhigen, spukhaften Geistern und Gespenstern der Bösen, Unseligen“ (1908, 146). Wissowa hält diese von Varro u.a. vorgenommene Gleichsetzung der Laren mit den Manen für ‚wertlos‘ (174). Dieselbe Unterscheidung wird jedoch noch anderswo gemacht: Die Maruts etwa sind klar von den anderen Rudras, den spukenden Geistern, geschieden (unten 5.5.4.5 und 11.1.-1.1.2.3). Auch die *fravašis* im Iran werden als ein Männerbund von hilfreichen Ahnen aufgefaßt (siehe 9.2).

Felder, und jedes Feld hat seinen Lar. Der *Lar militaris*, der dämonische Schutzherr des Schlachtfeldes, wird als speertragender Jüngling ähnlich den Dioskuren porträtiert, aber in ein Hundefell gekleidet und von einem Hund begleitet (Wissowa 171).

Zusammenfassend gesagt: die Laren wurden in jeglicher Art symbolisiert, in der sich die Menschen die Heere der wohlgesonnenen Toten, der helfenden Geister der Ahnen, vorgestellt haben. Ein früherer *Lar militaris* könnte etwa so wie die frühen Salier auf Blochs Urne ausgesehen haben. Wir können wohl v. Schroeder folgen, wenn er feststellt, „die Salier sind im Grunde – so dürfen wir glauben – das irdische, von Priestern dargestellte Abbild einer Schar von kriegerisch gerüsteten Laren [...]. Und wenn man mit Recht Mars selbst einen Salier genannt hat, so darf man ihn wohl mit noch größerem Rechte einen **zum großen Gott emporgewachsenen Lar militaris nennen, den einstigen alten Führer der kriegerisch gerüsteten Seelen, wie Odin Führer der Einheriar ist**“ (1908, 147f.).

Gewiß sind die Salier nicht die einzige dem Mars geweihte verschworene Gemeinschaft junger Männer, und wir werden Gelegenheit zu einem weiteren Blick auf diesen Gott in einem anderen Kontext haben, in dem er noch mehr Gemeinsamkeiten mit Odin aufweist, vor allem bezüglich des Wolfes. Sicher ist, daß er mehr als ein Kriegsgott war, und weitaus mehr als der Jahresgott, als welchen Harrison ihn ansieht. „Mars war der ‚Hochgott‘ der italischen Völker, und seine Tätigkeitsfelder umfaßten alle Bereiche ihres Lebens, die des Schutzes bedurften“ (Evans 50).

5.5.4.4. *Κούρητες, Κουρῆτες* und *Κορύβαντες*

Wir sahen, daß Dionysius von Halikarnassos die Salier mit den Kureten gleichsetzt, wobei die Gemeinsamkeit darin bestand, daß beide Gruppen von jugendlichen, kraftvoll springenden Waffentänzern sind. Auch P. Nigidius Figulus identifizierte die Kureten, ebenso wie Hesychios, mit den Laren: „*Λάρεις. λάραβες, τοὺς Κυρίτας* (= Curetas) *Ῥωμαῖοι οὕτως*“ (v. Schroeder 1908, 129, Anm. 3). Wir kennen die Kureten als jugendliche Geister, die um den neugeborenen Zeus tanzten und sprangen und mit ihren Schwerten an ihre bronzenen Schilde schlugen, um mit dem Lärm die Schreie des Kindes zu übertönen. Strabo (*Geog.* X,3) gibt zahlreiche Möglichkeiten für den Ursprung ihres Namens an und schlägt vor, daß es mehr als eine solcher Gruppen gegeben habe; für ihn sind Kureten solche, die aus Aetolien stammen (X,3,1), sowie andere bewaffnete Tänzer, darunter die kretischen Beschützer und – nach manchen Berichten – Erzieher des jungen Zeus (X,3,11). Diese letzteren werden von einigen Autoren gleichgesetzt (oder vermengt?) mit Satyrn, Telchinen, idaischen Daktylen und anderen Gebirge durchschweifenden Gestalten, besonders aber mit den Korybanten, die dem Dionysos als Säugling in derselben Weise dienten. Aber:

„Es ist auch vernünftig anzunehmen, daß der Kriegstanz zunächst von Kureten genannten Menschen, die besonders auf Kleidung und Haartracht spezialisiert waren, begonnen wurde und daß dieser Tanz als Vorwand für eine mehr kriegerische Gruppe, die ihr ganzes Leben in Waffen verbrachte, diente, weshalb diese auch mit demselben Namen ‚Kureten' [*Κουρῆτας*] benannt wurden – ich denke an die Kureten auf Euböa, in Ätolien und Acharnanien. Und tatsächlich verwendete Homer diesen Namen für junge Soldaten [...] ‚die jungen Männer der Achäer brachten die Geschenke [*δῶρα φῖρον κούρητες 'Αχαιοί*] [...]. Der Kriegstanz war ein Soldatentanz, was deutlich sowohl durch die Bezeichnung ‚pyrrhischer Tanz' als auch durch ‚Pyrrhicus' angezeigt wird, von dem man sagt, er sei der Begründer dieser Art von Schulung für junge Männer, als auch aus den Abhandlungen über militärische Angelegenheiten hervorgeht" (X,3,8).

Vieles in diesem Abschnitt ist sehr informativ: Dazu gehört die durchgehende Linie des Ekstatischen, aufgrund deren die Kureten mit verschiedenen Arten ekstatisch-dämonischer Wesen vermischt oder identifiziert werden, ebenso wie die offensichtliche Unklarheit, ob wir es in Wirklichkeit mit menschlichen oder halbgöttlichen Wesenheiten zu tun haben. Daneben steht die ziemlich nüchterne Behauptung, daß es Männer gab, die das militärische Leben so sehr genossen, daß sie ‚ihr Leben in Waffen verbrachten' und in Folge davon als Ausbilder bei Kriegstänzen und militärischen Übungen im allgemeinen dienten und daher weiterhin als ‚junge Soldaten' bezeichnet wurden. Wir haben diese alten Kämpen in Germanien gesehen, die die Haartrachten und andere Eigentümlichkeiten der Jugend beibehielten; wir glaubten sie in den Berserkern zu erkennen und können auch für andere Völker vermuten, daß sie eine große Rolle bei der militärischen Ausbildung der jeweils nachfolgenden Generation innehatten.

Schließlich sehen wir Kureten an verschiedenen Orten als Ureinwohner[174] auftreten; hier scheinen sie ein Stamm oder Volk zu sein. Darüberhinaus haben manche Dichter sie ‚erdgeboren' genannt (*γηγενεῖς*, X, 3, 19). Doch wenn man bedenkt, daß Nigidius Figulus und Hesychius die Kureten mit den Laren gleichsetzten, dann erscheint es nach meinem Dafürhalten legitim, in diesen Ureinwohnern Ahnen zu erkennen.

Wir sehen also in Griechenland die bereits vertraute Erscheinung einer kultisch-ekstatischen Bruderschaft von jugendlichen Kriegern (und lebenslang geweihten Kämpfern), die einem Heer der Abgeschiedenen entspricht und nun als Schutzgeister sowohl in ewiger Jugendblüte als auch in ewiger Ekstase dargestellt werden. Wir haben es tatsächlich gleichermaßen mit menschlichen und halbgöttlichen Wesen zu tun; und da es für Menschen eine wichtige Aufgabe ist, die halbgöttlichen Wesen zu repräsentieren, sie präsent zu machen, ist Strabos Verwirrung völlig verständlich. Auch das Wandern im Gebirge ist eine hierzu gehörende Komponente, wie wir sehen werden.

Gibt es einen Gott, der diese ekstatischen Geister führt, einen, wie wir mit v. Schroeder sagen wollen, zum großen Gott emporgewachsenen – *kouros* –, den einstigen alten Führer der kriegerisch gerüsteten Seelen, wie Odin Führer der Einherier ist?" Nicht auf dem Olymp, sondern auf Kreta gab es einst einen Zeus, der sich sehr unterschied von dem Wolkenversammler:

---

[174] Die indoeuropäische Kriegerelite als die Autochthonen, Encyc. 631f.

O größter Kouros,
Heil dir Kronide,
Herrscher allen Glanzes,
du bist erschienen
und führst deine Dämonen.

Springe für uns und für volle Krüge,
und spring für den Wollreichtum des Viehs,
und für die Getreideernte spring
und auch für reichliche Bienenstöcke!

O spring auch für unsere Städte
und für die seegeschaukelten Schiffe,
springe auch für neue Bürger,
spring auch für die edle Themis.

Dies sind der Refrain und die letzten Strophen der Hymne an Zeus von Palaikastro, wie sie Gilbert Murray rekonstruiert hat.[175] Sie ist genau, was wir suchen: Der Kourosgott, welcher der größte Kouros – der zum großen Gott emporgewachsene Kouros – ist und als Haupt eines Heeres von Dämonen erscheint – dürfen wir sagen, von kriegerisch gerüsteten Seelen? Ich denke, das ist eine gesicherte Behauptung, auch wenn es, wie Jeanmaire betont, keine Bilder von einer Schlacht gibt und nichts, was auf *bewaffnete* Dämonen hindeutet.[176] Es handelt sich jedoch

---

[175] ' Ιώ
Μΐ̈ιστε κούρε, χαίρ μόι,
Κρόνιε, παγκρατὲς γάνους,
Ββακες
δαιμόνων ἀγώμενος.

Ἄ[μιν θόρε, κὲς στα]μνία,
καὶ θόρ' εὔποκ' ἐ[ς ποίμνια,
κὲς λήι]α καρπών θόρε,
κὲς τελεσ[φόρους σίμβλους.]

Ἰώ, κτλ.
Θόρε κὲς] πόληας ἀών,
κὲς ποντοφόρο(υ)ς νάας,
θόρε κὲς [νεούς πολ]είτας,
θόρε κὲς Θῆ̈ιν κ[αλάν].

Text nach Harrison 1962, 7-8. Bei Jeanmaire lauten manche Worte ein wenig anders (433f.). Die Übersetzung aus dem Griechischen ins Englische stammt von mir, K.K. Harrison datiert das Gedicht auf die Zeit um 300 v.u.Z. (4). Es ist nicht bekannt, für welche Gelegenheit es geschrieben wurde, „doch die Tatsache, daß es in der Nähe eines Tempels des Zeus Diktaios an einem von Dikte entfernten Platz gefunden wurde, und das signifikante Faktum der doppelten Abschrift zeigen deutlich, daß die Hymne wesentlich eine Wiederbelebung darstellt und wir annehmen dürfen, in ihr sehr altertümliche Anschauungen bewahrt zu finden" (6).

[176] 435. Ebensowenig erwähnt es die Geburt des Zeus (434). „[...] es scheint zweifellos, daß die Priester oder ein Teil von ihnen vom Tanz selbst zu den Bewegungen und Stellungen

um den Bewegungszauber, den wir schon kennengelernt haben: das energische Springen, die ‚kraftvollen Bewegungen', die alle Dinge erwecken und befruchten, Krüge und Bienenstöcke füllen, dem Vieh schöne Wolle bescheren und dem Gemeinwesen neues Leben bringen.

Die Korybanten sind ebenso, nach v. Schroeder, „erste Menschen", die, wie es in einem alten Gedicht heißt, wie Bäume aus der Erde wuchsen (1908, 129f.); deshalb sind sie Autochthone. Sie sind Waffentänzer wie die Kureten; und meines Erachtens ist es eine sichere Annahme, daß sie in jeder Hinsicht die gleiche Art von Wesen darstellen. Ihr Gott führt noch ein Wütendes Heer, aber er betont den Fruchtbarkeitsaspekt der Magie, und sein Gefolge ist weiblich. Wir wissen immerhin, daß Dionysos viele Wandlungen in den Zeitläuften überdauerte; es mag eine Zeit gegeben haben, in der er auch der ‚größte Kouros' war.

Hinsichtlich der Korybanten, ihrer Tänze und Umzüge, wissen wir, daß ihre Tänze von Priestern aufgeführt wurden. Von Schroeder meint, daß wir keine unmittelbaren Belege für denselben Sachverhalt bei den Kureten haben, aber es ist wahrscheinlich.[177] Meines Erachtens bietet eine Passage bei Strabo hierfür einige Evidenz (X, 3, 11):

---

veranlaßt wurden, die man der Gottheit zuschrieb, deren Manifestation man in der mystischen Runde erwartete."

„Es ist sicher ein Irrtum mit Bezug auf Vers 10: στάντες ἀείδομεν (wir singen im Stehen) die Tatsache eines Tanzes zu leugnen. Die verschiedenen Strophen verweisen eindeutig auf unterschiedliche Bewegungen des Chors; zu Beginn der Anrufung bilden die Sänger und wahrscheinlich auch die Tänzer einen Kreis um den Altar; zu diesem Zeitpunkt geht es sicher nur darum, den Gott in die Mitte seiner Anbeter zu rufen; später manifestierte sich seine Anwesenheit, der Rhythmus wurde lebendiger, der Gott wurde als springend empfunden, und jeder seiner Sprünge bedeutete eine Segnung. Es wäre unverständlich, wenn die Teilnehmer, unter dem dämonischen Einfluß, den Lied und Tanz ausüben, keine ähnlichen Sprünge getan hätten, deren Kraft mit der Intensität der magischen, als wilde Bewegung erfahrenen Berückung korrespondiert hätte. Es ist eine wohlbekannte Regel solchen magischen-rhythmischen Zusammenhangs und ähnlicher Rituale (des ‚Schwingens' z.B.), daß sich deren Effizienz proportional zum physischen Energieeinsatz unter der Herrschaft psychologischer oder ekstatischer Tendenzen steigert. Je höher die jungen Männer sprangen, desto reicher würde die Ernte, desto üppiger sich das Vieh vermehren, desto stolzer würden Städte und Schiffe und desto stärker die neuen Generationen" (432f.).

[177] 1908, 131. Prof. Kevin Clinton ließ mich freundlicherweise den in Kürze erscheinenden HOROS-Aufsatz ‚Corybantism: the Nature, Role and Origins of an Ecstatic Cult in the Greek Polis' von Yulia Ustinova von der Ben-Gurion-Universität einsehen, der die etymologische und wahrscheinlich auch rituelle Verbindung zwischen Κορύβας, -αντος und den *karapan*-Priestern des Avesta herausstellt. Obwohl die exakten Funktionen dieser Priesterschaft nicht bekannt sind, bezog sie S.P. Tolstov auf die kultischen Kriegerbruderschaften des alten Iran und nahm aufgrund der Feindschaft Zoroasters ihnen gegenüber an, daß sie „im strikten Gegensatz zu seiner Lehre standen und noch ältere Traditionen weiterführten" (23). Im Zentrum ihrer Rituale, die wir im nächsten Abschnitt eingehend behandeln, standen Tieropfer und der Genuß des *haoma* (Soma), was Zoroaster beides wütend bekämpfte, vgl. Rudolph 1970, 293-295; Widengren 1965, 66f.

„Auf Kreta wurden nicht nur diese Riten, sondern besonders die dem Zeus gewidmeten in orgiastischem Gebetstaumel vollzogen und von derjenigen Art von Dienern, die dem Dionysos huldigten – ich meine die Satyre – gefeiert. Diese Diener nannten sie ‚Kureten', und sie waren junge Männer, die tanzende Bewegungen mit Waffen ausführten, wie es die mythische Geschichte von der Geburt des Zeus beschreibt."

Wie bereits festgestellt, gibt es in Strabos Bericht eine gewisse Vermischung von menschlichen und dämonischen Wesen,[178] aber was er hier beschreibt, scheint eine menschliche Priesterschaft zu sein.

5.5.4.5. Die Maruts

Die Maruts des Rigveda sind als muntere und freche Gruppe von bewaffneten Jünglingen, Sängern, Tänzern und Pfeifern, als Begleiter von Indra, bekannt. Aber ihr Vater ist Rudra, und sie sind „nichts anderes als die in Wind und Sturm dahinjagende Seelenschar gewesen, die wilde Jagd oder das wütende Heer in indischer Prägung. [...] In ihrem spezifisch kriegerischen Charakter, als kampfgerüstete und auch wirklich kämpfende Männer, entsprachen sie den in Wodan-Odins Geleit ziehenden altnordischen Einheriern [...]" (v. Schröder 1908, 121f.). Die Dichter des Rigveda, denen die düstere, gespenstische Seite ihrer Götter mißviel, betonten die Indra zugewandte Seite der Maruts und wandelten sie zu sprühenden Wettergeistern, genauso wie diese Poeten Maruts natürlichen Vater Rudra so weit wie möglich in den Hintergrund rückten. Schon Hillebrandt stellte heraus, daß sich die Maruts wie andere „zu Halbgöttern erhöhte Manen", etwa die Aṇgiras, verhalten, und die ihnen kultisch entgegengebrachte Verehrung ist, wie die Ritualbücher genau belegen, vergleichbar derjenigen der *manes*, Rudras oder der Dämonen, so daß ihnen beispielsweise mit abgewandtem Gesicht Opfer dargebracht werden und sie besondere Ehren anläßlich der *Cāturmāsyas*, der viermonatigen Feierlichkeiten, die die Einteilung des indischen Jahres markieren, genießen; besondere Beachtung verdient das herbstliche *Cāturmāsya*, ein großes Totengelage, „eine Art Allerseelenfest" (Oldenberg 442; vgl. Gonda 1960, 146 u. 163), an welchem dem Rudra Tryambaka an den Kreuzungen geopfert wird, dem bevorzugten Ort der Gespenster und der Seelen der Abgeschiedenen.[179]

Rudra ist Wodans nächster Verwandter. Freilich verkörpert er ein sehr altes Gottesbild, während Odin – als einzige Erscheinungsform, in der wir Wodan wirklich kennen – einer ziemlich kultivierten Gesellschaft entstammt; und darüberhinaus kennen wir ihn aus der Dichtung und wissen nur andeutungsweise über seinen Kult bescheid. Aber wenn wir die gefährliche, die launische und verräterische Seite Odins betrachten oder wenn wir Odin/Wodan sein Wütendes Heer zur Mittwinterzeit durch den Himmel führen sehen, dann bemerken wir meines Erachtens eine

[178] Diese Unsicherheit ist umso mehr verzeihlich, wenn auch von den Kureten gilt, daß sich der Name, wie Yulia Ustinova für die Korybanten deutlich gemacht hat, „auf sterbliche Vollzieher dieses Kultes neben den Dämonen selbst" beziehen kann (6).

[179] V. Schröder 1908, 123f. Man denke an den *lar compitalis* und Hermes als den Gott an den Grenzen von Raum und Zeit, oben 3.7.1. Siehe auch Dumézil 1961, 262-265.

sehr große Nähe zu Rudra. Rudra enwickelt sich auf Siva hin, auf den Gütigen und den Zerstörer, aber ursprünglich ist Rudra der Führer des Geisterheeres. Er ist *ganapati*, Herr der Heere, *bhūtapati*, Herr der Wesen oder auch Herr der Kobolde.[180] Rudra ist der Heuler;[181] seine gespenstischen Horden sausen heulend und kreischend durch die Nacht. Von allen Göttern, die wir betrachtet haben, erscheint er am deutlichsten als Führer einer Heerschar, als ein zum großen Gott emporgewachsener Rudra.[182]

Die Gelehrten sind sich nicht darüber einig, ob die Maruts die Rudras sind. Heestermann etwa hält sie nicht für identisch und gibt gute Gründe dafür an (Heestermann 1985, 34; siehe Kap. 11.1-1.2). Rudolf Otto besteht darauf, daß sie es sind. Richtig ist, daß sie als Söhne des Rudra ‚Rudras' genannt werden. Allerdings hat Rudra verschiedene Rotten in seinem Gefolge, die jeden Aspekt des Geisterheeres repräsentieren, einschließlich einer Schar weiblicher Dämonen wie die Begleiterinnen der Hekate. Die Maruts scheinen eine Art von Rudra zu sein. All diese Heere, hier und wo auch immer wir sie finden, werden in einem Zustand des *wōd* wahrgenommen. Ihre kriegerische Art ist zweifellos uralt.[183]

Von allen vedischen Göttern sind Indra und die Maruts die am besten als Tänzer bezeugten. Der Tanz der Maruts muß ein Waffentanz gewesen sein, da sie immer als bewaffnete Schar erscheinen. Von Schroeder erwähnt keine Priesterschaft, die die Maruts bei Festen und Umzügen verkörpert und ihre Tänze den Menschen sichtbar macht, eine Priesterschaft, mit anderen Worten, die den Saliern und den (menschlichen) Korybanten entspricht; ich möchte jedoch einen Kandidaten benennen: jene Kriegerbrahmanen, die wir oben vorgestellt haben, die Vrātyas.

Die Vrātyas sind eine durch Eid verbundene Bruderschaft; ihr Name ist von *vrāta*, Truppe, Bruderschaft, abgeleitet; und dieser Ausdruck wiederum geht auf *vrāta*, Eid, zurück. Der Begriff ‚vrāta' wird nicht auf jede beliebige Gemeinschaft angewandt, sondern nur in einem kultischen oder religiösen Zusammenhang ge-

[180] Arbmann 1922, 215, Anm. 2, wo er Weber zitiert; relevant ist, daß es sich bei den ‚Wesen', die Rudra anführt, um gespenstische Erscheinungen handelt.

[181] Vgl. die Odinsheiti *Hrjótr* (82) ‚Brummer', *Hveðrungr* (87) ‚Brüller', *Olgr* (106) ‚Brauser', *Ómi* (107) ‚Dröhner', *Við(h)rimnir* (162) ‚Schreier' (< *hreimr*, m. ‚schreien', *við* ‚bei'), die gelegentlich als zu Odins Tieren (oder zum Meer) gehörig interpretiert werden, ursprünglich aber sehr wahrscheinlich mit bestimmten Geräuschen zu tun hatten.

[182] „Die Rudras als Gruppe bilden eine wilde zornwütige ‚Schar', unheimlich umziehend und brüllend zu unheimlich dunklen Zeiten, wie bei dunkler Nacht, zur Zeit der Wintersonnenwende, in nächtlichem Sturm. Sie werden so ein ‚wildes Heer', das umgeht und umzieht und einherfährt [...]. Im Westen sind sie die Schar der wod, der ‚Wütigen', mit ihrem Haupte, dem Wodan" (R. Otto 1932, 39).

[183] Rudra selbst kann ein kriegerisches Aussehen haben. „Er trägt verschiedene Waffen [...]: den Blitz, eine Keule, Bogen und Pfeile und eine unspezifische ‚scharfe Waffe' (VII.29.5; X.125.6). Er besitzt alle kriegerischen Tugenden, die man normalerweise mit Kriegsgöttern assoziiert. Es wird von ihm gesagt, daß er stark (I.33.4.8), wild (II.33.9), jugendlich (II.33.11), ungestüm (II.33.14), schnell (V.52.16) und ein ‚mächtiger Bulle' (II.33.6) sei. In zahlreichen Hymnen erscheint er als die ehrfurchtgebietende (*ugra*) Form von Agni, die den Himmel wie tausend Sonnen erleuchtet" (Long 1971, 192; s. 11.1.2).

braucht, hinsichtlich Indras Gefolge etwa oder der Eidbrüder des Varuna (Hauer 179-186); er wird in Rigveda VI,75,9, einer Hymne über Krieg und Rüstung, auf die Väter (Aṅgiras) bezogen: „Sie sind also (wohl nach ihrem einstigen Erdenleben [wie die Krieger in Walhall] gedacht als eine fröhliche Tafelrunde bildend, voll tiefer Weisheit, kraftbegabt und in Genossenschaft kämpfend.“[184]

Rudra ist Gott und Führer der Vrātyas. Wir werden uns in einem späteren Kapitel eingehend mit ihm und den Vrātyas beschäftigen; daher fasse ich mich hier so kurz wie möglich. In dem Bericht des Megasthenes, der um die Wende des 3. zum 2. Jhdt. v.u.Z. Botschafter an einem indischen Königshof war, findet sich eine Beschreibung von ‚sivaitischen Bacchanten‘, die bei ihren Tänzen und Umzügen Speere tragen und von Hauer mit den Vrātyas identifiziert werden (Hauer 131, 240). Ein Kommentator[185] betont die Wichtigkeit erfahrener Sänger, Tänzer und Waffenträger, die ihre Ausbildung in den Vrātya-Gemeinschaften von ausgewiesenen Meistern erhalten haben, bei Festen wie dem Mahāvrata (Hauer 240). Das *Tāṇḍya Mahābrāhmaṇa* XXIV bezeichnet die *daivā vratyāḥ*, die vergöttlichten Ahnen der Vrātyas, als Begründer dieser Riten (Hauer 246).

Die Vrātyas sind mit den Maruts im Hinblick auf die Traditionen der Daivā Vrātyās verwandt. Als die Götter zum Himmel auffuhren und die Daivā Vrātyās zurückließen, waren es die Maruts, die ihnen die Hymnen (*stomas*) und heiligen Verse darbrachten, die den Pfad zu den höheren Welten darstellten (Hauer 298). Ein zum Gott erhobener Vrātya-Führer war Dyutāna Māruta. Nach *Tāṇḍya Mahābrāhmaṇa* XVII,1,7 war er ein Anführer (*Gṛhapati*) der Daivā Vrātyās und Verkünder eines *sāman*, eines Liedes (*dyautāna*). Sein Name deutet an, daß er ein Verwandter oder Nachkomme der Maruts war. Die Tradition nennt ihn den *Ṛṣi* (Seher) von RV VIII. 96, einem Preislied auf Indra als höchsten Gott.[186]

Nichts davon kann als wirklicher Beweis dafür gelten, daß die (irdischen) Vrātyas priesterliche Darsteller der Maruts waren, aber ich halte dies angesichts der anderen von uns untersuchten menschlichen und göttlichen Waffentänzer immerhin für erwägenswert. Offenbar zeigt sich hier dieselbe Vermischung wie bei den Kureten.[187]

---

[184] Hauer 183; RV VI,75. „Dies ist ein Segen, den der königliche Priester über die Waffen des Königs vor einem Kriegszug oder um den Schutz des geweihten Hengstes beim Pferdeopfer durch die Krieger zu erflehen, ausspricht“ (O’Flaherty 1981, RV 236). Vs. 9 liest: „Die Väter [Aṅgirases] haben sich um „den Süßen“ versammelt, machtspendend, in Notzeiten eine Zuflucht, kraftvoll und tief. Mit wundersamen Heerscharen und starken Bögen, unvergänglich und doch mit männlicher Stärke, erscheinen sie ungeheuerlich, wie sie gewaltige Heere stürmen“ (237). Die Väter sind gleichermaßen Prototypen von Kriegern (insbesondere in ihrer Funktion, Indra bei der Befreiung der Kühe aus der Höhle zu unterstützen), wie auch Kraftquellen für ihre kriegerischen Nachfahren“; “der Süße” ist Soma, 239.

[185] Kommentar zum *Kâtyâyana Srauta Sûtra* XXII, 4,3.

[186] Die Vrātyas haben geheimes Wissen über Indra, der in den bei Hauer 293-295 zitierten Passagen ein eher allumfassender und größerer Gott als selbst im RV ist.

[187] Es ist bekannt, daß der *Gṛhapati* (Führer) der Vrātyas während Raubzügen und Opferhandlungen Rudra selbst ‚war‘; wie er zu Rudra wurde, ist Thema des 12. Kapitels. Ähnlich ‚war‘ der αἰσυμνήτης der von Luria beschriebenen ‚singenden Gemeinschaft‘

5.5.4.6. Einige Ergebnisse

Für verschiedene indoeuropäische Tochtervölker sind ekstatische, bewaffnete Tänzer belegt. Der Ursprung dieser Waffentänzer lag sicherlich in den militärischen Übungen der jugendlichen Kriegerbanden. Da sie diese kultischen Krieger waren, war alles, was sie taten, religiös. Es ist daher nicht überraschend, mythische Wesen anzutreffen, die die Urbilder junger Schwerttänzer waren. Bei einigen dieser Völker haben wir Zeugnisse sowohl von mythischen Schwerttänzern als auch von den menschlichen Tänzern, welche sie zu kultischen Anlässen repräsentierten. Zusammengefaßt ergibt sich die folgende Gegenüberstellung (tanzende Götter sind in runden, nicht eindeutig belegte Analogien in eckigen Klammern angeführt):

	Mythische Wesen	Menschen
Griechenland:	Kureten (Diktaeischer Zeus)	[Kureten]
Phrygien:	Korybanten (Dionysos[188])	Korybanten
Italien:	Laren (Mars[189])	Salier
Indien:	Maruts (Rudra-Śiva; Indra)	[Vrātyas]
Germanien:	(Odin)	Schwerttänzer

In einigen Fällen erscheint es, als ob der Gott, der die mythische Schar führt, aus ihrer Mitte emporgewachsen und als Vorbild solcher Wesen zum Hochgott geworden ist.[190]

5.6. *Veratýr*

Wir erwähnten bereits die Scharen weiblicher Dämonen, ein weibliches Geisterheer, in Rudras Gefolge. In Griechenland führte Hekate-Artemis eine wilde Jagd weiblicher Geister an, und es gibt Zeugnisse dafür auch in Germanien in Gestalt der Perchta und ihrer Perchten sowie der Holda und ihrer Meute. Es erscheint m.E. gesichert, daß unter diesen Geisterheeren der indoeuropäischen Völker auch Horden weiblicher Gespenster waren.

Apollon (1927, 126); Luria verglich seine μόλπαι zu Recht mit den Saliern (130). Auch Apollo war ein männerbündischer Gott und mit bewaffneten Kureten verbunden, die an seinem Geburtstag in Ortygia wie bei Zeus' Geburt auf Kreta tanzten. Die Salier tanzten jährlich zur Geburt des Mars; siehe Versnel 1986, 138; 153, Anm. 27, 28.

[188] Nicht direkt als Waffentänzer belegt – aber der Thyrso*s* ist seine Waffe!

[189] Im *carmen Arvale* wird Mars gebeten, über die Schwelle, d.h. die Grenze des *ager Romanus* zu springen: *satur fu, fere Mars, limen sali, sta berber*; „Sei gesättigt, wilder Mars, springe über die Grenzmarke und stehe dort." (Nordens Übersetzung in Palmer 1989, 63, Text S. 346.) Das ist dasselbe magische Springen, das von dem Größten Kouros gewünscht wurde; ich vermute, wir können solchen Sprung auch im Kontext eines Tanzes erkennen.

[190] Ikonographisch besonders deutlich ist das im Fall des Dionysos, welcher auf den frühesten Abbildungen aussieht wie einer seiner Silenen. Seiner Entwicklung wird von Wrede (1928, 77-80) nachgegangen.

In Sparta absolvierten die Mädchen ein strenges athletisches Trainingsprogramm; am Altar von Brauron und anderen der Artemis geweihten Heiligtümern huldigten Jungfrauen der Göttin zur Vorbereitung auf die Hochzeit (Walbank 1981; Vidal-Naquet 1986, 145-148); auf Lesbos waren die Mädchen eine bestimmte Zeitlang zu besonderen Gruppen zusammengefaßt (Patzer 102), und auch für andere griechische Ortschaften ergibt sich aus den oft sehr komplexen Rollen, die die Mädchen an gewissen Festtagen einzustudieren hatten, daß es Schulungen, denen der Jungen in mancherlei Hinsicht vergleichbar, gegeben haben muß; darüberhinaus ist in primitiven Gesellschaften, die die Knaben in isolierten Gruppen mit großem Aufwand auf die Jünglingsweihen vorbereiten, eine ähnliche Erziehung der Mädchen üblich, gewöhnlich nur etwas kürzer. Es gibt jedoch keine Belege, daß ‚Schwesternschaften' weibliche Dämonen in einer dem Wütenden Heer oder der Wilden Jagd vergleichbaren Weise oder durch ekstatische Tänze repräsentiert hätten. Wenn die Perchten oder ähnliche Dämonen in leibhaftiger Form dargestellt werden, geschieht dies immer durch Gesellschaften junger Männer. Die Mänaden des Dionysos waren zwar sicher irdische Entsprechungen dieser Art Dämonen, aber sie waren keine Mitglieder einer Gemeinschaft.[191]

Schwierig ist die Frage nach der Einordnung auch im Falle der *Pairakas*, die, wie auch andere widerwärtige Gestalten der iranischen Männerbünde, in mehreren *Yasts* in der Gesellschaft der zweibeinigen *Mairyas* und der vierbeinigen *Varkas* erwähnt werden. *Pairaka* bedeutet ‚Hexe'. Auch in anderen *Yasts* findet sich eine Person, die von Widengren und Wikander „die mairische Frau" genannt wird (Widengren 1938, 315, 324, 337). Przyluski nahm diese Äußerung als Beweis für die Existenz von Gemeinschaften weiblicher Werwölfe: „Wir haben also den Fall einer Organisation, die nicht nur aus Männern sondern aus Werwölfen beiderlei Geschlechts besteht" (Przyluski 1940, 141). Wikander glaubte weiterhin, daß „die mairische Frau" mit den Männerbündlern in einem freien Liebesverhältnis zusammengelebt habe, worin ihm Widengren zustimmte (1938, 337). Jetzt, da wir mehr über die Vrātyas wissen, scheint es tatsächlich die wahrscheinlichste Erklärung zu sein, daß diese – zumindest zeitweise – Frauen in ihren Lagerstätten hatten. Kulturübergreifend gibt es, obwohl eine Periode strikter Abgrenzung der Jungmannschaft von Frauen zu der Ausbildung gehört, dennoch Zeiten ausgesprochener sexueller Freizügigkeit.

Es scheint klar, daß die hier behandelten Gemeinschaften geschlossene Männergesellschaften waren; sie waren militärisch-kultische *Bruder*schaften. Falls es irgendeine vergleichbare Institution für junge Frauen gegeben hat, ist sie spurlos verschwunden. Dies paßt sehr gut zu dem, was wir generell über Totenkult wissen: Fast immer sind es die männlichen Ahnen allein, denen die Anbetung gilt.[192]

[191] Hier und dort gibt es Hinweise auf solche Schwesterschaften: Was sollten sonst etwa Festus' *saliae virgines* sein? (439L; vgl. Scholz 1970, 29f., bes. Anm. 51). Zu Weihebünden, Jungfrauenchören und ähnlichem siehe Burkert 1977, 390-395; Christinger 20f. mit einem modernen Analogon im Kanton Genf.

[192] In den Sagas gibt es viele weibliche Schutzgeister. Sie scheinen echt zu sein, und zumindest einige sind Ahnfrauen der Männer, die sie beschützen. Eine tatkräftige lebende Frau scheint im frühen Skandinavien als wertvoll angesehen worden zu sein; es gibt keinen Grund für die

Als Przyluski 1940 seinen Aufsatz ‚Les Confréries de loupsgarous' veröffentlichte, steckte die Forschung zu den Männerbünden noch in den Kinderschuhen. Przyluski war mit ihr insgesamt vertraut – mit Ausnahme von Jeanmaires ‚Couroi et Courètes' die ein Jahr zuvor erschienen waren. Hätte er dieses Werk gekannt, so wäre ihm aller Wahrscheinlichkeit nach der indoeuropäische Charakter seiner kannibalistischen Werwolfgemeinschaften aufgefallen. Abgesehen von seinen weiblichen Werwölfen und seinen präindoeuropäischen Grundlagen ist sein Aufsatz als Überblick über diese Gruppen und die mit ihnen verbundenen Praktiken immer noch nützlich. Nach wie vor besteht der von ihm herausgestellte Zusammenhang zwischen Werwolfgruppen, berauschenden Getränken und ekstatischen Riten. Es handelte sich um religiöse Gemeinschaften, zu deren Riten stets Opfer gehörten, und es ist offenkundig, daß diese auf einer frühen Stufe auch Menschenopfer umfaßten bzw. daß zur Verwandlung in einen Werwolf der Genuß von Menschenfleisch gehörte. Przyluski stellte auch heraus, daß der eingenommene Trunk anfangs zwar ein wesentlicher Bestandteil des Gelages war, aber doch nur im Sinne des zugehörigen Getränkes. Die Ekstase wurde durch den Wahnsinn der schrecklichen Riten selbst erreicht. Später wurden die Menschenopfer durch Tieropfer ersetzt, und der berauschende Trank gewann an Bedeutung, bis er schließlich zum göttlichen Ambrosia wurde, das den Menschen ermächtigte, dem Tod zu entfliehen und den Göttern gleich zu werden.[193] In diese Entwicklung eingebunden „verloren der Wolfsgott und seine Diener ihre tierische Natur und behielten allein die menschliche Gestalt." Berücksichtigt man, daß dieser Prozeß zu verschiedenen Zeiten begann und sich auf sehr unterschiedliche Weise bei den Völkern vollzog, dann erscheint Przyluskis Analyse richtig. Er ging davon aus, daß die kannibalistischen Werwolfriten in die indoeuropäischen Männerbünde integriert, dabei transformiert

---

Annahme, eine solche Frau wäre nach ihrem Tode nicht weiterhin hilfreich. Dennoch gibt es keine Belege für einen vergleichbaren Kult oder entsprechende Frauenbünde, weshalb dieser Gegenstand nicht in den Rahmen unserer Untersuchung fällt. Andererseits gibt es klare Fälle von weiblichen Gottheiten, die Männerbünde führen. Diana und Juno waren, bevor sie zu speziellen Schutzgöttinnen von Frauen wurden, „Anführerinnen der Jungmannschaften; sicher war dies der Fall bei der [Juno] Caprotina. In Rom hat man die [...] Terrakotta-Antefixe gefunden, die den Kopf der Juno mit Ziegenrachen darstellen [vgl. Romulus in seinem Wolfsrachen], was ursprünglich die Tracht von Bockskriegern war." Juno war mit den beiden Gruppen der *Luperci* assoziiert. Siehe Dumézil 1988, 27, zu Juno Februa. Die Artemis Orthia war in ähnlicher Weise mit zwei Mannschaften verbunden. Hera muß einmal eine vergleichbare Figur gewesen sein (Alföldi 1974, 93-97). Eine archaische Gestalt ist die „Herrin der Tiere" (πότνια θηρών). „Jede ist die ‚große Göttin', die einer Männergesellschaft vorsteht, [...] sie ist die Herrin des Opfers, auch Hera, auch Demeter. Am engsten ist Artemis mit dem alten Jägerwesen verbunden [...]" (Burkert 1972, 93f.). Diese Gottheiten haben stets einen wilden, gefährlichen Charakter, „sie sind es, die töten, sie verlangen und rechtfertigen das Opfer."

[193] Anhand seiner Forschungen zu Opfern in altisländischen Quellen skizziert Åke Strom folgende Entwicklung: Erstens wurde das Blut des Opfers getrunken; zweitens wurde dieses Blut mit Met oder Bier gemischt; drittens wurde der berauschende Trunk allein genossen. Dieselbe Reihenfolge hat Eitrem für die Griechen in ‚Opferritus und Voropfer der Griechen und Römer' (1914) expliziert (Strom 1966, 336 u. Anm. 33).

und zuletzt in diesem Kontext durch andere Gebräuche ersetzt wurden; neuere Forschungen haben jedoch gezeigt, daß diese Rituale von Anfang an in diesen Zusammenhang gehört haben.

Bislang wurde wenig über den Wolf gesagt, doch wird er – neben seinem Bruder, dem Hund – einen weiten Raum in den folgenden Teilen der Untersuchung einnehmen. Er ist von Odin nicht zu trennen; Odin ist der Gott, der „seine Wölfe an seinem Tisch sättigt," wobei sein Tisch die Walstatt, das Schlachtfeld ist. Und die Wolfskrieger sind Odins *her*, sie gehören zu diesem Männerbund seit seinen *horrenda primordia*.

Odin ist *Veratýr* (Falk 161), der Gott der Männer:[194] der Männer, lebendig und tot, der *confréries de loups-garous*. Er ist der Gott des Männerbundes, des *feralis exercitus*, dessen Merkmale der Totenkult, die Verwandlung in Tiergestalt und orgiastische Riten sind.

[194] Nicht der *menneskenes gud*, der ‚Menschheitsgott' (Hj. Falk), der ‚Týr der Menschen' (Simek)! Odin ist nicht um die Menschheit bekümmert, und *ver* bezeichnet nirgends den Menschen. De Vries schreibt zu Recht ‚Gott der Männer' (AEWB 654) und verweist auf verr (< RNor. **wiraR*), neuisl. *ver* (Mann, Gemahl), got. *wair*, lat. *vir*. Ivancik schreibt, daß bei den Osseten St. Georg der Drachentöter, „dessen Verbindungen mit Wölfen gut bekannt sind [vgl. Schmaus 217], [...] ziemlich klar die Stellung eines Schutzherrn der Männergesellschaften und der Krieger einnahm. Dafür ist sehr bezeichnend, daß sein Name für ossetische Frauen tabu war und diese ihn *lægty dzwar*, den Gott (oder Heiligen) der Männer, nannten" (318).

Teil II:

Der indoeuropäische Männerbund

Kapitel 6: *teutā und *Koryos

6.1. *Equites* und *pedites*

In *Germania* 6 stellt Tacitus berittene Krieger und Fußsoldaten, *equites* und *pedites*, einander gegenüber. Er ist wenig beeindruckt von den Pferden und Reitkünsten der Germanen und sieht ihre Überlegenheit auf den flinken Jünglingen beruhen, die zu Fuß, mit berittenen Kriegern hinter sich, in keilförmigen Verbänden an der Front kämpfen. Diese *pedites* sind die jungen Initiandengruppen, die wir behandelt haben. Im Anschluß an Kim McCone haben wir sie den **koryos*[195] genannt; mit einem althochdeutschen Begriff gesprochen, sind sie das *heri* unseres zweiten Kapitels. Sie kämpfen zu Fuß, weil sie keine Pferde halten können, da sie nicht über Grundbesitz verfügen (Price 1994, 45).

Im Gegensatz zum **koryos* ist die **teutā*, der Stamm,[196] die Gesamtheit aller. Und wer sind ‚alle'? Natürlich die erwachsenen Männer! Mit anderen Worten, auch die **teutā* besteht aus Kriegern, aus erwachsenen Kriegern (einschließlich der Veteranen). Über der **teutā* stand der *rēg'* (<**$h_3$reg'*-) als Führer oder Lenker (McCone 1987, 116). **Rēgs*, das indoeuropäische Wort für ‚König' ist nur im Lateinischen (*rex*), im Indischen (*rāj*(*an*)-) und im Keltischen (air. *rí* [*ríg*-]) belegt.[197] Im Proto-Germanischen, wo das indoeuropäische Wort für ‚König' verlorengegangen war, wurde der Titel des Führers der **þeudō* (<**teutā*) mittels des *-no*-Suffixes gebildet, woraus sich **þeudanaz* ergab.[198] Wir haben also die **þeudō* unter ihren **þeudanaz* genau analog zum **haryaz* unter seinem **haryanaz*.

Die **teutā* bestand aus verheirateten Männern mit einem gewissen Besitz. Nehmen wir die irische *túath* als Beispiel, dann stellen wir fest, daß ein Mann unter zwanzig nicht heiraten konnte, auch wenn er bereits eine Erbschaft gemacht hatte; jedoch durfte er auch mit zwanzig nicht heiraten und das Ritual des Übergangs in

[195] **korios* ‚Gemeinschaft von Kriegern', indoeur. **kor-* in Wörtern für ‚Krieg', ‚Heer' und ‚Volk'; Buck 1949, 1377; Encyc. 30f. Im Hinblick auf die Tätigkeiten des **koryos* würde ich den Begriff von **(s)ker-* ‚schneiden', ‚zerteilen', ‚verheeren' herleiten; Chantraines κείρω II und III.

[196] *teuteh$_2$ Buck 1949, 1315; Encyc. 417, 631. Für **teutā* siehe auch Krahe 1959, 21.

[197] Und Iranisch. Khotanese Saka *rrāysan*. Bezügl. **rēg*, dessen Verwandten und einiger Ersatzbegriffe siehe Winter 1970. Hinsichtl. des **rēgs* und seiner Beziehung zum *ṛta* etc. siehe Meid 1987, 160-164.

[198] Etym. McCone 1987, 116; vgl. Ivanov 1960, 796. Bezügl. ‚Volk' vgl. λαός, das ‚Volk unter Waffen', Sharpe 1979, 88; Encyc. 31, 631; Nagy 1979, 69, 83, 331; Mallory 1989, 124; Heubeck 1969 *passim*; ‚la collectivité des guerriers réunis en assemblée', ‚l'ensemble des combattants' etc., Jeanmaire 54, mit seinem λαϝαγέτας, Myc., siehe Ivanov 796; Versnel 151 (*populus*). Im Germ. wurde **þeudanaz* später durch **kuningaz*, das Haupt des Clans, **kunja-*, ersetzt; siehe de Vries 1956, 291ff. Vgl. die Einwände zu McCones Modell, Encyc. 531.

den *túath* vollziehen, wenn er über kein Eigentum verfügte (McCone 1986, 10f.; 1987, 107); er blieb ein ‚Jüngling'. Es muß eine Zeit gegeben haben, in der das Eigentum allen gemeinsam gehörte und ein reines Altersklassensystem vorherrschte, d.h. allein das Alter – oder vielmehr das Erreichen eines Alters und die erfolgreiche Absolvierung der Ausbildung einschließlich der geforderten Prüfungen – bestimmte, wann ein Junge zu einem Mann wurde. Wir besitzen dafür jedoch keine Belege unter den Indoeuropäern. Auf einer frühen Stufe konnte ein zweiter Sohn hoffen, durch Raubzüge Land und Vieh zu gewinnen und im Laufe der Zeit in die Schicht der erwachsenen Männer aufzurücken, aber je seßhafter und organisierter diese Gesellschaften wurden, desto schwieriger war es für die Zuspätgeborenen, ihr Los zu verbessern.

Der an seiner Haartracht erkennbare Jugendliche des **koryos* steht den Männern der **teutā* in jeder Hinsicht gegenüber. Sie sind erwachsen, er ist minderjährig. Sie sind verheiratet, er nicht. Sie haben Eigentum, er hat keines (vom air. Standpunkt gesehen, sind sie *bue*, sie haben Vieh; er ist *ambue*, hat kein Vieh und ist *díthír* ‚landlos'). Sie haben Familien, er nicht (er ist *écland* ‚ohne Sippe'; Sjoestedt 1949, 83f.; McCone 1986, 11). Sie sind *equites*, er ist ein *pedes*. Sie sind bewaffnet, er ist ‚nackt'. (Erinnern wir uns der Heruler: niemand trug irgendeine Rüstung, aber die Jungen [δούλοι] hatten nicht einmal Schilde. Polybius beschrieb die nackten Γαισάται der Gallier;[199] und auch unsere germanischen Waffentänzer des vorigen Kapitels waren – wie der Mann von Finglesham – bis auf einen Gürtel[200] und einen gehörnten Helm nackt.) Schließlich gehören die volljährigen Männer zum Dorf und die Jünglinge zum ‚Wald'.[201]

---

[199] Nachdem er geschildert hat, wie sehr der Lärm der Hörner und Trompeten das römische Heer aus der Fassung gebracht hat, schreibt er: „Nicht weniger schrecklich waren das Auftreten und die schnelle Bewegung der nackten Krieger der Vorhut, zu der Männer auf der Höhe ihrer Kraft und Schönheit gehörten: während alle Krieger in den vordersten Reihen reich mit goldenen Halsketten und Armbändern geschmückt waren" (II, 29). Polybius betrachtete die *Gaesatae* als einen alpinen Stamm; διὰ τὴν φιλοδοξίαν καὶ τὸ θάρσος, außer sich vor Ruhmbegierde und Kühnheit haben sie ihre Kleider von sich geworfen „und fielen vor dem Heer, nackt bis auf ihre Waffen," die aus einem Speer und einem kleinen Schild bestanden (II, 28; Shuckburgh 125f.). Wie die *Harii* sind die *Gaesatae* sicher kein Stamm; „es besteht kein Zweifel, daß wir es hier mit einem des Krieges wegen importierten alpinischen gallischen Männerbund zu tun haben" (McCone 1987, 106). Sie waren ganz nackt oder nur leicht bekleidet und bewaffnet, um der Schnelligkeit und Beweglichkeit willen, für die sie berühmt waren. Griechische und römische Autoren erwähnen diese Besonderheit immer wieder. In diesem Zusammenhang ist bemerkenswert, daß die Jünglinge um Romulus *Celeres* ‚die Schnellen' genannt wurden. Ähnlich war Finn, das irische Urbild der *koryos*-Bündler, für seine Geschwindigkeit berühmt; Nagy 1985, 104f., 175f.

[200] Zur Symbolik des Gürtels Widengren 1968, 140-150; 169, Kap. 1; Fischer 1963.

[201] Wir könnten für die verschiedenen Völker endlos fortfahren. Auf Kreta z.B. finden wir ‚Herden' (ἀγε̃λαι) von Jugendlichen (Kap. 4) im Gegensatz zu den Bruderschaften (ἑταιρεῖαι) der Erwachsenen. Siehe Vidal-Naquet 142ff. bezüglich des Gegensatzes zwischen Jungkriegern und älteren Kämpfern in Griechenland allgemein und 113 hinsichtlich der Unterschiede von *kryptos* und Hopliten in Sparta. Der *kryptos* war nicht nur ein Krieger vor dem Hoplitenstadium, sondern in jeder Hinsicht dessen Gegensatz (147). Dumézils

Wenn wir bedenken, daß die Wirklichkeit des Rituals die eigentliche Wirklichkeit war (3.3), dann erkennen wir, daß sich diese Jugendlichen in einem sonderbaren Zustand befanden. Die verheirateten, über Eigentum verfügenden Männer haben ihren Platz in der sozialen Ordnung wie auch die Frauen als Mitglieder des Hausstandes, als Tochter, Ehefrau oder verwitwete Mutter. Ebenso haben die kleinen Kinder ihren Platz; auch sie gehören zum Haushalt. Aber der Jüngling im **koryos* gehört zu keinem Hausstande mehr, hat aber selbst noch keinen eigenen. In Irland, das wir wiederum als Beispiel nehmen, „bricht er alle Verbindungen zu seiner Sippe ab. Deren Mitglieder müssen sich verpflichten, keinen Ausgleich für seinen Tod oder ein Unrecht, das er erleidet, zu verlangen, und er ist ebenfalls von der Rache für üble Taten, die seinem Clan zugefügt wurden, entbunden. Er befindet sich außerhalb der Ordnung gemeinschaftlicher Verantwortung als der juristischen Entsprechung der Stammeseinheit [...]. Weder von seinem Volk noch von dessen Recht geschützt, gewinnt er auf einmal das Privileg, sich selbst Gerechtigkeit zu verschaffen. ‚Vergeltungsmaßnahmen‘ sind eine Apanage des *féinid* ebenso wie Geiseln eine Apanage des Königs, sagt einer der Texte“ (Sjoestedt 1949, 83f.). Er befindet sich, kurz gesagt, in der *marge*.

6.2. Dorf und Wald

McCone zitiert den Schluß eines Zauberspruchs, der in einer Handschrift aus dem neunten Jahrhundert überliefert ist: „Wenn mir dieses bestimmt ist, möge es Getreide und Milch hervorbringen, auf daß ich es erkenne. Wenn es mir nicht bestimmt ist, sei es Wolf (*coin altai*) und Hirsch und Irrweg im Gebirge und eine junge Schar (*oaic féne*), auf daß ich es erkenne,“ und er sieht darin „einen deutlichen Gegensatz zwischen bäuerlicher Wohlfahrt in der Gesellschaft und dem Leben außerhalb dieser [...]“ (McCone 1985, 173). Dieser Gegensatz kann an den Begriffen ‚Dorf‘ versus ‚Wald‘ festgemacht werden. Im vedischen und brahmanischen Indien „unterteilen Dorf und Wald die Gesamtheit der bewohnbaren Welt“ (Malamoud 1989, 94). Diese Gegenüberstellung durchzieht die gesamte indoeuropäische Kultur. Das Dorf ist der Lebensbezirk der **tēuta*; der Wald ist das ‚Außerhalb‘, zu dem der **koryos* gehört.

Dem proto-germ. **harjaz* < **koryos* (Kap. 2) entspricht das air. *cuire* ‚Schar‘, das sich fast ausschließlich in frühen Quellen findet. Es wurde durch *fian*, Pl. *fiana*, *fianna*, *fiannas* ersetzt, dessen älteste belegte Formen mit -nn- auf „**wēd-na* oder desgleichen“ verweisen. „Eine solche Form ließe sich air. *fiad*, cymr. *gwydd* ‚wild, Wild‘ (< **wedus*), air. *fiadach* ‚Jagd, Wild‘, an. *veiðr*, ae. *wāð* ‚Jagd‘ (< **waidaz*) vergleichen und von einem ursprünglichen **weydh-* bzw. (im Falle der germanischen Formen) **woydh-* herleiten. Semantisch wäre dies eine völlig befriedigende Erklärung, da die *fianna* sich sehr mit der Jagd befaßten, und die Ableitung **wed-na* scheint erst auf irischem Boden entstanden zu sein“ (McCone 1987, 111).

Kontrast *Luperci – flamen dialis* ist für den Gegensatz zwischen den Männerbünden und der gewöhnlichen Religion und Gesellschaft paradigmatisch (1988, 36-46).

Die *koryos*-Banden hausen im Wald und ernähren sich wie Sigmund und Sinfjötli von der Jagd. Der Wald ist ‚die Welt außerhalb' des Dorfes. Inwiefern sind wir berechtigt, die Bezeichnung ‚Dorf' für ‚landwirtschaftlichen Wohlstand in der Gesellschaft' zu verwenden? Kehren wir noch einmal in das frühe Indien zurück: „Das [Sanskrit-]Wort *grāma-*, das gewöhnlich mit ‚Dorf' übersetzt wird, bezeichnet eher eine Ansammlung von Menschen und einen Zusammenhang von Institutionen als ein begrenztes Gebiet; im Gegensatz zum lateinischen *pagus*, das die Verwurzelung an einem Ort beinhaltet, ist das vedische *grāma* vor allem [...] eine Schar, ursprünglich womöglich ein bewegliches Heer; es meinte zuallererst das kämpfende Heer, sodann die Schlacht selbst."[202] Rau definiert *grāma* als „eine Schar wandernder Viehzüchter" (51).[203] ‚Dorf' ist in diesem Sinne fast synonym mit **teutā*. Malamoud fährt fort: „Die Vorstellung von ‚Grenze' ist eng mit derjenigen von ‚Dorf' verkoppelt, aber es ist nicht die Grenze, die das Dorf definiert, sondern es ist das Dorf, das die Vorstellung von Grenze entstehen läßt" (Malamoud 95).

Vidal-Naquet verweist auf die Häufigkeit, mit der Grenzen im Leben griechischer Jünglinge oder in Geschichten über sie auftauchen. Die Epheben schwuren bei „den Grenzsteinen des Vaterlandes" (Vidal-Naquet 99). Der Mythos, der den *aition* für die athenischen Apaturien, das Fest der Jünglingsweihe, vorschreibt, spielt an der Grenze zwischen Attika und Böotien. „Eine *eschatia*, eine gebirgige Gegend, deren Einwohner ständig im Streit mit ihren Nachbarn jenseits der Grenze liegen, markiert das ‚Ende' eines Stadtterritoriums. Solche Landschaften lagen an den Grenzen aller griechischer Staaten. Sie waren das Reich der Jäger und Schafhirten und ständig umkämpfte Grenzgebiete. Und sie waren notwendig für die griechischen Stadtstaaten, wenn auch nur für die Vorbereitung der jungen Soldaten für den Krieg" (Vidal-Naquet 109). Außerdem: „Im klassischen Zeitalter wurde der ‚Kriegsdienst' [der Epheben] vor allem an den äußersten Grenzposten geleistet" (Vidal-Naquet 99).

Das Dorf läßt also ‚die Vorstellung von Grenze entstehen.' Auf der anderen Seite der Grenze liegt die Wildnis. „En face du village, l'āraṇya. Dieses Wort, das wir in der Übersetzung mit ‚Wald' wiedergeben, bezeichnet ‚das Andere des Dorfes'. [...] āraṇya ‚Wald', ist von *arana* ‚fremd' abgeleitet [...]. Das Dorf ist hier, die Wildnis dort" (Malamoud 95). ‚Wald' ist nur ein Aspekt der Wortbedeutung; Einöde, *irina*, ist ein anderer" (Malamoud 96). „Diese beiden Bereiche, der des Waldes und der des Dorfes, sind weniger durch physische Merkmale als vielmehr durch religiöse und soziale Bedeutungszuschreibungen geschieden" (Malamoud 95; siehe auch Teil III). Diese religiösen und sozialen Bedeutungsebenen gehen meiner Überzeugung nach alle auf den *bios nomadikos* der frühen Indoeuropäer zurück.[204]

[202] Malamoud 95; s.a. Buti 16. „Ein solcher *grama* führte alle seine Habe auf Lastkarren mit sich. Wenn er weiterzog, ‚spannte man an'" (Rau 1957, 51). Der erste Teil von Raus kurzem bündigem Buch, der sich mit der arischen Besiedelung Indiens befaßt, erscheint mir die indoeuropäische Migration generell paradigmatisch zu beschreiben.

[203] Indoeur. **weyk-* ‚Clan' kann ursprünglich eine Gruppe auf Reisen bezeichnet haben; Della Volpe 1993, 268, Anm. 14. Auf jeden Fall meinte lat. *vicūs*, ‚Dorf' etc. (< *ueik-* ‚gehen, marschieren'; Mallory 1989, 275, Anm. 24) eigentlich ein Gruppe verwandter Personen im Gegensatz zu *pagus*.

Der „Wald“ ist die „école de la brousse“ (Jeanmaire),[205] in der Knaben lernen, Krieger, d.h. Männer, zu werden, vor allem da der Wald völlig anders als das Dorf ist. Die Lukaner schicken ihre Söhne zu Beginn der Pubertät dürftig bekleidet zu Hirten in die Wälder (*in silvis*),[206] um sie an Härte und Kargheit ohne die Annehmlichkeiten der Stadt zu gewöhnen. Ihre Nahrung war das gejagte Wild; ihr Trunk war Milch[207] oder Quellwasser. In dieser Weise wurden sie für das Kriegshandwerk

---

[204] Bei Rau 1957 sehen wir den *grāma* mit seinen Viehherden und Ochsenkarren auf Wanderschaft (51). Zeiten der Wanderung wechseln mit seßhaften Perioden ab. Der Rhythmus ist sowohl durch die demographische Entwicklung des *grāma* als auch durch den Druck verwandter Stämme bedingt, die hinter ihm auf den Subkontinent drängen (13f.). Mit den eingeborenen Völkern gibt es ständige Auseinandersetzungen, da deren Ernten wichtig für die Eindringlinge sind (15), die als Hirten und Nomaden vom Ackerbau abhängen. „Entweder müssen sie selbst etwas anpflanzen, oder sie müssen mit ackerbauenden Gesellschaften Handel treiben“ (Goodenough 1970, 258). Oder sie können einfach nehmen, was sie brauchen. Die höchste politische Einheit ist der Stamm; die Stämme kämpfen mit den Eingeborenen und miteinander; Krieg ist die normale Lebensbedingung. „Es scheint ein fortgesetzter, erbarmungsloser Kleinkrieg aller gegen alle geherrscht zu haben [...]“ (Rau 18f.) „Zwischen den einzelnen ‚Trecks‘ herrschte dauernder Kriegszustand: wo zwei *grāma* zusammentrafen, lieferten sie sich ein *samgrāma* d.h. Gefecht oder Scharmützel um Vieh und Weideplätze, *grāma* erscheint dann häufig in der engeren Bedeutung Kriegerschar, Heerhaufen“ (52). Wenn der *grāma* hielt, um Rast zu machen, wurden die Wagen zu einem Verteidigungsring, ähnlich wie die Pionierwagen, die in den amerikanischen Westen zogen, aufgestellt. Der Wagenzug wurde zu einer Wagenburg. Später wurden die Räder abgebaut und die Wagen durch Hütten ersetzt, die aber die kreisförmige Anordnung behielten (54). Ziemlich spät erst maßen sich die Stämme bestimmte, genau begrenzte Gebiete als ihre jeweiligen Territorien zu. Rau vergleicht die frühen Siedler mit den keltischen und germanischen Stämmen, die von Caesar beschrieben wurden (Helvetier: BG I,5,2-3; Sueben: BG IV, 1,3-8); „obwohl sie alle den Ackerbau kannten, waren einige ihrer Stämme recht wanderlustig und maßen weder der Feldbestellung noch ihren Siedlungen großen Wert bei“ (20). Sie verachteten ländliche Arbeit, wie Tacitus von den Germanen berichtet. Tatsächlich scheinen sie alles Friedliche und Dauerhafte gehaßt und demgegenüber das Anspannen und Rauben glorifiziert haben. Charakteristisch für diesen Lebensstil sind die regelmäßigen sommerlichen Raubzüge der Kuru-Pañcālas in den Osten (TB 1,8,4,1; SB 5,5,2,3-5). Mit solchen räuberischen Unternehmungen begann, wie Rau meint, derjenige Prozeß, der zur Eroberung dieses Landesteils führte (15). Anderswo heißen die Raubzüge der Kuru-Pañcālas Vrātya-Züge. Und das bringt uns zurück zu unseren Junggesellenverbänden. Bei Überfällen auf unglückliche Bauern, bei Scharmützeln mit anderen *grāma* (*samgrāma*), standen sie in der vordersten Schlachtlinie. Wenn der *grāma* auf Wanderschaft war, befand er sich mit seinen Herden in den Außenbezirken, genau wie in der alten Heimat, genau wie jetzt, wenn er haltmachte zur Ruhepause. Sein Platz war das ‚Jenseits des Dorfes‘.

[205] Der Wald war auch „der normale Ort, an dem die Druiden lehrten“ (Le Roux 230).

[206] Niemand weidet Vieh im Wald. Wir sehen hier, inwiefern *silvae* als Gegensatz zu *urbs* verstanden wird; die *silvae* sind das ‚Jenseits des Dorfes‘, die außerhalb liegenden Regionen, sowohl Weideland und Wälder. Alfödi hebt hervor, daß die Hirten der Romulus-Sage und ihre vielen Entsprechungen (siehe Kap. 8, bes. 2.1.2) „ihr Vieh nicht auf Wiesen, sondern in der Wildnis“ weiden; einer dieser Führer, Silvius, der Gründer von Alba Longa, hieß auch *Agrios* (Hesiod, Theogonie 1011ff.) „Nicht das Weiden, sondern der Rinderraub“ steht im Mittelpunkt dieser Geschichten (1974, 115).

abgehärtet.[208] Napoli hebt besonders hervor, daß die Jungen in eine andere ‚Welt' hinweggerissen wurden, in der sie zu Kriegern verwandelt wurden: „die kleinen lukanischen Knaben, im Umgang mit dem Wald, mit der wilden Natur der *silvae*, demjenigen Teil der ‚Welt', welcher der ‚unbewohnte' *par excellence* im Gegensatz zur ‚bewohnten' mütterlichen Welt ist [...]" (Napoli 77). Wald, Jagd, Viehzucht (und -diebstahl) und junge Männer gehören in der gesamten indoeuropäischen Welt zusammen.[209]

Zurück zu den *fiana*: Sjoestedt beschreibt sie als „Truppen jagender Krieger, die als Halbnomaden leben und nur der Autorität ihres eigenen Führers unterworfen sind. Sie werden so dargestellt, daß sie die Zeit des Jagens und der Kriegführung (von *Beltine* bis *Samain*) damit verbringen, die irischen Wälder als Wilderer und Guerilla-Kämpfer zu durchstreifen" (Sjoestedt 82).

Natürlich jagten auch erwachsene Männer, aber Vidal-Naquet hebt den Gegensatz zwischen deren Jagdgewohnheiten und denen der Jünglinge hervor. Exemplarisch für die Jagd der Volljährigen ist die Jagd auf den Kalydonischen Eber: bei Tageslicht, mit dem Speer und häufig, wie in diesem Fall, in der Gruppe. Die jugendlichen Jagden geschehen nächtlich, allein oder in kleinen Gruppen, unter Verwendung von Netzen und Schlingen, heimlich und mittels Täuschung; wie ein Tier lauert ein jugendlicher Jäger seiner Beute auf. „Unter solchen Gesichtspunkten ist womöglich zu erklären, warum auf der Vase von Chigi in der Villa Giulia in Rom eine Reihe von Männern abgebildet ist, die gegenüber den Linien der Reiter und Hopliten durch das Unterholz kriecht."[210]

Ihre Weise der Kriegführung war, abgesehen von den relativ seltenen Umständen, unter denen sie wie Polybios' *Gaesatae* als Teil einer größeren Armee fochten,[211] ebenso durch Heimlichkeit und Arglist charakterisiert; sie waren Anti-Hopliten, Guerillas, und lebten und jagten wie Wölfe im Wald.

---

[207] Ein sicheres Zeichen für den *Bios nomadikos*! Siehe Shaw 1982.

[208] Nach Justinus: *Trogi Pompei Historiarum Philippicarum Epitoma*, wie bei Napoli 61 zitiert.

[209] Napoli erinnert an sämtliche viehzüchtenden Helden der klassischen Mythen und Sagen: Kyros, Romulus und Remus, Caeculus, Paris u.a. Man vergesse auch nicht den initiatorischen Gott und Rinderhirten Apoll; siehe Kap. 9.

[210] Vidal-Naquet 118f., Bild S. 121. Vgl. Rau: „Die Methode des Einzeljägers war wenig waidgerecht: er fing die Tiere in Fallgruben [...] oder lockte sie mit Ködern [...] an, um sie dann aus einem gedeckten Versteck [...] mit oft vergifteten Pfeilen [...] zu erlegen. Die Jagd durch Anschleichen erwähnt JB 2, 158: [...] Wer ein Stück Wild (bloß) hinwärts beschleicht, der bekommt es nicht in seine Gewalt; wer es aber beschleicht, stetig darauf zu und zurückschreitet, der bekommt es in seine Gewalt" (23). Daher sucht Goosens Apollons Beinamen λοξίας zu erklären: „Λοξίας kommt von λοξός, das Hesychius mit πλάγιος, ἐπικαμπής erläutert. Deshalb: Seitwärts oder gewunden [...] wird die Krabbe (καρκίνος) λοξοβάτης genannt. Loxias scheint mir eher als Orakelgott denjenigen zu bezeichnen, ‚der nicht geradeaus geht'." Mit Bezug auf Gregoires Untersuchung in demselben Werk schließt er, daß wahrscheinlich „der Beiname Loxias als primitive Identifikation Apollos mit einem überkreuz, zögerlich oder gewunden gehenden Tier zu erklären ist" (138f.). Es könnte eines sein, das sich an seine Beute heranpirscht. Rudra wird in RV I, 114, *vanku* genannt (139);

λοξίας entspricht *vanku* (141). Vgl. auch die Sattrins, die am Kultplatz, „in wildreicher Gegend" (Falk 1986, 34; s.a. 10.5.1), kriechen und schleichen. Apollo, Rudra und die *Sattra*-Opferer werden uns später noch beschäftigen; sie alle sind mit unseren *koryos*-Bündlern verwandt, die wie Tiere jagen.

[211] „Nur unter außerordentlichen Umständen wurden junge Männer im Kampf eingesetzt" (Vidal-Naquet 123, Anm. 7). Und Schlachten wurden gewöhnlich nicht in der Nacht geschlagen.

Kapitel 7: Der *Koryos

7.1. Raubrecht

Sjoestedts Beschreibung des *féinid* fährt fort: „Die Raubzüge, die er verübt, welche aber seinem täglichen Bedarf als *écland* (Sippenlosem) sowie als *díthír* (Landlosem) dienen, sind legal, weshalb er niemals als Brigant angesehen wird" (Sjoestedt 1949, 84). Die letzte Behauptung ist fragwürdig: Ein Wort, das häufig an der Stelle von *fiana* steht, ist *díberga(ig)*, Sgl. *díberg(ach)*, und bezeichnet den ‚Briganten' oder ‚Freibeuter' (McCone 1987, 105). Als Conaire König von Tara wurde, befriedete er das ganze Land. Seine Stiefbrüder waren darüber erbost, weil ihnen verboten wurde, „das räuberische und mörderische Treiben ihrer Väter und Großväter" fortzusetzen. Tatsächlich haben sie sich zu *díberga*, Räubern, gemacht; sie scharten die Söhne des irischen Adels um sich und hausten wie Wölfe in Connacht. Sie wurden *díberga(ig)* genannt „und ab und zu ebenso *fianna*." „Es handelt sich also um einen in erster Linie jugendlichen und aristokratischen [...] Verband, eine *fian*, deren Mitglieder *díberg* ausüben und *díberga(ig)* bzw. *féindidi* heißen. Ihr kriegerisches und wölfisches Wesen tritt deutlich hervor, indem sie Diebstahl, Raub und Mord [...] treiben, Angriffe machen [...] und *oc fáelad* [‚bei wölfischer Tätigkeit'] sind" (McCone 1987, 105).

McCone erinnert uns daran, daß unser Bild vom *díberg* aus den vornormannischen Texten – da die frühen Handschriften klösterlicher Herkunft sind – von geistlicher Feindschaft gegenüber allem für hoffnungslos heidnisch Gehaltenem gefärbt ist.[212] *Díbergaig* und *fianna* erscheinen synonym und werden mit den „Söhnen des Todes und der Verdammung" zusammengeworfen und den „Söhnen des Lebens und der Erlösung" gegenübergestellt (McCone 1986, 5). Die Mönche lagen richtig, wenn sie die Wurzeln dieser Institution im Heidentum ausmachten, und Sjoestedt hatte darin Recht, daß die von dem *féinid* verübten Überfälle der Selbsterhaltung dienten und als legal galten.[213]

Napoli bemerkt das „einzigartige Recht auf Diebstahl und Raub", das der spartanischen Jugend eingeräumt wurde, und zieht es auf passende Weise zur Erklärung des „Banditentums" der lukanischen Jungen unter dem Kommando ihrer brettischen Lehrmeister heran. „Dieses hatte, in Form von plötzlichen Angriffen aus dem Hinterhalt, [...] seinen hauptsächlichen Zweck in der Vorbereitung der Jugendlichen

[212] McCone 1986, 3. Deshalb erscheint *díberg* nicht als eine von Finns, des Idealtypus des *féinid*, Aktivitäten; daher wurden viele Spuren des *fian*-Lebens von Cu Chulainn (‚der Held inmitten des Stammes', Sjoestedt) ausgelöscht, und aus demselben Grunde schließlich ist auch nur eine schmale Literatur über die *fiana* aus der Zeit vor dem zwölften Jahrhundert überliefert.

[213] Obwohl die oben angeführte Geschichte von Conaire und seinen Stiefbrüdern ein Zeichen dafür sein kann, daß diese Banden auch in heidnischer Zeit bereits eine Plage geworden sind.

auf die normalen Tätigkeiten der Volljährigen (Krieger)" (Napoli 1966, 81f.). Caesar schreibt im ,Gallischen Krieg' über die Germanen, daß sie „Raubzüge, die außerhalb der Grenzen ihrer jeweiligen Territorien begangen wurden, nicht als Schande ansahen, darüberhinaus sogar behaupteten, diese würden zwecks Ausbildung der Jugend und zur Bekämpfung des Müßiggangs veranstaltet" (VI, 23).[214] Und Dottin schreibt, nachdem er beklagt hat, daß die meisten der irischen „Tains" (Erzählungen) nur dem Namen nach bekannt seien, während der eigentliche Begriff aus der Mode geraten sei: „Es gab dennoch eine Zeit in Irland, in der ein guter Raubüberfall mit seinen diversen Schicksalsschlägen einem Recken ebensoviel Ruhm brachte wie die Tötung eines Feindes oder die Plünderung eines Schlosses. Von dieser Kulturstufe, auf der ein erfolgreicher Dieb eher bewundert als bestraft wurde, bewahrt das irische Epos zumindest eine Erinnerung."[215]

Romulus und Remus waren Rinderräuber und Banditen während ihrer Zeit als Hirten; wie die Lucaner/Brettier, die *fiana* und vergleichbare Gruppen lebten sie von Plünderung.[216] Ähnliche Geschichten werden von Caeculus, dem Gründer von Praeneste, und seiner Räuberbande erzählt (Bremmer 1987, 49, 56). Über den jungen Kyros und seine Gefährten schrieb Strabo, „diese werden *kardakes* genannt, da sie vom Diebstahl leben, wobei *karda* einen tapferen und heroischen Geist bezeichnet" (XV,3,18). „Das ist also ein echter Männerbund mit seinem Leben in der Wildnis und mit seiner besonderen Disziplin, und jene Jugendgeschichte des Kyros ist nichts anderes als die Mythologisierung dieses Lebensideals [...]" (Alföldi 1951b, 15; vgl. Widengren 1969, 83f.). Die dreihundert auserwählten Reiter, die das Ge-

---

[214] In VI, 35f. berichtet er, wie bereitwillig die in der Umgebung wohnenden germanischen Stämme seine Einladung zur Plünderung des Besitzes der keltischen Eburonen annahmen. Es ist leicht erkennbar, warum diese Stämme einen weiten unbesiedelten Raum zwischen sich bevorzugten (VI, 23). Ich verweise noch einmal auf Raus Büchlein über das alte Indien; siehe SB 6,7,3,5: „Wer fürwahr nur nach der Gegenseite hin siegreich ist, dessen ersiegtes [Land] besiedeln wahrlich andere. Wer aber nach beiden Seiten siegreich ist, der hat dort [wo er sich befindet] Freizügigkeit." Hinsichtlich der permanenten Kleinkriege vgl. Kap. 6.

[215] Dottin 1923, 130. Nicht im Zentrum dieser Untersuchung stehend, aber insofern bemerkenswert als er auf vorindogermanische Traditionen verweisen könnte, ist der *Crech Ríg* oder die ,königliche Beute', der obligatorische Viehraubzug unmittelbar nach dem Amtsantritt der irischen Könige, der zum Einweihungsritual gehörte (O'Riain 1973). Heesterman sieht dieselbe Erscheinung im rituellen Wagenrennen der Rājasūya (1985, 119) bewahrt. Die Motivation könnte dieselbe gewesen sein: Der König mußte sich als heroischer Führer und als fähig erweisen, Wohlstand, also Vieh, zu erwerben, um als ,Gabenspender' auftreten zu können.

[216] Wie Servius von den *Hirpi Sorani* schrieb (Kap. 8.2.3.2a), „sie imitieren Wölfe, d.h. sie leben von Plünderungen." Siehe Briquel 1982, 277, 280, sowie Bremmer 1987, 32f. Romulus führte als König ebenfalls *latrocinia* durch (Briquel 329), aber die Grenze zwischen *latrocinium* und *bellum* war, wie wir wissen, in jenen frühen Tagen nicht sehr scharf bei diesen Völkern; vgl. oben Kap. 2. Latro meinte ursprünglich, zu einer Zeit, in der der Sold eines Kriegers in einem Teil der Beute bestand, „Krieger im Dienste eines Herrn", Alföldi 1974, 110. „In der Gesellschaft der *latrones* der Frühzeit war der Raub weltanschaulich verankert" (121). Noch im späten 4. Jhdt. waren Rom und seine Nachbarstädte, deren Wirtschaft auf ständiger Plünderung statt auf friedlichem Handel beruhte, immerzu in solche Kleinkriege verwickelt (siehe Alföldi 1963, 377f. sowie Rau).

folge des slawischen Gottes Svantovit auf der Insel Rügen bildeten, ritten von dessen Tempel, den Gott an der Spitze, los, um die Nachbarschaft zu plündern; die Beute wurde sodann den Priestern im Tempel übergeben.[217]

Hauer nahm an den Äußerungen früherer Gelehrter Anstoß, die die Vrātyas Diebe genannt haben. Dies – sagte er – könne nicht möglich gewesen sein, da es vergöttlichte Vrātyas gegeben habe, die unter die Götter aufgenommen wurden, und ein wandernder Vrātya im Atharva-Veda zu *Mahādeva* („großer Gott", Beiname von Rudra) erhoben wurde. Hauer hatte völlig Recht mit seiner religiösen Bewertung der Vrātyas: sie waren nicht einfach nur Zigeuner, Gewalttäter und Diebe. Verfehlt war jedoch seine Annäherung an die von ihm so genannten „unvereinbaren Gegensätze" in den Schriften anderer Gelehrter. Da es zu seiner Zeit noch keine Untersuchungen zu Männerbünden gab, ist es nicht verwunderlich, daß Hauer das „sakrale Stehlrecht"[218] der kultischen Kriegerbanden verkannte.

Mit dieser Kultpraxis erklärte Höfler die häufigen altisländischen Männernamen, die mit *-þjófr* ‚Dieb' gebildet sind, etwa *Valþjófr*, *Eyþjófr*, *Geirþjófr*, *Gunnþjófr*. Es handelte sich um verbreitete Kriegernamen, die keineswegs auf gewöhnliche Räuberei verweisen konnten; auch waren Versuche, eine Erklärung für sie zu finden, nicht befriedigend. Von all diesen Namen ist *Valþjófr* der weitaus häufigste. Der erste Teil ist ais. *valr* – wenn wir es recht bedenken, erkennen wir die deutliche Nähe von *Valþjófr* zu dem langobardischen Tarnnamen *Walapautz* (siehe 3.4), welcher ‚dämonengestaltiger Räuber' bedeutet. Er gehört also zum altgermanischen Stamm und muß einen durchaus positiven Klang gehabt haben, denn nur wenn es sich um einen ehrbaren und häufigen Namen handelte, können ihm die schändlichen Tönungen ferngeblieben sein, die das Wort ‚Dieb' in jeder Sprache aufweist. Nur wenn er ohne Makel war, können sich, von ihm ausgehend, neue Namen wie *Geirþjófr*, *Eggþjófr* usw. gebildet haben. *Val-* kommt für sich genommen sehr selten in Personennamen vor, so daß diese Silbe mit dem ebenfalls unüblichen *-þjófr* zusammen untersucht werden muß. Das altnordische *Valþjófr* verweist, wie das langobardische *Walapautz*, auf eine Funktion innerhalb des dämonischen Totenkultes. Daraus erklärt sich, daß diese Namen immer freien Kriegern und niemals Sklaven zugehörten.[219]

---

[217] Sergent 1994, 38f.; vgl. Kretzenbacher 1968, 104. Svantovit war ein Schimmelreiter. Sein weißes Pferd kehrte verschwitzt und schmutzig von diesen Ritten zurück! Sergent 1994, 18. Diese Information stammt von Saxo (Text in Brückner: Die Slaven 8-11). Saxo überliefert das Alter der dreihundert Ritter nicht, aber Sergent, der die vielen Parallelen zwischen dem Kult des Svantovit und dem des Apoll von Amyklai anführt und bemerkt, daß viele dem Gott auf Rügen zugeschriebenen Merkmale gewöhnlich mit den spartanischen Königen verbunden werden, vergleicht die Ritter mit den dreihundert *hippeis*, der Elite der Epheben (die aber, trotz ihres Namens, in historischer Zeit keine Pferde besaßen).

[218] Höflers Terminus, auch ‚Raubrecht' (Meuli). Von ihm stammt unmittelbar das ‚Heischerecht' der Maskierten in Kap. 3 ab.

[219] 1934, 264-266. Höflers Bemerkung dazu: „Ich möchte betonen, daß *val-* hier nicht gerade Kampf-Tote zu bezeichnen braucht. Letztere Bedeutung ist erst spezialisiert (wenn auch wohl schon in früher Zeit) aus allgemeineren: vgl. die ablautenden Wörter ags. *wól* ‚Pest', *bewéled* ‚vergiftet', as. *wol* ‚Verderben', ahd. *wuol* ‚Verderben, Niederlage'; ferner lit. *velys*

Unser junger Krieger lebt also vom Diebstahl, weil er kein Eigentum hat; seine ‚Plünderungen' und die schroffen Lebensbedingungen härten ihn für sein künftiges Leben als Kriegsmann ab. Sein Tun ist deshalb legal, weil es durch kultische Vorstellungen legitimiert wird. Es bereitet ihn auf seine Rückkehr in das Dorf und seine mögliche Aufnahme in die *teutā* vor. „*Rapto vivere*", schreibt Briquel, „ein Wolfsleben zu führen, ist der Beginn der Initiation. Der Bund mit der Wildnis hat nicht nur eine geographische Ebene – als Leben jenseits der Grenzen der zivilisierten urbanen Welt – [...] sondern ebenso eine moralische: die Existenz der Jünglinge wird durch das Gesetz des Dschungels legitimiert" (Briquel 280).

7.2. Die *Manes*

Bezüglich der Bande zwischen der geweihten Jugend und ihren toten Ahnen schrieb Weiser: „Mit der Jünglingsweihe [...] ist häufig der Ahnen- und Totenkult eng verbunden und damit auch alle die Zauberhandlungen, die Regen, Sonnenschein und Wachstum fördern sollen. Der nahe Zusammenhang zwischen Totenverehrung und Vegetationsriten ist ja allgemein bekannt" (Weiser 24; vgl. ARG II, 141). Wikander formulierte den Zusammenhang stärker: „Die Eingeweihten des Bundes sind unsterblich und eins mit den Geistern der Verstorbenen" (Wikander 1938, 76).

Meuli behauptete emphatisch, daß Masken, wo immer sie auf der Welt gefunden werden, mit dem Kult der Toten verbunden sind, und daß sie außerdem stets die Domäne einer Art von Männerbünden darstellen, nämlich ursprünglich religiöser Bruderschaften und später auch besonders strukturierter Gesellschaften, etwa neuer Geheimbünde mit ihren eigenen obskuren Riten oder bereits existierender Gilden (siehe 3.4). Im Laufe dieser Entwicklung ist selbstverständlich die Verbindung zu den Toten abgerissen, und der Fruchtbarkeitszauber gewann allumfassende Bedeutung.

Folglich müssen wir spezifizieren, daß wir uns vor allem mit Ahnenkult und weniger mit Totenkult im allgemeinen befassen. Wenn der *koryos*-Bündler *le guerrier noble* ist, dann sind die Toten die edlen Toten. Wenn aber diese Männer zu Lebzeiten die ‚besten' oder die kraftvollsten waren, dann werden sie auch, wenn sie einst unsterblich sind, in jeder Hinsicht die wirkmächtigsten sein.[220] Natürlich sind auch die erwachsenen Männer (die *teutā*) Glieder der männlichen Gemeinschaft, welche die edlen Toten des Stammes umfaßt, zumal sie selbst mit allen Weihen, während ihrer Phase der Wandlung, in diese Gemeinschaft aufgenommen wurden, jedoch stehen die Neulinge in einem herausgehobenen Verhältnis zu ihren Ahnen, da sie

‚tot', *veles* ‚die Geister der Verstorbenen', *velukas* ‚Gespenst' [...]. Es scheint sich also in *walapautz* wie in *Valþjófr* eine sehr alte Bedeutung gehalten zu haben, was natürlich ihre hohe Altertümlichkeit bezeugte" (266, Anm. 354). Bezügl. *valr* s.a. Polomé 1987, 212.

[220] Mit anderen Worten: Während der gewöhnliche Mann seine eigenen Ahnen sicherlich an seinem heimischen Herd verehrte, diente es dem Nutzen der Allgemeinheit, daß diejenigen Toten, die vor unsichtbaren zerstörerischen Mächten beschützten und periodisch durch die Gemeinde stürmten, um die Felder und Schößе zu erwecken, genau die waren, die sich in ihrem früheren Leben als in jeder Hinsicht besonders tüchtig erwiesen haben.

diese selbst in einem rituellen Sinne sind oder, wie Turner es ausdrückt, da sie ‚strukturell' tot sind.[221] Diese beiden Punkte – die Identifikation der Jünglinge mit ihren toten Ahnen (für die ich das lateinische Wort *manes*, dt. Manen, verwenden werde) und ihr eigener ‚strukturell' toter Zustand – können gar nicht stark genug betont werden; sie werden uns im weiteren Verlauf der Untersuchung immer wieder beschäftigen.

7.3. Verwandlungen in Tiere

Eliade schrieb, daß „das Wesentliche [...] der militärischen Initiation in der rituellen Umwandlung des jungen Kriegers in ein Raubtier"[222] bestand. „Es ging dabei nicht nur um Mut, physische Kraft oder Ausdauer, sondern um eine magisch-religiöse Erfahrung, die grundlegend das Sein des jungen Kriegers veränderte. Dieser mußte seine Menschlichkeit in einem Anfall aggressiver und furchterregender Wut, die ihn rasenden Raubtieren gleichmachte, verwandeln" (Eliade 1982, 16).

Der ‚Krieger als Raubtier' ist kein spezifisch indoeuropäisches Phänomen. Die berühmtesten von ihnen sind wahrscheinlich die berüchtigten afrikanischen Leopardenmänner (Eliade 17f.; Widengren 1938, 366). Aber es ist *auch* indoeuropäisch, und wir haben bei den meisten Tochtervölkern zumindest indirekte Beweise dafür; wo nicht, liegt es an fehlender Kenntnis der heidnischen Epoche jener Volksgruppe. Der Wolf oder Hund ist das bevorzugte Tier im indoeuropäischen Raum, wie wir z.B. von Germanien wissen, wo es allerdings auch Bärenkrieger gab. Das zur Verwandlung verwendete Mittel ist das tierische Fell; wie wir gesehen haben, ist es selten ein vollständiges Kostüm – und mit hoher Wahrscheinlichkeit niemals in der Schlacht. In der Illias (X, 334f.) legt Dolon einen Wolfspelz an und setzt sich eine Mütze aus Marderfell[223] auf, bevor er aufbricht, um zu den schnellgleitenden Schiffen der Achäer zu schleichen. Euripides läßt ihn – das Fell als eine Tarnung zweifellos mißverstehend – in einem Wolfskostüm auftreten; und doch zählt die Kopfjagd zu seinen Absichten. Hier wiederholt sich die alte Geschichte vom jungen, in einen Wolf verwandelten Krieger, der auszog, um die Probe auf seine Männlichkeit zu bestehen. Auch in Griechenland blühte das Werwolftum, wenngleich es keine unmittelbaren Belege für Wolfskrieger wie in Germanien gibt. Jedoch lassen die indirekten Zeugnisse keinen Zweifel daran.[224]

---

[221] ‚Betwixt and Between: The Liminal Period in *Rites de Passage*', Kap. IV von *The Forest of Symbols* stellt eine große Hilfe dar, um die ‚komplexe und bizarre' Symbolik, die einer liminalen *persona* (96) zugeschrieben wird und sie umgibt, sowie den liminalen Status generell zu verstehen.

[222] Eliade 1982, 16.

[223] Dies ist ein κυνέη, der den angenommenen Zustand zum Ausdruck brachte. Aber der Marder selbst hat auch seine Vorbilder; vgl. das oben in 3.4 über den *galerus* aus Wieselfell anläßlich der Saturnalien Ausgeführte sowie Alföldi 1974, 37ff. ("Das Wieselvolk").

[224] Alföldi 1951a zeigt ein Bild des Dolon auf einer silbernen Vase, der sehr nach Romulus in seinem Wolfsrachen aussieht (199, Tafel III, 1).

Aus germanischen und slawischen Gebieten sind Pferdemasken, d.h. -verwandlungen, überliefert; ebenso mythische Pferdemenschen aus Griechenland und Indien, und kentaurenartige Wesen finden sich auch auf den Hörnern von Gallehus. Dies hat sicher alles mit denselben kultischen Bruderschaften zu tun[225] – die Vrātyas stehen zu den Gandharven in Beziehung (Hauer 54), die Kenner des Veda und Lehrer des Helden Arjuna sind (Dumézil 1929, 137); die Kentauren wirken im ‚Wald' als Lehrer der *kouroi*, einschließlich des Achilles; und die germanischen Pferdemasken gehören zur Wodan-Folklore, wenngleich sie auf etwas anderes als Bären- und Wolfsverwandlungen verweisen. Außerdem gab es Ziegenbockkrieger; der Bock ist sowohl mit Romulus und dem Wolfskult als auch mit der Kriegergöttin Juno (Kapitel 5; Alföldi 1974, 125) verbunden, und aus dem germanischen Bereich kennen wir die *Cornuti*, ein Kontingent von Elitetruppen in der konstantinischen Armee.[226] Eine reichliche Anzahl von Belegen besitzen wir jedoch ausschließlich von den *canidae*, den ‚Hundemenschen'.

Die Kimmerier wurden von den „allertapfersten Hunden" der Skythen aufs Haupt geschlagen (Ivancik 1933). „Das Wort *bleid*, ‚Wolf', bezeichnet in der walisischen Dichtung wiederholt den Krieger" (Carey 1984, 14, Anm. 103). Romulus wird typischerweise in einem Wolfsfell dargestellt, wobei das Gesicht zwischen den Kiefern herausschaut. Conaires Stiefbrüder und ihr *fian* zogen in Connacht wie blut-

[225] Dumézil 1929 *passim*. Dem Pferd kommt zweifellos eine ungeheure Bedeutung in den indoeuropäischen Kultsystemen zu, zumal sich überall Hinweise dieser Bruderschaften von Pferdemenschen finden; während aber die Bedeutungsschichten der *canidae* weitgehend offen zutage liegen (Kap. 8 u. 13), ist die Pferdesymbolik nur lückenhaft erschlossen. Die Bedeutung des Tieres steht natürlich außer Frage; es war das Geheimnis des indoeuropäischen Wohlergehens; die Zähmung des Pferdes und die Kunst des Reitens waren die zivilisatorischen Vorsprünge, die es den Indoeuropäern erlaubten, riesige Gebiete Eurasiens zu kolonisieren. Das Pferd hatte, anders als die *canidae*, auch einen großen Wert als Opfertier; es scheint, vorzüglich und weit mehr als andere Tiere – Stiere, *ovicapridae* (Widder und Ziegenböcke) und Schweine – gleich nach dem Menschen in den Opferbrauch aufgenommen worden zu sein. Siehe Polomé 1982, 300f. hinsichtlich der Relevanz des (realen) Pferdes für die Indoeuropäer; oft gab es auch hippomorphe Gottheiten, häufig Zwillinge wie die Dioskuren (301). Das erklärt jedoch noch nicht die Pferdemänner. Mares, der Stammvater der Ausonier, war halb Pferd halb Mensch; er starb dreimal und wurde dreimal wiedergeboren (Radke 1965, 199; Versnel 148 und unser Kap. 9.8). Auch gab es arische Stämme, die Pferdenamen trugen: *Assakenoi, Āśvakāyana, Āśvāyana*. "Die *Assakenoi* waren genau das Volk, auf das Alexander nach der Überquerung des Panjkora stieß und mit dem er sich einen harten Kampf liefern mußte" (Tucci 1963, 27). Karl Jettmar fand Belege für männerbündische Organisationsformen in den Begräbnissitten dieser Völker; desweiteren berichtet er, daß das Pferd auch in den Kultpraktiken der lebenden Nachfahren dieser Stämme noch bedeutsam ist, obwohl das Pferd als Tier keinen Nutzen in ihren heutigen Heimatländern im Karakoram und am Hindukusch mehr hat. Wir sahen auch die *calušari*, die ‚kleinen Pferdetänzer' in Rumänien; wir werden auch in Indien Pferdetänzer antreffen. Eine Inschrift verweist auf Dionysos-Priester, die *hippoi* genannt wurden (Wide 1894, 281f.). Hinweise auf Pferde und Initiationsriten liefert Nagy 1979, 199 (und vieles zum Sonnenpferd, 199-209).

[226] Alföldi 1959 *passim* mit Illustrationen. Siehe Jeanmaire 574f. zum ‚Spiel von Wolf und Ziege'. Deren Verbindung mag im Namen *Úlfheðinn* angedeutet sein, siehe Paul 1981, 299 Anm. 211.

rünstige Wölfe umher, und Finn verwandelte sich in einen Hund, wenn er seine Haube über den Kopf zog (Blaney 88; Sjoestedt 64, 85). Im Iran gab es zweibeinige Wölfe, die schlimmer als die vierfüßigen waren (Widengren 1969, 328ff., 344; Lincoln 1981, 125-127, bes. 126 u. Anm. 100). Die Daker, ein „Kriegerbund" trugen einen Wolfsnamen (Eliade 1982, 20; vgl. Kap. 8). „Solange [der junge Krieger] in dem Tierfell eingehüllt war, war er nicht mehr Mensch, sondern das Raubtier selbst" (Eliade 1982, 16).

7.4. *Εκστασις*

Der junge Krieger im Wolfskleid war nicht nur das Raubtier selbst, sondern eine furchtlose wilde Bestie, die keine Schmerzen verspürte. Er kämpfte in einem Zustand der Ekstase. Daß manchmal auch Rauschmittel verwendet wurden, um diesen Zustand zu erreichen, geht aus der Bezeichnung *saka haomavarka*[227] hervor. „[D]ieser Name muss bedeuten ‚die Leute, die sich durch den Haoma-Rausch in (Wer)wölfe verwandeln'" (Wikander 1938, 64; Lincoln 1981, 131). Dem avestischen *haoma* entspricht im Sanskrit Soma, durch dessen Genuß sich Indra auf den Kampf vorbereitete (Kap. 5). Die Ekstase kann jedoch auch auf andere Weise erreicht werden; Kriegstänze und Schlachtgesänge konnten die jungen Krieger in eine rauschhafte Kampfeslust peitschen. Meistens aber genügte wohl schon das Anlegen des Felles in der Überzeugung, daß es der Verwandlung in eine Bestie dient, oder der stürmische Auszug in die Schlacht, um den Jüngling in denjenigen Zustand zu versetzen, den die Griechen *lyssa* ‚Wolfswut'[228] nannten. Bezüglich der Kelten muß diese Befähigung geradezu sprichwörtlich gewesen sein, denn Aristoteles schreibt, um ein Beispiel für unerhörte Tollkühnheit zu geben: „Jemand müßte rasen oder immun gegen Schmerzen sein (*μαινόμενος ἤ ἀνάλγητος*), wenn er nichts fürchtete, weder Erdbeben noch die stürmische See, wie man es von den Kelten sagt"

[227] Die Saka waren ein skythischer Stamm, der den persischen Königen untertan war; *varka* heißt ‚Wolf'.

[228] Lincolns Übersetzung. "Was die Griechen λύσσα nannten, hieß bei den Angelsachsen *wodfreca* ‚wütendgierig'" (Alföldi 1974, 35). Lincoln bevorzugt mit Frisk (II, 147) und Chantraine (III, 651) die Ableitung von *lyssa* von ‚Wolf': "(Attisch: *lytta*), ein Begriff, der erstens ‚kriegerische Raserei' und zweitens ‚Tollwut' bezeichnet. [...] *lyssa* repräsentiert ein zugrundeliegendes vorgriechisches **lyk-ia* [...] [und ist] ausgehend von griech. *lykos* ‚Wolf' gebildet (< indoeur. **wḷkʷo-*) [...]. Der Terminus ist eine Ableitung mit *-ya, einem Suffix, das Femina und Abstrakta bildet. [...]. Man [...] kann sie lediglich als Begriffe auffassen, die eine abstrakte Wesenheit wie ein Gefühl oder allgemeines Seinsverhältnis zum Ausdruck bringen." Lincoln gibt drei Beispiele von *lyssa* in der Illias: 9, 239 (237-239) und 305 (304-306) bezüglich Hektor und 21, 542 (537-43) mit Bezug auf Achilles. "Zwei Merkmale sind besonders in diesen Passagen lebendig. Zunächst wird der durch *lyssa* charakterisierte Held als völlig unbezwingbar angesehen [...]. In ihrer Wildheit sind beide Helden außer Kontrolle [...], es gibt keine Sicherheit, daß Achilles tatsächlich in der Lage sein würde, Hektor zu stoppen, wenn dieser von *lyssa* besessen ist [...]. Nur die beiden größten Helden des Epos haben an diesem Zustand teil, und es steigert auch deren Kräfte gewaltig [...]. Keinesfalls ist klar, daß der Heros *lyssa* besitzt, oder ob dieses nicht vielmehr ihn besitzt" (1991, 131f.).

(Ethik 3, 7). Die entfesselte Kampfeslust fiel den klassischen Autoren ebenso bei germanischen Kriegern als charakteristische Eigentümlichkeit auf.

Auch bei anderen Gelegenheiten als Schlachten war die Ekstase ein Bestandteil des Kultes, etwa bei den großen Festen, die maßgeblich von den Bruderschaften mitinszeniert wurden (3.5), sowie bei deren privaten und geheimen Orgien, bei denen alkoholische Getränke – ursprünglich Met,[229] später Bier oder Wein – und manchmal auch andere Mittel[230] zur Bewußtseinssteigerung verwendet wurden. Außerdem waren Weissagung und Dichtkunst, die beide einen inspirierten oder ekstatischen Zustand erforderten, mit den Kriegergemeinschaften verbunden. Sjoestedt zählt die „strengen Bestimmungen" auf, die nötig waren, um Zutritt zum *fian* zu erlangen: „Der Kandidat muß eine exklusive und großzügige Erziehung vorweisen können sowie die zwölf traditionellen Formen der Dichtung beherrschen; die Helden der *fiana* sind Dichter ebenso wie Krieger. Eine große Anzahl von Gedichten wird Finn, dem *ríg-fhéinid* (‚Königsféinid'), seinem Sohn Oisín und seinem Adoptivsohn Caílte zugeschrieben."[231] Die Kentauren, Erzieher von *kouroi*, sind selbst wegen ihres orgiastischen Gebarens bekannt, während die Gandharvas mit Soma und Ekstase assoziiert werden und außerdem himmlische Musiker sind; Kentauren werden im Mythos, Gandharvas in Riten und Festen mit Ambrosia verbunden (Dumézil 1929, 190), dem Trank der Unsterblichkeit und Urtypus aller berauschenden Getränke.

7.5. Zeiten und Jahreszeiten

7.5.1. Feste

Große Feierlichkeiten finden an den natürlichen Wendepunkten des Jahres statt, an den Sonnenwenden und Tagundnachtgleichen. Das größte indoeuropäische Fest überhaupt, das Fest des Jahreswechsels, war mit der Wintersonnenwende verbunden. Diese Daten wurden später abgewandelt, um sie den tatsächlichen Lebensrhythmen der indoeuropäischen Tochtervölker in ihren neuen Heimatländern anzupassen; Sonnenwende und Äquinox blieben zwar hervorgehoben, doch wurden sie in ihrer Bedeutung von anderen Zeiten und Festen übertroffen. In Indien vollzog sich das Leben im Wechsel des Monsunregens; in Rom begann das neue Jahr am 1. März, zeitgleich mit dem italienischen Frühlingsbeginn. Die *ancilia* wurden dann, wie wir gesehen haben (5.5.5.3), aus dem *sacrarium* geholt und von den tanzenden

---

[229] Vgl. das indische *madhu* und griech. μέθυ, ARG II, 135; Lüders 1951, 344f. Ein mit Männerbünden zusammenhängender Gott ist mit der Erfindung und Sicherung des Met und/oder der bewußtseinssteigernden Substanz, die ihn ersetzt, verbunden. In Skandinavien zumindest ist sie ‚der Dichtermet', und das ist sicherlich eine sehr alte Vorstellung, zumal Bier den Met als bevorzugtes Getränk selbst in Walhall ersetzte.

[230] Siehe Leuners Vorschläge (Leuner 1970). Bezügl. Männerbund und Haoma-Kult im Iran siehe Widengren 1938, 240.

[231] Die Dichterprüfung war „das Ergebnis einer sehr alten Konzeption" (Le Roux 104). Es waren selbstverständlich auch beeindruckende physische Anforderungen vorgesehen.

Saliern durch die Stadt getragen. Es war der Geburtstag des Mars und der Beginn der kriegerischen Zeit des Jahres.[232] Die Kelten auf den Britischen Inseln legten Winteranfang und Jahresbeginn auf den 1. November und ließen die Sommerzeit am 1. Mai beginnen. Am Vorabend des Winters kehrten die Toten ein, dargestellt von jungen Männern mit Masken oder geschwärzten Gesichtern, die weiße Gewänder trugen und sich in der von uns beschriebenen Weise während der Rauhnächte und zur Karnevalszeit verhielten.[233]

Die meisten europäischen Maskenfeste finden jedoch zwischen Weihnachten und Ostern statt. Wodans Zeit begann, wie oben gezeigt, mit der letzten Ernte – dem Anbruch des Winters, der freilich zwischen Norden und Süden variiert – und endete zum Frühlingsäquinox, aber das Treiben der Maskenträger vollzog sich vor allem in den Zwölf Nächten nach der Wintersonnenwende. Das Mittwinterfest Jul war in Germanien auch das Fest des Jahreswechsels, und in solchen Übergangszeiten löste sich auch die Grenze von Diesseits und Jenseits, und die Toten erschienen im Kreis der Lebenden. Der Einschub von zwölf Tagen zwischen Sonnenwende und Jahreswechsel war notwendig, um die Abfolge der lunaren Monate mit dem solaren Jahr in Übereinstimmung zu bringen (Dumézil 1929, 5; vgl. Le Roux 261, Anm. 134). Der zoroastrische Neujahrstag am Frühlingsäquinox war ein Tag der Freude, der auf ein zehntägiges Seelenfest folgte, also eine Begegnung mit den Toten, die das alte Jahr beschloß (1929, 57). Zum Jahresende eingeschobene Tage haben etwas Verwirrendes und Gefahrvolles, etwas besonders ‚Liminales', da sie zu keinem Monat richtig gehören: sie sind ‚nichts Halbes und nichts Ganzes' (1929, 39; Turner 1967, 97f.). In Germanien können die von uns erläuterten Maskenprozessionen zu jeder Zeit zwischen Weihnachten und Ostern stattfinden – tatsächlich variieren die Zeiten von Ort zu Ort (1929, 15f.) – während in Griechenland die *Kallikanzari* nur während der Zwölf Nächte erscheinen (siehe Kap. 3).[234]

Die Toten stehen immer mit dem Jahresende in Verbindung. Deshalb war in Rom der Februar als letzter Monat des Jahres der heiligste, und seine Riten wurden

---

[232] Die Verlegung auf den 1. Januar im Jahre 153 v.u.Z. besaß politische Gründe und hat mit den Zwölf Tagen nichts zu tun (Dumézil 1929, 8).

[233] Rees 1975, 89ff. Nicht nur der Vorabend, sondern auch der Tag des 1. November war in Irland gespenstisch. Die Iren scheinen Sonnenwenden und Tagundnachtgleichen nicht eigens markiert zu haben, sondern nur Vierteljahrtage (*Quarter Days*). Für Wales ist die Feier des 1. Mai bezeugt, bezüglich Schottland und Gallien wissen wir beinahe nichts. Hutton 1991, 176f. Mehr zu keltischen Festen in Le Roux 231-259.

[234] Dumézil 1929, 38. In den Bergen von Euböa sind – nach *Modern Greek Folklore and Ancient Greek Religion* von J.C. Lawson (das Dumézil ausgiebig zitiert) – Knaben, die zwischen Weihnachten und Dreikönigstag geboren wurden, gefährdet, sich in καλλικάνζαροι zu verwandeln; um dies zu verhindern, versengen die Mütter die Füße der Neugeborenen. Die Geschichte der Pururavas impliziert, daß gewisse Männer an Neujahr zu Gandharven werden können (140ff.). Aus diesem Grunde nimmt Dumézil einen speziellen Männerbund von Knaben, die während der Zwölf Nächte geboren sind, an, der im Mythos der Kentauren und Gandharven fortlebt. Herodot IV, 109, scheint zu behaupten, daß sich die Männer der *Neuri* jedes Jahr zu einer bestimmten Zeit in Wölfe verwandeln (150), was Dumézil mit der Verzauberung gewisser Männer bei den Osseten in den Rauhnächten vergleicht (92f.).

besonders ehrerbietig gefeiert.[235] Da die Ahnen bei ihrem Erscheinen das Verhalten ihrer Nachfahren prüfen, ist es nicht verwunderlich, daß das Jahresende auch Reinigungsrituale umfaßt. Bei den Römern sind diese im Februar offensichtlich (Ovid, *Fasti* II, 19-36). Die *luperci* scheinen zwei Gemeinschaften zu sein, die für die Reinigung zuständig sind.[236] Die Etymologie von *lupercus* wurde viel diskutiert; der erste Teil geht eindeutig auf *lupus* ‚Wolf'[237] zurück. Sie tragen kein Wolfsfell und kein wölfisches (Teil-)Kostüm, wie wir es anderswo gesehen haben, sondern sind nackt bis auf einen Gürtel aus Ziegenfell und tragen Peitschen aus Ziegenhaut.[238]

Schließlich verweist Dumézil auf zahlreiche, mit dem Königtum verbundene Feste, die ebenfalls mit Neujahr zusammenfallen, und kommt zu dem Schluß, daß die Indoeuropäer Führer gehabt haben müssen, die aus den Reihen der geheimen Gesellschaften emporstiegen; dabei fragt er sich, ob diese Stufe in historischer Zeit bereits vergangen war.[239]

---

[235] So sehr, daß der Februar bei der Einführung des neuen Kalenders gleich blieb; auch konnten keine Tage hinzugezählt werden. Die Heiligkeit des Februar, die in seinem Namen bewahrt wird, wurde nun von seiner Stelle im Jahr abgelöst und mit dem Monat selbst verbunden.

[236] Es gab, zumindest im reformierten Ritus, öffentliche Beichten und Anschuldigungen. Der Fruchtbarkeitsaspekt ist verständlich: Eine Weise, mit der die höheren Mächte Sterbliche bestrafen, ist, sie mit Unfruchtbarkeit zu schlagen. Hier finden sich verschiedene Bedeutungsebenen: Die Auspeitschung bewirkt Fortpflanzungsfähigkeit, indem sie für Sünden entschädigt, sie ist eine Reinigung oder ein Beispiel für die bereits angedeutete Bewegungsmagie; wahrscheinlich war sie beides und darüberhinaus noch mehr.

[237] Dumézil vermutet, daß *lupercus* ein altes, nicht mehr verstandenes *dvandva* sein könnte (1929, 207 Anm. 5). Gruber (1961) schlägt „**lupo-sequos, d.h. qui lupum sequitur*" vor. „Das Wort bezeichnet also den Gefolgsmann eines *lupus*" (274). Servius empfahl *lupus* in Verbindung mit *arcere*, worin sich dieselbe Abneigung gegen den Wolf zeigt, die aus der Interpretation von *Lykaios* und *Lykeios* sprach, als Zeus und Apollon keine Wolfsgötter mehr sein konnten. Schließlich gibt es „die Ansicht [von H. Jordan], daß *lupercus* einfach eine Ableitung von *lupus* vermittels eines Suffixes war" (vgl. *nova – noverca*). Das Einfachste ist oft das Beste. Faunus ist Lupercus, und Faunus ist der Wolf (siehe unten 9.6.2); „seine Priester, die luperci, [...] waren selbst Wölfe und Abbilder ihres Gottes" (Altheim 1938).

[238] Vgl. den in ein Ziegenfell gehüllten hethitischen Knaben, der „ständig wie ein Wolf zu heulen" hatte (Jakob-Rost 1966, 420; siehe 8.2.3.2b). Eine spezifische Ziege-Wolf-Beziehung wäre interessant, doch die wahrscheinlichste Erklärung ist die verhältnismäßige Einfachheit, ein Ziegenfell zu bekommen. Auch bei modernen Prozessionen sind Wolfsmaskenträger häufig mit Schafsfällen bekleidet. Es handelt sich schließlich, trotz allem, um rituelle Realität; wenn wir, wie oft gesehen, ein *pars pro toto* haben, warum dann nicht auch *hircus pro lupo*? Die *luperci* und Faunus werden uns in Kap. 8 und 9 noch näher beschäftigen.

[239] 1929, 141ff. Die Luperkalien waren ursprünglich „das alte Königsfest des Jahresanfangs (Alföldi 1952, 91); Alföldi führt dies in seinem Kapitel über die Luperkalien in 1974, 86-106, näher aus. Zu einem Führer, der aus den Reihen eines Männerbundes erwächst, siehe Luria 1927, bes. 122ff. Dieses Stadium war zur Zeit des letzteren nicht vergangen; tatsächlich konnte nichts natürlicher erscheinen.

7.5.2. Jahreszeitliche Tätigkeiten

Wie wir gesehen haben, wurden die *fiana* so „dargestellt, daß sie die Jahreszeit des Jagens und Kriegführens (von *Beltine* bis *Samain*) damit verbringen, als Wilderer oder Guerillakämpfer [6.2] durch die irischen Wälder zu schweifen [...]. Im Winter, von *Samain* bis *Beltine*, leben sie meist von der Arbeit anderer wie einquartierte Truppen.[240]

Bemerkenswert ist, daß die *filid* (die künftigen Druiden, Sgl. *fili*) ihre zwölf Lehrjahre genau in den Jahreshälften absolvierten, in denen die *fiana* untätig waren. „Dieser ‚Unterricht' dauerte vom Herbste bis zum Frühjahr, fand also nur während der kalten Jahreszeit statt. Im Frühjahr begab sich der Schüler, mit einem Zeugnis über Können und Betragen versehen, zu seinen Leuten zurück, um im Herbst möglicherweise dann eine andere Schule zu besuchen" (Meid 1974, 30; vgl. Meid 1971). Wenn wir uns erinnern, daß der *féinid* auch in der Rezitations- und Dichtkunst versiert sein mußte (7.4), dürfen wir wohl vermuten, daß diese jahreszeitlich bedingten Lebensweisen nicht zufällig waren.[241]

Rau schreibt in seiner Untersuchung der ‚Kriege' bzw. Raubüberfälle der frühen Inder: „Wahrscheinlich kehrten solche Beutezüge mit Regelmäßigkeit im Sommer (*grīṣma*) jeden Jahres wieder; es war dies die Jahreszeit des Kriegers [vgl. SB 13,4,1,2]. Von den Kuru-Pañcālas berichtet TB 1,8,4,1-2 ausdrücklich, sie zögen jeweils im *śiśira* [in der kalten Jahreszeit] nach Osten auf Raub aus und kehrten im Spätsommer (*jaghanye naidāghe*) zurück" (102).

Lediglich von diesen beiden Regionen sind solche jahreszeitlichen Rhythmen bekannt; es ist jedoch davon auszugehen, daß sie überall vorkamen und die urtümliche Lebensweise überhaupt bestimmten. Das Klima wird diese Rhythmik erfordert haben, wie in Indien, wo die Kuru-Pañcalas vor dem Einsetzen der Regenzeit von ihren Raubzügen zurückkehrten. Wie auch immer die klimatischen Bedingungen waren, von jedem Volk, das sowohl Viehzucht als auch Landwirtschaft betrieb – was wohl die meisten, wenn nicht alle Indoeuropäer taten, auch wenn der Ackerbau von unterworfenen Völkern besorgt wurde – wurde das Vieh nach der letzten Ernte zurück ins Dorf getrieben, um die Stoppeln abzuweiden, den Boden zu düngen und für die nächste Saat vorzubereiten.[242] Die Raubzüge fanden in den Zeiten statt, in denen das Vieh weit außerhalb des Dorfes war; dann bewachten die jungen

[240] In der von mir eingefügten Lücke steht die Bemerkung: „Die späteren Geschichten stellen sie als die bestellten Verteidiger ihres Landes gegenüber fremden Invasoren dar, aber dies ist eindeutig eine sekundäre Entwicklung." Es ist durchaus ein archaisches Kennzeichen, das in späteren Sagen auftriff. Siehe Le Roux 235.

[241] Die *filid* waren ursprünglich auch für die Überlieferung von Geschichte (einschließlich Genealogie) und Gesetz zuständig; das irische Gesetzbuch war fast vollständig in Versen abgefaßt. Die Richter (*brehon*) gehörten zu den *filid*. Sie lernten die alten irischen Gesetze auswendig und tradierten sie auch, nachdem sie unverständlich geworden waren (Gaechter 1970, 14-16).

[242] Siehe Goodenough 258f. hinsichtlich des wechselseitigen Verhältnisses von Viehzucht und Ackerbau. Das Muster wurde beibehalten, auch wenn ausschließlich von Viehzucht lebende Nomaden solche Völker beraubten, die Ackerbau und Viehzucht gleichermaßen betrieben.

Männer die äußeren Grenzen ihrer Territorien und brachen in benachbarte Gebiete ein.[243] Diese Rhythmen variierten also von Volk zu Volk entsprechend des Klimas in den jeweiligen neuen Heimatländern, und mit ihnen variierten die großen Feste. Die rhythmische Entsprechung von Krieg und Ackerbau erklärt, warum kriegerische und landwirtschaftliche Kultveranstaltungen so oft zusammenfallen. Der jährliche Wechsel, den wir in Rom gesehen haben und der mit dem Herrschaftsantritt des Mars, wenn im März die *ancilia* hinausgetragen wurden, begann und im November mit deren Rückholung ins *sacrarium* endete, war ein rituelles Relikt dieses Zyklus.

7.6. Untergruppen

7.6.1. Kleinere Banden

Der **koryos* eines großen Stammes konnte eine beträchtliche Anzahl Jugendlicher enthalten; dennoch sehen wir nie die gesamte Gruppe auf einmal in Tätigkeit begriffen. Gewöhnlich erscheinen sie in kleinen Banden. Hinsichtlich Irlands bemerkt Sharpe „die häufige Erwähnung von Dreier-Multipla, meistens neun Männern," und findet dies „naheliegend für einen rituellen Hintergrund" (Sharpe 84, vgl. 86; McCone 1987, 109). Neun ist nach Jeanmaire eine ‚kuretische' Zahl.[244]

Woanders ist die häufigste Zahl die Zwölf. Wir haben bereits gesehen, wie oft Berserker in Zwölfergruppen auftreten, gerne ‚die zwölf Brüder' genannt werden und ganz sicher Eidbruderschaften sind (4). Hunde- und Wolfskrieger erscheinen ebenfalls zu zwölft. Þorir Hund bildete mit elf anderen, in Rentierhäute gekleidet, das Herz der Mannschaft, die König Olaf den Heiligen in der Schlacht von

[243] Jettmar fand diese Lebensweise bei den lebenden indo-iranischen Stämmen in den Bergregionen nördlich von Indien vor: „Viehzucht ist bei den Kafiren und Darden – im Gegensatz zu den Bergtadschiken – Männersache. Die Unverheirateten entfernen sich dabei mit den Herden weit und auf lange Zeit vom Dorf. Andererseits bilden sie die stets mobile Streitkraft [...]. Vergleichen wir damit das Fundbild der Andronovo-Kultur [...] so finden wir auch hier eine Kombination von festen Dörfern und intensiver Viehzucht, die eine weite Bewegung der Herden notwendig machte. Grjaznov glaubt, daß hier der Ansatzpunkt zur Entwicklung des Hirtennomadentums liegt. Vielleicht erklärt sich die Beobachtung, daß in vielen Andronovo-Friedhöfen [...] wesentlich mehr Frauen- als Männergräber gefunden wurden, durch eine dauernde Abwesenheit eines großen Teiles der männlichen Bevölkerung infolge ihres Hirtenamts. Als wichtiges Argument mag hier weiters dienen, daß bei vielen historisch greifbaren iranischen Völkern Altersklassen berichtet werden. [...] Zuletzt hat Snesarev das Fortleben dieser Tradition in bündischen Organisationen untersucht: es reicht bis in die Gegenwart. Um so eher können wir auch mit einer langen Vorgeschichte rechnen" (20).

[244] „Im Namen des Orpheus und des Pythagoras wird die Zahl Neun, nach dem Autor der Theol. Arithm. ‚kuretisch' genannt (Kern: Orph. Fr. 314)," 570, Anm. 1. Zur Neun im nordischen Heidentum siehe G. Turville-Petre 1964, 49f. Neun ist außerdem eine häufig auftretende Zahl im Totenkult (Altheim 1931, 76; ARG II, 130). Zu Gruppen von Sechzehn siehe Abels 1965, zu Siebenergruppen Widengren 1969, 28. Freilich sind Dreier-Multipel am gebräuchlichsten.

Stiklastaðir im Jahre 1030 besiegte.[245] Zwölfergruppen sind jedoch nicht nur germanisch;[246] Dolon hat in Euripides' *Rhesos* zwölf Mitstreiter, und die römischen *Salii, Luperci* und *fratres Arvali* wurden alle aus Einheiten von zwölf Männern gebildet; die Letztgenannten sollen die zwölf Söhne von Romulus' Pflegemutter gewesen seien, worin sich dieselbe Art von fiktionaler (oder in einem sakralen Sinne wahrer) Beziehung zeigt, die wir bei den Berserkern kennengelernt haben.[247]

7.6.2. Fünfzigergruppen

„Die lukanische Jugend," schreibt Napoli, „plötzlich zum Teil verwandelt, teilt sich zunächst mit ihren brettischen Initiatoren, wie Justinus sagt, in Gruppen zu fünfzig Personen auf (*ex numero quinquaginta*) und unternimmt Raubzüge auf den Feldern der Nachbarn (*ex agris finitimorum praedae soliti*); dann, nachdem sie ihre Zahl vergrößert (*confluente deinde multitudine, quum plures facti essent* ...) und sich von der Aussicht auf Beute hat anstacheln lassen (*sollicitati praeda*), griff sie Stadt und Dorf an (*infestas regiones reddebant*)" (Napoli 79). Diese Gliederung ist weitverbreitet: Oft finden sich Gruppen von fünfzig *koryos*-Bündlern, die sich gewöhnlich zu Banden von Hundertundfünfzig vereinigen, so daß häufig kleine ‚Heere' dieser Größe auftreten. Wir haben bereits die hundertundfünfzig Jünglinge kennengelernt, die in Connaught mit Conaires Pflegebrüdern wie Wölfe loszogen (McCone 1986, 4; vgl. 1985, 73). Die altirische Sage *Tain Bo Froich* „erzählt, wie Froech mit einem Gefolge von fünfzig Jungen (eine wiederkehrende Zahl bei indoeuropäischen Initiationsgruppen) acht Jahre lang in der Wildnis lebte [...]" (Bremmer 1987, 56).

Strabo berichtet (15, 3, 18), wie die tapfere persische Jugend (*kardakes*, vgl. 7.1) in Gruppen zu je fünfzig organisiert war, deren jede von einem herausragenden Mitglied ihrer Altersgruppe geführt wurde (Alföldi 1951, 14). Widengren fügt weitere Beispiele hinzu: „'Und hervor laufen Pisotan, der Glänzende, zusammen mit 150 gerechten Männern, die die ‚Lehrlinge' Pisotans sind und die einen Anzug aus schwarzem Zobelpelz [...] haben.' Die schwarze Farbe des Pelzanzuges deutet auf den bündlerischen Charakter dieser Schar hin. [...] Die übrigen Stellen in *Bahman Yast* III 29, wo die 150 nur ‚Männer' (*mart*) genannt werden, und III 42, wo sie ‚150 Schüler' (150 *mart i havist*) heißen, bringen nichts Neues. Etwas mehr ergibt

[245] Siehe Paul 89. Þorir, der mit Finnen handelte, hatte zwölf Rentiermäntel, „die mit solcher Zauberkunst gefertigt waren, daß keine Waffe sie durchbohren konnte; sie waren stärker als ein Kettenhemd" (Heimskringla, St. Olav 193, Monsen 432). Hier zeigt sich Snorris rationalisierende Erklärung der Unverwundbarkeit der Hundekrieger – nicht anders als die der in der *Ynglinga Saga* 6 beschriebenen Berserker.

[246] In Germanien waren sie aber so verbreitet, daß sie anscheinend geradezu erwartet wurden. Als König Hrolf beispielsweise mit einem Heer auszog, um Athils aufzusuchen, verringerte der seltsame alte Bauer, bei dem sie übernachteten (Odin, wie sie nicht wußten), die Streitmacht, bis Hrolf nur noch mit einigen guten Männern, zwölf insgesamt, übrig war. (Die Weise, in der Odin die Übrigen ausschaltet, verweist auf die Prüfungen, die der Initiation vorangingen.)

[247] Zu weiteren Eidbrüderschaften und Gemeinschaften siehe Alföldi 1974, 117-124.

eine Parallelstelle in Denkart VII 46, in der es heißt: ‚Er läuft hervor zusammen mit 150 Männern, die starke und hochgewachsene ‚Lehrlinge' sind [...].“

„Wir glauben also deutlich gemacht zu haben,“ fährt Widengren fort, „daß diese jungen Männer als ‚Lehrlinge' oder ‚Schüler' bezeichnet wurden. Ein wichtiges Detail muß unterstrichen werden. Wir haben schon gesehen, daß nach Strabo die Jünglinge in Abteilungen zu 50 eingeteilt waren. Wenn hier Pisotan als Anführer von 150 ‚Lehrlingen' auftritt, sind ihm also 3 x 50 Jünglinge unterstellt, d.h. drei solcher Fünfzigmannschaften [...]“ (1969, 88f.).

Widengren bemerkt die merkwürdige Tatsache, daß in der slavischen Übersetzung von Josephus' ‚Geschichte des Jüdischen Krieges', nicht jedoch im Original, Jesus eine Schar von 150 ‚Knechten' führte.[248] Widengren nimmt iranischen Einfluß an, was Bremmer für unwahrscheinlich hält, „da die Übersetzung in Kiew erfolgte, einer Stadt, in der iranischer Einfluß unwahrscheinlich ist“; Bremmer schreibt diese Anzahl eher der großen Verbreitung von Gruppen zu fünfzig und dreimal fünfzig in der indoeuropäischen Welt zu (Bremmer 1982, 138). Wenn Jesus' 150er-Schar als Beleg für das Vorkommen solcher Gemeinschaften bei den Slaven genommen werden kann, würde ich vorschlagen, daß die dreihundert ‚Ritter' des Svantovit zwei Gruppen von 150 und die spartanischen *hippeis*, wenigstens ursprünglich, dasselbe waren.[249]

Ebenso verweist Widengren auf die 150 „Jungen“, die Cú Chulainn zugehören und als „3 x 50-Mannschaften von Jünglingen“ aufzufassen sind, sowie auf die „‘Klasse' von 100, also 2 x 50 Schülern“ des Druiden Cathbad (Widengren 1969, 99). Bremmer ergänzt weitere Gruppen von 50 Jünglingen „in der uralten Tradition von Tydeus' Zug gegen Theben sowie in der Geschichte der Zerstörung von Siris, die auf das Jahr 530 v.u.Z. zu datieren ist“ (Bremmer 1982, 138), und wir liegen sicher richtig, wenn wir hier noch die germanischen *centēni* ‚Hundertschaften' von *Germania* 6 und 12 anführen (3.4.1, Price 1994, 36, 45).

Ich habe hier absichtlich die indischen Quellen weggelassen, weil sie im dritten Teil dieses Buches im Mittelpunkt stehen. Die spektakulärste 50er-Gruppe überhaupt wird von Herodot (IV 73) beschrieben. Ein Jahr nach dem Begräbnis eines skythischen Königs wurden fünfzig seiner besten jungen Diener (solche, die nicht die Ehre hatten, mit ihm bestattet zu werden) und fünfzig edle Rosse erwürgt, ausgenommen und ausgestopft. Die Pferde wurden gesattelt, gezäumt und mit den jungen Dienern auf ihren Rücken in einer komplexen, von Herodot detailliert be-

---

[248] 89. Widengren setzt das Wort ‚Knechte' in Anführungszeichen. „Und wie ist der Terminus ‚Knechte' hier zu verstehen? Das altslavische Wort *sluga*, das in diesem Zusammenhang erscheint, bedeutet zwar δούλος oder διάκονος, wird aber als ‚Household' (kollektiv) [vgl. *la maisnie Hellequin, familia Hellequini* (3.6)] oder ‚Retainers' charakterisiert; die verwandten Worte im Irischen und Walisischen haben die Bedeutung von ‚Heeresmenge' und ‚Krieger'. Die Etymologie und die aktuelle Bedeutung zeigen, daß δούλος hier als *bandak* im Sinn von kriegerischem Männerbündler zu verstehen ist“ (89).

[249] Vgl. den ursprünglichen ‚geschlossenen Kreis' von 300 jungen *equestres*, die das *ludus Troiae* aufführten (Alföldi 1952, 91) und eventuell auch das Kontingent der Dreihundert, die geschlossen bei den Thermopylen fielen (Price 1994, 83).

schriebenen Anordnung um das Grabmal aufgestellt, als würden sie um dieses herum galoppieren.[250] Der König hat somit eine Ehrengarde von fünfzig der besten jungen Skythen auf edelsten Rossen; diese ist ein Totenheer, das *feralis exercitus* schlechthin!

7.7. Ältere **koryos*-Bündler

7.7.1. Weihekrieger

Strabo vermutete, wie wir bereits hörten, daß es einige Männer gab, „die kriegerischer als die anderen waren und ihr ganzes Leben in Waffen verbrachten," weshalb sie Kureten genannt wurden, obwohl Homer das Wort κούρητες benutzte, um junge Krieger zu bezeichnen (5.5.5.4). Ob dies nun stimmt oder nicht, unter den Chatten gab es nach Tacitus Männer, die Haartracht, Kleidung und Kampftechniken der jungen Krieger zeitlebens beibehielten. Das Urbild dieses Kriegertypus ist Starkaðr (4.2.1), aber dieser ist ein Einzelkämpfer. Anders als die Chatten und als die Berserker, von denen zumindest einige ältere Krieger gewesen zu sein scheinen, gehört Starkaðr weder zu einem Stamm noch zu einer Elitetruppe. Es gab auch einzelne wie Harald Fair-Hair und Civilis, die sich selbst für eine Zeitlang, bis ein bestimmtes Ziel erreicht war, weihten und dabei freiwillig das ungeschnitte Haar und den Bart der Heranwachsenden, die noch nicht die Initiationsprüfung zwecks Aufnahme in die Altersklasse der verheirateten Männer absolviert haben, trugen. Diese Persönlichkeiten waren jedoch Feldherren und keine Mitglieder eines Bundes.

7.7.2. Männer ohne Eigentum

Tacitus schrieb noch von einer anderen Art erwachsener Krieger, die Kleidung und Haartracht der Heranwachsenden trugen: von den unkriegerischen, die niemals einen Mann getötet hatten und daher nicht in die **teutā* aufgenommen werden konnten. Zu Beginn dieses Kapitels erfuhren wir, daß es in Irland Männer gab, die nicht in die **teutā* aufrücken konnten, weil sie nicht über genügend Eigentum verfügten. Bei meiner Darstellung der Chatten schlug ich vor, daß darin wohl der wirkliche Grund für das Verbleiben dieser Krieger im Zwischenstadium bestanden haben mußte, zumal ein kriegerisches Volk vermutlich nicht willens war, in seiner Mitte feige und zur Schlacht untaugliche Männer zu dulden.

Indische Texte beziehen sich auf vier Klassen von Vrātyas:[251] Die erste ist der ‚normale' Vrātya, der Gegenstand unseres dritten Teils sein wird. In den anderen finden sich die nachgeborenen Söhne sowie die erstgeborenen, welche aus unterschiedlichen Gründen enterbt wurden. Ich halte es für gesichert, daß ähnliche gesellschaftliche Prinzipien in der gesamten indoeuropäischen Welt vorherrschend

---

[250] Über archäologische Zeugnisse, die Herodot bestärken: Sergent 1995, 236; die Mumifizierung der skythischen Könige ist anhand von Gräberfunden nachgewiesen, 238.
[251] Falk 1986, 51ff. Die Texte sind PB 17.1-4, LSS 8.6 und KSS 22.4.

waren. Keine dieser Gesellschaften war klassenlos, als sie in die Geschichte eintrat. Indien, das Rau in seiner ältesten Epoche beschrieb, hatte bereits soziale Klassen (obwohl ganz anders, wie er hervorhebt, als das spätere Kastensystem), etwa Führer und Geführte.[252] Die Vrātyas entstammten, wie die Männerbünde überall, den führenden Schichten. Daher haben wir es bei den drei ‚anormalen' Vrātyagruppen offenbar mit jungen Adligen zu tun, die ihren richtigen Platz in der Gesellschaft nicht einzunehmen im Stande waren, da sie nicht das nötige Eigentum vorweisen konnten. Solange noch nicht jeder Quadratmeter des neuen Heimatlandes unterworfen war, konnten diese Männer, wie ich oben angedeutet habe, sich selbst Grund und Boden erobern. Je etablierter das Staatswesen jedoch war, desto weniger Möglichkeiten gab es für die nachgeborenen Söhne, Besitz zu erwerben und das Leben der eingesessenen Stammesmitglieder zu führen.[253]

7.7.3. Räuber und Gesindel

Von den Vrātyas wie auch von den iranischen *mairya* (Männerbündlern, vgl. *Marut*) wird gesagt, daß sie Räuber und alle Arten von Gesindel unter sich hatten. Das könnte nach dem von feindlichen Kommentatoren mißverstandenen ‚Stehlrecht' aussehen, wenn wir nicht auch von Romulus' Anhängerschar – von Livius, aus einer wohlwollenden Quelle also – wüßten, daß bei ihr entlaufene Sklaven ebenso wie Mörder und andere Verbrecher Unterschlupf fanden, was Livius freilich sehr befremdete (Bremmer 1987, 38). Servius (Komm. zu Aenaeis 7, 678-681) berichtet von der Gründung Praenestes durch Caeculus und seine Räuberbande (Bremmer 1987, 49). Die Brettier (2.1) waren nach Strabo Aufrührer, während Diodor hervorhebt, daß in der Sprache der Lucaner *bretti* ‚flüchtige Sklaven' bezeichnete (Napoli 70f.). Unter den *hetairoi* (Gefährten, dem ‚inneren Kreis') der griechischen Führer vor Troja, waren Männer, die ihre Heimat wegen Mordes als Flüchtlinge verlassen hatten; „das Wort *hetairos* heißt oft ‚Mitglied eines *age set*'."[254]

Wenskus gibt germanische Beispiele für Scharen von ‚Verbannten und Geächteten', obgleich sie wohl nichts mit kultischen Initiationsgruppen zu tun haben; oft ist der Anführer selbst ein Mann, der von seinem eigenen Volk vertrieben wurde (Wenskus 1961, 369). Rau hebt ‚Räuberbanden' im Dienste des Adels hervor (Rau 13).

---

[252] Rau 65. „Die vier Stände [...] der Brahmana-Periode glichen den späteren Kasten in keinem Punkte [...]. Die Stellen beweisen [...], daß zur Zeit, als unsere Quellen entstanden, der Übertritt von einem Stand in jeden anderen noch durchaus möglich erschien." 62f. Sie auch Polomé 1982, 304.

[253] Germ. *Hagestolz* ‚(älterer) Junggeselle' = der nicht erbberechtigte jüngere Sohn, der zwangsweise ein ‚Berufskrieger' wird. Düwel 1983, 26; de Vries 1944 *passim*.

[254] Bremmer 1987, 39. „Die allgemeinere Bedeutung ‚Freund, Gefährte' scheint einer späteren Entwicklung zu entstammen, da diese Bedeutung nicht so gut mit dem typischen Element *swe* übereinstimmt, das, wie Benveniste es formulierte, die Mitgliedschaft in einer Gruppe von *siens propres* anzeigte." Vgl. Neumann 157, 160-165.

7.7.4. Männerbund und Gefolgschaft

Unser Wissen stammt aus Mythos, Geschichte, rituellen Texten und Literatur; und es ist oft mehr als verzwickt, alle Bruchstücke zusammenzufügen, um das Gesamtbild einer Institution zu rekonstruieren, die in ihrer Blütezeit gleichermaßen heilig wie geheim war. Es scheint aber deutlich zu sein, daß, wenn das System so funktionierte wie beabsichtigt, Jugendliche zu vollwertigen Mitgliedern der **teutā* ernannt wurden, wenn sie ein bestimmtes Alter erreicht hatten.[255] Die Aufnahme einer neuen Qualifikation (Besitz eines Landgutes) markiert einen Bruch sowie einen Übergang: Ab dem Zeitpunkt, an dem die Gruppen keine streng gesonderten Altersklassen mehr darstellen, sondern ältere Männer, die keinen Platz in der Gesellschaft haben, aufnehmen, gesellen sich auch andere Männer zu ihnen, die aus verschiedenen Gründen außerhalb der Gesellschaft stehen, etwa von flüchtigen Sklaven oder von Männern, die von ihren eigenen Stämmen für gesetzlos erklärt wurden.[256] Der kultische Männerbund ist im Begriff, sich zu einer säkularen Gefolgschaft zu entwickeln.

Es ist oft nicht leicht festzustellen, welche Stufe dieses Prozesses gerade vorliegt. Das Problem wird noch dadurch verkompliziert, daß die Erzählung – ob in Form des Mythos, des Epos, der Sage oder der volkstümlichen Überlieferung – von individuellen Helden handelt. Wir erfahren daher in Justinus' **Bericht** viel von Knabengemeinschaften, die fortgeschickt wurden, um bei Hirten im Walde zu leben, und gruppenweise Raubzüge und Gewalttaten verübten, die alle verworfenen Mitglieder der untersten Schichten anzogen, schließlich ihre eigene Stadt gründeten und ein bleibendes Ärgernis darstellten (Napoli *passim*). Der Gründungs**mythos** Roms stellt die göttlichen Zwillinge in den Mittelpunkt; jeder von beiden ist der Anführer einer Gruppe, die nur aufgrund ihres Führers von Bedeutung ist; und als Romulus seine Stadt gründete, warb er Räuber und entflohene Sklaven an, um sie zu seinen Gefolgsleuten zu machen. Ähnliches beinhaltet die **Heldensage** um Cyrus. Der Grund dafür, daß so viele Heldenbiographien demselben Schema folgen, liegt darin, daß alle Jünglinge der herrschenden Schicht den beschriebenen Ini-

[255] Meines Erachtens ist auch die scheinbare Tötung eines Ungeheuers (4.5.1) als eine Weise der Versicherung zu verstehen, daß jeder junge Mann, der die lange und strenge Ausbildungszeit überstanden hat, ein vollwertiger Erwachsener wird.

[256] Bremmer folgerte, daß die marginale Position der Heranwachsenden „andere Marginale wie flüchtige Sklaven, Gesezlose und Exilierte" (1987, 41) anzog. Meine Vermutung ist jedoch, daß dies so lange nicht der Fall gewesen sein kann, wie die Banden nur aus Heranwachsenden bestanden, die im entsprechenden Alter in die Gesellschaft der Erwachsenen eingeführt werden müssen, denn obwohl die Jungen sich in *marge* befanden, war dieser Ausbildungsabschnitt doch sehr stark in die soziale Struktur eingebettet; weit davon entfernt, bloß Amok zu laufen, folgten sie traditionellen Mustern. Der Jüngling „handelt anormal, da er der Stammestradition gehorcht" (Turner 1967, 100). Der Jugendliche, der ins Mannesalter eintritt, aber nicht den Status eines Mannes erreichen kann, hat keinerlei Platz in der Gesellschaftsstruktur. Diese armen Seelen sind tatsächlich marginal. Und ich denke, daß erst in dem Augenblick, in dem diese Art *koryos*-Bündler zuzunehmen begann, der Zeitpunkt gekommen war, an dem andere marginale Gruppen in den Bündnissen einen Platz finden konnten.

tiationsprozeß durchliefen. In *illo tempore* wurde ein Knäblein im Wald ausgesetzt, wo es gefunden und von einem Hirten aufgezogen wurde usw. Diese Grunderfahrung des Helden ist das Paradigma des Geschehens.[257] Nachdem dieses Geschehen nicht mehr stattfand, blieb uns nur der Mythos oder die Heldensage erhalten, deren fremdartige und erstaunliche Bestandteile im Dunkel der Vorgeschichte versunken sind.

Ich habe mir diese Abschweifung erlaubt, da einige Autoren den *comitatus* (4.4) bzw. die Gefolgschaft mit den Männerbünden identifizierten und dann den kultischen Charakter der letzteren bezweifelten. Es sind jedoch schon zu viele vortreffliche Bücher und Aufsätze über dieses Thema geschrieben worden, um hier noch weitere Ungewißheit zu gestatten.[258]

---

[257] Natürlich gab es Altersklassen und Passageriten schon vor Cyrus. Möglicherweise ersetzte dieser in der Geschichte einen anderen paradigmatischen Helden. „Kyros, der durch seine Taten den Persern die Vorherrschaft im alten Orient gewonnen hatte, hat nach seinem Tode die Stellung des mythischen Urkönigs – des Helden eines sehr verbreiteten Königsmythos – erhalten [...]"(Alföldi 1951a, 11). Dieses faszinierende Thema wurde von Alföldi dort sowie in seinem Buch von 1974 behandelt, von Bremmer in seinen 1987 erschienenen Aufsätzen über Romulus und Caeculus und besonders von Gerhard Binder: Die Aussetzung des Königskindes.

[258] Die Germanen in Tacitus' Zeit befanden sich in verschiedenen Stadien der oben skizzierten Entwicklung. Siehe die Sicht von *comitatus*/Gefolgschaft in der *Germania* bei Wenskus 1992, bes. 315.

Kapitel 8: *Canis* und der **Koryos*

8.1. Wolf und Hund

In der Weltanschauung der Männerbünde ‚bedeuten‘ Wolf und Hund dasselbe.[259] Wo wir einen so klaren Gegensatz wie den von Dorf und Wald erkennen, erwarten wir vermutlich, den Hund dem ersteren, den Wolf mit seinen Konnotationen von ‚Außerhalb‘, Raub – besonders von Vieh – und Gefahr, dem letzteren zugehörig zu finden. Stattdessen bemerken wir, daß beide in ihrem wilden Kampfgeist gleichwertig sind – Odins Krieger sind ‚rasend als Hunde oder Wölfe‘, stehen im selben Verhältnis zum Tod und werden mit denselben Göttern verbunden. Diesen letzten Aspekt werden wir im 9. Kapitel behandeln; ‚*canis* und Tod‘ ist ein Thema, das von den Aspekten des Männerbundes wegführt und ein eigenes Kapitel (13) erfordert.

8.2. Ethnonyme und Männerbünde

Der Name der Daker, eines Volkes in Thrakien, von dem die heutigen Rumänen abstammen, lautete nach Strabo ursprünlich *Daoi*, das auf die Wurzel **dhau*, ‚erwürgen‘, zurückgeht, ebenso wie das phrygische *dawos*, ‚Wolf‘ (Hesych. *δάος* [...] *υπὸ Φρυγ'ων λύκος*) und der illyrische Daunos, der erste König der *Daunii*; außerdem der lat. Wolfsgott Faunus und der thrakische Kriegsgott Kandaon.[260] Die Daker waren daher ‚Wölfe‘. „Die Tatsache, daß ein Volk seinen ethnischen Namen aus

[259] „Während auf materieller Ebene eine verschiedene emotionelle Bewertung von Hund und Wolf erfolgte, nähern sich die beiden Tiere auf kultisch-mythischer Ebene einander an, sodaß man letztlich von einer Identifikation sprechen kann“ (Paul 281). Diese Identifikation ist keineswegs selbstverständlich. Sie resultiert sicherlich nicht aus einer Vermischung der beiden Tiere. Der Hund ist, wie Paul hervorhebt, das erste gezähmte Haustier, der erste Helfer des Menschen; und in der Zeit der ältesten Schichten der hier behandelten kultischen Zusammenhänge hat es bereits Züchtung gegeben, um unterschiedliche Hunderassen zu bekommen. Das Tier, das z.B. den *Lar praestes* begleitet, ist sicher ein Hund und kein Wolf. Außerdem gibt es auch weltanschauliche Unterschiede, doch diese liegen außerhalb des kultischen Bereichs der Männerbünde. „Lyssa wird, wenn damit Tollwut gemeint ist, ausschließlich Hunden und niemals Wölfen zugeschrieben; wölfisches Verhalten bei Hunden ist (anders als bei richtigen Kriegern) stets pathologisch, bei Wölfen jedoch völlig normal“ (Lincoln 1991, 134f.). Der Wolf als Außenseiter, für den das Germanische das Wort *warg* (ae. *wearg*, altnord. *vargr*, mlat. *wargus*) reserviert hat, kann kein Auswuchs des *dibergach* der Männerbünde sein, denn dieser ist kultisch bestimmt und, wie Sjoestedt richtig bemerkt, legal (Kap. 7), wohingegen das Verbrechen, das zur Bezeichnung eines Mannes als ‚Wolf‘ führt, so abscheulich ist, daß er für immer als unfähig angesehen wird, in menschlicher Gesellschaft zu leben; s. Gerstein 1974.

[260] Pokorny 235; Diakonov 101; Paul 156.; Solmsen 1911, 286-291; Kretzenbacher 105ff.; Gutenbrunner 1940a, 29; Krahe 1959, 6. Die Auffassung vom Wolf als ‚Würger‘ (vgl. oben *warg*) prägt viele Wolfsnamen, die sich nicht vom indoeur. **ulk^{u}os* herleiten, siehe Havers

einer Tierbezeichnung ableitet," schreibt Eliade, „[...] kann nur als Ausdruck einer archaischen religiösen Auffassung verstanden werden" (Eliade 1982, 13). Eliade hält es für „wahrscheinlich", daß der ethnische Name der Daker „auf die rituelle Benennung eines Kriegerbundes zurückzuführen ist", der ein ‚wölfisches' Leben führte und unter Schutz und Führung eines Wolfsgottes stand (20). Ein Männerbund erobert ein Gebiet und etabliert seine Herrschaft über das ansässige Volk. Der sich daraus ergebende ‚Staat' wird nach dem Namen der Eroberer, der ‚Wölfe', benannt. Dieses Szenario ist wahrscheinlich, denn wir besitzen sowohl historische Belege als auch das Zeugnis von Stammesmythen, die eine solche Geschichte erzählen.

8.2.1. ‚Wolfsmänner' als Gründer von Stadtstaaten

8.2.1.1. Ein historisches Beispiel

Als erstes Zeugnis drängt sich hier das der Lucaner und Brettier auf, denen wir oben schon begegnet sind. Wir sehen hier, ohne mythisierende romantische Verschnörkelung und gleichsam im hellen Licht der Geschichte, einen von den heranwachsenden Söhnen der Lukaner gebildeten Männerbund, der auch flüchtige Sklaven und andere soziale Außenseiter anzog und militärisch so erfolgreich war, daß es ihm gelang, die Gebiete mehrerer griechischer Siedlungen zu erobern und schließlich im Jahre 356 v.u.Z. seine eigene Stadt zu gründen. Die wilde Lebensart behagte den Brettiern so sehr, daß sie weiterhin Krieg führten bzw. Raubzüge gegen ihre Nachbarn unternahmen; sie schlugen die von Dionysius, dem Tyrannen Siziliens, geschickten Truppen, dann die Alexanders, des Königs von Epirus, und wurden erst 293 durch eine erneute sizilische Expedition unter der Führung des Agathokles[261] unterworfen. Zweifellos waren sie damit zufrieden, unter dem Etikett von ‚Rebellen' oder jugendlichen ‚Ausreißern' zu firmieren.[262]

1944, 37-43. Weitere mit der Wurzel **dhau* gebildete Namen sind der Zeus-Beiname θαύλιος ‚der Würger', die *Deanas* des ae. *Widsith* (s.o.) und die *Dauni* Apuliens (Paul 157). Der zweite Bestandteil des lydischen Namens *Kandaules* wird ebenfalls aus dieser Wurzel geformt, aber das erste Element ist ‚Hund'. Κανδαύλης ist kein Wolf, sondern der ‚Hundewürger' (vgl. Kandaon). Nach Hesychius ist *Kandaules* ein Epitheton von Hermes und Herakles; in einem Fragment des Hipponax wird Hermes angerufen als „κυνάγχης, den man mäonisch *Kandaules* nennt" (Sittig 204). Herodot berichtet, daß die Griechen den Kandaules Myrsilos nannten; er war der letzte Heraklide, der in Sardes regierte. Nikolaus von Damaskus nennt einen Sadyattes als letzten Herakliden (Sittig 205). „So ergibt sich, daß Kandaules der sacrale Name des sonst Sadyattes genannten Königs ist. Als Kandaules ist er das irdische Abbild seines Vaters Herakles [...]" (Gelzer 517, Anm. 2).

[261] Justinus, in Napoli 61f.; Alföldi 1974, 129f. Alföldi schreibt: „Die ‚Lucaner' sind ‚Wolfsmänner'" (129), und „bei [...] den Brettiern finden wir weitere Spuren unseres Wolfsmythos" (130). Sicher benehmen sie sich wie solche, aber Strabo und Diodor buchstabieren den Namen Λευκάνοι; eine Münze aus der Gegend trägt die Aufschrift Λουκανομ = Lucanorum, Vetter 138); Lewis u. Short zeigen ein u. Die Wolf-Ableitung ist also unwahrscheinlich. Alföldis Quelle ist R. Eisler (Man into Wolf), der hinsichtlich seiner eigenen Quelle, Herakleides (Ponticus), einem Irrtum unterliegt.

8.2.1.2. Mythische Gründungssagen

Es gibt zahlreiche Erzählungen mythischer Art von Männerbünden mit Bezügen zu Wölfen, die Städte gegründet haben. Der klassische Fall ist selbstverständlich die Gründung Roms.

a) Die Gründung Roms

Nachdem Amulius die Königsherrschaft von Alba seinem älteren Bruder Numitor entrissen hatte, machte er dessen Tochter zu einer Vestalin, um sie an der Geburt eines Sohnes zu hindern. Sie empfing jedoch Zwillinge von Mars; diese wurden ausgesetzt, und sie wurde getötet. Mars, der Wolfsgott, sandte jedoch eine Wölfin, um die Zwillinge in der Wolfshöhle des Palatin, dem Luperkal, zu säugen. Als sie in dem Alter waren, da sie der Amme nicht mehr bedurften, wurden sie von einem Hirten namens Faustulus oder Faustus gefunden, dessen Name auf einen anderen Wolfsgott, Faunus,[263] verweist. Er brachte sie nachhause zu seiner Gattin Acca Larentia, der Mutter der *fratres Arvales*.[264] Die Zwillinge wuchsen also ‚im Walde' auf. Jeder von ihnen war später Anführer einer jugendlichen Bande und trieb Viehdiebstahl. Eines Tages gerieten die Hirten des Numitor mit denen des Amulius in Streit; Remus wurde in die Auseinandersetzung verwickelt, gefangengenommen und zu Numitor gebracht, der ihn wiedererkannte. Inzwischen kam ihm Romulus mit einer Mannschaft zu Hilfe, die aus allen Arten von Ausgestoßenen, vom entlaufenen Sklaven bis zum flüchtigen Verbrecher, bestand und die er in Zenturien mit je einem Anführer eingeteilt hatte. Romulus und seine Männer sowie Remus, der eine Schar von Bürgern zum Aufstand angestachelt hatte, besiegten Amulius und töteten ihn, worauf ihnen ihr Großvater erlaubte, ihre eigene Stadt zu gründen.

Remus' spöttischer Sprung über Romulus' Mauer und sein daraus folgender Tod sind wohlbekannt. Romulus war nun Alleinherrscher über eine rein männliche *civitas*: daher der Raub der Sabinerinnen. Es werden tatsächlich zu dieser Zeit keine sabinischen Frauen gewesen sein, aber der Frauenraub war ein anderer typischer Zweck der Kriegführung in jener urtümlichen Zeit, und wir können sicher sein, daß Frauen aus der Nähe entführt wurden, zusammen mit Viehherden, um all diese Strolche zu ernähren (vgl. Arabagian 1984). Die Brettier haben es wohl ähnlich gemacht, vermutlich auch die Daker, wenn unsere Rekonstruktion stimmt.

---

[262] Strabo: Βρεττίους γὰρ καλο'υσι τοὺς ἀποστάτας (Napoli 63) (Deshalb nennt man die Brettier Flüchtlinge.) Diodor: κατὰ γὰρ τὴν τ'ων ἐγχωρίων διάλεκτον οἱ δραπέται Βρέττιοι προσηγορεύοντο (71). (Die Brettier werden daher im bäuerlichen Dialekt Flüchtlinge genannt.)

[263] Radke 1965, 120. Die Luperkalien sind das Fest des Faunus und die Vorbereitung auf das mit Mars' Geburtstag beginnende neue Jahr. Faunus ist nach Appian und Dionysius von Halikarnassos ein Sohn des Mars (121). Als ‚Wolf' kann Faunus nicht vom *lupus Martius* getrennt werden (Altheim 1951, 28).

[264] Ist Acca Larentia auch Acca Larentina bzw. die Larum mater (Binder 84-88)? Radke verneint dies (1965, 55, 164-172; 1972 *passim*.

b) Caeculus und die Gründung von Praeneste

Caeculus' Kontingent im Heer des Turnus ist seltsam gekleidet und bewaffnet und zeigt, daß diese Krieger einen *koryos*-Männerbund darstellen: ohne Streitwagen oder Schild; die meisten werfen mit Bleikugeln, manche haben jeweils zwei Speere. Sie tragen eine Kopfbedeckung aus Wolfsfell (*fulvosque lupi de pelle galeros /tegmen habent capiti*), einen groben Stiefel am rechten Fuß, am linken nichts (Aeneis VII, 678-690).[265]

Von Caeculus selbst wird gesagt, daß seine Mutter eine Jungfrau gewesen sei, die einen Funken von einem Herdfeuer – also von Vulcanus – empfangen und den Knaben nach seiner Geburt in der Nähe eines Jupitertempels ausgesetzt habe. Er wurde von einigen Mädchen gefunden und „versammelte später eine Gemeinschaft um sich, lebte lange Zeit als Räuber und gründete schließlich in den Bergen die Stadt Praeneste" (Servius in Bremmer 1987, 49).[266]

8.2.1.3. Das *Ver sacrum*

In beiden eben skizzierten Gründungssagen sowie im historisch belegten Fall der Brettier wurden neue Städte durch gemischte Gruppen von Jünglingen und erwachsenen Flüchtlingen gegründet. Der Ritus des *Ver sacrum* war der Impuls hinter Städtegründungen, die durch eine sehr schmale Altersgruppe – alle Jungen nämlich, die während eines heiligen Frühlings zur Welt kamen – erfolgte. Das Ritual war bei fast allen italischen Stämmen ähnlich, die bekanntesten Beispiele aber stammen von den Sabinern. Die meisten italischen Völker und viele ihrer Städte lassen ihre Geschichte mit einer *Ver sacrum*-Legende beginnen, die von ihrer Landnahme auf Kosten der alteingesessenen Urbevölkerung berichtet. Sowohl Dionysius als auch Strabo beziehen sich darauf als einen bei den Griechen und verschiedenen Barbaren verbreiteten Brauch (Evans 31); Sagen von Apollon als Anführer von Kolonistengruppen gleichen dem italischen *Ver sacrum*.[267]

Unter gewissen Umständen[268] schworen die Menschen, alles im nächsten Frühjahr Geborene den Göttern zu opfern. Tiere wurden dann geopfert, sobald sie ausgewachsen waren; und wenn die Jünglinge in die Adoleszenz eintraten, wurden sie

---

[265] „Und als Kopfbedeckung haben sie braune Mützen aus Wolfsfell." Zu anderen mythisch-legenderen Männern, die einen Schuh oder eine Sandale tragen: Christinger 87 u. Anm. 52; 99 u. Nr. 110-116; 114, Nr. 63.

[266] Ein griechisches Beispiel: Phlegyas, ein Sohn des Ares, gründete die Stadt Phlegya, wo er die besten Krieger aus Griechenland versammelte. Diese *Phlegyai* waren ein gewalttätiges Volk, das ein räuberisches Leben pflegte, die Peleponnes heimsuchte und Delphi plünderte, siehe Vian 1960, 219-222; Nagy 1979, 121f.

[267] „Häufig nannten sich Kolonistengruppen selbst *Apolloniatai*, und viele Kolonien trugen den Namen Apollonia. Neuerdings haben mehrere Autoren versucht, die Gründung von Naxos, Kyrene und Tarent unter diesem Aspekt zu interpretieren". Die dem Apollon zugehörigen Sagen berichten vom Auszug eines Zehntels der Bevölkerung. Versnel 140.

[268] Der Zorn der Götter ist der bei den italischen Stämmen gewöhnlich gegebene Grund. DH I,16 erwähnt Überbevölkerung oder Nahrungsknappheit als andere Gründe, sowie auch ein Dankopfer nach siegreichem Krieg. „Der wesentliche Grund war die Vermeidung von Übervölkerung durch ein sowohl in Griechenland als auch in Italien bekanntes Verfahren,

hinausgeschickt und der Führung des Mars in Gestalt eines der ihm geweihten Tiere überantwortet. Die Hirpiner trugen ihren Namen nach dem *hirpus* (‚Wolf' im sabinischen Dialekt), der sie in ihre neue Heimat führte; wahrscheinlich ist dies „ein weiteres Beispiel sagenhafter Kolonisierung eines kleinen Teiles von Italien von sabinischem Gebiet aus, die aufgrund eines Schwurs bei Mars erfolgte" (Evans 32). Der Name der *Picentini* stammt von dem heiligen Vogel des Mars, dem *picus* bzw. Specht, der ihre Vorväter geleitete; die Einwohner von Bovianum benannten ihre Stadt nach dem Stier, den Mars geschickt hatte, um sie zu führen.[269] Von den *Marsi* und *Marrucini* wird angenommen, daß sie von dem Gott selbst so genannt wurden. „Die Mamertiner, die so eindeutig dem Mars ergeben sind,[270] haben gleichwohl behauptet, daß sie während ihrer Wanderung unter der Führung Apolls standen."[271]

Es sollte noch einmal hervorgehoben werden, daß die jungen Männer als eine rein männliche Gruppe auszogen. Ihr Alter muß etwa zwanzig oder einundzwanzig gewesen sein – das Alter also, in dem, wie wir am Beispiel Irlands gesehen haben, der Jüngling üblicherweise ein Mitglied der **teutā*, ein erwachsener Krieger und Bürger, wurde. Ihr Landraub hatte den gewöhnlichen Viehdiebstahl und die Entführung von Frauen zur Folge, nicht die Bildung einer eigentlichen Kolonie also. Es gab auch *Vera sacra*, die nur die ersten Früchte von Feld und Vieh umfaßten, genauso wie dem Apoll der zehnte Teil von allem, mit Ausnahme von Menschen, geopfert wurde. Andererseits soll „selbst Rom [...] eine *Ver-sacrum*-Gründung gewesen sein, wie Verrius sagt, worauf auch einzelne Züge der Romuluslegende hindeuten."[272]

---

das als Relikt indoeuropäischer Tradition angesehen werden muß" (Versnel 141). Wir werden Belege für diese Praxis auch bei den Germanen finden.

269 Zu Mars' Stier siehe Altheim 1951, 25-28. Die *Italoi*, Italier, sind junge Stiere, ähnlich wie die *Picentes* junge Spechte sind (28).

270 Paulus/Festus: „Mamers [...] qui lingua Oscorum Mars significatur" (Vetter 369). (Mamers [...], was in der Sprache der Osker Mars bedeutet.)

271 Versnel 140. Zum *Ver sacrum* siehe zusätzlich zu Versnel Scholz 49-52; Evans 31-33; Wissowa 145f.; Merkelbach 1955; Bader 1989, 169f.

272 Scholz 50; vgl. Alföldi 1957, 24f. „Es ist eine Grundvorstellung der römischen Sage, daß die ursprüngliche Bewohnerschaft des Palatin Hirtenvolk war, nicht troischer Adel, nicht ausgewandertes albanisches Patriziat" (A. Schwegler, Römische Geschichte 1, in Alföldi 1974, 109. Tatsächlich besiedelten die Lateiner Italien als Viehzüchter (115), doch Viehhirten sind Viehdiebe. Nicht nur Cicero und Livius, sondern auch romfeindliche Griechen und christliche Rhetoren haben gleichsam Anstoß daran genommen, daß die Ahnen des Römervolkes nichts anderes als eine zusammengewürfelte Räuberbande gewesen sein sollten. „Was aber dem Kulturmenschen als Schande erscheint, gehörte in der Frühzeit tatsächlich zum Ideal der Männertugend [...]. Nicht nur bei den Germanen war der kultische Geheimbund der Jünglinge von der normalen Gesellschaft ausgestoßen und vogelfrei; das *ver sacrum* der Italiker machte ganze Jahrgänge eigenen Blutes heimatlos, ließ sie auf Raub und Mord angewiesen sein und **umgab diesen Aderlaß mit religiöser Weihe**. Die Zwillingsgründer von Sparta, die allerlei Fremdlinge aufnehmen, vertreten denselben mythischen Typus, und die Wolfsbrüder am Lykaonberg Arkadiens [8.3.4] gehören gleichfalls hierhin" (120). Das 5. Kapitel in Alföldi 1974 behandelt diesen Topos, mit zugehörigen Verweisen auf andere indoeuropäische Völker, hauptsächlich in Italien.

Es ist leicht vorzustellen, daß unzufriedene Teile der einheimischen Bevölkerung, etwa geflohene Sklaven und Kriminelle, sich den Jugendbanden anschlossen; ihre Hilfe wird sicher willkommen gewesen sein.[273] Ich halte es für mehr als wahrscheinlich, daß die *Ver sacrum*-Legenden euphemistisch tradierte Versionen dessen sind, was tatsächlich eine Landnahme nach Art der Brettier und Lucaner war. Die späteren Römer trachteten selbst danach, das Gesindel in Romulus' Gefolge wegzuinterpretieren. Wie immer es gewesen sein mag, sicher ist, daß es klare Präzedenzfälle für Eliades Erklärungen gab, wie die Daker dazu kamen, ‚Wölfe' genannt zu werden.

8.2.2. Kyros, der Begründer des persischen Reiches

Kyros der Große war zweifellos ein historischer Herrscher; er gründete Persien zwar nicht, aber da er es in eine Großmacht verwandelte und seinen Machtbereich erheblich ausdehnte, galt er als mythischer Erster König und erhielt die Eigenschaften eines solchen zugeschrieben.

Ähnlich wie Romulus wurde Kyros als Neugeborener ausgesetzt. In der ursprünglichen Fassung der Sage muß er von einer gottgesandten Hündin oder sogar von einer hundegestaltigen Göttin gesäugt worden sein; in den von Herodot und Pompeius Trogus überlieferten Versionen wurde er von einem Hirten gerettet, dessen Frau Spako hieß, auf Griechisch *Kyno* ‚Hündin' (als Vulgärausdruck für ‚Hure'), ebenso wie Acca Larentia eine *lupa*, eine ehemalige Prostituierte, gewesen sein mußte, damit die marsgesandte *lupa*, die die Zwillinge ernährte, weginterpretiert werden konnte. Und ebenso wie sich Faustulus' Name von dem Wolfgott Faunus herleitet, ist Spakos Ehemann Mithradates nach dem iranischen Männerbund-Gott Mithra benannt (9.2). Sodann folgen das Leben in der Wildnis, die Führung einer Schar von Burschen, der erfolgreiche Kampf um den Thron.[274]

---

[273] Meine Bedenken gegen diese verworfenen Elemente, die sich einer Altersklasse anschlossen (2.7.4), sind hier nicht passend: Diese vertriebene Altersgruppe gehört nicht mehr zur sozialen Struktur des alten Stammes. Versnel hat die Jugend des *ver sacrum* mit *pharmakoi* verglichen (141), was sie sehr als ‚Wölfe' im Sinne von *vargus* erscheinen läßt (Anm. 65).

[274] Man bemerkt nach einer Weile, daß Sagen von Gründer-Heroen zu einer gewissen Ähnlichkeit tendieren (zu ihren Grundzügen siehe Bremmer 1987, 26f.). Abgesehen von einigen Nachahmungen – die Caeculus-Geschichte beispielsweise ist teilweise deutlich der römischen Gründungssage nachgedichtet – lassen sich einsichtige Ursachen geltend machen. Die Geschichten bestehen aus zwei Teilen: 1) der Geburt des Helden, seiner Aussetzung und Verköstigung durch göttliche Stellvertreter (zunächst tierische, später menschliche); 2) seinem Aufwachsen im ‚Wald' und seiner Führung eines Männerbundes bis zu seiner Thronbesteigung. Der erste Teil bezeichnet die göttliche Erwählung. Gleichgültig ob die reale Abstammung des Knaben, wie im Fall von Kyros oder Romulus und Remus, bekannt oder, wie bei Caeculus, unbekannt ist, wichtig ist, daß ein Gott die Knaben erwählt hat, sei es, daß er sie selbst zeugte (Romulus und Remus, Caeculus) oder nicht (Kyros). Anders gesagt, Kyros wurde nicht König der Meder und Perser, weil er der Sohn der Tochter des Astyages, des Königs der Meder, und seines Vasallen Cambyses, des persischen Königs, war, sondern weil er von göttlicher Seite dazu bestimmt wurde, wovor Astyages tatsächlich in einem Traum noch vor der Empfängnis des Knaben gewarnt wurde (noch ein vertrautes,

Das System der Einteilung von Knaben in bestimmte Altersgruppen und der Aussendung der Jünglinge in die Wildnis, um sie dort die Kunst des Überlebens lernen zu lassen und auf das Kriegshandwerk vorzubereiten, setzt sich bruchlos in der historischen Epoche Persiens fort (Binder 29ff.; Alföldi 1951). Der historische Kyros wurde nicht nur zum mythischen Urbild des persischen Königs, sondern sein Leben wurde zum mythischen Paradigma auch für die Erziehung der vornehmen persischen Jugend.[275]

8.2.3. Wolfsvolk und Hundevolk

8.2.3.1. Ethnische Namen

Volksnamen, die sich von ‚Wolf' oder ‚Hund' – meistens dem ersteren – herleiten, sind aus weiten Teilen der indoeuropäischen Siedlungsgebiete belegt.

a) Wolfsvolk in Anatolien

In Anatolien finden wir Luwier, Lykier und Lykaonen ebenso wie Gegenden, die ‚Lugga-Länder' genannt werden. Paul Kretschmer[276] verbindet diese Länder mit den beiden letzteren Völkern, die den Wolfsgott verehrten. In einem Vergleich mit anderen Ethnonymen zeigt er, daß Volksnamen auf *-aones* eine religiöse Beziehung zum Ausdruck bringen, wofür die *Lykaones* ein guter Beleg sind, insofern der Name ihres mythischen Ahnherrn nach Stephan von Byzanz *Lycaon* lautete. Außerdem gibt es einen Lycaon, der mit Arcadien verbunden ist, nämlich den ersten Priester des Zeus Lycaios und Begründer seines Kultes auf dem Berg Lycaion so-

---

typisches Motiv!). Der zweite Teil beschreibt die Weise, in der Knaben der führenden Schichten bei den Indoeuropäern aufgezogen wurden. In (1) ersetzt also ein mythisches Motiv die Wirklichkeit, während diese in (2) im Gegenzug ins Mythische erhoben wird. Karl Hauck schreibt über die verschiedenen *Origines* der germanischen Stämme, daß „germanische und mittelalterliche Stammbäume neu beginnen können mit Männern, deren Leistung als so außerordentlich angesehen wurde, daß sich von ihr das ganze Geschlecht herleitet [..]." Weiterhin sagt er, „daß solche außerordentliche Leistungen gefeiert werden als das Wirksamwerden der Götterkräfte in solchen Helden, indem auf sie die primordialen Mythen übertragen werden und die Kultnormen an ihre Leistung anknüpfen" (1955, 202). Genau das haben wir in der persischen Sage um Kyros gesehen.

[275] Dieses Thema wurde von Geo Widengren eingehend behandelt (1969). Das Kapitel ‚Der Hochgott und der Männerbund' in seinem 1938 erschienenen Werk ist eine der ersten Untersuchungen zu den religiösen Aspekten der Männerbünde und auch heute noch in jeder Hinsicht gültig. Da dieses Sozialsystem in Persien lange genug bestand, um als lebendige Institution untersucht und beschrieben werden zu können, sind Widengrens Forschungen und besonders sein ‚Feudalismus' für jeden an Männerbünden irgendwo im indoeuropäischen Raum Interessierten unverzichtbar.

[276] 1930. *Ru-Ku* war in einem ägyptischen Text ein Sammelname für das gesamte südwestliche Kleinasien; in hethitischen Inschriften umfassen die Lugga-Länder das südwestliche Lykaonien, Pisidien, Pamphylien und Lykien. „Bedarf auch die geographische Frage noch weiterer Untersuchung, so scheint es doch jedenfalls schon im 14. Jahrhundert v.Chr. mehrere Länder gegeben zu haben, an denen der lykische Name haftete" (1-2).

wie von Lycaia; „sein Name kann also als ‚Verehrer des Lykaios' gedeutet werden" (Kretschmer 1930, 14f.; vgl. 8.3.4). Und Lycaios ist der Wolfsgott.[277]

„Verwandt ist der Zeus Phyxios in Lukoreia am Parnaß.[278] Aber auch der an so vielen Orten verehrte Apollon Lykeios oder Lykios[279] ist derselbe Wolfsgott, und schon aus diesem Nebeneinander von Zeus und Apollo geht hervor, daß der Wolfsgott ursprünglich ein selbstständiger Gott war, der erst nachträglich mit Zeus oder Apollo (auch Pan Lykaios auf dem Lykaion) gleichgesetzt wurde. Auf der theriomorphen Stufe war offenbar der Gott selbst als Wolf gedacht [...]" (Kretschmer 1930, 15).

Der arkadische Lycaon ist der Sohn des Pelasgos (Hesiod Fr. 44 in Strabo V, 221, Kretschmer 1930, 16). Mit anderen Worten, die Griechen hielten den Kultus des Wolfsgottes für ‚pelasgisch', vorgriechisch. Chronologisch können die Lykaonen und die Lykier also mit demselben in Griechenland verehrten Wolfsgott verbunden werden. „Denn diese Ethnika werden durch die Erwähnung der Lugga in den hethitischen Inschriften schon so früh bezeugt, daß sie nicht von den griechischen Kolonisten Kleinasiens herstammen können. Wir werden also die Λυκάονες als die Verehrer des Wolfgottes, die Λύκιοι als die zu dem Wolf Gehörigen, die Wölfischen, deuten [vgl. Eliades Daker], was natürlich im wesentlichen dasselbe sagt, und annehmen, daß der Dienst dieses Gottes dem südlichen Kleinasien mit dem vorgriechischen Hellas gemein war" (Kretschmer 16). Arthur Ungnad schloß aus der Tatsache, daß in der hethitischen Inschrift VAT 13061 ‚UR-BAR-RA-i-li', ideographisch geschrieben, häufig das gewöhnliche lu-ú-i-li ersetzte, daß die Luvier die ‚Wölfischen' sind. Er übersetzt ‚UR-BAR-RA' mit ‚Wolf', denn „sumerisch ur-bara heißt wörtlich ‚der Hund der Außenseite', d.h. ‚der nicht im Hause lebende Hund'".[280]

b) Ein ossetischer Wolfsclan

„Die ossetische epische Dichtung der Narten hat [...] einige begriffliche Bezeichnungen von Kriegern als Hunden oder Wölfen aus skythischer Zeit bewahrt. Der Ahnherr einer Familie der Narten, *(Æ)xsærtæggatæ* (< ir. **xsaθraka-*), der das Kriegertum verkörpert [...] und dem indischen *Ksatriya* entspricht, trägt den Na-

[277] λύκαιος. „Die normalen Adjektivformen zu λύκος sind λύκιος und λύκειος [...]." „Zwar scheint die Endung -αιος zunächst auf den a-Stamm -λύκη zu weisen; aber wir wissen, daß diese Endung in außerattischen Dialekten auch auf o-Stämme übertragen worden ist: ion. ηλιαίος, οδαίος, νησαίος, χερσαίος, νόμαιος, Ιππαῖος, Πτολεμαῖος, lak. συρμαία von συρμός, korinth. Ἥρα Βουναία, ther. Ζεὺς Στοιχαίος, epirot. Κολπαῖοι von κόλπος usw. (15).

[278] Von φύξιον ‚Flüchtling'. Vgl. die Bezeichnung der Stadt des Wolfsgottes Romulus als ‚Asylum' und der Brettier als ‚Flüchtlinge'.

[279] „Die Epiklese heißt fast immer Λύκειος; Λύκιος epigraphisch sicher nur kaiserzeitlich" (Graf 1985, 221 Anm. 30).

[280] 1924, 2, Anm. 2. „Daß *ur-bara* bzw. *barbaru* im Gegensatz zu einem ‚heimischen' Tier stehen, zeigt die Verwendung des Wortes für ‚fremd' (also ganz wie griech. *barbaros*, das ein Lehnwort aus dem Akkadischen ist)" (2). Vgl. Weidner 1912, 303f. sowie Mellaart 1981, bes. 142-145 und vgl. Kretschmers Bemerkungen zu Ungnad, 1931, 16.

men *Wærxærg*, der auf das altossetische Wort **wærx* (< ir. **vṛka-*) zurückgeht. Einer der größten Helden der Narten, Soslan, wurde unverwundbar, nachdem er in Wolfsmilch getaucht wurde. Zu diesem Zweck sind die Wölfe von der Großmutter aller Hunde, Silam, deren Name dem der *Saráma* des *Ṛgveda* entspricht, welche mit dem Kriegergott Indra verbunden ist, zusammengerufen und gemolken worden" (Ivancik 317).

c) Andere Wolfsvölker

Hyrkania ist im Griechischen die lautliche Annäherung an das östliche oder nordöstliche iranische Vσhrkana (westiran. *Varkana*], in Alexanders Zeit eine Satrapie an der südöstlichen Küste des Kaspischen (Hyrkanischen) Meeres, die vormals jedoch weitaus größer und bedeutender war (RE IX, 454ff.). Vehrka bedeutet ‚Wolf', und die frühen Perser nannten dieses Gebiet daher ‚Wolfsland'; seine Bewohner waren für griechische und lateinische Autoren die *Hyrkanoi* bzw. *Hyrcani*. In Phrygien treffen wir auf den Stamm der *Orkoi* (Kretzenbacher 106; Eliade 1982, 12). Wir begegneten bereits den *Hirpini* in Italien und den thrakischen *Daoi* oder *Daci*. Nach Strabo gab es nomadische Skythen, die *Daoi* genannt wurden, östlich des Kaspischen Meeres (RE IV, 1945f.; Pokorny 235; vgl. Diakonov 101). Von derselben Wurzel **dhau-* (Wolf als ‚Würger') sind eventuell die Namen der illyrischen *Daunii* sowie der *Deanas* in der altenglischen Dichtung ‚Widsith' (63)[281] abgeleitet, die Gutenbrunner (1940a) in Raumariki (im südöstlichen Norwegen) ansiedelt und sie damit zu Nachbarn der *Wulfingas* (29) und der *Glomman* (21, 69) macht.[282]

d) Hundevolk

Das große Volk der Langobarden war einst ein kleiner Stamm, der ‚Winnili' genannt wurde, was etymologisch mit dem deutschen ‚winnig' (‚wütendes Heulen')[283] zusammenhängt – „wie es im bayerisch-österreichischen Dialektgebiet bis heute für ‚rasendes Wüten' im Gebrauch blieb"[284] – und eigentlich ‚Hunde' bezeichnete. Die Geschichte, wie sie von Wodan selbst ihren neuen Namen, Langobarden bzw. ‚Langbärte', erhielten, wird von Paulus Diaconus in seiner gegen Ende des 8. Jhtds. verfaßten *Historia Langobardorum* erzählt (Buch I, Kap. 8):

---

[281] Dieser und andere Namen finden sich im ‚Widsith' im Dat. Plur., z.B. Deanum, Wulfingum, Glommum u.a., deshalb ohne genaue Angabe der Bildung. Gutenbrunner schreibt dem einfacheren Typ (wie Deanum) die Bedeutung ‚Wölfe' zu, den komplexeren (etwa Wulfingum) etwas wie ‚Wolfsleute, Genossen des Wolfes' (1940a, 29).

[282] *Glomman*, von *glammi*, m. ‚Wolf' (AEWB 172), ein poetisches Wort, das sich auf *glam, glamm*, n. ‚Lärm' bezieht – wahrscheinlich in Anlehnung an das Heulen des Wolfes, ähnlich wie ‚Beller' (*barker*) für ‚Hund' oder ‚Waldbeller' (*forest-barker*) für ‚Wolf'.

[283] „Winnec, winnic, windic, adj. ‚wütend, rasend, toll [...]'; ‚winnen' stv III, 1 [...] wüten, toben, heulen [...]" (Lexer 323).

[284] Vgl. A. Schmeller u.a.: Bayrisches Wörterbuch II, ‚winnet, winnig' = ‚mit der Hundswut behaftet, toll'. Kretzenbacher 83 u. 84; vgl. Müller 1970, 229. Man beachte den Lärm und speziell das Bellen und Kläffen von Hunden bei der Wilden Jagd.

„[Die Wandalen fordern ihre Nachbarn, die Winnilen, auf, entweder Tribut zu entrichten oder zu kämpfen (Kap. 7)]. Darauf erzählen die alten Männer eine kleine Geschichte, wie die Wandalen zu Godan (Wotan) gingen, um von ihm den Sieg über die Winnilen zu erflehen, und er ihnen antwortete, daß er denen den Sieg schenke, die er zuerst bei Sonnenaufgang sehen werde; weiterhin erzählten sie, daß Gambara [die Mutter der Winnilenfürsten Ibor und Aio] zu Frea [Frigg], der Gemahlin Godans, lief und um den Sieg der Winnilen bat, und diese ihr den Rat gab, daß deren Frauen ihr Haar lösen, wie einen Bart um das Gesicht tragen und am frühen Morgen gemeinsam mit ihren Männern zur Schlacht erscheinen sollen, um in dieser Verkleidung von Godan aus seinem Zimmer, in dem er gewohnt war, durch das Fenster Richtung Osten zu schauen, gesehen zu werden. Und als Godan sie bei Sonnenaufgang sah, fragte er: ‚Wer sind diese Langbärte?' Frea forderte ihn auf, den Sieg denen zu geben, welchen er den Namen gab. Und deshalb schenkte Godan den Sieg den Winnilen."

Etwas umständlicher wird die Geschichte im *Origo Gentis Langobardorum* (um 670)[285] erzählt, während die älteste Quelle, Fredegar (frühes 7. Jhdt.), lediglich berichtet, daß der neue Name vermutlich (*fertur*) von Wodan, anläßlich einer Schlacht mit den Hunnen (*Chuni*) gegeben wurde.

Die Winnilen waren wahrscheinlich nicht der gesamte Stamm der Langobarden, sondern eher die elitären jungen Männerbündler mit ihren Hunde- oder Wolfskopfhelmen, die wenig später als *cynocephali* (PD I, 11) in einer Geschichte, die Paulus nur einem verzweifelten Täuschungsversuch zuschreibt, auftreten: Die Langobarden sind zu dieser Zeit noch ein kleiner Stamm; sie wollten durch das Territorium der *Assipiti* ziehen, aber dieses Volk war ihnen nicht wohlgesonnen, und die Langobarden „wagten wegen der geringen Größe ihres Heeres nicht, sie herauszufordern," und sannen über einen Ausweg nach. „Sie gaben vor, daß sie in ihren Reihen *cynocephali*, d.h. Männer mit Hundeköpfen, hätten und verbreiteten das Gerücht unter den Feinden, daß diese Männer hemmungslos Krieg führen, Menschenblut trinken und selbst ihr eigenes Blut schlürfen, wenn ihnen der Feind entflieht." Sie ließen ihr Lager so groß und bevölkert wie möglich erscheinen, und die *Assipiti*[286] wurden gründlich getäuscht.

[285] Diese, im Anhang (315ff.) zu Peters Edition von Paulus Diaconus überlieferte Version enthält das unterhaltsame Detail, daß Frea Godans Bett herumdrehte und ihn dann weckte, so daß er, als er sich aus dem Bett wälzte, aus dem östlichen Fenster sah, wo die Winnilen standen. Paulus, der diese Geschichte für töricht hält, handelt sie nur kurz ab. Es ist schon merkwürdig genug, sich vorzustellen, daß eine wirkliche Kultlegende dahinter stand. Die Überlieferung, daß Wodan dem Stamm seinen Namen gab, ist freilich sehr gewichtig. Es mag auch eine gewisse Wahrheit ihrer Ablehnung von Tributzahlungen zugrundeliegen. Tacitus (*Germania* 40) stellt den kleinen Stamm der Langobarden dem gewaltigen der Semnonen (39) gegenüber; die Langobarden sind nicht aufgrund von Unterwürfigkeit, sondern wegen ihrer Kampfbereitschaft vor ihren starken und bevölkerungsreichen Nachbarn sicher. Im Jahre 5 n.u.Z. beschrieb sie Velleius Paterculus, der Tiberius bei seinem erfolgreichen Vorstoß gegen die Germanen begleitet hat, als einen Stamm, der selbst die normale germanische Wildheit noch übertraf; diese Erwähnung bedeutet ihren Eintritt in die Geschichte. Schultz 1932, 220.

[286] Möglicherweise die in Tacitus' Annalen (I, 51) erwähnten *Usipetes*, Peters 19, Anm. 2.

So albern Paulus die Idee fand – wir wissen, daß es hunde- und wolfsbehelmte Krieger gab. Der Genuß von Blut findet sich in mindestens zwei Zusammenhängen: Beim Ritual der ‚Blutsbrüderschaft' trinken die ‚Brüder' eine kleine Menge vom Blut des anderen, um die neue Blutsverwandtschaft zu besiegeln. Dem Trinken des Blutes und Essen von rohem Fleisch wurde nachgesagt, daß es die Krieger besonders heftig anstachele, weshalb es einen wesentlichen Teil der Erziehung von jungen Männerbündlern darstellte; der Genuß des Blutes eines bestimmten Tieres, wie etwa eines Wolfes, und der Verzehr seines Herzens oder auch eines anderen Organs verlieh dem Krieger die spezifischen Eigenschaften dieses Tieres.

Es gibt noch andere Merkmale dieser Geschichte, die es nahelegen, die Winnilen als Männerbund innerhalb eines größeren Stammes anzusehen, der wie die Jünglinge des *Ver sacrum* auszog und zu einem eigenen Stamm wurde. Das dreizehnte Kapitel erzählt, wie die Langobarden „um die Zahl ihrer Krieger zu erhöhen, vielen die Freiheit schenken, die sie vom Joch der Sklaverei befreien [...]" (PD 21). Mit anderen Worten: Die Langobarden nahmen flüchtige Sklaven in ihren Kriegerverband auf, ähnlich wie Romulus und die Brettier. Wenn das stimmt, haben wir bei ihnen ein Beispiel dafür, wie erfolgreich ein kleiner Verband letztlich sein konnte.[287]

Zwei weitere Aspekte, die auf einen Männerbund hindeuten, sind Paulus' Bemerkung im siebenten Kapitel, daß die „Winnilen alle in der Blüte ihrer Jugend standen," und seine Notiz im neunten, daß, wie „lächerlich" auch immer die Benennung eines Stammes durch einen „Gott" und aufgrund dessen Vergabe des Sieges sei, „sicher ist [...], daß die Langobarden später so wegen der Länge ihrer von Messern unberührten Bärte genannt wurden, während sie zuvor ‚Winnilen' hießen [...]." Peters bemerkt dazu: „Diese Ableitung stammt von Isidor von Sevilla. Er sagt: ‚Die Langobarden wurden allgemein wegen ihrer wallenden und niemals geschorenen Bärte so genannt'" (Etym. IX, 2, 94; PD 18, Anm. 1). Ungeschnittene Bärte sind, wie wir gesehen haben (4.2.1), ein Kennzeichen geweihter Krieger. Wenn tatsächlich alle Männer der Langobarden diese Tradition fortsetzten, auch nachdem sie zu einem großen Stamm geworden waren, wäre dies ein Anzeichen für eine besondere Beziehung dieses Volkes zu Wodan; genauer gesagt: Alle Männer empfanden sich selbst als dem Gott geweiht, der ihnen zu Beginn ihrer Existenz als Volk sowohl ihren Namen als auch ihren ersten Sieg gab.[288]

[287] „Dieses System, [...] alle Völker, die sie auf ihren Wanderungen unterwarfen, einzugemeinden, macht die Langobarden zu einem zusammengesetzten Geschlecht, und es ist durchaus möglich, daß sowohl ihre Sprache als auch ihre Institutionen von diesem Zusatz fremder Stämme sehr betroffen (Hartmann II, S. 8f.) und ihre hochdeutschen Merkmale Folgen dieser Tatsache sind" (E. Peters 21, Anm. 1). Das von ihm zitierte Werk ist Ludo M. Hartmann: Geschichte Italiens im Mittelalter, Gotha 1903. Peters, der Herausgeber von Paulus Diaconus, denkt, dabei Hartmann folgend, an einen ganzen Stamm, der fremde Elemente aufnahm, aber was er über ihre Sprache und Institutionen sagt, wäre in jedem Fall wahr; auch ist es einfacher, sich vorzustellen, daß ein Männerbund und kein Stamm sich so verhielte.

[288] Nach einer Aufzählung verschiedener Annahmen der Kommentatoren hinsichtlich der tatsächlichen Bedeutung von ‚Langobarde', zitiert Peters zwei Vorschläge mit ‚Langbärten' und fügt hinzu, daß „Bruckner [Die Sprache der Langobarden, Straßburg 1895] bemerkt,

Das zwingendste Argument jedoch findet sich im zweiten Kapitel, wo wir erfahren, daß die Winnilen, welche zu der großen, von Paulus als Chronisten beschriebenen Wanderung ausgezogen sind, ein Drittel der Bevölkerung ihrer ursprünglichen Heimat auf einer Insel waren[289]und durch das Los bestimmt wurden, woanders ihr Glück zu suchen, da die Insel nicht mehr alle ernähren konnte. Dies erinnert sehr an die Situation, die ein *Ver sacrum* in Italien entstehen ließ, und an viele koloniale Expeditionen der Griechen (8.2.3). Aber wenn sie ein Männerbund waren, der ausgeschickt wurde, was hatte Gambara dann bei ihnen zu suchen? Anscheinend ist sie nur eine Ausschmückung, und ich denke nicht, daß wir uns allzusehr mit den Frauen in dieser Erzählung befassen müssen; diesbezügliches gehört wohl eher zur folkloristischen Tradition, und in Fredegars Version fehlen die Frauen. Gambara erscheint im *Chronicon Gothanum* als eine „Prophetin oder Sibylle" (PD 3, Anm. 4) wie sie auch andere germanische Stämme, sogar im Kriege, mitführten: etwa Veleda, die Seherin der Brukterer, die sehr hoch verehrt wurde und eine bedeutende Rolle bei dem von Civilis geführten Aufstand der Bataver spielte (4.2.1.1; Tacitus. *Histories* IV, 61ff.).[290]

e) ***Hundingas*** und ***Ylfingar***

Much identifiziert die Langobarden/Winnilen mit den Hundingen, dem Volk von König Hunding, der von dem Ylfingen Helgi Hundingsbana getötet wurde.[291] Er betrachtet daher die Schlacht zwischen Hundingen und Ylfingen als einen histo-

daß der Name des Volkes in enger Verbindung mit dem Kult Wotans steht, der den Namen ‚Langbart' oder ‚Graubart' trug, und der langobardische Name [PN] Ansegranus, ‚Der mit dem Bart des Gottes', zeigt, daß die Langobarden diese Vorstellung von ihrer Hauptgottheit besaßen" (18, Anm. 1). Da Wotan **der** Ase schlechthin ist (vgl. Polomé 1953, bes. 44) wäre ‚Bart des Gottes', also Wotans, besser. Hauck bemerkt, daß der Stammesname dem Plural des göttlichen Beinamens entspricht und keine Ableitung ist (1955, 210). Die Tatsache, daß Odin auf der Torslunda-Platte (1.4.3) und anderen Kunstwerken, auf denen ihn Hauck erkannt hat, bartlos ist, ergibt sich aus „stammesgebundenen Sonderformen gemeingermanischer Kulte" (212).

[289] Paulus bezog sich wahrscheinlich auf die skandinavische Halbinsel, die die Alten für eine Insel hielten. Es gibt gute Gründe für die Annahme, daß die Langobarden ursprünglich aus Skandinavien kamen.

[290] Veleda war „eine Jungfrau aus dem Stamm der Brukterer, die ein ausgedehntes Gebiet innehatten; nach altertümlicher Anschauung sprachen die Germanen vielen ihrer Frauen prophetische Kräfte zu und hielten sie, als der Aberglaube zunahm, auch für göttlich. Das Ansehen Veledas stand damals im Zenit, weil sie den Erfolg der Germanen vorausgesagt hatte [...]" (Tacitus IV.61). Römische Botschafter wurden in ihrer Gegenwart nicht geduldet. „Sie wohnte in einem hohen Turm, und einer ihrer Verwandten [...] übermittelte, wie der Gesandte einer Gottheit, die Fragen und Antworten" (65). (Church u. Brodribb 636, 639.) Germanische Priesterinnen, ARG I, 263f. Hauck, der Gambaras ‚priesterliche Funktion' andeutet, hebt den Aspekt der Sakralgeschichte hervor (1955, 209 u. Anm. 135a). Vgl. die Seherin Fedelm, die, mit einem Speer bewaffnet, Medb im *Táin Bo Cúlange* (Le Roux 106) begleitet. Mehr über solche Frauen, „die das Göttliche verkörpern", findet sich in Höfler 1952, 61-63; s.a. Bader 1989, 24.

[291] Paul zitiert Muchs Aufsatz über Balder (109ff.), germ. Osten (145ff.), Wiðsith (120ff.). „Diese Identität wurde weitgehend unbestritten angenommen" (Paul 133).

rischen Stammeskrieg zwischen den Langobarden bzw. Winnilen und den *Glomman/Lemovii*, die er mit den Ylfingen gleichsetzt. Alfred Ebenbauer zeigt in seiner Dissertation ‚Helgisage und Helgikult' (1970), die an Höflers Deutung der Verbindung von Hundingen und Ylfingen (‚Das Opfer im Semnonenhain und die Edda') mit dem von Tacitus in *Germania* 39 beschriebenen Kult anknüpft, daß es sich hier wohl nicht um Stämme handelt; „die beiden Gruppen entsprächen vielmehr den Gegnern innerhalb eines Kultgefüges, d.h. eines Kultkampfes, wie dies [...] zum Szenarium eines Kultfestes gehören kann. Die beiden Parteien entsprechen aber auch deswegen keinem Stamm, wie man sich dies trotz dieser kultischen Theorie vorstellen könnte, da viele Stämme am Fest der Semnonen teilgenommen haben und eine Beschränkung des Kultkampfes auf zwei Stämme schwer denkbar wäre." Martha Paul stimmt Ebenbauer zu, „wenn er den Hundingen und Ylfingen eine Struktur der Altersklassen und Männerbünde zugrunde legt [...], wie dies Wagner bereits für die ausziehenden Winnilen annimmt."[292]

Hinsichtlich der Neigung, einen Stammesnamen mit einem anderen von derselben oder einer ähnlichen Bedeutung zu identifizieren – also etwa zu sagen: die *Lemovii* sind die *Glomman* – hat Paul sicher recht, wenn sie fragt, ob wir solche Gleichsetzungen wirklich vornehmen müssen. Sicherlich muß die Tatsache, daß verschiedene Gruppen in derselben Region zur selben Zeit dieselben Tiersymbole verwendeten, nicht bedeuten, daß sie keine unabhängigen Einheiten waren. Unsere Informationen über die Wuffinger, Ylfingen, Wülfingen, Hundingen und Winnilen stammt aus der Zeit nach der Völkerwanderung; „ein Vergleich [...] mit der römischen Frühzeit zeigt auch dort mehrere Wolfsgeschlechter bzw. Stämme, die unter dem erobernden Zeichen des Wolfes, ihres mythischen Stammvaters, Land besetzten, bzw. dann um ihn in ihren neuen Wohnsitzen einen Kult entwickelten [...]."[293]

8.2.3.2. Wolfspriester

a) *Hirpi Sorani*

Auf dem Berg Soracte, nicht weit von Rom, wurde ein Gott namens Soranus von Priestern verehrt, die *Hirpi Sorani*, Wölfe des Soranus, genannt wurden. Servius schreibt in einem Kommentar zum Gebet des Arruns in Aenaeis XI, 785ff.:

Soractis mons est Hirpinorum in Flaminia conlocatus. in hoc autem monte cum aliquando Diti patri sacrum persolveretur – nam diies Manibus consecratus est – subito venientes lupi exta de igni rapuerunt. quos cum diu pastores sequerentur, delati sunt ad quandam speluncam, halitum ex se pestiferum emittentem, adeo ut iuxta stantes necaret: et exinde ast orta pestilentia, quia fuerant lupos secuti. de qua responsum est posse eadem sedari, si lupos imitarentur, id est rapto viverent. quod postquam factum est, dicti sunt ipsi populi Hirpi Sorani: nam lupi Sabinorum lingua vocantur hirpi. Sorani vero a Dite: nam Ditis pater Soranus vocatur: quasi lupi Ditis

[292] Paul 134 mit Bezug auf Wagner 1960, der die Möglichkeit von *moieties* in der indoeuropäischen Stammesstruktur erörtert.
[293] Paul 136. Zu weiteren Wolfs- und Hundeethnonymen siehe Kretzenbacher 82ff.

patris. unde memor rei Vergilius Arruntem paulo post comparat lupo, quasi Hirpinum Soranum.[294]

Arruns richtete sein Gebet an Apollon als „Hüter des heiligen Soracte";[295] Servius identifiziert Soranus mit Dis Pater. Ein Apollo-Dis Pater stünde dem Vediovis sehr nahe, wäre ein todbringender Apoll.[296] Einige Autoritäten nennen die *Hirpi Sorani* einen Stamm; Plinius betrachtet sie als eine Sippschaft von einigen Familien (*familiae sunt paucae quae vocantur Hirpi*, NH VII, 2, 20); die meisten allerdings stimmen darin überein, daß sie eine Priesterschaft waren, ein Kultverband wie die *Luperci*.

Binder hebt hervor, daß sich alles, was wir über die *Hirpi Sorani* wissen, ebenso in der Romulussage oder im Ritus der Luperkalien findet. Die *Hirpi* sind Priester des Wolfsgottes Apollon, die *Luperci* gehören zum Wolfsgott Faunus. Wie die Höhle in dem Soracte, aus der schädliche Dünste aufsteigen, ist die Luperkalienhöhle, in deren Nähe die Wölfin die Zwillinge säugte, ein Eingang zur Unterwelt. Die Erklärung der Riten als Mittel, den Tod durch die Dünste zu vermeiden, zeigt, daß die Riten der *Hirpi* wie die der *Luperci* Reinigungsrituale waren. Dann gibt es noch die Geschichte, wie die Hirten auf dem Soracte beim Opfer von Wölfen überrascht wurden, die mit den *exta*, den Teilen des Opfertieres, die für die Götter bestimmt sind, davonliefen. Und Ovid erzählt, wie Rinderdiebe die Herden von Romulus und Remus stahlen, als die Zwillinge gerade mit dem Opfer beschäftigt waren. Sie ließen das Opfer liegen und verfolgten die Diebe. Remus, der zuerst seinen Besitz wiedererlangt und mit seinen Männern zur Opferstelle zurückgekehrt war, aß die *exta*; er und seine Männer benahmen sich also wie Wölfe, indem sie die halb-

[294] Der Berg Soracte der Hirpiner ist in Flaminia. Als einmal auf diesem Berg dem Dis Pater geopfert wurde – denn der Berg ist den Manen heilig – erschienen plötzlich Wölfe, die die *exta* [die Eingeweide] vom Feuer rissen. Nachdem die Hirten ihnen eine zeitlang gefolgt waren, wurden sie zu einer Höhle hinabgeführt, aus der ein so giftiger Pesthauch strömte, daß er alle Umstehenden tötete, und tatsächlich ist der giftige Dunst deshalb ausgetreten, weil die Hirten die Wölfe verfolgt hatten. Ein Orakel sagte ihnen, die Seuche könnte nur dann eingedämmt werden, wenn die Hirten Wölfe nachahmten, d.h. wenn sie vom Raube lebten. Nachdem sie dies getan hatten, wurden sie selbst *Hirpi Sorani* genannt, denn in der Sprache der Sabiner heißen Wölfe *hirpi*, und *Sorani* stammt von Dis, da Dis Pater auch Soranus heißt; ‚die Wölfe des Dis Pater' also. Daran denkend, vergleicht Vergil den Arruns etwas später mit einem Wolf, etwa ‚von den *Hirpi Sorani*'.

[295] „Summe deum, sancti custos Soracti Apollo [...]": „Höchster Gott, Apollon, Hüter des heiligen Soracte [...]."

[296] Veiovis/Vediovis war gleichermaßen Jupiter und Apoll, aber auch ein schrecklicher Herrscher der Unterwelt (Alföldi 1972, 219). Soranus war der Lokalgott des Soracte; er wurde später, zu einer Zeit, als die Menschen bemerkten, daß lokale Gottheiten eigentlich Manifestationen von Hochgöttern sind, mit Apoll identifiziert. Apollo wurde erst so spät in die italische Religion aufgenommen, daß er niemals einen einheimischen Namen bekam. Vediovis scheint ein ‚primitiver Apoll' zu sein: Apollon vor der Entkleidung von seinen schreckenerregenden Aspekten, d.h. bevor der Wolfsgott zum Lichtgott geworden war.

„Der Name ‚Soranus' ist in seiner Herkunft unsicher, obwohl er bei Otto [RE] mit einem *gens*-Namen verbunden ist. Er ist vielleicht mit dem priesterlichen Titel *sorex* verwandt, der aus zwei Inschriften in Falerii bekannt ist. Es gibt freilich keinen Beleg, daß der Gott jemals woanders als am Soracte verehrt wurde, und sein Name könnte mit dem des Berges, auf dem er sein Heiligtum hatte, zusammenhängen" (Evans 149).

gekochten Eingeweide vom Feuer nahmen und verschlangen. Wie Binder feststellt, haben wir es hier mit einem sehr alten Bestandteil dieses Mythos zu tun.[297]

b) Einige hethitische Kultfunktionäre[298]

In rituellen Texten aus dem hethitischen Reich werden oft Inhaber kultischer Ämter erwähnt, die $^{LU.MES}$UR.GER$_{x}$, $^{LU.MES}$UR.BAR.RA und $^{LU.MES}$UR.MAH, „Hunde-, Wolfs- und Löwenmenschen", genannt werden. Der Hund genoß bei den Hethitern so hohe Achtung, daß eine schwere Geldstrafe bei seiner Tötung erfolgte, und die Strafen, die auf Blendung oder Zufügung eines Beinbruchs bei einem Hund standen, hatten ein ähnliches Maß wie bei unfreien Männern.[299] Der Hund wurde gleichermaßen für Jagd und Wache eingesetzt; apotropäische Hundestatuen bewachten die Eingänge von Gebäuden; lebende Hunde wurden bei Ritualen und Beschwörungen zur Austreibung böser Kräfte und Unreinheiten eingesetzt, wobei sie den betroffenen Menschen sogar vertreten konnten (417f.).

Die anderen beiden Tiere, Wolf und Löwe, wurden vom Hund aus verstanden: Den Wolf, UR.BAR.RA, nannte man „Bruder des Hundes", auch den „fremden Hund" oder, wie wir oben bei Ungnad gesehen haben, den „nicht im Hause lebenden Hund". Der Löwe, UR.MAH, heißt „mächtiger (edler, erhabener) Hund" (418, Anm. 5, 6).[300]

---

[297] Binder 92f. Insgesamt wirkt das alles etwas surreal in seiner Verworrenheit; meines Erachtens gehört es zu einer sehr alten Überlieferung. „Durch den Akt des *exta de igni rapere* sind die aufgeführten Stellen mit der Werwolf-Gesellschaft der *Hirpi Sorani* (17) verknüpft. Die uralten theriomorphen Züge dieser Gemeinschaft, die mit den Luperkern verwandt ist, verdienen besondere Beachtung. Die *spelunca*, wo die Werwölfe ihren Räubersitz haben, wurde durch eine abschreckende Erzählung geschützt; die Devise *rapto vivere* ist uns bei der spartanischen Krypteia, bei den Kardakes der Achaemeniden und den *latrones Romuli* begegnet; wichtig ist auch die Verbindung der Wolfshöhle mit der Unterwelt. Den arkadischen Werwölfen hat man auch das Essen von Menschenfleisch als Mittel zur Wolfsverwandlung zugeschrieben" (Alföldi 1974, 148). Auch für die *Luperci* „ist ein ursprüngliches Menschenopfer nicht auszuschließen" (Bayet 1957, 80); es ist vielmehr eine verhältnismäßig sichere Annahme bezüglich all dieser Werwolfbanden (5.6); vgl. Burkert 1972, 105. Der Raub der *exta* erinnert außerdem an einen merkwürdigen delphischen Ritus: „Eine Gruppe von Delphern umringt den Opferherrn, versteckte Messer eigenartiger Form tragend; unmittelbar nach dem heiligsten Teil der Opferhandlung stürzen sie sich [...] aufs Opfertier, hauen es in Stücke und laufen mit ‚ihrem' Raub davon. Also Raub und σπαραγμός zugleich im männerbündischen Ritus" (Burkert 1966, 440). Burkert behandelt bei seinem Vergleich mit den *Hirpi Sorani* den Opferritus im Lykosura [Wolfsschwanz] und den kultischen Mythos von Kynosarges [weißer Hund] (440 Anm. 1). Aber in dem untersuchten Fall wird Pyrrhos, der das Opfer vollzieht, getötet, was mich an indische Analoga, die von Rau und Heesterman erwähnt werden, erinnert, bei denen der Opferer auf dem Weg zum Opferplatz oder während des Opfers getötet und das Opfertier gestohlen wird; vgl. auch den milesischen *aisymnetes*, der auf dem Weg zu einem Opfer an Apoll getötet wird, Luria 1927, 128 u. Anm. 37; s.a. Detienne 1986, 11 u. Nagy 1979, 125ff.

[298] Das Folgende stammt aus Liane Jakob-Rost: Zu einigen hethitischen Kultfunktionären, 1966. (Die Fragezeichen im Text sind von Jakob-Rost.)

[299] Ähnliches ist von den Persern bekannt (mit einer Bestrafung über den Tod hinaus), RE 2574.

„Die ‚Hundemenschen‘ sind, wie aus fast allen hier gesammelten Belegen hervorgeht, im Kult, speziell im Ritual beschäftigte Personen [...]. Aus den übrigen Belegen läßt sich feststellen, daß die Hundemenschen einen Obersten und einen Vorsteher haben. Sie stehen in Verbindung mit protohattischen Gottheiten und Schutzgöttern und haben während des Rituals zu ‚bellen‘ und zu singen. Sie sind mit anderen Funktionären zusammen genannt, darunter auch mit den Pförtnern, halten auch Fackeln und Lanzen (als Wächter?). Ferner treiben sie Vieh herbei, bringen dem König Geschenke und Tribut und bekommen Brot, Wein und Kleidungsstücke.“ (419).

„Die zweite Gruppe der Kultfunktionäre, die ‚Wolfsmenschen‘, haben z.T. ganz ähnliche Merkmale. Sie stehen in Verbindung mit protohattischen Gottheiten, z.B. Titiutti, sie tanzen und spielen das GIS^{D}INANNA.GAL (?). Auch die Wolfsmenschen sind mit anderen Personen zusammen genannt, vor allem mit den ‚Dirnen‘. Sie stammen aus verschiedenen Ortschaften und werden in Spenden- und Opferlisten erwähnt, bekommen u.a. Schafe und Brot. In Prozessionen (?) laufen sie voraus, töten, schlachten und zerlegen (?) etwas.“ (419f.).

„Die ‚Löwenmenschen‘ sind nur vereinzelt belegt. Sie gehen in einer (Ernte-) Prozession neben den *hazgara*-Mädchen und stammen ebenfalls aus verschiedenen Orten. Die übrigen Stellen sind unergiebig. Wichtig erscheint aber ein Hinweis auf einen ‚Löwentanz‘.“ (420).

„Nach diesen Belegen scheint es, als ob die Hundemenschen in erster Linie statische Funktionen hatten, während die Wolfsmenschen eher kinetische Handlungen zu verrichten hatten, etwa Tanzen oder Umherlaufen. Von den Löwenmenschen ist wegen der wenigen Belege kaum eine ähnliche Feststellung zu machen. [...] Es handelt sich m.E. um Maskenträger bzw. Maskentänzer, die sich durch Zuhilfenahme von äußeren Mitteln wie Masken oder Tierfellen den Anschein des betreffenden Tieres zu geben suchten. Ein deutlicher Hinweis auf eine solche magische Verkleidung ist z.B. KUB IX 31 II 11, wo man einen Knaben in eine Ziegenhaut gesteckt hatte. Dazu hatte dieser ständig wie ein Wolf zu heulen. Zur äußeren Aufmachung z.B. der Hundemenschen gehörte gleichfalls das oftmals belegte ‚Bellen‘. [...] Die Maske erstreckte sich hauptsächlich auf den Kopf, jedoch konnten auch andere Körperteile maskiert werden (vgl. KUB IX 31 II 11). Eine Bestätigung könnte in den Texten Bo 5840 Vs. 3 und 319/p Rs. IV 9 liegen, in denen es heißt, daß die Hundemenschen Kleidungsstücke erhalten, also wohl bis auf die Gesichtsmasken normal angezogen waren.“ (420f.).

Als nächstes überlegt Jakob-Rost, worin die ursprüngliche Bedeutung der Masken bestanden haben könnte, wobei sie die Verbindung mit prähethitischen Gottheiten hervorhebt, die die Vermutung einer Übernahme älterer Kultformen nahelegen. Anschließend folgt die sich aufdrängende Annahme des Totemismus. Was immer ursprünglich gemeint war, zweifellos „ist es – wahrscheinlich nicht mehr verstanden – zu einer Art von kultischer Maskerade gekommen.“ (421).

[300] Interessanterweise wird der Löwe als besonders mächtiger Hund verstanden. ‚Hund‘ ist offenbar die grundlegende Kategorie.

Ich vermute einen Synkretismus aus einheimischen Kultformen, die von den Hethitern ebenso wie die Götter der Churriter übernommen wurden, und den eigenen indoeuropäischen Hunde- und Wolfsmasken der Hethiter. Ich kenne kein Volk, das den Hund so hochschätzte wie die Indoeuropäer im allgemeinen; ‚Hund' ist, besonders bei den semitischen Völkern dieser Region, oft ein Schimpfwort, während der Hund bei den Hethitern beinahe die Würde eines Menschen gehabt zu haben schien. Es gibt unbezweifelbare archäologische Belege für die Existenz von Maskentänzern im Gebiet der Hethiter, aber es handelt sich dabei hauptsächlich um die *felidae*, wie z.B. die in Catal Hüyük gemalten Leopardentänzer (Jakob-Rost: „= Löwenmenschen?"), sowie ebenso um eine große Anzahl Darstellungen von maskierten Männern aus Mesopotamien, „vor allem von Löwenmenschen" (422), während Jakob-Rost hervorhebt, daß Löwenmenschen in den Texten nur selten erwähnt werden. Noch ein weiterer Aspekt läßt mich auf den indoeuropäischen Charakter der hethitischen *Canidae* schließen: die seltsam klingende Aussage, daß „die Wolfsmenschen [...] mit anderen Personen zusammen genannt [sind], vor allem mit den ‚Dirnen'". ‚Dirnen' bzw. ‚Huren' (*pumscalu*) werden häufig auch im Zusammenhang mit den Vrātyas erwähnt, besonders hinsichtlich kultischer Aktivitäten – und die Vrātyas sind, wie wir gesagt haben und im dritten Teil noch näher zeigen werden, ein Teil des großen Kultzusammenhangs von *Canis* und den Männerbünden.

8.2.3.3. Mythische Ahnen

Hunde wie auch Wölfe erscheinen in Mythen von der Geburt des ersten Ahnen eines Stammes und des Gründungsheros eines Stadtstaates. Manchmal treten sie als gottgesandte Ernährer, wie in der Romulussage, auf; manchmal erscheinen sie – wenn man es so nennen will – auch nur verbal, etwa in der Legende um Kyros, dessen Pflegemutter nach Herodot *Spako* ‚Hure', eigentlich ‚Hündin', hieß (I, 110). Der Übergang ist in der Romulusmythe offensichtlich, wo Faustulus' Gattin Acca Larentia eine *lupa* ‚Wölfin' (= Prostituierte) genannt wird.[301] Die Gelehrten stimmen jedoch darin überein, daß diese Geschichten Rationalisierungen von ursprünglichen Mythen sind, in denen der Gott selbst in Gestalt eines Hundes oder Wolfes das Kind zeugte oder sowohl der Gott als auch die Mutter Tiergestalt besaßen, weshalb auch der Ahn tiergestaltig dargestellt wurde.

Es folgt eine kurze Übersicht solcher Geschichten:

a) Milet

Apollo zeugte unerkannt zahlreiche Kinder[302] mit Jungfrauen von edler Abkunft. Asklepios ist das berühmteste unter ihnen; er wurde sowohl von einer Ziege als auch von einer Hündin gesäugt und behielt die Verbindung zur letzteren nach

[301] Κυνώ/*spaka* ‚Hündin' meinen gleichermaßen, wie diverse Bezeichnungen für Hündin und Wölfin in vielen Sprachen, ‚unzüchtige Frau oder Prostituierte'. Hier ist an Faustulus' Beziehung zu Faunus, den Wolfsgott und Sohn des Mars (nach manchen Überlieferungen) sowie an Acca Larentia, die Mutter der *fratres Arvales*, zu erinnern.

[302] Von denen alle ausgesetzt wurden, womit das Motiv für die vom Himmel gesandte Amme gegeben ist.

seiner Apotheose. Von Apollos vielen menschlichen Kindern ist Miletos am bekanntesten. Auch er wurde ausgesetzt, aber Apollo schickte ihm Wölfe, die ihn beschützten, und Wölfinnen, um ihn zu säugen. Er wurde von Hirten gefunden und aufgezogen; später floh er nach Kleinasien, wo er Milet gründete.[303]

b) Lamissio, ein langobardischer König

Paulus Diaconus erzählt folgende Geschichte von dem zweiten langobardischen König: Eine Dirne gebar sieben Knaben und warf sie in einen Fischteich, um sie zu ertränken. König Agelmund, der zufällig herbeiritt, hielt sein Pferd an und tastete mit seinem Speer nach den unglücklichen Kindern. Eines griff den Speer. „Der König, der darüber sehr bewegt und von Mitleid ergriffen war, sagte dem Jungen voraus, daß er einst ein berühmter Mann werden würde. Und geradewegs befahl er, daß der Knabe aus dem Teich gezogen und zu einer Amme gebracht würde, die ihn in aller Sorgfalt aufziehen solle, und weil er ihn aus einem Fischteich rettete, welcher in seiner Sprache ‚lama‘[304] hieß, gab er ihm den Namen ‚Lamissio‘. Als er herangewachsen war, war er ein so kraftvoller junger Mann, daß er den Kampf geradezu liebte, und nach Agelmunds Tod regierte er das Königreich“ (PD XV).[305]

Der *Origo gentis Langobardorum* gibt den Namen des Kindes mit ‚Laiamicho‘ wieder, was als die ursprüngliche Form angesehen wird. Kemp Malone und H.F. Rosenfeld interpretierten diesen Namen als ‚(kleiner) Beller‘, also als Diminutiv zu dem *Nomen agentis* von lang. **laian* ‚bellen‘, und diese Interpretation wurde allgemein akzeptiert.[306] Rudolf Much bemerkte, daß die Bezeichnung von Laiamichos Mutter als *meretrix* ‚Hure‘ auf einer ähnlichen Doppelbedeutung wie *lupa* im Sinne

[303] Zu Apollons Rolle als Gott der *dekateusis*, der griechischen Version des *Ver sacrum* siehe 9.5. sowie Przyluski 132.

[304] „Lama ist kein deutsches, sondern ein lateinisches Wort, in Festus zu finden [‚Sumpf‘] [...]. Es lebte in den romanischen Sprachen weiter. [...] Wenn Paulus bzw. seine früheren Autoritäten es für Langobardisch hielten, liegt dies daran, daß es der lateinischen Gelehrsamkeit seiner Zeit unbekannt war, obwohl es ein verbreitetes bäuerliches Wort in Norditalien war, mit welchem ein Entdecker alter langobardischer Märchen den Namen des einheimischen Königs wohl verbinden konnte.“ PD 27, Anm. 1. Es handelte sich also um eine übliche Volksetymologie aus der Lombardei.

[305] 26f. „Diese Geschichte der Herkunft des Lamissio stimmt weder mit der Angabe im Prolog des *Edictus Rothari* noch mit den Handschriften des *Origo Gentis Langobardorum* in Madrid und La Cava überein, welche berichten, daß er ‚von dem Geschlecht des Guningus‘ war“ (Anm. 3). Vgl. Odins Speer *Gungnir*.

[306] Malone: „*Lājamicho* scheint ein Diminutiv von **Lājamo* zu sein, der durch Hinzufügung eines vertrauten Suffixes, des langobardischen Äquivalents von engl. -ca oder isl. -ki gebildet wurde. Der Name **Lājamo* wiederum ist zweifellos zusammengesetzt [...]. Der erste Bestandteil ist offenbar ein erweiterter Stamm **lā-ja-* [...]. Der einfache Stamm **la-* erschien wahrscheinlich im Westgermanischen in einem Verb **lājan* ‚bellen, schmähen‘ = got. *laian* ‚schmähen‘. Vgl. isl. *lá* ‚schimpfen‘. [Vgl. auch lat. *la-tro* ‚bellen, wüten‘ etc.; *la-trans* (poet.) ein ‚Beller‘ bzw. Hund.] Derselbe Stamm mit dem Suffix -m zeigt sich im ais. *læmingr* ‚Lemming‘, was nach Torb ursprünglich ‚Beller‘ bedeutete. Die erweiterte, mit -m zusammengesetzte Wurzel meinte vermutlich dasselbe. Der Name **Lājamo* hieß vermutlich also ‚Beller‘, Hund, da Hunde die Beller schlechthin sind. Und der vorliegende Diminutiv

von Wölfin und Hure in der Romulussage beruhen muß und daß im Langobardischen wie auch im Deutschen ‚Zohe' (Hündin) synonym mit ‚Dirne' verwendet werden kann. Die Geburt von sieben Kindern auf einmal läßt an einen Wurf Welpen denken.

Die Winnilen waren, wie wir uns erinnern, Verehrer der ‚Frea'; sie wurden zu einem Volk Wodans, nachdem er ihnen einen Namen gegeben hatte. Viele Forscher – darunter auch die Autorin des vorliegenden Textes – nehmen an, daß die beiden im Altnordischen so genannten Göttinnen Frigg, Odins Gemahlin, und die schöne, aber moralisch zweifelhafte Wanin Freyja ursprünglich ein und dieselbe Gottheit waren (ARG II, 326). Wir können hier nicht näher darauf eingehen, aber typologisch gibt es keinen Grund, warum eine Göttin nicht einerseits Herrin und andererseits Geliebte sein oder von der einen Gruppe als Herrin und einer anderen als Geliebte verehrt werden könne.[307] Viele Gelehrte, angefangen mit Genzmer, behaupteten mit Bezug auf den berühmten Vers von Hjalti Skeggjason, daß Freyja ‚hündische' Merkmale zeige:

Vilk eigi goð geyja, grey þykki mér Freyja.

Ich will nicht, daß Götter bellen (= ich mag keine Götter, die bellen);
eine Hündin dünkt mich Freyja.[308]

Diesem wenig überzeugenden Beleg fügt F.R. Schröder die erste Strophe des *Hyndluljóð* hinzu, in der Freyja die Riesin Hyndla (Hündchen) als Schwester, *Hyndla systir*, anspricht (von See 156). Beide Stellen haben nicht die Beweiskraft, die man sich wünschen würde, aber die zweite ist besonders schwach, zumal Freyja etwas von der Riesin will und ihr eindeutig schmeichelt. Auch Hjaltis Vers besagt sicher nicht viel, aber wir müssen stets bedenken, wie wenig Belege wir eigentlich haben,[309] und die Beziehung Freyjas zum Hund ist sehr natürlich, da sie schließlich

---

Lājamicho bezeichnete den ‚kleinen Hund'. Es handelt sich hier also um einen Spitznamen; der richtige Name des Helden ist uns nicht überliefert" (1926, 326); zu Lamissio/Laiamicho/Lamicho siehe 325; s.a. Müller 1970, 229. Vgl. Hauck 1955, 208; Binder 54; Paul 118. Bezügl. germ. Namen des Typs ‚kleiner Hund' oder ‚Welpe' siehe Müller 1970, 72f., 224-230.

[307] Frigg ist mit Óðinn verheiratet, Freyja mit Óðr; beide Ehemänner neigen dazu, ausgedehnte Reisen zu unternehmen (5.2); siehe ARG II, 196. Die Frîja des Freitag, des *dies Veneris*, ist wohl die junge Liebesgöttin Freyja, nicht die matronenhafte Frigg, der ihr Name entspricht. Auch Friggs Moral ist zweifelhaft, vgl. Yng.S. 3, *Lokasenna* 26 und Saxo I. 25. Sie könnten sich in Skandinavien aufgesplittet haben oder immer schon zu derjenigen Art von Göttin gehört haben, die sich als Matrone und unverheiratetes Mädchen zu manifestieren vermag, als μήτηρ oder als κόρη; diese Erscheinungsformen haben eine Tendenz, sich auseinanderzuentwickeln; vgl. Harrison 1991, 272.

[308] Genzmer, zit. nach von See 1968, 156.

[309] Ich finde Genzmers Interpretation (die mit denen von Höfler, Hauck, Beck, F.R. Schröder u.a. übereinstimmt) immer noch überzeugender als von Sees Gegenargument. Von See bezieht sich auf abgeleitete Bedeutungen von *geyja* ‚bellen, anbellen' > ‚verleumden' und *grey* ‚Zohe' (d.h. Hündin) > ‚Dirne, Hure'. Aber kein mir bekanntes Wörterbuch weist ‚Hure' als mögliche Bedeutung von *grey* auf; stattdessen verzeichnen C-V, Zoëga, de Vries (AEWB)

auch – nach der merkwürdigen Aussage im *Grímnismál* (14, 4), daß sie die Hälfte der Toten auf der Walstatt erhalte – mit dem Tod in Verbindung steht:

Hálfan val hon kýss hverian dag
Enn hálfan Óðinn á.

Jeden Tag erwählt sie die Hälfte der Erschlagenen /
und Odin die andere Hälfte.[310]

Das ist alles, was wir haben; aber Freyja ist zweifellos eine Fruchtbarkeitsgöttin, und Tod und Fruchtbarkeit ergänzen sich charakteristischerweise. Ich hoffe deutlich zu machen, daß der Tod und der Hund in einem äußerst klaren Zusammenhang stehen; und wenn ‚Hündin' eine gewisse Lüsternheit mitbezeichnet, ist dies umso passender für eine Fruchtbarkeitsgöttin.

Wenn aber, wie Hauck hervorhob (1955, 207), die Mutter von Laiamicho eine Fruchtbarkeits- und Totengöttin in Hundegestalt ist, dann steht sie der wolfsartigen Acca Larentia in der Romulusmythe sehr nahe. Ist dies richtig, so muß der Vater ein kriegerischer Gott in Hundegestalt gewesen sein.[311] Wir sehen hier möglicherweise das alte Relikt eines Ahnenmythos.

Die Geschichte von der Abstammung eines frühen Königs von einem Hund ist, zusammen mit dem ursprünglichen Hundenamen des Stammes, Winnilen, und den hundeköpfigen Helmen der langobardischen Krieger, das Gegenstück zum Komplex von Wolfskrieger, Stamm und Ahne. Weit davon entfernt, nur die einfältigen Geschichten zu sein, für die sie Paulus hält, gehen diese Mythen auf älteste kultische und genealogische Traditionen zurück. Der Hund blieb weiterhin ein wichtiges Symbol führender langobardischer Familien, wie wir im folgenden noch sehen werden.[312]

---

und Gering (im Wörterbuch seiner Edda-Ausgabe) alle so etwas wie ‚nichtsnutziger Kerl' als figürliche Bedeutung von *grey*. Nach von See ist *grey* wörtlich die ‚läufige Hündin', aber wie gesagt, ich habe dies nirgendwo gefunden. Andererseits wird es kaum ein Kompliment gewesen sein, oder Hjalti wird nicht für drei Jahre wegen *goðgá*, Gotteslästerung (nach der bildhaften Bedeutung von *geyja*) ausgestoßen worden sein. Von See fragt sich, warum man den Vers im lästerlichen Sinne verstanden habe, wenn von Freyja bekannt sei, daß sie als Hündin erscheine. Jedoch offenbarten sich Götter im Jahre 999, als dieser Vers gedichtet wurde, nicht mehr tiergestaltig; daher mußte die Äußerung „Freyja ist eine Hündin" als Beleidigung und nicht als sachliche Angabe verstanden werden.

[310] *Kjósa val* ist ein Euphemismus für ‚töten', Vm. 41, 4: *val þeir kjósa*, von den Einheriern (2.1). Freyja erscheint eher wie eine Walküre und ist die Mundschenkin der Götter wie die Walküren für die Helden in Walhall. Jedoch müssen die Walküren ursprünglich den verschiedenen Totendämoninnen der irischen Sage geähnelt haben, und Freyja ist mit Sicherheit eine Schwester der Hekate.

[311] Woðanaz oder dieselbe Art von Gott mit anderem Namen. In der Langobardengeschichte sind Odin und Frigg bereits verheiratet. Es wäre interessant zu wissen, wann dies geschah. Die ältere Art von göttlicher Braut war die vom ‚Frau-Wodan-Typ'; man denke an Indra-Indrani und Zeus-Dione. Man erwartet, daß das Paar Wodan-Frea eine ‚Vernunftehe' wie Zeus und Hera führt; es gibt hier und dort Hinweise auf dieselbe Art gegensätzlicher Beziehung.

c) Die schwäbischen Welfe

„Warin, der Graf von Altdorf und Ravensburg in Schwaben, hatte einen Sohn Isenbart.[313] Dessen Gemahlin gebar einst zwölf Kinder auf einmal. Elf davon sollte auf ihr Geheiß eine Magd in einem Korb forttragen und ertränken. Der Graf Isenbart ertappte die Dienerin als sie ihr Vorhaben ausführen wollte. Er fragte sie, was sie im Korb trage, und sie antwortete: Junge Welfe. Da hieß sie der Graf den Korb öffnen. Er sah die Knaben und erfuhr von der Dienerin, die sich nicht weiter sträubte, den grausamen Plan der Gräfin. Seither hießen die Grafen zu Altdorf die Welfen.

Wie in vielen deutschen Sagen kommt hier die beabsichtigte Aussetzung der Kinder nicht zustande. Der Sage liegt vermutlich eine ältere zugrunde, in der die Grafen von Altdorf wirklich von Welfen (Hunden) abstammten. Zu diesem Schluß führt unter anderem der Hund im hessischen Wappen. Ein Überrest dieser Auffassung könnte die volkstümliche Redensart von den ‚blinden Schwaben' oder den ‚blinden Hessen' und der noch im 16. Jahrhundert[314] für die hessischen Welfen bezeugte Name ‚Hundehessen' sein. Im hessischen Gebiet war die Sage von den jungen Welfen und Hunden sehr verbreitet" (Binder 54f.).

8.3. Wolfsmänner und Hundemänner

Personennamen, die ‚Wolf' oder ‚Hund' bedeuteten oder aus Elementen mit einer solchen Bedeutung gebildet wurden, waren überall im indogermanischen Raum üblich.[315]

---

[312] Höfler sieht mit gutem Grund eine Wolfsverbindung auch in den Namen von Agio und Agilmund (1940, 121, Anm. 86).

[313] Ein Wolfsmaskenname, vgl. Isengrind; Müller 1967, 206; Blaney 24 und oben 3.4, Anm. 23.

[314] Nach J. Grimm war der Ausdruck auch noch im neunzehnten Jahrhundert im Gebrauch: „noch heute nennt man in ganz Deutschland, ohne zu wissen warum, beide die Hessen und Schwaben ‚blinde', und wer etwas nicht gesehen hat, das andern in die augen fiel, wird auf der stelle ‚ein blinder Hesse' gescholten ... Süddeutschen und Schweizern müssen die Schwaben herhalten: ‚blinder Schwab' ist schweizerisches sprichwort" (Geschichte der deutschen Sprache, zit. nach Binder 55, Anm. 23). Binder fügt hinzu: „Den Namen ‚Hundehessen' bezog man sekundär auf den hundähnlichen Löwen der hessischen Fahne, von den Schwaben erzählte man sich, ihre Kinder lägen nach der Geburt neun Tage lang wie die Hunde blind. Neben diesen volkstümlichen Deutungen [...] finden wir andere: die Hessen brachte man über die Chatten mit lat. ‚catus, catulus, catellus, catta', mit den Hunden in Verbindung. Diese Deutung hält schon J. Grimm für unrichtig und schreibt: ‚Sichersten aufschluß gewährt uns ... der mythos von den Welfen, der sich unter Baiern, Schwaben und Hessen, wahrscheinlich auch bei Skiren und Rugiern, in wechselnder überlieferung seit uralter zeit erhalten hat.'"

[315] ‚Wolf' war nach Müller 1970 4, das produktivste Element in Komposita und ist in Deutschland immernoch üblich: Wolfgang (vgl. *berserks-gangr*), in abgewandelter Form auch Adolf und Rudolf. Selbst das Simplex ‚Wolf' ist als Vorname nicht ungewöhnlich.

8.3.1. Die Lombarden

Wenn Vergil dem ängstlichen Dante von dem Windhund erzählt, der die Wölfin, vor welcher er flieht, töten und zum Retter Italiens aufsteigen wird, spielt er auf den Namen von Dantes großem Patron Cangrande I. aus der edlen Familie della Scala in Verona an.[316] In lateinischen Quellen, sowohl in offiziellen Dokumenten als auch in Dichtungen, wurde er *Canis magnus* ‚Großer Hund' genannt (Höfler 1940, 101). „Den Scaligern selbst aber muß das Hundsymbol teuer gewesen sein. Es prägt nicht nur ihr Wappenwesen, sondern auch ihre Namen: Nicht weniger als fünf unter den ersten neun Scaligerfürsten tragen Namen oder Beinamen dieser Art" (Höfler 1940, 102). Mastino I. (gest. 1277), der Onkel väterlicherseits von Cangrande I. (1291-1329), und Cangrandes Neffe Mastino II. trugen den Namen ‚Mastiff'.[317] Cangrande II. (gest. 1351) war ein Großneffe von Dantes Gönner; sein Bruder und Nachfolger Cansignorio war der neunte Fürst. Er und sein Enkel Canfrancesco „führen in ihrem Namen das Hundsymbol bis zum Ende der Scaligerherrschaft" (Höfler 1940, 103).

Die berühmten Grabmäler der Scaliger sind bedeckt mit Hundesymbolen. Während das Monument von Mastino I. nur die Leiter (Scala) zeigt, sind auf dem Cangrandes I. gekrönte Hunde zu sehen, die das Wappen halten, sowie der bedeutende Mann selbst mit einem Helm mit Hundekopf darauf.[318] Mastino II. trägt einen Helm von derselben Art, der auch die Giebelenden seines Monumentes, die vier Eingänge des Grabmals von Cansignorio sowie die Münzen der Scaliger schmückt (Höfler 1940, 104). Offensichtlich war der Hund für diese Familie ein sehr ehrwürdiges Symbol. Die Erklärung sowohl dafür als auch für die Namen findet sich im langobardischen Stammbaum der Scaliger.[319] Der hundeköpfige Helm ist ein me-

[316] „Von Can Grande wird von vielen Gelehrten angenommen, daß er ‚der Hund' des ersten Gesanges des *Inferno* sei, der sich ‚nicht aus Land und Reichtum, sondern aus Weisheit, Liebe und Tapferkeit speisen wird' und die Wölfin der Habsucht zur Strecke bringen soll; und die Beschreibung stimmt gut mit dem hier Gesagten überein", d.h. mit Canto XVII des *Paradiso*, wo das andere heraldische Symbol der Scaligeri, die Leiter des Familiennamens della Scala, „überragt vom imperialen Adler", keinen Zweifel läßt, daß Bartolommeo della Scala gemeint ist; der neunjährige Knabe ist Bartolommeos jüngerer Bruder Cangrande I., der zur Zeit von Dantes Vision neun Jahre alt wäre (Sinclair 1981, 250-253).

[317] Der Mastiff ist eine Doggenart, Anm. des Übers. „Spezie di cane che tengono i pecorai a guardia di lor bestiame", „eine Hundeart, die von Hirten als Wächter ihres Viehes verwendet wird." Tomaseo-Bellini, Dizionario della lingua italiana III, 140f., zitiert in Höfler 1940, 102, „mit Belegen aus Dante und Boccaccio", von denen Höfler „due grandissimi e fieri mastini", „zwei gewaltige und wilde Mastiffs" hervorhebt.

[318] Vgl. Paulus' *cynocephali* und die Eberhelme im Beowulf.

[319] „Es muß daran erinnert werden, daß einige, zugegebenermaßen grobe Namen des 13. und 14. Jahrhunderts, die, wenn man sie heute hörte, Gelächter oder Verwunderung hervorrufen würden, gerade bei den vornehmsten Fürsten Italiens vorherrschend waren. Von solcher Art waren die ‚Hunde' und ‚Mastiffs' in Veronas führendem Geschlecht, den Scaligern. Muratori: *Antiquitates Italiae medii aevi* (1740), zit. nach Höfler 1940, 102, Anm. 6. ‚Cane' war als Name oder Namensteil keineswegs so selten wie diese Passage behauptet. Höfler führt (107f., Anm. 31) eine lange Liste von Namen und Beinamen von Männern außerhalb der Familie della Scala aus dem zwölften bis vierzehnten Jahrhundert an; diese

tallischer Nachfahre der echten Hundeköpfe, welche die frühen langobardischen *cynocephali* getragen haben müssen, ein Verwandter der ursprünglichen κυνέη und von Romulus' wolfsköpfigem Helm, während der Hund selbst auf die Vorstellung des Stammes von ihrem eigentlichen Ursprung zurückgeht. Der Hundekopf oben auf dem Helm muß also, weit davon entfernt, bloßer Zierrat zu sein, als Symbolisierung des eigentlichen Wesens der Familie verstanden werden (Höfler 1940, 124).

8.3.2. Germanische Wolfsnamen

In seiner 1965 erschienenen Dissertation über ‚Wolf Dietrich A' belegt Kurt Abels auf überzeugende Weise ein Wolfskriegertum bei den Langobarden neben dem Hundekriegertum.[320] Es steht außer Frage, daß Wolfsnamen in Germanien und besonders bei den Indogermanen im allgemeinen gegenüber Hundenamen weitaus in der Überzahl sind. Es gibt zwei Grundtypen, die Schramm unter die Kategorien ‚der Maskenträger' und ‚der Mann als Tier' faßt. Der erste ist der *Wolfhetan*-Typ, bei dem das erste Element der Tiername ist und das zweite die Maskierung anzeigt. Die ais. Form ist *Úlfheðinn*. Offenbar war er ein Gattungsname, die Bezeichnung eines kultischen Kriegers, der zu einem Eigennamen wurde; als solcher ist er in Island seit dem zehnten Jahrhundert belegt, in Norwegen seit dem dreizehnten. Entsprechende westgermanische Formen, *Wolfhetan*, *Wolfhetin*, *Wolfetin*, sind seit dem achten Jahrhundert bezeugt.[321] *Heðinn* hieß ein kurzer Pelzmantel mit Kapuze – „keine Fellbekleidung im gewöhnlichen Sinne, sondern Kopf und Rumpf verhüllende Masken."[322]

Heðinn ist „einer der wenigen germanischen Personennamen, die aus Beinamen entstanden sind,"[323] nach Rosenfeld, der ihn als primären Namen ansieht; andere halten *Úlfheðinn* für primär und *Heðinn* für eine Kurzform. Nach dem Muster von *Úlfheðinn* sind *Biarnheðinn*, *Skarpheðinn* gebildet, vgl. fränk. *Gundhetan* und

---

Namen stammen zum allergrößten Teil aus Norditalien, d.h. aus der Lombardei selbst oder aus Gebieten, in denen der langobardische Einfluß besonders groß war.

[320] Jörg Jarnuts Bonner Dissertation von 1972 über die Namen bedeutender Persönlichkeiten im langobardischen Königreich (568-774) enthält eine reichliche Zahl typischer Wolfsnamen, die meist zumindest teilweise latinisiert wurden, etwa ‚Bertulfus' – zwei Äbte aus dem siebenten Jhdt. – und ein ‚Guerulfus'. Mehrere Männer hießen Gisulf oder Gisulfus, wie ein Neffe von Alboin und der erste Herzog von Friaul, wo Wolfsnamen besonders häufig sind. [Jedoch fangen Wolfsnamen schon im sechsten Jahrhundert an aufzutreten, in dem fremder Einfluß schwer auszuschließen ist (Paul 123).] Gisulf muß, wie Abels erläutert, ein kultischer Name sein: ‚des Wolfes [d.h. des Wolfsgottes] Geisel' (53).

[321] Siehe Müller 1967, 201:. „Der hiervon kaum zu trennende Name *Ulphetan* aus dem liber confraternitatum des Klosters Reichenau dürfte langobardischer Herkunft sein."

[322] Müller 1967, 200. Siehe de Vries AEWB 215. „Falks Erklärung (NVS 1919, 190) aus *haðna* ist sehr einleuchtend, würde aber voraussetzen, daß dieses Wort auch den Westgermanen bekannt war, obgleich wir dorther nur Formen mit einem l-Suffix kennen." Eine Ableitung von *haðna*, Ziege, ist in der Tat bemerkenswert: wieder einmal unsere Verbindung von Wolf und Ziege! Und, wie wir gesehen haben, trugen ‚Wölfe' sehr häufig Ziegenfelle.

[323] „[...] wie *Karl* ‚Mann' und *Ernust* ‚Kampf'" (Rosenfeld 1966, 254-257).

bayer. *Mardhetin*, im hochdt. Raum die Synonyme *Wolfhroc* und *Wolfhroch*; dergleichen Namen sind für das achte Jahrhundert belegt, sowie *Hrocholf*, das *Hedenulf* entspricht.[324]

Der zweite Typ mit dem Tiernamen an zweiter Stelle ist bei den Indoeuropäern verbreiteter. Schramm zitiert als Beispiele griech. Αὐτόλυκος, ' Επίλυκος, Ἑρμόλυκος, serb. *Milovuk*, *Dobrovuk*; westgot. *Athaulfus*; RNor. *Haþuwol^afR*. Tiernamen wurden zu Heiti: daher *jöfurr* ‚Eber' = Fürst, *úlfr* = Krieger. Damals „ist es noch lebendiger Dichterbrauch, den Mann mit dem Wolf gleichzusetzen, wie Kriegerkenningen zeigen, die als zweites Glied *-wulf*, als erstes *gûð-*, *hilde-*, *wîg-*, *heoru-*, *wael-* usw. enthalten" (Schramm 79). Daher wurde der Stein von Istaby (7. Jhdt. = Krause 41) für *Hariwul^afa* von *Haþuwul^afR Haeruwul^afiR* (= H's Sohn) errichtet. Diese Namen bedeuten wörtlich ‚Heerwolf', ‚Schlachtwolf', ‚Schwertwolf', „denn diese Verbindungen stimmen ganz zu ae. *hildewulf* und *heoruwulf*. Schließlich berichtet Prokopius von einem Ostgoten Γουνδοῦλφ, ὅσπερ [...] τινες δὲ αὐτὸν Ἰδοῦλφ ἐκάλουν."[325]

Andererseits war ‚Hund' als Grundwort für einen Männernamen bei den Germanen nicht allgemein verbreitet wie bei den Kelten, und Schramm ist der Ansicht, daß es sich dabei, wenn es doch auftaucht, um eine ‚Tabu'-Bezeichnung für ‚Wolf' handelt. Schramm zitiert den Namen *WiduhudaR* auf der Schnalle von Himlingøje, c. 200 (= Krause 37), im Altisländischen **Viðhundr*, ‚Waldhund'. Jordanes' legendärer gotischer Held *Vidigoia* und ein alemannischer König aus dem vierten Jahrhundert bei Ammianus, der als *Vidigabius* denselben Namen trägt, sind die ‚Waldbeller' (**-gauja*, **-gaujis* = ais. *geyja*, ‚bellen'; meistens beim Wolf verwendet), was mit Sicherheit eine Umschreibung für den Wolf ist.[326]

8.3.3. Irische Hunde- und Wolfsnamen

Anne Ross bemerkt die Häufigkeit des ‚Hunde'-Elements in den Namen von frühen Inselkelten. In der britischen Tradition finden wir z.B. *Cunobelinus*, ‚Hundebelinus'; „im frühen Walisischen *Cynhaval*, ‚wie ein Hund' oder *Cynon*, ‚großer oder göttlicher Hund'" (1967, 340). Im alten Irland war der „Hund das

---

324 hrôc = ‚ein aus Tierfell gefertigtes Kleidungsstück', ‚kurzer Rock'; vgl. Müller 1970, 201ff. mit zahlreichen Beispielen. Siehe auch Schramm 74-77.

325 Schramm 77f. „Ein solcher Zweitname, der nicht als Kosename oder als charakterisierender Beiname zu deuten ist, dürfte für einen Germanen ganz ungewöhnlich sein. Offenbar liegt hier ein Spiel zwischen zwei gleichbedeutenden Mannkenningar – ae. *gūðwulf* und *hildewulf* – vor" (79).

326 Schramm 83. Vgl. den ‚nicht im Hause lebenden Hund', oben 3.2.3. Sind nicht diese ganzen Umschreibungen mit ‚Hund' doch eher Kenningen als Tabu-Umgehungen, da sich die frühen Germanen durchaus nicht sträubten, den Wolf zu benennen? Und obwohl es zutrifft, daß Personennamen mit ‚Hund' selten im Vergleich mit Wolfsnamen sind, kann doch eine überraschend große Zahl von Hunde-Simplicia – ‚Hund' allein – von Ortsnamen auf -ing und -heim abgeleitet werden, was Müller zu dem Schluß führt, daß ‚Hund' in einer früheren Epoche bei den Germanen als Name weit verbreiteter gewesen sein muß (1970, 69f.) Zu Siedlungen mit -ham/-heim und deren Bezügen zu Männerbünden und dem *Ver sacrum* siehe Price 1994, 54-59.

Symbol für Kriegertugend *par excellence*" (McCone 1984, 13). Diese Tatsache erklärt „die Häufigkeit des Elementes *Cú*, das die Tapferkeit im Krieg als eine der grundlegenden königlichen Qualifikationen zum Ausdruck bringen sollte, in den Namen von Königsheroen und historischen Königen." Der große Held Cú Chulainn ist das berühmteste Beispiel; ein anderes ist der mythische König Cú Roi, „der Hund des Schlachtfeldes" (Le Roux 379); die Genealogien sind voll von diesen Namen. „Der Index des *Corpus Genealogiarum Hiberniae* zählt beispielsweise achtzig Namen dieser Zusammensetzung auf; einige wie *Cú-allaid*, *Cú cen Máthair*, *Cú Ulad* usw., die bei vielen verschiedenen Personen bezeugt sind, und andere wie das fast unglaubliche *Cú-chon mac Cind-fáelad* (‚Hundes Hundesohn des Wolfskopfes')" beruhen auf einer Fülle von Verbindungen mit Hunden und Wölfen.[327]

Wie man erwarten kann, ist die Finn-Tradition bei Hundenamen reichlich vertreten: *Cumall* (Finns Vater) ist ein Beispiel. Ein anderes ist *Conchenn*, der Name des Vaters von Finns Pflegevater, *Fiacail mac Conchinn*, was ‚Hundekopf' bedeutet.[328] Ein berühmter Held, „der in mancherlei Hinsicht eine Verfielfältigung der Finn-Figur selbst ist," ist *Conán* (kleiner Hund) *mac Morna*. Dasselbe Diminutivbildungsglied an einem der Worte für Wolf, *fáel*, zeigt sich im Namen *Fáelán* (‚kleiner Wolf') eines von Finns Söhnen und von einem Sohn von Finns Mitstreiter Cailte; außerdem gibt es einen *fénnid* dieses Namens im *Tripartite Life* von St. Patrick.[329]

Faél bedeutete ursprünglich möglicherweise ‚Heuler' (vgl. ‚Waldbeller'). Andere Ausdrücke für Wolf waren *cú allaid* (‚wilder Hund', vgl. oben ‚der nicht im Hause lebende Hund') und *mac tíre* (‚Sohn des Landes'). Das indoeuropäische Wort für Wolf, **w̥lkʷos*, weist keine sicheren Belege im Keltischen auf; es scheint jedoch im Altirischen in einigen Personennamen als *Olc* weitergelebt zu haben. *Olc* ist nicht das, was man erwarten würde, nämlich die irische Entwicklungsform von **w̥lkʷos*/**lúkʷos*, und scheint nur dann möglich, „wenn dieses auf plausible Weise in einem Zwischenstadium der Vorgeschichte des Irischen in **ulkʷos* umgeformt worden sein kann [...]. Ó Cathasaigh hat das gesamte Problem bezüglich *Olc-* der bis heute genauesten Prüfung unterzogen [...] und hält versuchsweise die Wolf-Verbindung aufrecht, indem er eine Tabu-Umgehung vorschlägt. Ó Cathasaigh hat das semantische Argument in den Vordergrund gerückt, indem er die Verbindung mit Hund oder Wolf bei zwei mythischen Trägern dieses Namens in der altirischen

---

327 McCone 1984, 12. „Der dynastische Nuadu hat einen Sohn Cú Oiss (‚Hirschhund') [...] (Carey 1984, 21).

328 „In einer alten irischen Dichtung wird Cú Chulainn, der Held aus Ulster [...] als ein *cumall* beschrieben; das Wort wird vom Schreiber mit *cú* kommentiert [...]. Auch wenn wir annehmen, daß der Name von Finns Vater ursprünglich *Umall* lautete, [...] ist es bemerkenswert, daß der Name wohl zu einem archaischen oder poetischen Wort für ‚Hund' wird. Es ist sicher nicht unangemessen, in diesem Zusammenhang zu erwähnen, daß die seltene Bezeichnung Baiscenn oder Baiscne, die als Name von Finns Großvater bzw. Vorfahre (*Finn úa Baiscne*) erscheint, ebenso als Name von Medb's Welpe auftritt, die kurz im Zusammenhang mit dem Viehdiebstahl erwähnt wird" (Nagy 243f., Anm. 19).

329 „Die anscheinend hundeartige Natur der *fénnidi*, besonders der Fenier, verweist auf ihre kriegerische Identität" (Nagy 44). Beispiele für von *blaidd* ‚Wolf' abgeleitete walisische Personennamen sind *Bleidic, Bleddyn, Bleddri, Bleiddudd* (Ross 1967, 342).

Literatur, Olc Aiche und Olc Aí, hervorhob, die er einer ‚weitverbreiteten Gattung von Hundewächtern aus dem Jenseits‘ zuordnete“ (McCone 1985, 171f.).

Das semantische Argument wird durch die Geschichte der Geburt von St. Olcán im *Tripartite Life* unterstützt. Olcán wurde nach dem Tod und der Beerdigung seiner Mutter in deren Grabmal geboren. Der König und St. Patrick hörten seine Schreie und gruben ihn aus. „‘Das ist böse‘ (*olc sin*), sagte der König. ‚Dann soll sein Name ‚Olcán‘ sein‘, sprach der Druide, und Patrick taufte ihn [...]. *Olcán* ist zweifellos ein Diminutiv von *Olc*, das auf einer *ogam*-Inschrift und woanders in einer älteren Form als das Genitiv *Ulccagni* bezeugt ist, und wir dürfen annehmen, daß sich der oft noch als q(q) unterschiedene Labio-Velar im *ogam* sehr früh zu einem klaren Velar in der Nachbarschaft von u, wie davon unabhängig auch im Griechischen, dissimiliert hatte. Da diese Geschichte einer postmortalen Geburt in einem Grab eine auffallende Parallele zu der Sage *Aided Cheltchair maic Uthechair* aufweist, in der sich der Bericht von der Geburt der drei großen mythischen Hundewächter der Bewohner des Jenseits in der irischen Tradition findet, nämlich von Mac Da Thó's Ailbe, Culann's Hound und Celtchar's Daél-chú, scheint es durchaus möglich, daß der heilige Olcán eine christianisierte Version eines solchen hundeartigen Wächters wie St. Ailbe of Emly ist [der denselben Namen wie Mac Da Thó's Hund trägt und einen Vater namens Ol-chú ‚großer Hund‘[330] hat] [...]. Große wilde Hunde solcher Art [...] waren die archetypischen Verkörperungen des kriegerischen Ethos und sind als Maskottchen von [...] Kriegern, die als *díberga* oder *féindidi* bekannt waren, überliefert [...]. Es ist nicht überraschend, daß Jagdhund und Wolf in dieser Symbolik sehr eng miteinander verbunden wurden [...]“ (McCone 1985, 172f.).

McCone legt nahe, daß der Wolf-Terminus *mac tíre* sich ursprünglich auf die *féindidi*-Krieger bezogen habe, „die sich wenigstens während der Sommermonate von dem ernährten, was das Land hergab, wie im Falle der *meic thíri* deutlich ist, die als Geiseln zur Bewahrung des königlichen Friedens dienten (BD^2 II 603-605), und dann auf die mit ihnen verbundenen Wolfsmaskottchen übertragen wurde.“ Dann, „wenn *mac tíre* sowohl auf den Wolf als auch auf den umherschweifenden Krieger verwiese, könnte *olc* sich sehr gut zu einem ähnlichen Bedeutungsbereich entwickelt haben [...]“ (McCone 1985, 172f.).

Die Semantik ist verlockend, und McCone wendet sich sodann in der Hoffnung, eine bessere Erklärung als die älteren Annahmen einer Tabu-Verfremdung oder einer Übernahme aus dem Illyrischen zu finden, der phonetischen Seite des Problems zu. Er behauptet „eine frühe Lautumstellung, vor oder verbunden mit der Vokalisierung syllabischer Liquide zu *li*, *ri* oder *al*, *ar* im Keltischen, von Syllabizität bei Gruppen auf -w zuzüglich syllabischer Liquide, um u- plus konsonantische Liquide zu ergeben. Als Resultat würde aus **wl̥k^{w}os* ein **ulk^{w}os* (später **ulkos*), woraus *olc*, Gen. *uilc*, ohne die geringste Schwierigkeit folgt.“[331]

[330] McCone 1984, 14 Anm. 42. St. Ailbe wurde von einer Wölfin gesäugt („eine Nebeneinanderstellung von Wolfs- und Hundeverbindungen“).

[331] McCone liefert weitere Beispiele um die Begründung dieser Hypothese zu belegen. Am überzeugendsten ist air. *olann* ‚Wolle‘ von indoeur. **wlHneH$_2$*, „das ein klares Argument für die Ableitung von air. *olc* < **wl̥k^{w}os* liefert, wie dunkel die Einzelheiten auch sein mögen“ (1985, 175).

Die *$lúk^{w}os$-Variante scheint ebenfalls Spuren hinterlassen zu haben. St. Mochtae of Louth fand einen kleinen Jungen alleine, nannte ihn ‚Luchar' und erzog ihn, bis er zum Bischof ernannt und ausgesandt wurde, um eine Kirche zu gründen: „'bau für dich eine Kirche an jenem Ort zwischen Meer und Bergen, an den dich ein Wolf (*lupus*), der seine Wildheit ablegt, friedfertig führen wird'", wozu McCone bemerkt: „Während die Zähmung von Wölfen ein hagiographischer Gemeinplatz in irischen Heiligenviten war, kann dies nicht von der Mitwirkung eines Wolfes bei einer Kirchengründung gesagt werden. Luchars Verbindung mit dem Wolf ist in dieser verkürzten Erzählung sicher bedeutsam und kann durchaus ein heidnisch-mythisches Relikt sein. Eventuell wurde von Luchar angenommen[...], wie bei St. Ailbe of Emly, daß er von Wölfen aufgezogen worden war [...]; es kann kaum ein Zufall sein, daß Luchars Name und wölfische Verbindungen zusammenkommen [...]. Außerdem wird der Mann, der Ailbe von dem Wolf weggebracht [...] und in eine britische Familie gegeben hat, damit er dort aufwachse, *Lochán* genannt, das vermutlich von **Lukagnos* abstammt, ähnlich wie *Olcán* von **Ulkagnos*, aufgrund einer frühen Abwandlung von k^{w} zu *k* in der Nachbarschaft von *u*."[332]

8.3.4. Griechische Helden mit Wolfsnamen

Die folgende Auflistung und Kommentierung stammt, wenn nicht anders angegeben, von Gershenson 1991 (67-77). Wir finden diese Wolfsmänner in Verbindung mit Apoll (und manchmal auch mit Zeus und Hermes), mit Zwillingen und dem Tod, mit Menschenopfern, Geschwindigkeit, Verschwinden und Erscheinen, mit Priesterschaften, Kolonisten und mythischen Ahnen und treffen sie geblendet oder einäugig an.

---

[332] Der Leser wird sich bei Luchar an die sabinischen Legenden von Koloniegründungen erinnern, bei denen der Wolf oder ein anderes dem Mars zugehöriges Tier den Wanderern den für sie bestimmten Platz anzeigt, sowie im Falle des Ailbe an die wölfischen bzw. hündischen Nährerinnen oder die mit einer Wölfin oder Hündin verheirateten Stiefväter von Romulus und Remus oder Kyros und die Ableitung ihrer Namen vom Wolfsgott (Faustulus-Faunus, ein Sohn des Mars) oder vom Gott der Männerbünde (Mithradates-Mithra).
Ein anderer Kandidat ist der Luch-donn, „ein großer und wilder Hund, der in der Wildnis gefunden und von einer Witwe aufgezogen wurde, die er mit ihrem Vieh später tötet, bevor er anfängt zu wildern und von einem abgelegenen Lager aus Ulster heimzusuchen. Meyers Übersetzung ‚Dun Mouse' ist kaum die angemessenste, und eine stereotype (zumindest originelle) Bedeutung wie ‚wolfsbraun' (*wolf-donn*) oder eher ‚Wolfsfell', *t(h)onn*, in genauer Analogie zum altnord. *ulf-heðinn* [...] scheint weitaus passender zu sein. Darüberhinaus verweist DIL auf weitere Beispiele, einige mit geringen Variationen in der Schreibweise, und die meisten aufgrund kriegerischer Konnotationen vorzüglich mit einer Wolfs- oder Hundesymbolik zu vereinbaren [...]" (1985, 175).
„Allerdings wirft *Loch-án*, *Luch-* verzwickte Probleme auf (außer wenn es vielleicht ein u-Stamm geworden wäre), bezüglich der genauen Umstände, unter denen *u* dazu neigte, vor *ch* < *k^{w} zu fallen, aber das ist auch der Fall bei *luch*, gen. *lochad* ‚Maus' (von einem einwandfreien **lukot*-Stamm, wie GOI 206 zeigt). Es gibt sicher keine Alternative zu einem ursprünglichen u-Vokal, die das phonetische Problem nicht noch schlimmer machen würde" (176).

Lykos

I. Sohn von Pandion, Begründer des Kultes von Apollo Lykeios in Athen. „Das Lykeion [...] liegt nahe dem Heiligtum von Herakles in Kynosarges (‚Weißer Hund' oder ‚Schneller Hund') und auch nicht weit entfernt von Alopekai (‚Füchsinnen') [...]. Dieser Lykos und die anderen mehreren zwanzig Helden desselben Namens sind im weitesten Sinne Spiegelungen von Apollons im Wolf-Epitheton dargestellter göttlicher Natur." Er ist „in den Quellen als Ahnherr der *Lykomidai* bekannt, eines Geschlechtes von Priestern und Propheten, als Gründer von Lykien in Kleinasien, wo er sich aufhielt, nachdem er aus Athen verbannt worden war, und als Wiederhersteller der Mysterien von Andania im Messenien" (69).

II. Ein Lykos (Lykôros) war „ein Angreifer auf die Tempelanlage [in Delphi], der während des Ersten Heiligen Krieges im frühen sechsten Jahrhundert versuchte, den Dreifuß des Apoll zu stehlen [...], dabei jedoch gesteinigt wurde" (69).

III. Ein dritter Lykos ist ein König von Theben, Vater oder Onkel von Herakles' Gemahlin Megara, den dieser bei seiner Rückkehr aus dem Hades tötete [...]. Er ist im Kontext der Erschlagung eines anderen Wolfsheros durch Herakles, Lykaon, zu sehen [...]" (70).

IV. „Es gibt einen weiteren Lykos, ebenfalls König von Theben, den Ehemann der Dirke, welche die Antiopê, die Mutter der berühmten Zwillinge Amphion und Zethos, verfolgte, [...] eines Paares, das seit der Antike als ein Ebenbild [...] der Dioskuren angesehen wurde, und der außerdem irgendwie mit einem verwandt ist, der den Wolfsnamen trägt" (Tochter eines Lykurgos, Ehefrau eines Lykos oder Lykurgos) (70f.). Zwillinge erscheinen häufig mit einem Wolf oder haben Wolfsnamen (72) und sind Männerbünden beigesellt (Wagner 1960).

V. Lykos, Sohn des Daskylos, Enkel des Tantalos und Enkel mütterlicherseits des Flusses Lykos, ist der König der *Mariandynoi*, die die Argonauten empfingen und in ihrer Trauer für den Seher Idmon eintraten. Das Land des Lykos und der *Mariandynoi* hat unzählige Verbindungen zum Tod (72).

VI. Lykos, der König von Libyen, der Fremde seinem Vater Ares opferte. „Das Thema des Menschenopfers [...] steht im weiteren Zusammenhang mit dem Wolfsnamen" (72).

Autolykos

Sohn des Hermes und mütterlicherseits Großvater des Odysseus und Herakles' Lehrer im Ringkampf. Er lebte auf dem Parnaß, dem heiligen Berg Apolls.

Harpalykos

I. Als „*avatar* des Autolykos" war er ebenfalls ein Sohn des Hermes, Herakles' Lehrmeister in den Kriegskünsten und in der Nähe des Parnaß zu Hause. „Hier sehen wir den ‚echten Wolf' abwechseln mit dem ‚raubgierigen Wolf' [...]. Er hatte eine Tochter, Harpalyke. „Die verschiedenen Versionen der Geschichte der Harpalyke sind bemerkenswert hinsichtlich der Ausgestaltung des Zusammenhangs von Wolfsnamen und Tod sowie desjenigen von Wolfsnamen und Schnelligkeit [...]" (73).

II. König eines thrakischen Stammes und Vater einer „bewaffneten [...] Jungfrau Harpalyce, die schneller laufen konnte als Pferde“, vgl. Vergil: Aen. I, 316ff. (74).

Lykaon

I. Sohn des Pelasgos und Gründer der Stadt Lykosura (Wolfsschwanz) auf dem Berg Lykaion sowie Begründer des Heiligtums und der Spiele des Zeus Lykaios. Er opferte dem Zeus ein menschliches Kind (Pausanias) oder bot eines seiner Kinder den Göttern bei einem überraschenden Besuch zum Mahl (Plinius) und wurde mit der Verwandlung in einen Wolf bestraft. Seitdem wird immer bei den Feiern des Zeus Lykaios einer seiner Nachfahren zu einem Wolf: er hängt seine Kleidungsstücke an einen Baum und durchschwimmt einen See, um als Wolf wiederaufzutauchen. Ein solcher bleibt er neun Jahre lang; dann, wenn er davon abgelassen hat, Menschenfleisch zu essen, darf er durch den See zurückschwimmen, seine Kleider anlegen und wieder ein Mensch sein (75).[333]

II. „Eine weitere heroische Figur namens Lykaon ist der von Achilles, nachdem dieser ihn in die Sklaverei jenseits des Meeres verkauft hat, getötete Sohn des Priamos [Illias XXI, 34ff.]. Er zeigt Charakterzüge, [...] die mit dem Wolfsnamen verbunden sind, indem er über das Meer verschifft wurde und plötzlich gegen alle Erwartung zurückkehrt, Züge des grenzüberquerenden, von einer Welt in die andere wechselnden und nach einer Phase der Abwesenheit oder Unsichtbarkeit wiedererscheinenden oder sich wieder manifestierenden Wolfes“ (75).[334]

Lykomedes

I. Athener, Vorfahre der *Lykomidai*.

II. König von Skyros in der Theseus-Sage (Jeanmaire 328).

III. „Ein anderer Lykomedes, dieser von der Insel Samos, tritt in der Genealogie der Insel auf und stammt von dem alten epischen Dichter Asios von Samos ab. ‚Lykomedes ist möglicherweise der mythische Stammvater einer samoischen Familie,‘ schreibt G.L. Huxley [...]“ (76).

Lykoreus

„Lykoreus oder Lykoros war der Sohn des Apollon und der Nymphe Korykia [...]. Die Stadt auf den Korykischen Höhen des Parnaß oberhalb Delphis war nach ihm Lykoreia benannt“ (76).

Lykurgos

I. Thrakischer König, Sohn des Dryas, Verfolger des Dionysoskindes; für diesen Frevel wurde er mit Blindheit geschlagen (Jeanmaire 576). „Wenn sein Name uns in den Umkreis des Apollo versetzt, so verbinden ihn seine Taten und der Name seines Vaters [*δρύς*, Baum] mit Dionysos, der unter dem Epitheton Dendrites der Gott der Bäume war“ (76).

---

333 Siehe auch 8.2.3.1a. Zu allen Einzelheiten und Besonderheiten dieser berühmtesten Werwolfgeschichte siehe Jeanmaire 562.

334 Siehe unten 9.5. Dieses Kennzeichen steht meines Erachtens hinter Auftreten und Verschwinden des Wolfsgottes Odin.

II. „Sohn des Boreas, des Nordwindes, und Stiefbruder des Butês, des Ahnen des alten athenischen Adelsgeschlechtes der *Eteobutadai* nach einer altertümlichen Athener Version der Butes-Sage. In einer anderen Fassung der Geschichte ist er der Sohn des Poseidon." Die Athener Version ist eine Geschichte von Seeräuberei, Kolonisation und Brautraub. Lykurgos und Butes geraten ins Unglück, als sie eine Feier von Mänaden überfallen. „Eine ähnliche Geschichte scheint der Fassung zugrunde zu liegen, in der sich Butês, der Sohn des Lykurgos, selbst bei den Mänaden für den Tod seines Vaters rächt. In dieser Version finden wir einen anderen Lykurgos, der ein Feind des Dionysos und der Mänaden ist und in einem Poseidon-Kontext steht; von den *Eteobutadai*, bei denen Lykurgos ein verbreiteter Name war, wurde das alte Priesteramt des Poseidon im Erechtheion bekleidet, während ihre Frauen Priesterinnen der Athena Polias waren" (77).

III. Der legendäre einäugige Gesetzgeber Spartas, dessen Verbindungen zum Thema der Altersklassen und Einweihungen kaum erwähnt werden müssen (siehe Jeanmaire 582, 587).

IV. *Myrioi*, sowohl mythisch als auch ‚aus Fleisch und Blut'. Der Name Λυκουργός ist λύκος ‚Wolf' und ἔργον ‚Werk' oder *ἔργω ‚arbeiten'. Er ist so sprechend, daß er eine kultische Bedeutung gehabt haben muß. Es ist schwer, nicht an McCones Übersetzung von air. *oc faelad* ‚bei wölfischer Tätigkeit' zu denken. Darf man von dem Namen *Lykurgos* sagen, „daß sich sein Träger gewohnheitsmäßig einer wölfischen Raserei überläßt (*fri faelad*)"? (McCone 1987, 105)

Oiolykos

„Der Name *Oiolykos* bedeutet ‚einsamer Wolf'" Wie Herodot berichtet, leitete Oiolykos' Vater Theras eine Gruppe von Kolonisten, die von Lakedämon aus in See stachen, um eine Niederlassung auf Calliste, später Thera, zu gründen. „Aber als Theras' Sohn nicht mit ihm segeln wollte, sagte ihm sein Vater deshalb, daß er ihn als Schaf unter Wölfen zurücklassen würde; danach erhielt der Jüngling den Spitznamen *Oeolykos*, der sich schließlich als sein richtiger Name durchsetzte" (IV, 149; Loeb 351). Ein Antikolonist? Hier ist manches etwas merkwürdig: ‚einsames Schaf' wäre passender.[335]

8.3.5. Wolfs- und Hundemänner bei den Skythen

In den skytho-sakischen Sprachen finden sich die Personennamen Οὔργιος, Οὐργάδακος, die auf das Wolfswort *vohrka-* aus dem Avestischen zurückgehen (Ivancik 316). Die ‚Annalen' von Esarhaddon berichten von der Niederlage der Armee des skythischen Königs Ispakaja zwischen 680/679 und 677/676 v.u.Z.

[335] A.D. Godley, der Loeb-Übersetzer, glossiert: „wörtlich Schafswolf"; das ist zwar passend genug, doch scheint ihm niemand zu folgen. Gershenson: „Bei den dorischen Kolonisten der Insel Thera [...] tritt ein gewisser Oiolykos, ein Sohn des Theras (‚das Tier') und Vater des Aigeus auf [Hdt. 4, 149]. Die Geschichte zeigt eine Wolfsgestalt als Anführer eines Bündnisses von Siedlern, die eine Kriegergemeinschaft der wohlbekannten Art gebildet haben müssen" (77). Ich bin ebenso bestrebt, Wolfskolonisten und Werwolfbruderschaften aufzuspüren, aber leider ist der Punkt dieser Anekdote der, daß Oiolykos gerade nicht mit der Kolonistenfraktion fortzog.

„Dieser Name *Ispaka(ja)* hat eine sehr eindeutige Etymologie und muß **Spaka* oder **Spakāya* (iranisch: Hund) als eigentliche Form haben; das ‚i' am Wortbeginn ist als prothetisches Klangelement hinzugefügt worden, um zu verhindern, daß das Wort mit einem doppelten Konsonant beginnt, was der akkadischen Sprache nicht möglich ist." Ein analoger Name *Σπάκος* findet sich in einer Inschrift von Olbia (IOSPE, I, Nr. 133); vgl. Kyros' Amme Spako (oben 8.2.2; Ivancik 326f.).

8.3.6. Slawische Wolfsmänner

Vuk ‚Wolf', „ist ein geläufiger serbischer Personenname seit dem frühen Mittelalter" (Jakobson u. Ruzicic 1950, 344), und ‚-vuk' ist als Teil eines zusammengesetzten Namens ebenso verbreitet. Schramm nennt *Milovuk* und *Dobrovuk* in Analogie zu *Autolykos*, westgot. *Athaulfus* und ähnlichem (8.3.2 u. 3). Der Heros Vuk Grgurovic wurde *Ognjen Vuk* ‚feuriger Wolf', *Zmaj despote Vuce* (voc?) ‚Drachenzwingherr Wolf', *Zmaj i Vuk Ognjeni* ‚Drachen und feuriger Wolf' genannt; „in den im letzten Jahrhundert aufgezeichneten Liedern war der übliche Name des Helden *Zmaj Ognjeni* (oder *Ognjen*) *Vuk* (oder *Vuce*): ‚Feuriger Drachenwolf'" (Jacobson 344). Die bei seiner Geburt offenbarten Zeichen „wurden für Omina eines Werwolfs und ebenso eines wundersamen und glücklichen Kriegers gehalten". Alle Lieder stellen ihn als beides gleichermaßen dar: als „Werwolf" und als „ungeheuren Krieger" (Jacobson 345).

Verwandt sind „drei russische Erzählungen – die volkstümliche Byline[336] über Volx (d.h. ‚Magier') Vseslav'evic, die faszinierende Abschweifung über Vseslav in der Igorsage und der episch ausgeschmückte Bericht der *Ersten Chronik* bezüglich des Lebens von Prinz Vseslav von Polock. Die Quellen dieser Legenden liegen in einem mündlich überlieferten Epos, das den berühmten Führer preist, der die Phantasie seiner russischen Zeitgenossen durch seine tapferen und dramatischen Abenteuer beflügelte.

„Dieses Epos erweist sich der Reihe nach als Anwendung und Adaption einer alten slavischen Werwolfsage auf einen wirklichen Menschen."[337] „Einige Motive der Sage vom Werwolfprinzen sind, soweit sie auf der Basis des Vseslav-Epos rekonstruiert werden können, im Vuk-Zyklus vorsätzlich ausgelassen oder umgestaltet worden, doch andererseits sind manche Motive eigentlich besser in der serbischen Tradition überliefert. Und es besteht die Vermutung, daß *Vuk* (**Vilku*) möglicherweise sogar schon im gemeinslawischen Grundtypus des Epos zum Namen des Helden gehörte. In diesem Fall wäre der *Volx* (‚Zauberer') der russischen Byline aufgrund einer semantischen Richtigstellung ein Substitut für *Volk* (‚Wolf')" (Jacobson 355).[338]

---

336 Episches Heldenlied der russischen Volksdichtung, Anm. d. Ü.

337 Jacobson 343. Diese Byline erzählt die Geschichte eines Helden, der eine Schar von Wölfen befehligte, siehe Christinger 19.

338 Wolfsnamen im Sanskrit schließen *Vṛkakarman* (‚Wolf' plus ‚Arbeit', vgl. *Lycourgos*), *Vṛkabandhu* (Wolfsverwandte) und ebenso das Simplex *Vṛka* ein (Schrader 965).

8.4. Κυνοκέφαλοι

Wir haben die langobardischen *cynocephali* ebenso wie die hundeköpfigen Helme der Fürsten Scaligeri kennengelernt und festgestellt, daß diese offenbar in eine Zeit zurückreichen, in der es noch keine Rüstung gab und der Krieger, oder zumindest der *koryos*-Kämpfer, ein tatsächliches Tierfell bzw. den Tierkopf über seinem eigenen Kopf trug, wobei sein Gesicht aus dem offenen Wolfsrachen herausschaute; wir verfügen über anschauliche Illustrationen – vom κυνέη des Hades, dem Wolfspelz des Romulus und Herakles' Löwenhaut – und sehen, wie es getragen wurde. Die europäische Folklore ist voll von hundeköpfigen Männern, und obgleich die Verbindung zur Tradition der Kultkrieger häufig verlorenging, kann es keinen Zweifel geben, daß all diese Überlieferungen auf solche kultischen Krieger wie diejenigen der Langobarden zurückgehen.

a) „Zu den litauischen Werwölfen"

Die Vorfahren der litauischen Werwölfe des sechzehnten und siebzehnten Jahrhunderts, mit denen Höfler seine ‚Kultischen Geheimbünde' beschließt, lassen sich in dem Versepos ‚Wilhelm von Österreich' von Johann von Würzburg aus dem frühen vierzehnten Jahrhundert erkennen: Wilhelm, sonst Ryal genannt, und der Sultan von Marokko belagern die Festung von Smyrna. Der feindliche König sandte seinen Marschall in die weite Welt hinaus, um Hilfe herbeizuholen:

von allen richen mit dir nim
allez daz du maht erwegen!

Von überallher kamen Hilfstruppen, darunter der König Senebor von Kappadozien, welcher

rust da mit wilder diet
mit den er do von lande schiet:
rysen, luet an zungen,
manigem Litschen jungen
die hundes haupt do truogen,
die stachen noch ensluogen,
ir wer was mit geschuetz:
an strite was so nuetz
nieman in den richen da.[339]

Helmut Birkhan schlägt eine Änderung der *rysen* ‚Riesen' in *ruzen* vor, die „anderenorts in der Erzählung als Hilfstruppen" beider Seiten erwähnt und *ungehuer* genannt werden und „zwischen Bulgarien und Nifland, das an die Ostmark mit ihrer Hauptstadt Wien angrenzt, leben [...]. Senobor bezog seine Hilfstruppen also

[339] Grob übersetzt: Aus allen Königreichen führe jeden herbei, den du auftreiben kannst! [Senebor] hält dort mit der wilden Bande inne, mit der er sein Land verließ: Riesen/Russen von geringer Rede [d.h. stumm], viele lithauische Jünglinge, die Hundeköpfte trugen, die gleichermaßen stachen und schlugen. Sie waren wahrhaftig wehrhaft! Niemand in den umliegenden Reichen war so geschickt im Kampf.

aus dem Norden (die *Ruzen* sind Ruthenen oder Russen)“, und die hundeköpfigen *Litschen jungen* waren wohl eine lithauische Jungmannschaft.[340]

b) Slawische Hundeköpfe

Kein slawischer Stamm und keine andere slawische Gemeinschaft bezeichnete sich selbst als ‚Wölfe‘ oder auf eine ähnliche Weise. Es gibt zwar Berichte über κυνοκέφαλοι, *pesoglavci, pasaglavi*, vorwiegend unter den Südslawen, aber diese nannten sich nicht selber so; es waren also ‚Schreckensnamen‘, welche ihnen die von ihnen Bedrohten oder Terrorisierten gaben (Kretzenbacher 109). In Slowenien lebte ein hundeköpfiger, menschenfressender Pesjoglavec, dessen Geschichte manche Züge mit der Polyphem-Sage teilt (von Avanzin 1956, 143). Adam von Bremen erwähnt in seiner *Descriptio insularum Aquilonis*, neben anderen seltsamen Wesen, auch *cinocephali*, die er für männliche Nachkommen von Amazonen an der Ostsee hält. Sie könnten in Rußland häufig als Gefangene gesehen werden. „Sie tragen den Kopf unmittelbar über der Brust und sind nicht fähig zu sprechen, sondern nur zu bellen“ (Kretzenbacher 110). Kretzenbacher läßt diese Wesen letztlich auf dieselben wilden Banden von maskierten Jünglingen zurückgehen, die wir woanders schon gesehen haben und die zu Gespenstern und Ungeheuern der Volksmärchen geworden sind. Er beklagt, daß es keine frühen Quellen des slawischen Heidentums gibt. Die ältesten stammen aus dem Hochmittelalter, sind spärlich und ungünstigerweise auch nur Zeugnisse von Fremden. Jedoch zeigt Saxos unschätzbarer authentischer Bericht von den dreihundert Rittern im Heiligtum des Svantovit bei Arkona (7.1), daß es kriegerische Bruderschaften auch bei den Slawen gab (Kretzenbacher 110f.).

Unter dem Aspekt der Unfähigkeit der Pesoglavcis zu sprechen sind Steindorffs Beobachtungen zum ‚wölfischen Heulen‘ suggestiv. Das ‚Wolfsgeheul‘ war gleichermaßen Kriegsruf und Siegesschrei gewisser slawischer Krieger. Aus einem feindlichen Blickwinkel – und in allen christlichen Quellen wird der Wolf negativ und das wolfsartige Heulen als ‚heidnische Barbarei‘ bewertet – bedeutet „‘Wölfisch Heulen‘ [...] soviel wie ‚nicht wie ein Mensch sprechen, nicht teilhaben an der Sprachgemeinschaft“ (Steindorff 1985, 48). Eine griechische Quelle aus dem sechsten Jahrhundert, die anonyme *Erotapokriseis*, die zu den ersten Texten zählt, in der ‚Slawen‘ erwähnt werden, sagt über diese, „wie Wölfe heulend rufen sie sich gegenseitig an“. Dies könnte zwar dem Eindruck der slawischen Aussprache auf ei-

[340] 1976, 36f. Der Abschnitt ist nach diesem Aufsatz zitiert. Ich bin nicht begeistert von *luet* statt *lütze, lüz* ‚klein‘, aber der Vokal ist bei *liut, liute* ‚laut‘ falsch. Ich habe keinen anderen Vorschlag, und Birkhans Erklärung scheint sinnvoll. Es gibt keinen Grund, warum Riesen ‚von geringer Rede, stumm‘ sein sollen – Birkhans Interpretation von luet an zungen –, während, wenn eine Gruppe die Sprache der anderen nicht beherrscht, dies einschließen kann, daß anderen die Fähigkeit zur menschlichen Rede überhaupt mangelt (siehe auch 8.4b für weitere Möglichkeiten). Bei litauischen Liedern bemerkt Jouet (1989) die Bezeichnung ‚Gottes Hund‘ für Initianden, die sich in Hunde verwandeln. In den *daina* (1219 in Jonvals Übersetzung; entspricht Barons 34141) erwirbt der Gott Dievs einen „Hund-Beschützer, was vielleicht eine Metapher für ‚Held, Krieger (Bestie)‘ ist“ (156). Zu baltischen Werwölfen: Herz 88, 109f., 114f.

nen griechischen Sprecher geschuldet sein, doch wenn wir uns des Geheuls von Sigmund und Sinfjötli in ihrer Werwolfzeit erinnern, können wir uns zu der Annahme entschließen, daß es sich um die kultischen Rufe einer kriegerischen Bruderschaft handelte.[341]

Da wir vermuten, daß die ursprünglichen *κυνοκέφαλοι* Jünglinge waren, die richtige Hunde- oder Wolfsköpfe als Kopfbedeckung trugen – eine Vermutung, die nicht nur in den Hundekopfhelmen der Scaligeri, sondern auch im Gebrauch des Wortes *κυνέη* für Helm, besonders wenn er aus Bronze gefertigt war, Bestätigung findet – läßt es die *vucetina* oder Wolfsfellmütze der Serben als sicher erscheinen, und auch daß die Slawen ihre Werwolfverbände hatten. „In vielen serbischen Heldenliedern wird erwähnt, daß sich der Held, bevor er in den Kampf zieht, eine aus zwei oder drei Wölfen gefertigte Wolfsfellmütze aufsetzt" (Schubert 1986, 97). Ein Hut würde wohl kaum die Felle von zwei oder drei Wölfen erfordern; man ist daher geneigt, an einen Mantel aus Wolfsfell zu denken (*Úlf-heðinn*).

c) Überreste der *κυνέη / λυκέη*

Polybios berichtet (VI, 22), daß im zweiten Jahrhundert v.u.Z. die jüngsten Soldaten des römischen Heeres, die leichtbewaffneten *Velites*, einen Helm ohne Helmbusch (*galea*) trugen, „den sie manchmal mit einem Stück Wolfshaut oder ähnlichem bedecken, sowohl des Schutzes als auch der Erkennbarkeit wegen" (Shuckburgh 477), während sich besonders Standartenträger, Hornbläser und Trompeter, deren Kopfbedeckung, da ihre militärische Funktion psychologischer Art war, manches von ihrer alten religiösen Bedeutung behielt, bis in die Kaiserzeit Tierköpfe aufsetzten. Im ersten Jahrhundert v.u.Z. hat Faustus Sulla ein Bild von sich, auf dem er Romulus' Wolfsrachen trägt, auf Denare prägen lassen.[342]

8.5. *Ἀλκιμώτατοι κύνες*

Polyaenus schrieb den Sieg des lydischen Königs Alyattes über die Kimmerier teilweise den ‚ungemein tapferen Hunden', den *ἀλκιμωτάτους κύνας*, die eine Abteilung des lydischen Heeres stellten, zu: sie töteten viele der fürchterlichen Kimmerier und schlugen den Rest in schändliche Flucht.[343] Ivancik geht Polyaenus' Angaben nach und setzt seinen Bericht zu anderen vergleichbaren Invasionen und Vertrei-

---

[341] Genügt die *talamaske* hier? Hochdt. < *dahlen* ‚dummes Zeug reden' (3.4): der Jüngling mit einem Wolfs- oder Hundehut, welcher nicht spricht, sondern nur heult oder bellt?

[342] Alföldi 1974, 81. „Vegetius (2,16) spricht vom Bärenfell der *signiferi*, und auf einem traianischen Relief am Konstantinsbogen sieht man einen *tubicen* [Trompeter] im Bärenfell, während der *cornicen* [Hornbläser] die Wolfskappe trägt. Leider ist es für uns unmöglich, die nationale Identität der Truppe des römischen Heeres zu ermitteln, die auf der Trajanssäule Wolfsrachen trägt [...]. Jedenfalls wußten noch die augusteischen Dichter sehr gut, daß in alter Zeit die Krieger mit solchen ausgerüstet waren" (81f.).

[343] (VII, 2,1). Polyaenus schrieb in der zweiten Hälfte des zweiten Jahrhunderts n.Chr. Herodot berichtet (I,16), ohne die Hunde zu erwähnen, daß Alyattes die Kimmerier aus Asia vertrieb.

bungen jener unruhigen Epoche des siebenten Jahrhunderts v.u.Z. in Beziehung. Ein Amphorenverschluß aus Sinope zeigt einen Mann, der ein Paar angreifender Hunde zurückstößt; die Gründung von Sinope im Jahre 631 v.u.Z. ist unmittelbar mit der Vertreibung der Kimmerier verbunden (Ivancik 308). Claudius Aelianus (VH XIV, 46; 2. Jhdt. n.Chr.) überliefert, wie die Magnesier die Epheser mit Hilfe von Hunden hetzten und niederwarfen, doch Strabo und seine Quellen sehen die Kimmerier an der Stelle von Aelians Ephesern. Die hellenistischen Schriftsteller verfügten über keine gesicherte Überlieferung bezüglich Magnesia, sondern kannten nur volkstümliche Legenden, in denen die Namen der streitenden Parteien problemlos vertauscht werden könnten. Es ist daher möglich, daß die Kimmerier die ursprünglichen Feinde waren (Ivancik 309) und daß dies ein unabhängiger Beleg des Sieges von Kriegerhunden über sie ist.

Es liegen keine zeitgenössischen Zeugnisse für die Verwendung von Hunden im Krieg vor; die Berichte stammen alle aus späterer Zeit. Pollux schreibt (*Onomasticon* V, 2. Jhdt. n.Chr.), daß die Magnesier „Hunde", die im Krieg als ‚Hilfstruppen' dienten, abrichteten; denselben Dienst leisteten Jagdhunde den Paeoniern" (Ivancik 310). Plinius lobt (NH VIII) die „Hundekohorten", *cohortes canum*, der Kolophonier und Castabalenser, welche „in den vordersten Reihen kämpften und niemals zurückwichen; sie waren die zuverlässigsten Hilfstruppen" und mußten nicht bezahlt werden (Ivancik 311). Da alle diese Völker im Umkreis des Konflikts mit den Kimmeriern lebten, könnten diese Berichte insgesamt auf dieselben Erinnerungen volkstümlicher Überlieferung an die Bezwingung der Kimmerier durch Hunde zurückgehen.

Heutige Historiker jedoch schreiben den Skythen die Vertreibung der Kimmerier aus Kleinasien zu. „Die volkstümlichen Erzählungen von der Zurückdrängung der Kimmerier aus Asien könnten nur das Ereignis wiederspiegeln. In diesem Fall sind ‚les chiens audacieux' nur ein narrativer Ersatz für die Skythen. Diese Hypothese, die auf den ersten Blick widersinnig erscheint, wird unter Einbeziehung der Übergangsriten und Männerbünde bei den Indoeuropäern beinahe zur Gewißheit" (Ivancik 311f.). Anschließend faßt Ivancik genau das zusammen, was wir bereits untersucht haben.

Skythische Grabmonumente stellen oft die Jagd und die Erlegung eines Hasen dar, was militärischen Erfolg symbolisiert; in diesen Szenen ist der Krieger, der auf den Hasen trifft, oft durch einen Hund ersetzt.[344] Weiterhin finden sich auf einer Vase aus der Mitte des sechsten Jahrhunderts, die eine der frühesten Darstellungen skythischer Bogenschützen aufweist,[345] ebenfalls hasenjagende Hunde. Tatsächlich

[344] „Eine vorzügliche Analogie zu dieser Ersetzung findet sich in der Darstellung eines hasenjagenden Hundes auf der Mauer der Synagoge von Doura-Europos (einer Zeichnung aus der Zeit der Sassaniden). Es symbolisiert den Sieg der sassanidischen Streitmacht über die Römer, und der Hund wird in den Rang der größten sassanidischen Feldherren erhoben" (314). Vgl. die Jagd als Schlachtsymbol: „So sind auch die aus Vendel- und Wikingerzeit stammenden Totenmonumente mit Jagddarstellungen zu begreifen [...]" (Beck 1968, 242).

[345] „Etruskische Amphore Nr. 231 im Vatikanischen Museum. [...] Diese Vase wurde mit Sicherheit von einem ionischen Auswanderer in Etrurien bemalt, der entweder eindeutige griechische Vorbilder nachahmte oder jedenfalls von ihnen beeinflußt war" (Ivancik 314).

zeigt die Vase eine Schlacht zwischen berittenen Heeren, skythischen Bogenschützen und mit Speeren bewaffneten Griechen; die Hunde sind zu Füßen der Pferde. So verbreitet Szenen mit jagenden Hunden auch sein mögen, sie sind doch selten Bestandteile einer Schlachtdarstellung. Diese Kombination erlaubt es, die Vase einer kleinen Gruppe von Funden aus dem sechsten und frühen fünften Jahrhundert zuzuordnen. Bilder von Hunden, die Hasen jagen, finden sich nur in Szenen, die eine eindeutig nichtgriechische Reiterei mitdarstellen und können als Niederschläge skythischen Einflusses erklärt werden. Die Griechen, die gegen Skythen und Kimmerier fochten, mußten von den Kriegsgebräuchen ihrer Feinde beeindruckt gewesen sein, insbesondere, was das Aussehen der skythischen Krieger betrifft. „Es ist kein Zufall, daß die wenigen Szenen, die kämpfende Männer und jagende Hunde zusammen darstellen, barbarische, oft eindeutig skythisch-kimmerische Reiter zeigen. Dieses Motiv war genau in dem Gebiet der griechischen Welt verbreitet, das unmittelbaren Kontakt zu Skythen und Kimmeriern hatte. Es war in anderen von Griechen besiedelten Gebieten nahezu unbekannt" (Ivancik 315f.).

Wir haben bereits die Bedeutung des Hundes in den Legenden der Osseten, der direkten Nachfahren der Skythen, kennengelernt (8.3.1.b) und wissen, daß die jungen Männer des **koryos* Hunde oder Wölfe ‚wurden', wenn sie in die Schlacht zogen. Es war der skythische **koryos*, dem die Griechen und andere Völker begegneten, bzw. in anderen Worten: die ‚tapferen Hunde'. Die antike Überlieferung stimmt darin überein, daß es „allein die Männer und nicht alle Angehörigen des skythischen Volkes waren, die in Kleinasien einfielen. Diese Überlieferung, die bereits Herodot bekannt war (IV, 1), spiegelt eigene Traditionen der Skythen und belegt eindeutig, daß die kriegerischen Raubzüge in Kleinasien als das Treiben skythischer Krieger unabhängig von ihrem Volk angesehen wurden, analog zu den spartanischen *cryptoi*, dem keltischen *fian* oder den *mairyô* des Avesta" (Ivancik 318f., vgl. 11.1.1.2.4).

Die Sitten der Osseten liefern Beispiele für diejenigen ihrer Vorfahren. Ein Mann galt bei ihnen erst dann als erwachsen, wenn er drei *balc*, d.h. drei Kriegszüge, unternommen hat, die ein, drei und sogar sieben Jahre dauerten. Der erste, einjährige Auszug (*afœzbalc*) war allen jungen Männer zur selben Zeit für den Übergang von der Adoleszenz ins Erwachsenenalter vorgeschrieben: jeder mußte seine Frau am dritten Tag nach der Heirat verlassen, um an dem Auszug teilzunehmen. In älteren Zeiten war das sicher eine notwendige Bedingung für die Hochzeit. Die bald losziehenden Scharen (*bal*) wurden während des Frühlingsfestes *Styr Tütyr* [St. Theodor von Tyre], das dem Herrn der Wölfe und der Kriege geweiht war, aufgestellt. Die Feier fiel mit dem Beginn des *balc* zusammen, aber die wichtigsten Initiationsriten fanden beim Fest des *Wastyrgi* [8.3.1.b] im November statt. Außerdem hieß der dem Oktober und November im altpersischen Kalender entsprechende Monat *Varkazana*, d.h. ‚der Monat der Wolfsmänner' [oder einfach ‚der Wölfe'], was noch einmal mehr den tiefen Zusammenhang zwischen iranischen Übergangsriten und Wölfen belegt. Diese Verbindung spricht auch aus einer Legende der Narten, nach der Soslan während kriegerischer Spiele erst nachdem er ein Wolfsfell angelegt hatte in der Lage war, den jungen Totras (dessen Name mit des Wolfsherrn verwandt ist) zu besiegen ...

„Die linguistischen Angaben bekräftigen ebenfalls die Identifizierung der *balc*-Teilnehmer mit Wölfen. Sie werden oft *k'war*, *k'ord* ‚Rudel' genannt, aber noch deutlicher ist, daß das Wort *bal* mit keinen anderen Tieren als mit Wölfen verbunden werden kann (*bîrægty bal, ballon bîræg*)" (Ivancik 319f.).[346]

Der byzantinische Lexikograph Photius berichtet, daß die Eleaten ihre Epheben ‚Skythen' nannten („Lex., s.v. *συνέφηβος: τοὺς δὲ έφηβοὺς Ἠλεῖοι μέν Σκύθας καλοῦσιν*; vgl. Hesych. *Σκύθραξ: μειραξ, έφηβος*").[347] Hexychios' Lexikon beinhaltet die Erläuterung *σπάδακες: κύνες*. „Dieses Wort, welches aus Olbia in der Form *Σπάδακος* als Personenname belegt ist (vgl. *Σπαδάγας* – Arrien, *Peripl.*, 15), leitet sich ab von dem iranischen *spāda* ‚Heer', das in der skythischen Mundart gut bezeugt ist und den ‚Krieger' bezeichnet. Diese Erklärung ist nur im Zusammenhang mit den Vorstellungen von ‚Kriegerhunden' verständlich und muß sich, wie bei Hesychius üblich, auf einen bestimmten literarischen Text beziehen, der ebenso die Form des Wortes (im Plural) verdeutlicht. Sie markiert jedoch genau den Augenblick, in dem der ursprüngliche Sinn des Textes unverständlich wurde, und die iranische (skythische) Bezeichnung der ‚Krieger' wird, eventuell unter dem Einfluß des Kontextes, mit dem Wort ‚Hunde', erklärt." Dasselbe muß in Polyaenus' Quelle geschehen sein (Ivancik 323).

Ein akkadischer Text fragt: „Stellen sie die tapferen Hunde des Bösen in ihrer Mitte auf (die Skythen)?" Bemerkenswert ist hier, daß das Wort *zibu*, das *canis* meint – gleichgültig ob *familiaris*, *lupus* oder *aureus*, stets den pejorativen Sinn behält, den ‚Hund' bei den Semiten besitzt; gleichwohl wird es in diesem Text mit dem Adjektiv *qardu* ‚tapfer' verbunden, das eine sehr positive Bedeutung hat und auf Götter und Könige bezogen wird, manchmal auf Krieger und selten auf einen Feind. *Zibu qardu* ist beinahe ein Oxymoron, und es korrespondiert interessanterweise genau mit Polyaenus' *ἀλκιμώτατοι κύνες*; „beide bringen die Tüchtigkeit und Kraft des Kriegers zum Ausdruck" (Ivancik 324).

Gerade diejenigen, die mit dem skythischen **koryos* in Kontakt gerieten, bewunderten deren Mitglieder als Kämpfer und übernahmen – ob mit Verständnis oder nicht – deren Selbstbild und Selbstzuschreibung als Hunde. Ivancik hält es für wahrscheinlich, daß die griechische Tradition – und insbesondere Polyaenus' Bericht – letztlich auf der epischen oder heroischen Dichtung der Skythen beruht, die

[346] Pompeius Trogus (Justinus II, 5) schrieb von einem achtjährigen skythischen Kriegszug durch Asia Minor; Herodot (IV, 1) berichtet von achtundzwanzig Jahren. Die Skythen, die Kleinasien plünderten, waren also eine frühe Version der ossetischen *bal*: junge Krieger, die sich als Hunde oder Wölfe betrachteten (322). Ihre verlängerte Abwesenheit war Thema einer anderen Skythengeschichte von Herodot, letztlich eine Hundegeschichte, die uns in Kap. 13 beschäftigt.

[347] Photius: Patriarch von Konstantinopel 857-867 und 871-886. Sein Lexikon ist „von besonderem Wert im Zusammenhang mit den griechischen Rednern und Historikern" (DCA 486). Die Eleaten waren nicht die einzigen, die das Verhältnis der Skythen zu den Epheben erkannten; „Francois Lissargue hat überzeugend dargestellt, daß Bilder von Skythen und Epheben in vielen Fällen von attischer Vasen-Ikonographie dieselben und austauschbar sind" (Ivancik 321). Die skythischen Banden, denen die Griechen zuerst begegneten, waren genauso alt wie die Epheben, und ihre Taktik bestärkt die Gleichsetzung (322).

in die griechisch-lydische Folklore einging. „Es ist außerdem anzunehmen, daß die Horden skythischer Bogenschützen, die Asien verheerten, Verbände analog zu den ossetischen *bal* waren und ein Relikt indoeuropäischer Männergesellschaften mit ihren eigenen Mythologien und Weltanschauungen darstellten" (Ivancik 329).

8.6. „*Ver sacrum* bei den [Indo-]Germanen?"

Karl Helm betitelte einen 1947 erschienenen Aufsatz mit der Frage „Ver sacrum bei den Germanen?" und kam zu dem Schluß: „Eine direkte Parallele zum italischen Ver sacrum liegt nirgends vor" (300). Sogar die griechische *dekateusis* war nicht genau dasselbe. Bei den germanischen Völkern gibt es viele Beispiele für Stammesteile, die fortzogen und im Laufe der Zeit selbst zu Stämmen wurden. Wir haben die Ursprungssage der Langobarden herangezogen und bemerkt, daß sie einem *Ver sacrum* ähnelt. In diesem Fall erfuhren wir, daß ein Drittel des Stammes vom Los bestimmt wurde. Von anderen Stämmen – Helm erwähnt die Goten, die Heruler, die Haruden und die Warnen – ist nicht bekannt, ob die Gruppe, die auszog, der größere oder kleinere Teil war (Helm 294). In Italien wird ein *Ver sacrum* tatsächlich nur von den *Hirpini*, *Picenti* und einigen anderen aufgrund ihrer Namen (Helm 285; Anm. 3) vermutet; und es ist nach Helm sogar möglich, daß die Sabiner diese Sitte von den prä-indoeuropäischen Einwohnern Italiens übernahmen (Helm 289).

Wie dem auch sei, wenn wir mit Wenskus das sabinische *Ver sacrum* einfach als lokal bestimmte Art einer „Neustammbildung" (Wenskus 1961, 573) ansehen, dann finden wir meines Erachtens klare Zeugnisse von *Vera sacra*. Festus muß dies wohl im Sinne gehabt haben, wenn er die Gründung Roms einer *Ver-sacrum*-Expedition zuschrieb (s. Versnel 156, Anm. 63). Auch Jan de Vries dachte daran, als er die germanische Völkerwanderung als „eine Art *Ver sacrum*" unter der Führung von Stammesherzögen und von Odin beschrieb.[348] Die Erwähnung Odins in diesem Zusammenhang ist bemerkenswert, da, wie Altheim, Versnel u.a. hervorhoben, die italischen und griechischen Auswanderungen unter der Leitung des Wolfsgottes vonstatten gingen.

An den ‚überaus tapferen Hunden' des vorangehenden Abschnitts haben wir ein klares Beispiel für Einfälle, die eigentlich ausgedehnte Raubzüge jugendlicher Hundekrieger waren. Wir wissen, daß in diesem Fall die skythischen ‚Hunde' die Kimmerier aus Kleinasien vertrieben, und es war die ‚Meute' der Skythen, auf welche die Griechen zuallererst trafen. Wenn die byzantinischen Griechen im 6. Jhdt. n.u.Z. die Slaven als ‚Wölfe' und einen bestimmten Lärm, den sie machten, möglicherweise ihr Kriegsgeschrei, als Wolfsgeheul beschrieben (Steindorff 45),

---

[348] 1956, 297. Price geht so weit zu bestreiten, daß es jemals eine germanische Völkerwanderung, sondern nur *Vera sacra*, gegeben habe, siehe 1994, 86; 32f. 54-59. Die Sueben waren „männerbündlerische Kleinverbände" (Timpe 301), kleine, schnelle und hochmobile Bünde von jungen Kriegern (die den in Teil III von uns behandelten Vrātya-Bünden sehr ähneln), die immer westwärts zogen (Neumann 164f.). Ohne den Begriff *Ver sacrum* zu benützen, beschreibt er es in unserem Sinne.

dann mag dies durchaus angemessen gewesen sein, da die ersten Slaven, die ihnen begegneten, **koryos*-Krieger waren (8.4b).

Wenn wir ganze Nationen antreffen, deren Namen eine Form oder Ableitung von ‚Wolf' oder einem anderen Tier des Wolfsgottes[349] oder auch eines seiner Kultnamen sind, dann kann dies sehr gut dafür sprechen, daß eine solche Nation, wie Eliade für die Daker annahm, aus einer Wolfskriegerbande, die sich erfolgreich als unabhängige Einheit etablieren konnte, hervorging. Die Langobarden sind ein Beispiel dafür. Stammesnamen, die ‚Söhne', ‚Nachkommen' oder ‚Nachfahren' bedeuten, kennzeichnen möglicherweise eine Abzweigung eines größeren Stammes, das Ergebnis eines *Ver sacrum*.[350] Die *Ὕαντες*, ein Volk in Böothien, das die Griechen als ‚barbarisch' beschrieben, sind ein passendes Beispiel. „*Ὕαντες* entspricht genau idg. **i̯uu̯nt-* ‚jung' (Pokorny, IEW 511), ist also die Bezeichnung der Jungmannschaft eines Stammes, die etwa auf Landnahme auszog" (Heubeck u. Neumann 1985, 6). Ein „ausgezeichnetes Beispiel einer Gruppe von Jünglingen, die sich in der Fremde nach einem ihrer Raubzüge etablieren konnten," sind die *Maryanni*, die zum Kriegeradel der *Mitanni* wurden.[351] Sanskr. *marya-*, iran. *mairya-* waren junge Männerbündler: die Maruts des Rigveda, die „zweibeinigen Wölfe" der Iraner (11.1.1.2.4).

Niemand wird Helms Behauptung, daß das sabinische Beispiel etwas Einzigartiges war, widersprechen wollen; allerdings hat die Forschung seit Helms Zeiten den Prozeß, in dem keltische und germanische Stämme durch Aufbruch und Fortsendung eines Teiles des **koryos* begründet wurden, als eine Art *Ver sacrum* erkannt. Helm benannte ‚Weihung' und ‚Austreibung' als die zentralen Elemente – als solche, die das sabinische *Ver sacrum* und die *dekateusis* gemeinsam haben. Die Geschichte der Annahme eines Kultnamens Odins durch die jungen Winnilen (8.2.3.1d) spiegelt wahrscheinlich eine besondere Art von Weihe. Die Jünglinge des *Ver sacrum* waren immer eine geweihte Gruppe; da sie sich aber niemals dem *rite d'agrégation* in die **teutā* unterziehen würden, liegt die Annahme nahe, daß sie auf eine besondere Weise ‚*sacer* gemacht' wurden, die ihre Rückkehr in die Hauptgruppe für immer verbot: in dieser Hinsicht waren sie, wie Versnel bemerkt, gleich den *pharmakoi* (siehe 8.2.1.3, Anm. 79). Deshalb glaube ich, daß „Helms Grundgedanken zum *Ver sacrum* in einem weiteren Sinn passen und daß ein solches *Ver sacrum* ein wesentlicher Faktor der indoeuropäischen Siedlungsbewegungen gewesen ist.[352]

[349] Die indo-iranischen ‚Pferdestämme', die Tucci beschreibt, wären neben den *Picentes* ein gutes Beispiel.

[350] Bezüglich germanischer Beispiele solcher Namen siehe Wenskus 1961, 295, sowie auch 349, 433, 467, 509 Anm. 533. Suebi: Neumann *passim*.

[351] Bremmer 1982, 144, vgl. 145. Sie waren Adlige, die echte „Streitwagenkrieger" gewesen sind. „Dies folgt nicht nur aus den literarischen Vorläufern des Wortes, denn im Veda wurden die Maruts, die auf prächtigen, von herrlichen Pferden gezogenen Streitwagen fuhren, *rúdrasya máryas* genannt, die ‚kriegerischen Begleiter Rudras und Indras', sondern ergibt sich auch aus dem historischen Auftreten des Namens *maryannu*, bei dem die verschiedenen Kontexte ohne Streitwagen kaum verständlich wären" (O'Callaghan 1950, 309).

[352] „Diese Praxis einer schrittweisen Landnahme muß ein indoeuropäisches Erbe und mag auch der Anreiz für die weitausgreifende Migration, vermutlich in kleinen Gruppen mit

8.7. Hündische/wölfische Züge

Es gibt zweifellos eine deutliche Verbindung zwischen *canis*, sowohl *familiaris* als auch *lupus*, und dem indoeuropäischen Krieger. Es scheint, daß manche Gruppen einen dieser *canidae* dem anderen vorzogen; während der Wolf z.B. in Germanien generell beliebter war, bevorzugten die Langobarden den Hund. Noch einmal ist jedoch zu betonen, daß Hund und Wolf kultisch dasselbe bedeuteten.

Unabhängig vom Kultus gab es Wölfe und Hunde aus Fleisch und Blut, deren Bedeutung, wenn wir es so ausdrücken dürfen, völlig anders gewesen ist. Es war unvermeidlich, daß einige Eigenschaften der wirklichen *canidae* in die Symbolik der sakral wirklichen *canidae* eingingen. Daher sind Hunde in Irland die Wächter von Bewohnern des Jenseits, während die *féindidi* „go wolfing" (McCone). In Italien bedeutet *rapto vivere* zu leben wie Wölfe. „Für die Römer war der Wolf typisch für die unzivilisierte Welt, ein Symbol der Sphäre des unheimlichen Draussen" (Bremmer 1987, 30). Im Charakter des Wolfes ist etwas, „was durch ‚Heidegänger', ‚Heidetreter' ausgedrückt wird. Die Wildnis ist ein Teil seiner Seele. Auch die hinzugefügten Worte ‚im Walde' folgen von selbst, sobald das Tier genannt wird; der Wolf freute sich im Walde, der Wolf heulte im Walde, ja sogar der ‚graue Wolf im Walde' lief auf der Heide über die Gefallenen" (Grönbech I, 218). Diesbezüglich kann der junge Krieger nur „go wolfing", da der Hund aus Fleisch und Blut zur Siedlung gehört.

Hinsichtlich der großen Hunde, „den Symbolfiguren der Kriegertugenden *par excellence* im frühen Irland," schreibt McCone, daß „die beiden Facetten im Verhalten des Hundes verschiedene Seiten von Krieger und Kriegführung widerspiegeln" (McCone 1984, 13). Idealerweise bezeigen sich sowohl Hund als auch Krieger freundlich gegen ihre eigenen Angehörigen als deren zuverlässige Verteidiger, während sie auf deren Feinde grimmig und aggressiv reagieren. Tatsächlich sind Krieger gefährlich, ob einzeln oder in Gemeinschaft. Wir erkennen dies beim jungen Cú Chulainn an dem Tage, an dem er die Waffen des Mannesalters ergreift: er hat große Taten verrichtet und Ulster von seinen größten Feinden befreit, und nun kehrt er wie eine Dampfwalze zurück nach Emain, noch immer in kriegerischer Raserei, wie der Teufel daherfahrend und seinem eigenen Volk ein Schrecken. Erst nachdem er in drei Fässer Wasser getaucht wurde, ist er genügend abgekühlt, um sicher die Stadt zu betreten. Wir haben bereits von Berserkern gehört, die sich ge-

---

einem Häuptling, gewesen sein; dabei wurden die früheren Bewohner des neueroberten Landes unterworfen oder vertrieben" (Polomé 1982, 303). Polomé benennt als Beispiel den hethitischen Einfall in Anatolien; vgl. Mellaart, *passim*; Polomé 1974, 58f. Pompeius Trogus verwendet den Ausdruck *veluti ver sacrum* für die Gallier, deren Einwanderung nach Italien gemäß Livius von rastlosen Jugendlichen vollzogen wurde (5, 34; Versnel 155 Anm. 61). Zum Wolfsgott (mit anderen Tieren) als Führer der wandernden Gallier siehe Köves-Zulauf, bes. 68f. Zu Zwillingen – göttlichen oder menschlichen, mit eindeutigen Pferdeattributen – als Anführern wandernder Männerbünde, besonders häufig bei Griechen und Germanen, siehe Wagner 1960, 1-17; 225-247. Standen dioskurengeführte *Vera sacra* hinter Tuccis Pferdestämmen? Freilich hatte der Wolfsgott Odin auch Pferdebeinamen; zumindest einer davon, *Jálkr*, war ein Kultname (3.4.3).

geneinander wenden oder die gegen Bäume und Felsen kämpfen müssen, damit sie einander nicht töten (4.2.1). Es handelt sich um eine Art Berufsrisiko: unvermeidlich für einen Menschen, dessen Aufgabe darin besteht, in Ekstase zu töten. Ähnlich versieht der Hund des Wirts, der Setantae angreift, lediglich seinen Dienst, obwohl der Junge ein Besucher und kein Feind war. „Objektiv gesagt, [...] gibt es zwei kriegerische Grundgestalten in einem Konflikt [...],“ während „echte Bosheit bei kriegerischen Gestalten, ob Hunden oder Menschen, im Treubruch ohne guten Grund sowie in der Wendung gegen die Ihrigen besteht – ‚to bite the hand that feeds you,‘ um eine moderne Hundemetapher zu verwenden“ (McCone 1984, 14f.). Das ist es genau, was zwei der Hunde in McCones Aufsatz tun, und als menschliches Analogon haben wir Starkaðr, den Mörder von drei Königen, deren Verteidiger er hätte sein sollen. Der entscheidende Punkt ist, daß Hund und Krieger auf exakt dieselbe Weise zwiespältig sind.

Wenden wir nun den Blick auf den Wolf aus Fleisch und Blut, dann sehen wir, daß die Alten den Wolf, nicht weniger als seine modernen Freunde, als soziales Wesen bewundern, das als Mitglied einer Gemeinschaft kämpfte; Hirten hatten gute Gelegenheit, Wolfsrudel bei ihrer Tätigkeit zu beobachten. Hattusilis konnte daher vor der Versammlung den Wunsch zum Ausdruck bringen: „Eure Sippe sei eins wie die des Wolfes.“[353] Auch bei den Griechen „wurde vor allem das gemeinsame Agieren von Wölfen wahrgenommen.“ Bei Homer „konzentriert sich die Betonung [...] auf die Wölfe als Kollektiv; grimmig im Kampf und deshalb für den Vergleich mit Kriegern geeignet“ (Buxton 62). Buxton weist Mainoldis Ansicht zurück, nach der sich die griechische Wahrnehmung der Wölfe mit der Zeit derart geändert habe, daß „der Wolf im Ausgang vom Urbild des schlechthin tapferen Tieres in den homerischen Dichtungen zu einem Sinnbild der Wildheit und darüberhinaus des *dolos*, der List, erniedrigt wurde“ (Buxton 62).[354] Ich stimme zwar grundsätzlich mit Buxton überein, denke aber, daß sich bei Griechen und anderen Völkern doch etwas änderte, nämlich die Wahrnehmung der Kultkrieger. Wenn wir uns das oben Gesagte über die Jagdtechnik des jungen Kriegers sowie seine Ausbildung in den *kryptie* in Sparta und zweifellos in ähnlichen Institutionen anderenorts ins Gedächtnis

---

[353] HAB II, 46f., in Ivanov 794. Versammlung = *panku*, Sippe = *pankur* – wie bei Homer, bei dem das ‚Volk‘ (λαός) die bewaffneten Männer und die Versammlung eine Zusammenkunft von Kriegern ist; vgl. Jeanmaire 54ff. In Hattusilis' Zeugnis folgt die Behauptung, daß Mursilis' Untertanen von einer einzigen Mutter abstammen (vgl. ὁμογάλακτες).
46. [su-me-en-za-na] ú-e-it-na-as ma-a-an pa-an-ku-ur-se-me-i[t I^{EN}] e-es-du
47. [ku-u-ru-ur (?) n]u-ua-an e-es-du si-i-e-el IR^{MES} .SU[I.NA I AM]A ha-as-sa-an-te-es
Und eure Sippe sei [Eins] wie die des Wolfes,
[Zwist (?)] darf es nicht mehr (?) geben! Seine Diener sind [einer Mut]ter Kinder! (Sommer u. Falkenstein)

[354] „Mordlust, Hinterhältigkeit und Wildheit sind alles Eigenschaften, die dem Wolf zugeschrieben werden und als ‚barbarisch‘ gelten“ (Steindorff 44f.). Daß dieselben Qualitäten, mitsamt dem wölfischen Heulen, in frühchristlichen Quellen den Slaven beigelegt wurden, zeigt wahrscheinlich an, daß – hier wie anderswo – die ersten Repräsentanten dieser Völker, die den Chronisten begegneten, *koryos*-Krieger waren. Die Krieger selbst hätten zweifellos den Zuschreibungen von Mordlust, Hinterhältigkeit und Wildheit zugestimmt; sie werden sie freilich anders bewertet haben.

rufen, dann sehen wir, daß der seiner Beute auflauernde Wolf, der lautlose Mörder, ebenso ein Modell für den *koryos*-Krieger darstellt wie der Wolf, der wacker im Rudel und in Gemeinschaft mit seinen Brüdern kämpft.

Außerdem gibt es freilich noch eine andere Seite des Wolfes, und die ist völlig negativ. In ihr zeigt sich der Wolf als Außenseiter, der einsame Wolf, der Wolf als *vargr*. Der Wolf gehört, von der menschlichen Siedlung aus betrachtet, ‚nach draußen', und dasselbe ziemt sich für den Kriegernovizen; gleichwohl sind beide Mitglieder eines ‚Rudels'.[355] Der einsame Wolf ist der Außenseiter schlechthin, das Rudeltier außerhalb des Rudels, und er wird dadurch zur Metapher für denjenigen Mann, der aus der menschlichen Gemeinschaft ausgestoßen wurde. In Irland ist der *cú glas* „der Fremde von jenseits des Meeres" im Gegensatz zum Fremden aus einem anderen irischen Stamm, von dem er stets klar unterschieden wird. Dieser „graue Hund" – eine irische Umschreibung für „Wolf"[356] – war der von seinem Volk geächtete Mann. Der Aspekt des Ausgestoßenseins prägte ebenso auch das griechische Bild des Wolfes (Buxton 63; vgl. Higgins 1976, 202f.). Im Hethitischen meinte der Ausdruck, „ein Wolf zu werden" (UR.BAR.RA-), „‚seine Rechte zu verwirken' in einer gegebenen Situation" (Weitenberg 1991, 189). Der Grund dafür konnte unterschiedlich sein. In einem Fall war ein Brautraub außer Kontrolle geraten, wobei Menschen getötet wurden; „von den Parteien wurde entschieden, daß der Entführer seine Rechte verwirkt hatte. Sie faßten ihre Entscheidung in die Worte: ‚Du bist ein Wolf geworden.'" In einem anderen hat Hattusilis seinen Sohn enterbt und Mursilis als Nachfolger benannt; „mein Sohn ist kein Sohn mehr, sondern er soll einer meiner Diener sein wie die Sippschaft des Wolfes" (Weitenberg 192). Keiner ist ein Fall von Gesetzlosigkeit, aber wenn jemandem seine Rechte entzogen werden und er seinen Platz in einer geordneten Gesellschaft verliert, dann ist das sicher ein Schritt in diese Richtung.

Das hethitische Wort, von dem eine etymologische Verwandtschaft mit ais. *vargr* angenommen wird, ist *hurkel*, das ein mit Tod oder Ächtung zu bestrafendes Kapitalverbrechen bezeichnet (Puhvel 1971, 42ff.). Der ‚*hurkel*-Mann' ist nun zwar kein ‚Wolf', aber das von **wargaz* abgeleitete und in allen Verzweigungen bezeugte germanische Wort meinte ursprünglich auch nicht den Wolf, sondern den von seinem Volk Verstoßenen, den Gesetzlosen, der, sofern er kein Exil aufsuchte, straflos getötet werden konnte; und da sich ein solcher Mann notwendigerweise durch Räuberei am Leben erhielt, meinte der Begriff letztlich auch den Verbrecher im allge-

[355] Deshalb habe ich oben angemerkt, daß die Auffassung einer Marginalität zu weit führen könnte. Der Novize ist in einer Hinsicht marginal, weshalb er sich ‚außerhalb' befindet, aber in einer anderen ist er, zusammen mit der Altersklasse, der er angehört, Teil eines etablierten Sozialsystems.

[356] Campanile 1979, 240. Campanile hat einen bemerkenswerten Blick für die durch *glas* repräsentierte Farbe. Die blauschwarze (*caeruleum*) Tinte, mit der britische Krieger ihre nackten Körper bemalten (siehe 4.1), wurde nach Plinius im Gälischen *glastum* genannt, „und in den keltischen Dialekten ist sein Name entweder eine Substantivierung oder eine Ableitung des Adjektivs **glasto-* [...]" (241). Die keltischen Briten waren als ‚blauer Stamm' berühmt; „walisischer *glasvleid* [...] ist ein ziemlich traditionalistischer Beiname für einen britischen Krieger."

meinen.[357] Die Verbindung des Kriminellen mit dem Wolf ist im deutschen Recht, wie auch im englischen, nur für das elfte Jahrhundert bezeugt; im skandinavischen erst ab dem dreizehnten (Jakoby 122f.), dennoch muß sie längst etabliert gewesen sein, zumal Snorri, wie wir gesehen haben, in seiner Beschreibung von Odins Berserkern *vargar* für ‚Wölfe' verwendet (*Ynglinga Saga* 6; siehe 6, 4). Trotz des *wargus sit* im *Lex Scalica* mag Weitenberg mit seiner Behauptung recht haben, daß es keinen Beweis für die proto-indoeuropäische Abstammung des Ausdrucks ‚ein Wolf werden', wie sie in hethitischen Gesetzen verwendet wird, gibt (Weitenberg 189). Dennoch muß etwas dem Begriff des Wolfes innegewohnt haben, das über einen solchen räumlichen und zeitlichen Abstand hinweg einen Wolf als rechtlosen Mann und einen rechtlosen Mann als Wolf erscheinen lassen konnte.

Doch was genau ist dem Wolf eigentümlich, daß es ihn zum ‚Würger' machte? Zu Beginn dieses Abschnitts betrachteten wir die zahlreichen, von der Wurzel **dhau-* abgeleiteten Wolfsbezeichnungen und -namen, die sich neben dem indoeuropäischen Wort für Wolf, **ulkʷos*, entwickelten oder dieses ersetzten. Und, noch einmal, in Germanien sehen wir nun den Begriff für ‚Würger' auf einer anderen Wurzel, **Hwer-gh-* (Puhvel 1971, 44), beruhend: ‚Wolf' in einem ausschließlich negativen Sinn. Ein Wolf würgt aber seine Beute gar nicht! Soll das bedeuten, daß der Würger, genau wie der Wolf, der Mörder schlechthin sein soll?[358]

In einigen zwischen dem sechsten und zwölften Jahrhundert entstandenen germanischen und englischen Gesetzbüchern wird jemand zu einem *wargus*, wenn er eine Leiche ausgräbt.[359] Das muß keine besondere Bedeutung haben, da Grabschändung immer und überall als abscheuliche Tat angesehen wurde, aber es war eine Tat, die nicht ohne Grund in Indien und dem Iran den Männerbündlern zugeschrieben wurde; tatsächlich wurden sie nicht nur der Ausgrabung von Leichen, sondern auch deren Verspeisung beschuldigt.[360] Wie wir im dritten Teil noch sehen

---

[357] Campanile 1979, 243. Zur Entwicklung dieses Begriffs siehe Jacoby 1974. Der wölfische Außenseiter ist freilich weit entfernt vom Männerbund. Und die Situation kann noch dadurch verkompliziert werden, daß ein von seinem Stamm Verstoßener in einen Männerbund oder in das Gefolge eines Herrschers in demjenigen Land eintreten konnte, das er als Exil aufgesucht hat. Daß dies häufig vorkam, entnahmen wir bereits den Geschichten von Romulus und Caeculus sowie dem historischen Fall der Brettier. Viel später, als das Gefolge den kultischen Männerbund ersetzt hatte, waren solche Männer wertvolle Kämpfer, da sie, ihres Landes und ihrer Sippe verlustig, nicht mehr viel zu verlieren hatten, und ihre ungeteilte Treue galt dem Herrn, der sie bewaffnete und ernährte. Doch das liegt außerhalb unseres Untersuchungsgegenstandes.

[358] In diesem Sinne verwendet Luther das Wort in seiner Bibelübersetzung (z.B. Hes. 21.19 „ein Würgeschwert"; „das Schwert [...], daß es würgen soll [...]" (33)) und ebenso das Verb ‚erwürgen'. Oder kann dies mit der Tatsache zusammenhängen, daß die älteste Methode, wenigstens bei bestimmten Ritualen, ein Opfer zu töten, darin bestand, es zu erdrosseln oder zu erwürgen? Siehe Solmsen 289-291 zu den Bouphonia; Scholz 118ff. zum Oktoberpferd; de Vries ARG II, 126 zu ais. *sóa, sœfa.*

[359] *Pactus Legis Salicae*, merowingisch, ca. 507-511; *Lex Salica*, ca. 714-718, *Lex Ribuaria*, karolingisch, ca. 745; in England *Leges Henrici*, 1100-1135. Jacoby 22-27.

[360] Anhänger einiger Kulte Sivas, des Erben des Wolfs- und Männerbundgottes Rudra, wurden dessen in nachvedischen Zeiten beschuldigt, wiederum nicht ohne Grund.

werden, war die Verbindung der *koryos*-Krieger mit dem Tod nicht auf die Vertretung der Toten bei Festen und Umzügen beschränkt. Doch wenn wir das Thema der Grabstätten und des Aasfressens mit einbeziehen, treten wir in ein anderes Reich der Symbolik des *canis*, in das Reich des Todes; und dort haben *lupus* und *familiaris* wieder einmal dieselbe Bedeutung.

Kapitel 9: Analogien zu Odin

Es ist hervorzuheben, daß wir nirgends den Männerbund in seiner ‚reinen' Form finden. Der Grund ist einfach genug: Männerbünde gehören zum *nomadikos bios*, während unsere Informationen von Völkern stammen, die bereits Städte gebaut haben.[361] Aber eine Institution, die für das soziale Leben einer Nation so wesentlich gewesen ist, kann nicht spurlos verschwinden. Im Iran entwickelte sie sich zu einem Feudalsystem (siehe Widengren 1969, bes. Kap. I), und in Sparta bildete sich ein noch verwickelteres Gefüge von Altersgruppen und Übergangsriten sowie eine Führungselite von lebenslangen **koryos*-Kriegern.[362] In Indien wurde sie unterdrückt, doch sämtliche Eigentümlichkeiten der indischen Rituale können, wie Heestermann gezeigt hat, erklärt werden, wenn man sie bis zu ihren Wurzeln in den Vrātya-Bruderschaften zurückverfolgt. Wir haben Wolfsmänner in Griechenland und Italien gesehen, und in Italien finden wir auch kultische Bruderschaften, die den Eindruck erwecken, als gingen sie auf militärisch-kultische Bünde zurück. In Irland lebten die Bündnisse in den *fiana* auf, allerdings finden sich in den Geschichten von Finn und seinen Gefährten keine Anzeichen von Religion oder Kultus.[363] In Germanien scheint es, daß der **koryos* in der Gefolgschaft oder dem *comitatus* in dem Moment aufging, als die Germanen in die Geschichte eintraten; mit anderen Worten, ein religiöser Bund wurde zu säkularen Banden. In den frühen skandinavischen Prosaschriften sind die Erinnerungen an *berserkir* und *ulfheðnar* noch sehr lebendig, aber diese Phänomene wurden damals nicht mehr verstanden.

Nach McCones Modell hatten die **koryos*-Bündler einen Gott, der zugleich ihr Führer war, und die **teutā* besaß ebenfalls einen solchen Gott, der die erwachsenen Krieger in die Schlacht führte und somit, da die bewaffneten Männer und ‚das Volk' ein und dasselbe waren, der Beschützer des Stammes und für sein Wohlergehen verantwortlich war. McCone bemerkt eine immanente Spannung zwischen **teutā* und König auf der einen Seite und dem *koryos* mit seinem Anführer auf der anderen. Es gibt sicher einen merklichen Gegensatz zwischen jugendlichen und volljährigen Kriegern; die Spannung besteht meines Erachtens jedoch mehr zwischen de-

[361] Wie wir gesehen haben, ist es wahrscheinlich, daß griechische und lateinische Autoren genuine **koryos*-Bünde bei den Germanen und Skythen beobachteten und beschrieben, aber da sie nicht verstanden, worüber sie eigentlich handelten, überlieferten sie uns solche verballhornten Geschichten wie die des Ammian über die ‚widerwärtigen' *Taifali* oder die Märchen von den Hunden in Schlachten.

[362] Wann wurde der spartanische Jüngling schließlich erwachsen? Er lebte nach seiner Heirat weiterhin in Barracken und trug sein Haar lang. Es gab in Sparta nichts der Zeremonie und dem Eid in Athen Vergleichbares, durch den aus dem Epheben ein Hoplit wurde; wir wissen von keiner Einweihung des Jünglings oder des Mannes; siehe Nilsson 1912, 324. Selbst seine bevorzugten Götter – Apollo, Herakles und die Dioskuren – waren alles *kouroi* (Vidal-Naquet 148ff.).

[363] Oder die verbliebenen Spuren wurden verteufelt: „ein *uotum mali* und das Tragen von *signa diabolica*" (Sharpe 83).

nen, die seßhaft geworden und denen, die noch auf Wanderschaft sind, oder, wie Moody es ausdrückt, zwischen *home-bodies* (‚Stubenhockern') und *go-getters* (‚Streunern').[364] Der Gegensatz bestünde also zwischen denen, die mit dem Städtebau begonnen und eine neue Weltanschauung ausgebildet haben, und denen, die noch unter dem Stern des Nomadenlebens zogen. Bei den Indo-Iranern, bei denen diese Spannung auf der kosmischen Ebene besonders deutlich ist, sehen wir, im Iran, die ‚Stubenhocker' unter den Göttern, die *ahuras*, als klare Gewinner, obwohl die Struktur und Weltanschauung der Männerbünde in das Feudalsystem übernommen wurde;[365] in Indien hingegen überwiegen die *go-getters*, die *devas*, in den Himmeln, während man auf der Erde bemüht war, alle Spuren der alten Weltanschauung der Bewegung und Eroberung auszulöschen.[366]

Wenn wir den Gott des **koryos* betrachten, tun wir gut daran, uns folgender Worte von Gernet zu erinnern: „Im allgemeinen ist es in altertümlichen Kulten nicht die Persönlichkeit des Gottes, von der ausgegangen wird, sondern es ist der Kult selbst, von dem aus der Gott ins Dasein tritt" (Gernet 192). In unserem Fall werden wir Verbindungen mit Krieg, Tod, Wolf und Hund, mit ekstatischen Zuständen, Initiationen sowie der Wintersonnenwende suchen und, wo die letzteren nicht zusammenfallen, mit dem Jahreswechsel. Dabei ist zu erwarten, daß der Gott die Zweideutigkeit des **koryos* selbst teilt und manchmal gut, manchmal böse auftritt und immer zumindest potentiell gefährlich ist. Wie der **koryos* wird er über fruchtbringende Kräfte verfügen. Als wohlgesonnen, befruchtend und lebenspendend ist er der Drachentöter oder zumindest nahe mit diesem verbunden. Und da die Jünglinge während der Jahre im **koryos* in den Lehren des Stammes unterwiesen werden, können wir von der Verbindung ihres Gottes mit Wissen, einschließlich geheimen Wissens, sowie den Facetten dessen, was wir als geistiges Leben ansehen dürfen, ausgehen.

Wenn der Kultus, in dem der Gott ins Dasein tritt, in historischen Zeiten nicht mehr in seiner ursprünglichen Form existierte, wenn er sich in eine stärker ausgearbeitete Struktur entfaltete, wenn er unterdrückt wurde oder einfach entartet und verschwunden ist und lediglich Spuren in Ritual und Mythos zurückließ, als eine sich entwickelnde Gesellschaft neue Methoden der Kriegführung und Erziehung ausbildete, dann dürfen wir vermuten, daß der Gott ähnliche Wandlungen erfuhr. Wo wir ihn ausmachen können, finden wir ihn in der Tat verändert vor – freilich nicht immer synchron mit der kultischen Bruderschaft, die ihm sein Dasein verlieh.

---

[364] Bei Moody heißt es *home-bodies* und *go-getters* für *śālīna* oder *kṣemya* versus *yāyāvara* (69).

[365] Formen und Symbole lebten im Mysterienkult des Mithras fort, der das Römische Reich eine Zeitlang prägte.

[366] Nicht sehr erfolgreich: die rituelle Sprache ist ‚voll von Krieg und Aderlaß' (Heesterman 1981, 84), wie aus Moodys Untersuchung über das Agnyādheya und aus Heestermans gewichtigem Opus deutlich wird. Indra tötet immer wieder Vṛtra; die Devas fahren stets auf ihren Kriegswagen und ziehen in die Schlacht gegen die Asuras, und der Brahmane ist ein Krieger auf einem Streitwagen; siehe 1985, 99, 105; 1982, 14f.

9.1. Indien

Die Maruts, die mythischen Archetypen der Männerbünde, sind hauptsätzlich mit zwei Göttern verbunden, mit Rudra, ihrem Vater, und Indra, dem Drachentöter.[367]

Rudra ist der Gott der Vrātya-Bruderschaften. Er ist der Bogenschützengott, der Seuchenpfeile verschießt, mit denen er Krankheit und Tod versendet. Da er über Krankheit und Tod herrscht, kann er sie auch heilen und abwenden; deshalb sind Gebete an Rudra Bitten, fernzubleiben und einen anderen zu treffen (Kap. 11). Seine Heimat liegt im Wald, fernab von anderen Göttern; seine Söhne/Doppelgänger sind reißende Wölfe. Er wird als übelwollend, böswillig, betrügerisch, gleichwohl jedoch auch als Śiva, der Gutmütige, erfahren. Wir werden noch weitaus mehr über ihn im dritten Teil zu sagen haben.

Komplexer ist das Verhältnis von Indra und den Vrātyas. Rudra ist ihr Anführer,[368] aber Indra der Drachentöter beherrscht das Fest des Jahreswechsels, das Mahāvrata.[369] Dennoch ist der Drachentöter lediglich der exoterische Indra; mit dem Fest verbunden sind geheime Offenbarungen von Indra als Hochgott,[370] die die Vermutung nahelegen, er hatte Bedeutung für die Männerbünde über seine Wichtigkeit im Ṛgveda hinaus.

9.2. Iran

Mithra, „der oberste Gott der Bruderschaften" (Widengren 1968, 140) ist selbst der Drachentöter. Indra wurde mit anderen *dāevas* im Iran zu einem Dämon, während Vṛtragan, als der Gott *Vσrσθraγna*, in enger Verbundenheit mit Mithra erscheint. Schließlich wird er, nachdem er sich vom Begleiter zum Trabanten entwickelt hat, zu einem Attribut Mithras, und Mithra wird *vσrσθragan*.[371]

[367] Aufgrund seines häufigsten Beinamens, Vṛtrahan, Töter des Vṛtra, der zum Drachen wurde, siehe Benveniste u. Renou 1934. Zu Indra und den Maruts bes. Widengren 1938, 79-81.

[368] Rudra ist *vrātapati*, der ‚Herr der Scharen' (Hauer 189); Indra ist *mahāvrāta* ‚der eine große Schar hat' (183).

[369] Zum Mahāvrata siehe oben 3.5, unten 11.7 sowie Hauer 246-296. Es bildete einen Teil der Feierlichkeiten zum neuen Jahr; nach Hauer war es das Hauptfest der präbrahmanischen Periode (280). *Vrata* heißt ‚Eid'; *vrāta* eine durch Eid verschworene Gruppe; ein *vrātya* ist ein Mitglied eines *vrāta* (179-193; 217). Mahāvrata heißt ‚großer Eid'. „Dieses Vrāta war die große Feier der Vrātya, zu der sich die Geweihten in einem Vrāta zusammentaten" (246). Da Neujahr eine Zeit der Erneuerung und des Anfangs ist, ist es für die Wiedergeburt durch Einweihung geeignet. Auch die Drachentötung wie die Befreiung des Gewässers zählen gleichermaßen als Erneuerung und Neubeginn, und das Neujahrsfest ist in hohem Maße das Fest des Drachentöters Indra, der durch Lied und Opfer geehrt wird.

[370] Widengrens Terminus. Zum mystischen Austausch zwischen Indra und Viśvāmitra beim Mahāvrata, bei dem Indra sich selbst als Allgott offenbart, siehe Hauer 293-295, wo entsprechende Quellen angegeben sind.

[371] Widengren 1938, 124f. „Man kann verstehen, dass dem Mithra der Beiname *varaθragan* angeheftet wird, denn *Vσrσθraγna* tritt ja im Gefolge Mithras auf. Wir glauben hier jenen

Allerdings ist Mithra nicht Indra. Er ist mysteriös, unheimlich, geheimnis- und unheilvoll. Bei seiner Beschreibung stellt sich unvermeidlich jenes Wort ein, das auch auf Rudra und Odin paßt: heimtückisch. Er ist aber auch nicht Rudra oder Odin, sondern ein Hochgott, der in seinem Wesen alle Gegensätze, alles Gute und Böse vereint, und vielleicht erscheint er nur deshalb den Menschen übelwollend, weil sie nicht über ihn verfügen oder in seine Bestrebungen Einblick nehmen können (Widengren 1938, 123).

Mithra ist sowohl der Urahn als auch der Gott der herrschenden Schicht; er ist der allesbeherrschende Herr und führt die Krieger an (Widengren 1938, 146). Er ist der Reitergott (151), und ihm ist das Neujahrsfest, *Mithragān*, geweiht, an dem der König einen rituellen Tanz aufführt und (rituell) von dem ‚goldenen Wasser' berauscht wird, von dem nur der König und sein ältester Sohn trinken dürfen; daher sind die Verehrung Mithras sowie das Königtum mit dem *haoma*-Kult (157-161) verbunden, der zu den blutigen Opferfesten der Männerbünde gehört (340).

Ebensowenig von den Männerbünden zu trennen sind zwei Windgötter, Vayu und Vāta, beide auch Kriegergötter. Vayu ist, wie Mithra, „die höchste Schicksalsgottheit" und als solche gleichermaßen gut und böse. Vayu ist als guter Vayu und böser Vayu in zwei Teile geschieden,[372] der böse spielt die Rolle des Totengottes.[373] Und doch gab es eine Tradition, die Vayu als ein Wesen mit zweierlei Seiten betrachtete (Widengren 1938, 195). Vāta erscheint als Mithras Begleiter und Gehilfe und ist eine andere typische Schicksalsmacht (216). In der Schlacht kommt er den Fravašis zu Hilfe, oder er ergreift mit Mithra für die von diesen Schutzgeistern Bevorzugten Partei (218).[374] Vāta ist sowohl *vərəθraγan-* und *Vərəθraγna*; er ist

bekannten religionsgeschichtlichen Prozess konstatieren zu können, dass eine ehemals selbständige Gottheit zuerst mit einer anderen sie überragenden immer mehr in enge Verbindung gebracht und schliesslich ganz in sie hineinprojiziert und nur noch als eine ihrer Eigenschaften aufgefasst wird. So kann auch Mithra, weil die Gottheit *Vərəθraγna* im Gefolge Mithras auftrat, das Epitheton *vərəθragan* erhalten." (125). Awest. Mithra und der vedische Indra im Vergleich, Wikander 1941, 33f.

372 (194). In seinem eigenen Umkreis ist Vayu ebenso der Kriegergott wie der Herrscher über Himmel und Hölle, Wikander 1941, 49; der Gott der Könige, 81; verbunden mit ekstatischen Visionen, 77f.

373 Vayu wird als Totendämon dargestellt, der die Menschen ergreift und mit sich nimmt (Wikander 1941, 76). Manchmal wird Astovihāt mit dem bösen Vayu als Todesgott identifiziert, manchmal erscheint er als sein Diener. In dieser Funktion ist er „der Diener, der den Todgeweihten bindet" (Nyberg, zit. nach Widengren 1938, 198). Als Totengott ist Astovihāt „der Unersättliche"; sein Name bezeichnet den, „der die Auflösung des Leibes bewirkt" (199), was auf die äußerst primitive Vorstellung vom Tod als Leichenverspeiser zurückgeht (siehe unser Kap. 13).

374 „Sie sind Schutzgeister oder Schutzengel. Zugleich sind sie jedoch auch die Seelen der Frommen oder richtiger: ihr höheres, geistiges Selbst, daneben dann ‚geistige Urwesen' dieser frommen Menschen" (Widengren1965, 21). „Die Totenseelen als Totenheer, das in den Kämpfen der Lebenden sich beteiligt" (Wikander 1938, 63); „die Seelen der Krieger, schön ausgerüstet" (Wikander 1941, 45). Müssen wir auf ihre Affinitäten zu den Maruts, Laren und Einheriern hinweisen? Auch Vayu weist Beziehungen zu den Fravašis auf (Wikander 1941, 81, 93).

Sieges- und Glücksgott (Widengren 1938, 219). Aber auch Vāta hat eine böse Seite, wie aus einer alten Geschichte deutlich wird, in der er die Schöpfung nicht nur zu beherrschen, sondern sogar zu zerstören sucht (222). Vayu und Vāta sind charakterlich identisch (223). Die einfachste Erklärung dafür besteht nach Widengren darin, daß sie ursprünglich zwei unterschiedliche Götter waren, die von zwei verschiedenen Stämmen als höchste Wesen verehrt wurden.

Am interessantesten von allen ist Aēšma, welcher wenigstens nach der zoroastrischen Gemeinschaft, von der alle unsere Informationen stammen, gar keine positiven Aspekte hat. Er wird immer von seinen Heerscharen begleitet, „den Scharen mit dem blutigen Banner" (313), von Daēvas und Huren, von zweibeinigen Mairyas und vierbeinigen Wölfen (315).[375] Aēšma ist „der Starkarmige" – aber das ist auch Mithra, der manchmal als sein Gegenspieler, manchmal auch als Schutzherr des Schwerbewaffneten und selbst als Führer des schrecklichen Heeres mit dem blutigen Banner auftritt (316f.). Widengren schließt, daß Aēšma „ein Aspekt des Wesens Mithras" ist. Wir haben hier ein gutes Beispiel für die Tendenz der Schicksal spielenden, grausamen Seite eines großen Gottes, sich abzuspalten und eine unabhängige, diesem feindliche Macht zu werden (318).

Das Wort Aēšma bedeutet „Zorn, Wut, Raserei", abgeleitet von dem Verb *aēš-/ aiš-* ‚sich in eilige Bewegung setzen' (318f.).[376] (In germanischen Begriffen ist Aēšma Wōd.) Da Mithra ein Gott der iranischen Krieger ist, kann Aēšma – ‚die wütende Raserei' – als „eine Seite seines Wesens" angesehen werden (319).[377]

„Aēšma [...] sammelt um sich ein Gesindel allerschlimmster Art. Es sind ‚drugmässige Scharen', die er heranstürmen läßt. Das Feldzeichen, das diese wütenden Horden führen, *χrūra drafša*, läßt Schlüsse zu, die auf eine bestimmte Organisation hindeuten [...]. Wir haben es hier mit den verschiedenen iranischen Männerbund-Organisationen zu tun. Diese außerhalb der geordneten, asamässigen Gesellschaft stehenden, von Raublust und Kriegswut erfüllten Männerbünde sind die natürlichen Verehrer des Aēšma [...]. Aber nicht nur Aešma, die böse Seite im Wesensbild Mithras, sondern auch Mithra selbst, ‚der Starkarmige', konnte von diesen unheimlichen Bünden als ihr eigenster Gott in Anspruch genommen werden" (320).

Für die zoroastrische Gemeinde waren die Männerbündler Außenseiter und Feinde der Arier. Wie überall sind für den Teil der Nation, der zuerst feste Siedlun-

[375] Sowie von Kavis und Karapans, zwei nichtzoroastrischen Priesterschaften; zu letzteren siehe oben 5.5.4.4

[376] Wir müssen uns nur das Wort ‚Wod' als Wesensmerkmal eines Herrschergottes, als Beinamen und schließlich als Namen, mit dem der Gott insgesamt bezeichnet wurde, vorstellen, um zu sehen, inwiefern Wodan zugleich der heimtückische Rudra-Gott der Wolfskrieger und der Gott der Könige und König der Götter werden konnte.

[377] Die andere Seite Mithras, das Gegenbild von Aēšma, ist Sraoša, „Gehorsam" oder „gehorsamer Sinn"; er ist also der Gott des „gehorsamen Gefolges", der „Gefolgschaft" (318). „Es ist die Gottheit, die von denjenigen Leuten angerufen wird, die Friedensvertrag und Aussöhnung verehren (Yast 11, 15). Er hat also seine Gemeinde unter den allem Streit und Raub abholden Schichten der Gesellschaft" (320).

gen gründete und den Boden bebaute, um Nahrung für die Viehherden zu ziehen, die jugendlichen Banden ihrer noch mobilen Verwandten eine große Plage und werden als feindliche, fremde Macht empfunden.[378] Die Dēvs (Daēvas) geben ihren Verehrern von den ehrbaren Hausherren bzw. ‚Stubenhockern' gestohlene Rinder. Die Dēvs aus dem Geschlecht des Hēšm (Aēšma) suchen die Iraner brandschatzend und plündernd heim; sie tragen ihr Haar lang und offen, ihre Kleider und Waffen sind schwarz, und sie tragen einen Ledergürtel.[379] Diese Feinde des von Ahura Mazda geschaffenen Landes sind daher auch seine Feinde und können Verehrer des Ahriman genannt werden (Widengren 1938, 340-346).

Schließlich scheinen in der nichtzoroastrischen Gemeinde, in der Zervan der Hochgott war, gewisse ‚asoziale Elemente' existiert zu haben, der Abschaum der Gesellschaft, dessen aschfarbene Kleidung sie Ahriman, dem Gott des Bösen, an die Seite stellte; auch sie huldigten finsteren Mächten in orgiastischen Riten.[380]

9.2.1. Die Osseten

St. Georg, d.h. Wastyrgi/Wasgergi, ist der Drachentöter; er ist gelegentlich wolfsgestaltig, und die wichtigsten Einweihungsriten finden an seinem Fest statt (8.6). „Wastyrgi-St. Georg," der im Glauben der Osseten viele Eigentümlichkeiten des heidnischen Gottes und Drachentöters annahm, hat eindeutig die Erscheinungsform eines Beschützers von Männergesellschaften und Kriegern angenommen (5.6).

„Der andere ossetische Gott, der mit männlichen Gemeinschaften und militärischen Kulten eng verbunden ist, ist der Herr der Wölfe, *Tûtyr* [...]" (8.6). Bei seinem Fest *Styr Tûtyr* wurden kriegerische Wettkämpfe, Zusammenkünfte und Feierlichkeiten der Männer abgehalten, „während die Knaben und Jünglinge Einweihungen auf verschiedenen Stufen absolvierten. Dabei spielte der von einer Wiedergeburt gefolgte rituelle Tod eine besondere Rolle. Bei diesem Ritual wurde die Seele des Jungen von dem Dämon *Udxæssæg*, der die Gestalt eines Wolfes besaß, entführt. Zahlreiche weitere Verbindungen von *Tûtyr* sowie von *Wastyrgi* mit dem Militärwesen finden sich in der Epik der Narten und in ossetischen Sitten" (Ivancik 318).

---

[378] Was sehr leicht die Mißverständnisse bezüglich der Vrātyas, die von den meisten Gelehrten für Nichtarier gehalten wurden, erklärt.

[379] Die Dēvs sahen also aus wie ihre Anbeter – und umgekehrt. Sie erscheinen exakt genauso wie die indischen Vrātyas.

[380] 346f.; über Zervan, 266-287: er war der alte Himmelsgott, der Vater von Ahura Mazda und Ahriman. Ersterer ist in seinem Auftrag der Erschaffer der Welt, letzterer aufgrund seiner Erlaubnis Herrscher der gegenwärtigen Welt. Zervan selbst zog sich zurück, um zu einem *deus otiosus* zu werden. Der Zervanismus scheint ein absoluter Dualismus gewesen zu sein (von der Art, die Zarathustra auszuschließen suchte, indem er die gute Macht des Gottes zu höchsten Höhen erhob). Benveniste sieht den Manichäismus als Übernahme von Glauben und Ritual des Zervanismus; bezüglich eines orgiastischen, den dunklen Mächten geweihten Ritus siehe seinen Aufsatz von 1929.

9.3. Die Kelten

Der Gott oder die Götter der keltischen Männerbünde sind unbekannt,[381] dennoch gibt es zweifellos eine große Ähnlichkeit zwischen Rudra und den Maruts und Finn und den *fiana*, wie Piggott bemerkte (1950, 260).

9.4. Die Balten und Slaven

Was die Slaven betrifft, so haben wir Saxos außerordentlich wertvolle Beschreibung des Gottes Svantovit als Führer eines elitären Bundes; leider ist dies alles, was wir sowohl über die Bünde als auch über den Gott wissen (7.1; 7.6.2; 8.4b).

Der altrussische Veles“ oder Volos“ trägt verschiedene uns bekannte Züge eines Wolfsgottes: er ist der *skotii bog*, der ‚Viehgott‘ (Jakobson 1969, 581), und ihm sind die Seher beigesellt (583). Seine Name verbindet ihn mit „der *vel*-Familie baltischer Geister“ (584f.), bei denen die männerbündischen Charakteristika stärker ausgeprägt sind.[382]

Der litauische Gott Velinas,[383] ein Jägergott, „Gott der Toten und des Viehs (der Gesundheit und Fruchtbarkeit)“, führt die Schar der *veles* an, von „Geistern und Heroen“ ähnlich dem Wilden Heer oder der Wilden Jagd (Gimbutas 91). Sein „Name war tabu und durfte nicht ausgesprochen werden, weshalb viele andere Namen im Gebrauch waren“, darunter als bekannteste Pikulas, Pikis, Piktis, „Gott der Wut“.[384] Ein anderer ist Ragius, der „Seher“. Velinas ist einäugig. „Velinas eines Auge hat magische Bedeutung, ähnlich dem des germanischen Odin [...].“[385]

---

[381] Hinsichtlich eines möglichen Kandidaten beachte man Köves-Zulauf 1977.

[382] Was diese Geister betrifft, siehe Gimbutas 1974; v.d. Meulen 1914. Veles erscheint als eine Art Apoll, als Dichtergott (Schmaus 219). Er weist Bezüge zum Tod, zum Vieh, zu den Sehern usw. auf. Veles/Volos ist außerdem ein Gott der Eide (Schmaus 216f.). Veles wird „als aufrecht stehender Wolf dargestellt, der wie ein Mensch gekleidet ist und einen Stab trägt“ (Ridley 1976, 327).

[383] In älterer Form auch Vêlenas und, verbreiteter, Vélnias.

[384] „Pickolos erscheint von derselben Wurzel wie lithauisch *pykstu* ‚wütend sein‘ abgeleitet, was an Odin erinnert (* *Wōðanaz*).“ Er war die wichtigste altpreußische Gottheit, der Totengott, der die Macht besaß zu töten. „Pocullus deus spirituum volantium sive cacodaemonarum.“ P. ist der Gott der fliegenden Geister oder der bösen Dämonen (Fisher 1970, 149).

[385] „Aus einer Darstellung des litauischen Heidentums von Henneberger aus dem Jahre 1595 erfahren wir, daß es bei Isrutis eine heilige Quelle namens Golbe gab, zu der die Männer kamen, um ‚einäugig‘ zu werden, d.h. um ein Auge zu opfern. Einäugig zu sein, war eine große Ehre, und einige einäugige alte Männer lebten noch zu Hennebergers Zeiten“ (Gimbutas 89). Velinas, „ein beweglicher, launischer und unberechenbarer Gott“ (92) hat, abgesehen von dem Auge (das ich bislang nirgends behandelt fand; vgl. aber Kap. 14), klare Affinitäten zu Odin. Velinas-Varuna, Jakobson 587-589; weitere Beinamen und Analogien 589-599. Velinas-Odin-Varuna: Jouet 73; Pickollos-Odin-Varuna: Fisher. Velinas ist, wie Veles, ein Beschützer des Viehs (Ridley 1976, 327). Ridleys Aufsatz führt zahlreiche Belege für einen Wolfsgott, der Schutzherr von Vieh und Herde ist, an – oder, wie wir im nächsten Kapitel sagen, *pasupati* – und schließt mit den kurländischen Werwölfen des frühen siebzehnten

9.5. Griechenland

Es scheint hier sinnvoll, an Kretschmers Ausführungen (1930, 15) zu griechischen Göttern – Zeus, Pan und Apollon – zu erinnern, die Wolfsbeinamen trugen: ursprünglich gab es einen Gott, der nach Name und Gestalt ein Wolf gewesen ist und erst später mit Zeus, Apollon oder Pan identifiziert wurde: in Arkadien Zeus als Wolfsgott *Lykaios* (8.2.3a) und auf Kreta Zeus, den Größten Kouros, sowie das von den tanzenden, waffenschlagenden Kureten beschützte Zeuskind (5.5.4.4). Aber das sind nur Randbereiche.[386]

Bei dem Drachentöter Apollon finden wir die sichersten Indizien für den griechischen Gott des Männerbundes. Sein Name – nordwestgriechisch/dorisch 'Απἔλων – war ursprünglich ein Beiname: er war der Gott der Apellai, der jährlichen großen Gemeinde- oder Stammeszusammenkünfte, bei denen die Knaben zu Epheben wurden.[387] Die *Labyadae*-Inschrift aus Delphi (Buck 52) berichtet von dem dortigen Fest, das im ersten Monat, dem *Apellaios*,[388] stattfand. Da der Gott, der ebenso auch *Lykeios, Karneios, Pythios* usw. ist, seinen Hauptnamen nach dem ihm gewidmeten Einweihungsfest trug, kann er mit gutem Grund als initiatorischer Gott im allgemeinen sowie als Gott derjenigen Zeit im Leben eines Jungen angesehen werden, in dem dieser Mitglied des Staates wird – dem definitiven Moment des Knabenlebens ebenso wie des Staates, dem diese neue Ernte junger Männer als neues Leben zugeführt wurde; daher erkennen wir in den Apellai die Wiedergeburt des Jahres, der Gemeinschaft und der Jugend.[389]

Jahrhunderts, die zweifellos auf einen Männerbund zurückgehen; diese verstehen kaum, was sie treiben, glauben aber – in einem geradezu religiösen Sinne – daß ihre Tätigkeit für das Gedeihen des Viehs und damit auch die Gemeinschaft der Menschen notwendig sind. Der Text findet sich im deutschen Original am Ende von Höfler 1934 sowie in einer englischen Übersetzung als Anhang B von Gershenson 1991.
Ein weiterer Kandidat: „Sovij ist ein Krieger-Jäger vom Typ Odins, der eine ‚Reise durch die Finsternis' unternimmt. Man bemerkt die Ausübung eines rituellen, möglicherweise initiatorischen Festes [...], an dessen Ende der Held, begleitet von seinen ‚Söhnen', seinen Auszug beginnt. Danach hat er das Amt eines Seelenführers inne. [...] Es ist also eine Kultlegende, die vermutlich aus dem Ritual einer Bruderschaft hervorgegangen ist" (Jouet 163f.).

[386] Ist seine Abwesenheit in der Illias, als er die schuldlosen Äthiopier besucht, ein Relikt der Neigung dieser Götter, plötzlich zu erscheinen und wieder zu verschwinden? (Siehe unten.) Außerdem ist ein thessalischer Ζεὺς θαύλιος, der Würger oder Mörder par exzellence, bezeugt. Ρὰν λυκαιος stellt wiederum eine Vereinigung von Wolf und Ziege dar.

[387] Burkert 1974. Zu Namen und Varianten: 5-7.

[388] „Apollon war der Schutzherr des ersten Monats in Delphi, Elis, Tenos, Priene, Lampsakos, Cyzikus, wo die Monatsnamen Apellaios, Apellonios, Apellaion und Boedromios lauten. Auch in Athen war der erste Monat Hekatombaion dem Apoll geweiht" (Versnel 153, Anm. 24).

[389] Für andere Zwecke gab es andere Versammlungen, doch da die Aufnahme einer neuen Generation von Jugendlichen so wichtig für das Leben einer Gemeinschaft ist, so entscheidend für ihr Fortbestehen, war das Fest *die* Apellai, die Zusammenkunft schlechthin. Diese Feier ist für Sparta und Delphi belegt. In Delphi wenigstens gab es bei diesem Anlaß noch zwei

Und wenn Apollon „von Haus aus ein Gott der Dorier“ war (Burkert 1974, 8), dann bedeutet dies, daß die Wolfs- und Initiationsgötter der anderen Griechen diesem Namen zugeordnet wurden. Die Ikonographie verdeutlicht das: Apollon ist der ewige *kouros*, der Erzephebe; so erscheint er bei Homer mit ungeschorenem Haar, ἀ-κερσε-κόμης. Überraschenderweise ist Apollon in Athen jedoch nicht mit den Epheben verbunden noch diese mit ihm. Er wird nicht bei deren Schwur angerufen und hat keinerlei Anteil an den Apatourien, dem athenischen Bruderschaftsfest, das dem Apellai entspricht. Apollo Lykeios ist in Athen ein Gott der erwachsenen Männer, der Hopliten, nicht der heranwachsenden Jünglinge. „In Athen war er der Gott der Initiierten, nicht der Initianden.“[390]

Was dem Apoll geschah, wird von Versnel in seiner vergleichenden Studie über Apollo und Mars erklärt. Versnel betrachtet mit Burkert „den ursprünglichen Apellon/Apollon als die Spiegelung des *ephebos* in der Übergangsperiode zwischen dem Dasein des Knaben und der Aufnahme in die Männergemeinschaft. Die Apellaia waren deren rituelle Entsprechung“ (Versnel 146). Er begleitete „die Jungen, die sich während ihrer Einweihung in die äußere Welt zurückzogen, in das Stadium eines naturhaften Lebens zurückfielen und wie Wölfe durch die Wildnis schweiften [...],“ mit Pfeil und Bogen bewaffnet,[391] und führte sie sodann bis zum Moment ihrer Wiederaufnahme in die Gesellschaft bei den Apellaia oder einem ähnlichen Fest. Versnel vergleicht die allgemeine Ikonographie von Apollo und Mars mit „Momentaufnahmen“ von diesen Göttern, die für das Einweihungsfest gemacht wurden. Apollos Abbild entspricht dem Jungen in der Zeit vor der Initiation, bevor das Haar des *kouros* geschnitten wurde, und erinnert, mit Pfeil und Bogen, mehr an einen Jäger als an einen Krieger. Mars’ Abbild verweist auf die Zeit nach der Ein-

---

andere Passageriten, die der Neugeborenen und der Jungvermählten, aber daß die Weihe der jungen Krieger das Herzstück des Festes bildete, ist daran erkennbar, daß zugunsten der Initianden Tiere geopfert wurden; für die Verheirateten und die Säuglinge hat man Gebäck angeboten. Die angerufenen Götter sind Apollo, Poseidon *phratrios* und Zeus *patroios*. „Bemerkenswert ist [...], daß Apollon vor seinem Vater Zeus genannt ist, und daß ihm kein Epitheton gegeben wird: er ist der Gott von Delphi schlechthin, und Apollon *Apellaios* wäre eine Tautologie“ (Burkert 1974, 16).

[390] Jameson 1980, 232. „Wir können nur mutmaßen, ob der Wolf von Lykeios in Attika niemals die Merkmale des wilden, noch nicht zum Manne gereiften Jünglings trug, oder ob die Figur des Apollo Lykeios, angesichts der zahlreichen ethnischen und kulturellen Stränge, die in den historischen Staat Athen eingegangen sind, auf den Augenblick des Eintretens in das Mannesalter fixiert wurde, also eher auf das Ende als auf den Beginn der Ephebeia, und sich daher mit der Versammlung der erwachsenen Männer verband. Nach dieser Ansicht begannen andere Traditionen diese Übergangsperiode zu dominieren“ (232f.). Jameson hebt hervor, daß auch bei westgriechischen Sprechern „die Beziehung des Lykeios zu anderen initiatorischen Aspekten Apollos alles andere als klar ist“, und fügt hinzu, daß keinesfalls gesichert ist, ob Apollo Lykeios auch in Sparta etwas mit Jünglingsweihen zu tun hatte (233 u. Anm. 1).

[391] Versnel 144. „Darüberhinaus wird, wenn Apollo das Urbild oder die Projektion der *epheboi* in ihrer Wanderzeit außerhalb der Zivilisation ist, auf einmal klar, warum er zum Anführer von Gruppen junger männlicher *oikistai* wurde“, besonders nach Art der *dekateusis* (oder des *ver sacrum*) (3.2.1.3).

weihung; er ist jetzt der vollbewaffnete Krieger (Versnel 149). Apollo konnte weiterhin den jugendlichen Jäger repräsentieren, auch nachdem er in einer Stadt nach der anderen in das Zentrum gerückt war, wie etwa in Athen, wo, in Jamesons Worten, Apollo Lykeios „augenscheinlich den Gipfel des initiatorischen, integrierenden Prozesses verkörperte" (Jameson 231).

Auch wo Apollon „die Mitte der Polis beherrschte," war er nicht immer präsent; er verbrachte die Wintermonate jenseits des Nordwindes, und seine Wiederkehr im Frühjahr war Anlaß zu großer Freude. Versnel bezieht diesen „besonderen und fundamentalen Zug des *ephebos*-Gottes [...] auf die sehr konkrete gesellschaftliche Situation der Jünglinge, welche sich bei ihrer Einweiung in die Welt draußen zurückzogen [...]." Nicht nur dies, sondern, wie wir oben gesehen haben, im ursprünglichen Brauch wechselte das Waldleben mit seinen Raubzügen und seiner Ungebundenheit jahreszeitlich mit Zeiten des Dorflebens, so daß der Rhythmus der An- und Abwesenheit des Gottes derselbe wie der seiner Schützlinge war; er dauerte aber als ein Aspekt seiner Natur noch lange nach dem Wechsel der Erziehungsmethoden fort.[392]

Es wird angesichts der Entwicklung von Rudra-Siva nicht erstaunlich scheinen, daß ein Gott des Außerhalb imstande sein konnte, das Zentrum der Gesellschaft zu besetzen. Anders als Siva freilich legte Apollo seine wilden und erschreckenden Züge ab, so daß die Alten gezwungen waren, seinen Wolf-Beinamen wegzudeuten, und selbst Versnel spricht die „Aspekte des Plagegottes, die krankheitbringenden Pfeile, die Reinigung und Heilung, möglicherweise auch die Wahrsagekräfte" fremden Einflüssen zu (Versnel 145). Schon 1949 hat Goosens jedoch die auffallende Ähnlichkeit zwischen Apollo Smintheus und Rudra (Grégoire et.alt. 127-172) bemerkt, und heute ist es, da so zahlreiche Untersuchungen zum Männerbund und seinem Gott vorliegen, offensichtlich, daß die meisten furchtbaren und abstoßenden Merkmale beiden zugehören.[393]

---

[392] Daher bildet sich ein *aition*, um zu erklären, wohin er geht und warum, und es wird die Art von Aporie vermieden, die Odins (und Oðrs) lange Abwesenheit umgibt.

[393] Zu den ihm inhärenten gefahrvollen Aspekten Apolls siehe Detienne 1986. Noch eine Bemerkung, bevor wir Apollo verlassen: Nicht weniger als dieser selbst ist Achilles die Idealgestalt des Epheben, „der Initiandus par excellence" (Versnel 143); seine Geschichte weist als Merkmale eines Übergangsritus auf: die Abhärtung mit Feuer, die Erziehung im Walde durch den Zentauren Cheiron, das *cross-dressing*. Zu seiner in Griechenland weitverbreiteten und „stets mit Einweihungsritualen und kriegerischen Prüfungen verbundenen" Verehrung siehe Sergent 1986, 205f. Er ist das „Spiegelbild des Gottes"; **deshalb** mußte er von Apoll getötet werden, nicht, wie bei Pindar, weil Apollon Troja verteidigte – als Troja zerstört wurde, rührte er nicht einen Finger, woran uns Burkert erinnert (19). Eher zeigt sich hier, was Höfler als Höhepunkt im Leben des (odinischen) Helden ansieht: „die Heimholung durch seinen Herrn!" (1934, 202 und unser Kap. 4.6.1.)

9.6. Italien

In Italien gibt es viele Kandidaten – nicht weil unsere Kenntnis der italischen/römischen Religion so ungewöhnlich groß, sondern eher, da sie leider sehr fragmentarisch ist. Kandidaten für die Rolle des *koryos*-Gottes sind Faunus, Vediovis/Veiovis, jener Gott von Soracte, der Apollo soranus/Dis Pater der *Hirpi Sorani*, Mars und womöglich Quirinus.

9.6.1. Mars

Wir beginnen mit Mars, denn Mars ist der Wolfsgott, dessen heilige Tiere die Jünglinge des *Ver sacrum* geleiten (8.1.3), ein Gott des Außerhalb[394] und der tanzende Gott (5.5.4.3), dessen Priester eine tanzende kultische Brüdergemeinschaft in militärischem Gewande bildeten (Alföldi 1952, 38ff.). Mars' Anwesenheit ist, gleich der des Apoll, nicht selbstverständlich. Auch Mars erscheint jedes Jahr: er wird geboren, und seine Geburt feiert der Waffentanz der Salier.[395] Auch hier eröffnet die Erscheinung des Gottes das Jahr; in Rom begann das Jahr nach dem alten Kalender nicht zur Wintersonnenwende, sondern mit dem tatsächlichen Beginn des mediterranen Frühlings. Mars ist der einzige italische Gott, nach dem ein Monat sowohl bei den lateinischen als auch bei den sabellischen Stämmen benannt ist (siehe Wissowa 141).

Trotz des Hoplitengewandes des Gottes war seine ursprüngliche Zuordnung – Krieg oder Ackerbau – lange Zeit umstritten (Scholz 9-17). Dumézil maß ihm, ausgehend von seiner These von den drei Funktionen innerhalb der indoeuropäischen Gesellschaft, die zweite zu und seinem Doppelgänger Quirinus die dritte.

Rosivach fragt daraufhin, welche Art von Kriegsgott er gewesen sei und stellt fest, daß „seine Aufgabe, als die eines Kriegsgottes, reinigend und schützend war [...] im Gegensatz zu einer beispielsweise in den Krieg führenden oder den Sieg schenkenden Funktion" (Rosivach 1983, 515f.).[396] Wenn wir jedoch seine landwirtschaftliche Seite betrachten, bemerken wir, daß Mars in Catos Gedicht „herbeigerufen wird, um für Schutz zu sorgen" auf den Schlachtfeldern (Rosivach 517), und im *carmen Arvale* wird er hergerufen, „wenigstens teilweise als Abwender des Bösen, als Beschützer", nicht nur der Saat sondern ebenso der Menschen, vor „sichtbaren und unsichtbaren Übeln", wie Cato sagt. Seine Rolle scheint also die eines „Beschützers seines Volkes vor dem Bösen im allgemeinen" zu sein (Rosivach 518). Evans bezeichnet Mars als einen „Hochgott" der italischen Völker (Evans 48-51).

---

[394] Sein Hauptheiligtum liegt außerhalb des *pomerium*, aber sein Speer und seine *vexilla* wurden in einem Heiligtum in der *Regia*, innerhalb der Stadt, aufbewahrt.

[395] Es gibt bemerkenswerte Parallelen zwischen den Saliern und ihrem Waffentanz für den ‚neuen' Mars und seinen Geburtstag, den ersten Tag des März, und einem ähnlichen, von gerüsteten Kureten anläßlich der Geburt des Apoll aufgeführten Waffentanz an einem Ort namens Ortygia, in der Nähe von Ephesos (Versnel 138).

[396] Rosivach 516. Obwohl er auch letzteres konnte: Die Legende weiß davon zu erzählen, daß der Gott selber römische Heere zum Siege geführt habe, z.B. beim Kampfe des C. Fabricius Luscinus gegen die Lucaner und Brettier, Val. Max. I 8, 6 [...]" (Wissowa 146).

Ursprünglich hatte er eine lokale Funktion: jeder Ort Italiens hatte seinen Mars,[397] wie die verschiedenen Gründungsmythen widerspiegeln (Rosivach 520).

Diese Gründungsmythen rufen uns die Mars' heiligen Tiere ins Gedächtnis – Specht, Stier und Wolf –, die die Jugend führten; allerdings war es tatsächlich Mars selbst, als Specht, Stier oder Wolf, der sie geleitete. Ebenso hatte er eine besondere Beziehung zum Pferd: zu zweien seiner Feste, den *Equirria* am 14. März, und dem *October equus* am 15. Oktober, gehörten Wagenrennen, zum letzteren auch ein Pferdeopfer, und auch der *Lusus Troiae*, ein von berittenen Jugendlichen vorgeführtes Labyrinthspiel, stand mit ihm in Bezug.[398]

Der frühe Mars muß ein enges Verhältnis zu den Toten gehabt haben, das – anders als jenes zum Wolf – in republikanischen Zeiten entschwunden ist, nicht freilich, ohne eine Spur zu hinterlassen. Die Bohne, die stets eine Gabe zugunsten der Toten und mit diesen so eng verbunden ist, daß der *flamen dialis* nicht einmal das Wort aussprechen darf, ist dem Mars geweiht. Mars wird von den *Fratres arvale* gemeinsam mit den Laren angerufen, und tatsächlich sehen die *Lares militares*, wie sie auf Münzen abgebildet sind, wie die Salier aus und erwecken den Eindruck, die letzteren seien ursprünglich irdische Repräsentanten der ersteren gewesen (von Schroeder 1908, 147).

---

[397] Dies spiegeln auch die verschiedenen Varianten seines Namens (Radke 1965, 199-202); man sollte sich außerdem erinnern, daß es Salierbruderschaften in Alba, Lavinium, Tusculum, Tibur und Agnani „seit uralten Zeiten" gab (Bloch 1960, 136).

[398] Zu entsprechenden Stellen bei Vergil und Seneca sowie die schriftlichen und ikonographischen Belege für den Zusammenhang von *Lusus Troiae* und Mars siehe Versnel 148. „Das Labyrinth gehört zu den bekannten Symbolen der Einweihung oder allgemeiner von Geburt und Wiedergeburt." (Erinnern wir uns an das oben in dem Abschnitt ‚Tanzende Götter', 5.5.4., über ‚Labyrinth-Tanzen' Gesagte.) Versnel behandelt eine Vase aus Caere (Abb. 7), „auf der ein Labyrinth mit dem Wort TRUIA sowie zwei das Labyrinth verlassende Reiter abgebildet sind", außerdem weitere Figuren „in tänzerischer Haltung", und fügt hinzu, „daß eine Interpretation sowohl des *Lusus Troiae* als auch des Bildes im Sinne zeremonieller Relikte eines primitiven Einweihungsrituals vorgeschlagen wurde." Es stellt sich die Frage, ob sich diese Initiation sinnvollerweise mit der *Transvectio Equitum* am 15. Juli, dem *rite d'agrégation* in den Ritterstand, verbinden läßt. Dieses Übergangsritual bildet den Höhepunkt im Leben der *equites*, die jung sterben, noch bevor sie ein Amt bekleidet oder große Taten vollbracht haben, was aus Grabmonumenten hervorgeht, die einen Knaben zu Pferde, im Augenblick seiner Aufnahme in den Ritterstand, zeigen. Weitere darunter befindliche Szenen auf dem Monument verdeutlichen Aspekte des ‚Waldlebens': Jagd und Übungen in ländlicher Gegend, vermutlich die von dem Jungen soeben hinter sich gelassene Stufe des Lebens vor der Einweihung. Paul Veyne erörtert „die Verbindungen zwischen dem Ephebentum und der römischen Erziehung. Welche besondere Stellung hatten die jungen Ritter vor ihrer *probatio* inne? Wir wissen aus Tacitus, daß sie am trojanischen Spiel teilnahmen; doch welche Beziehungen bestanden zwischen diesen Übungen und denen des *juventus*? Nicht zu erwähnen die Beziehungen zwischen dem *juventus* und den *neoi* [...]" (1960, 110-112). Hinsichtlich gewisser Szenen aus dem dritten und vierten Jahrhundert, in denen sich ein Mars-Kind einer Art heidnischer ‚Taufe' unterzieht, siehe 9.8.

9.6.2. Faunus

Nicht vom *lupus Martius* zu trennen ist Faunus, der Wolf als ‚Würger'.[399] In seinem Gefolge sind die *Fauni*.[400] Faunus ist die göttliche Verleiblichung ekstatischer Weissagungskraft.[401] Außerdem ist er der *deus februarius*, der Gott der Luperkalien, des Reinigungsfestes, welches zur Vorbereitung auf das neue, im März beginnende Jahr dient. Ovid (Fast. 2, 268) nennt die Luperkalien *Fauni sacra*; andere bezeichnen das Fest als dem Pan Lykaios oder dem Lupercus gewidmet. Faunus *ist* allerdings Lupercus, und die *interpretatio graeca* identifiziert ihn mit Pan Lykaios – eine Gleichsetzung, welche die für die *Luperci* so wichtige Ziege-Wolf-Verbindung ins Spiel bringt: ob die Gleichung stimmt oder nicht, sie sind ‚Wolfsböcke' bzw. Wölfe, die, mit Ziegenfell umschlungen, ihr Reinigungs- und Fruchtbarkeitsritual mit Peitschen, die aus der Haut eines bei ihrem Fest geopferten Bockes geschnitten sind, aufführen. Die Luperkalien haben ihr Zentrum rund um den Palatin und besonders um das Luperkal, die für einen Eingang zur Unterwelt gehaltene Höhle der Wölfin, welche Romulus und Remus gesäugt hat. Die *Luperci*, die von der Höhle loszogen und zu ihr zurückkehrten, sind die bereits bekannten Wolfsmaskenträger, welche die Toten verkörpern (Holleman, Kap. 4; bes. 98f.).

Faunus ist ein geheimnisvoller Gott. Nach Deutungen, die ihn zum Ersten König erklärten, war er der Sohn des Picus oder auch des Mars[402] – also ein halbgöttlicher Ahnenheros. Brelich bezeichnet ihn als „‚Heilbringer', *heros civilisateur* oder halbgöttlichen und halbmenschlichen Stifter des Ursprungs; tiergestaltig und fähig, sein Aussehen zu verändern; ein Waldschrat, ein Sender von Wahngesichten und Alpträumen, ein lüsterner Verführer der Frauen, auf einzigartige Weise mit dem Totenreich verbunden und doch der Begründer vieler wichtiger und lebendiger menschlicher Institutionen, gleichermaßen praktisch, gemeinschaftsbezogen und

---

[399] Faunus < **dhauno-*, einer *-no-*Bildung aus der Wurzel **dhau-*, Altheim 1938; s. o. 8.2.

[400] Die der ältere Plinius als alptraumhafte Dämonen verstand (Historia Naturae 25, 29) und der hl. Hieronymus für felltragende Geister hielt, wozu Holleman (in der Nachfolge von E.C.H. Smits: Faunus) anmerkt, daß „das Wort ‚pilosi', das ‚haarig' oder ‚zottelig' bedeutet, zum Reich des Alptraums gehört, zumal im volkstümlichen Glauben der Antike [...] der Alptraum immer mit Gefühlen des Gewürgtwerdens, meist durch ein behaartes Tier wie den Wolf, verbunden ist" (Holleman 95f.).

[401] W. Otto 1909, 554, „oder die Mehrheit der Fauni, die deswegen auch ‚fatui' ‚die Schwatzenden' heißen [...]."

[402] Radke 1965, 121; später wurde er, nach Wissowa 212, gänzlich zum Halbgott ‚degradiert', seine Faune mit Satyrn in einen Topf geworfen. Dasselbe geschah bekanntlich mit Pan; doch der arkadische Pan muß ursprünglich, wenn er derselbe Wolfsgott ist, der zu Zeus Lykaios und Apollo Lykeios wurde, ein strengerer, mächtigerer und geheimnisvollerer Gott gewesen sein. Nach Wissowa hat der Beiname Silvanus Faunus ersetzt. Holleman hält Faunus für verdrängt durch eine andere Bezeichnung. „Soweit wir wissen gibt es nur eine Inschrift aus imperialer Zeit, die Faunus mit diesem Namen nennt: Fauno Aug(usto) sacr. (ILS 3580), woraus Faunus' Einbeziehung in den Kaiserkult deutlich wird. Aber je mehr die Kaiser damit begannen, die verschiedenen Aspekte der Schutzgottheit Roms und seines Volkes anzunehmen [...], desto überflüssiger muß der Name des Faunus geworden sein. Es scheint, daß ihn der Name des Augustus verdrängt hat [...]" (167). Silvanus hat ein Eigenleben begonnen, wie dies Beinamen oft tun; er war es, der ‚degradiert' wurde.

religiös [...].“[403] „Somit“, schließt Holleman, „ist Faunus wirklich der mythische Gründer und Vorfahr Roms, der sein ‚Heilbringer‘ genannt werden kann, auf den eine große Zahl von, oft bemerkenswert und überraschend widersprüchlichen, Traditionen bezogen war“ (Holleman 166). Holleman hält für wahrscheinlich, daß Faunus „eine geheime oder sogar die geheime Schutzgottheit Roms“ gewesen sei.[404]

9.6.3. Veiovis

Veiovis (Vediovis, Vedius) hatte auf dem Kapitol einen Tempel *inter duos lucos*, der ein Ort des Asyls gewesen ist, doch sowohl das Asyl als auch der Kultplatz waren viel älter als der Tempel aus dem zweiten Jahrhundert, da Veiovis zu den ältesten römischen Göttern gehörte (Wissova 236). Seine Statue aus Zypressenholz zeigte ihn als Jüngling mit Pfeilen in der Hand und einer Ziege an seiner Seite.[405] Ovid identifizierte ihn mit dem jugendlichen Jupiter (*Fastes* III, 445ff.), aber er wurde üblicherweise mit Apollon identifiziert.[406] Außerdem hat man ihn tatsächlich, wie den Gott von Soracte (8.2.3.2a), mit Apollon und Dis Pater gleichgesetzt, welche ihn verdrängten und schließlich ersetzten (Wissowa 237). Eine weibliche Ziege wurde ihm *ritu humano* geopfert; sowohl die Ziege als auch das Opfer auf dem Erdboden gehören zum Totenkult (Radke 1965, 310).

Was immer die genaue Bedeutung der ersten Silbe seines Namens, *ve-*, gewesen sein mag, die drei bezeugten Formen „bezeichnen ihn eindeutig als Gegenspieler von *Diovis, Dius, Iovis*“ (Altheim 1938, 263); in einer bei Macrobius erhaltenen Formel wird er zusammen mit den *di manes* angerufen; Dionysius von Halikarnassos erklärt ihn als Ζεὺς καταχθόνιος (Wissowa 237; Radke 1965, 310). Er ist also ein Gott mit sowohl olympischen als auch chthonischen Kennzeichen, das Jupiterkind, doch ebenso „ein schrecklicher Herrscher der Unterwelt“, „ein schadenbringender Dämon der Tiefe“ (Alföldi 1972, 218). „Die Verbindung von Jupiter und Apollo bei Veiovis kann durch die Komplexität archaischer Götterbegriffe erklärt werden, die zu einer Zeit geschaffen wurden, als heiter-himmlische und düster-jenseitige

---

[403] Sehr gut könnte dies auch eine Beschreibung Odins sein (oder von Odin plus Loki). Er „ist eine Figur, deren genaue Beschreibung noch zu leisten ist, aber eine, deren Charakteristika [...] den Ethnologen vertraut sind“ (A. Brelich: Tre variazioni romani, 74, zit. nach Holleman 165f.).

[404] Holleman 170 mit Bezug auf Brelichs spät. Buch: Die geheime Schutzgottheit von Rom.

[405] „Er schließt sich also einem wohlbekannten Typus des griechischen Apollon an (cp. Gellius 5, 12, 12). Das ist das Wichtigere, denn die Zypresse war nicht nur der Todesbaum, sondern stand auch in Verbindung mit dem Gott.“ Altheim fährt fort: „Wenn Veiovis [...] dem Apollon angeglichen wurde, dann erinnert uns das an die Tatsache, daß der Gott, der Feronia als Gemahlin auf dem Soracte hatte und dem mit ihr gemeinsam die *hirpi Sorani* huldigten, später mit Apollon gleichgesetzt wurde“ (1938, 262f.).

[406] „Die komplexe Natur dieser Gottheit offenbart sich am deutlichsten auf den Denaren des Manius Fonteius: das Gesicht zeigt den Typus des Apollo entsprechend der Gleichsetzung des Vediovis mit diesem Gott; unter dem Kopf befindet sich der Blitz des Jupiter; auf der Rückseite reitet Amor auf einer Ziege – deren Verbindung mit Vediovis gut bezeugt ist –, über welche die Mützen und Sterne der Dioskuren zu sehen sind; im Abschnitt schließlich liegt ein Thyrsos“ (Alföldi 1951a, 200f.).

Aspekte der himmlischen Mächte noch nicht klar getrennt waren" (Alföldi 1972, 219). Das Asyl des Romulus an der Seite des späteren kapitolinischen Tempels muß spätestens in die Zeit der Aufnahme Apollons in Rom datiert werden, also auf die Wende vom sechsten zum fünften Jahrhundert, aber es ist wahrscheinlich wesentlich älter: es kann sehr gut der ursprüngliche Kultplatz der ‚Romulus- und Remus-Bünde' gewesen sein.[407] „Wieder einmal", sagt Altheim, „treffen wir dieselbe Macht [...], den Wolfsgott und den Herrn der Geächteten" (1938, 263).

9.7. **teutā*-Gott und **koryos*-Gott

McCone betrachtet in seinem Aufsatz ‚Hund, Wolf und Krieger' Mars als den römischen *teutā*-Gott und Quirinus als Gott des *koryos*. Selbstverständlich war Quirinus kein Gott der ‚dritten Funktion'. Mars selbst besitzt ‚landwirtschaftliche' Aspekte,[408] und fruchtbringende Kräfte wurden, wie wir gesehen haben, den jugendlichen Bünden mancherorts noch jahrhundertelang zugesprochen, nachdem sie jede militärische und religiöse Bedeutung längst verloren hatten. Als Beleg für die These, daß Quirinus ebenfalls ein Kriegsgott war, zitiert McCone Dionysius (2,48,2) und Polybius (III.25.6), die ihn Enyalios nennen; bemerkenswert ist, daß er auch Salier und *ancilia* hatte (Livius 5.52,7), daß er von Cicero (*de Officiis* 3,10,42; *de Natura Deorum* 2,24,62) mit dem vergöttlichten Romulus identifiziert wurde, und sein Zusammenhang mit den *feroces iuvenes*.[409] Quirinus verkörpert „die kriegerische Tätigkeit des Junggesellenverbandes" und war daher mit Romulus verbunden, während Mars vor allem der Kriegsgott des Staates und seiner erwachsenen Männer sowie Schutzherr der jungen Krieger war, die der Staat beim *Ver sacrum* aussandte. Das Paar Quirinus/Mars entspreche somit Óðinn/Týr, sowie Rudra/Indra, wahrscheinlich auch den altirischen Lug/Núadu und Enyalios/Ares.[410] „Die schon bei

[407] „Denn die Misch-Volk-Romantik der Jünglingsbünde, wie wir sie aus Sparta und sonstwo kennen, war bei den Italikern der historischen Zeit durchaus noch lebendig" (Alföldi 1972, 219).

[408] Ebenso wie Rudra (siehe z.B. Chaudhuri, *passim*) und Odin (de Vries 1931; G. Turville-Petre 1972).

[409] 1987, 132. Eine ältere und für meine Begriffe weit bessere Etymologie für Quirinus ist die Herleitung vom sabinischen *quiris* (= lat. *curis* ‚Speer'), siehe Scholz 41. Dionysius erzählt eine Geschichte, die er von Varro übernimmt: In einem Tempel des „Enyalios" wurde ein Mädchen aus einer der angesehensten sabinischen Familien schwanger von dem Gott und gebar einen Sohn. Als der Knabe, Modius Fabidius, aufwuchs, versammelte er um sich eine Schar von Anhängern und gründete die Stadt Cures, die entweder nach seinem Speer (*curis*) oder nach seinem Vater Quirinus benannt ist. Dionysius war sich bei dieser Übersetzung von ‚Quirinus' nicht sicher, zumal Enyaliòs seit Homer ein Beiname des Ares gewesen und Ares dem Mars gleichzusetzen ist; allerdings war Enyalios auch der griechische Name für Quirinus im Unterschied zu Mars/Ares. Siehe Scholz 162f. und Anm. 12 zu weiteren Verzweigungen dieser Legende.

[410] „denn Enyalios' ursprüngliche Beziehung zu Jungmannschaften ist zum Beispiel immer noch im [...] spartanischen Ritus von Platanistas deutlich erkennbar" (1987, 133). Zu Ares, dem Vater des Phlegyas (8, Anm. 8) und eventuellem Männerbund-Gott siehe Nagy 1979, 157.

Homer auftauchende Assimilation [Enyalios] an Ares (Ἄρης δεινὸς ' Ενυάλιος, Il. 17, 210-11) wäre kein Wunder angesichts der frühen Beseitigung von wilden Junggesellenverbänden in vielen Teilen Griechenlands. Auch in Rom wurden derartige Vereine nach der frühen Periode auf Religion und Legende beschränkt und Quirinus' Rolle dementsprechend beeinträchtigt" (McCone 1987, 133).

Ich stimme mit McCone hinsichtlich des Quirinus völlig überein. Was Mars betrifft, habe ich einige Vorbehalte, und obgleich ich McCones Ausführungen zu Enyalios für richtig halte, muß ich feststellen, daß wir über diesen Gott nur sehr wenig wissen: der Gott, den wir in Griechenland tatsächlich in der Rolle des Wolfsgottes und als Führer der Jugendbünde sehen, ist Apollon. Und Versnel hat gezeigt, wie sehr Mars hinsichtlich Bart und Kleidung dem Apollo ähnelt: „die Gemeinsamkeiten ihrer Charakteristika und Funktionen verdeutlichen eine starke strukturelle Ähnlichkeit" (Versnel 145). Es scheint besonders zwingend, daß der junge Krieger der Wolf und der Wolfsgott der Gott der Jungkriegerscharen ist. Mars ist ein Wolfsgott. Darüberhinaus ist er mehr als nur ein Schutzherr des *Ver sacrum*: Er führt die Jünglinge selbst in tierischer Gestalt.

In seiner Betrachtung von Mars' Beziehungen zu den verschiedenen Gründungssagen schlägt Rosivach vor, daß „jede Gemeinschaft ihre eigene Schutzgottheit gehabt habe, die auf ihr Volk achtete und es beschützte. Gewöhnlich sei diese Gottheit von ihrem Volk einfach mit ‚Mars' (oder einer Variante dieses Namens) bezeichnet, der Mars einer anderen Gemeinschaft jedoch durch ein lokales Adjektiv (z.B. Quirinus) kenntlich gemacht worden. Im Laufe der Zeit führte Roms Expansion in Italien zu der synkretistischen Gleichsetzung der anderen lokalen Marse mit dem römischen Mars und zu deren späteren Absorption durch diesen" (Rosivach 520).

Und tatsächlich begegnen wir dem Bart und der Hoplitenuniform. Mars ist kein *kouros*. Ebensowenig Odin. In beiden Fällen ist anzunehmen, daß der jugendliche Wolfsgott mit dem Gott der *teuta* vermengt wurde. Bei Odin ist offensichtlich, daß er den Týr in sich aufgenommen hat. In Mars' Fall können wir aus der Tatsache, daß Faunus in manchen Interpretationen sein Sohn ist, möglicherweise schließen, daß der reife Gott den Wolfsgott aufgesogen hat – oder, noch wahrscheinlicher, viele lokale Wolfsgötter. Sind wir womöglich berechtigt, auch in Veiovis und Jupiter ein weiteres dieser Paare zu erkennen?[411]

9.8. *Un rite d'agrégation*

Die Verbindung zwischen diesen Göttern und Einweihungsbräuchen ist bei Apollo und Mars am deutlichsten. Wir sehen sie dann tatsächlich in ihrer Bedeutung als initiatorische Götter, wenn die Jugendlichen in die Gemeinschaft der Erwachsenen

[411] Jupiter ist der klassische Beschützer und Abwender des Bösen, während Mars wie Ares zu einem Kriegsgott wurde; daher stammen der Bart und die Hoplitenuniform. War Jupiter ein (oder gar der ursprüngliche) *teutā*-Gott?

aufgenommen und als Bürger anerkannt werden. Die *Apellaia* und das römische *lustrum* sind solche *rites d'agrégation.*[412]

Eine Szene auf dem Kessel von Gundestrup zeigt eine keltische Kriegerweihe, wie Jan de Vries wohl als erster bemerkt hat.[413] Auf dem Bild ist eine Reihe aufrecht stehender Männer zu sehen, die Schild und Speer sowie eine Kopfbedeckung tragen und sich auf ein großes Faß zubewegen. Eine überdimensionierte Figur hat einen dieser Männer in den Händen und ist dabei, ihn kopfüber in das Faß zu tauchen. Über der Reihe der Marschierenden und von ihnen durch eine horizontal liegende Pflanze getrennt, befindet sich eine weitere Reihe von berittenen Kriegern, die von dem Faß wegreiten und Helme mit eigentümlichen Helmbuschornamenten tragen; ebenso unterscheidet sich ihre Kleidung von derjenigen der Schreitenden, und vor ihnen bewegt sich, auf der Höhe ihrer Köpfe, eine Schlange. Zwischen dem, der die Initiation durchführt, und der Reihe der Marschierenden, ist ein Wolf. Den gehenden Figuren folgt ein Mann mit einem von einem Eber geschmückten Helm, der einen stabartigen Gegenstand über seiner Schulter trägt; hinter ihm sind drei Musiker, die auf langen, drachenköpfigen Trompeten (‚Luren') blasen.

Nach de Vries stellt die Szene auf dem Kessel den zentralen Teil einer Kulthandlung dar. Fußsoldaten marschieren auf das Faß zu; einer nach dem anderen werden sie eingetaucht und ziehen als berittene Krieger fort. Das Drama muß notwendigerweise symbolisch verstanden werden – beispielsweise indem der eine eingetauchte Krieger für alle anderen steht – und „alles bleibt rätselhaft, solange wir den Ritus und den Mythos nicht kennen, auf die das Bild sich bezieht. Es scheint mir wirklich verwegen, darin eine Wiederauferstehung aus dem Tode zu sehen. Zwar gehört das Pferd manchmal zum Totenreich und werden heroisierte Tote beritten dargestellt, aber nicht jeder Reiter braucht Abbild eines Toten zu sein."

Wenn wir aber von einer Einweihung ausgehen – die oft als symbolischer Tod (und Austritt aus einer Lebensphase) mit anschließender Wiederauferstehung (in eine andere) angesehen wird – „dann könnten die Männer zu Pferde die neuen, als junge berittene Krieger auftretenden Mitglieder des Stammes bezeichnen. Die Figur, die sie nacheinander in das Gefäß hineintaucht, wäre dann der dabei amtierende Priester" (de Vries 1961, 47f.).

Zuvor hatte de Vries die Frage erwogen, ob der Initiator „ein Gott oder ein Priester" ist? Angesichts der enormen Größe dieser Figur – mehr als das Doppelte der Krieger – scheint sie wohl den Gott darzustellen.

---

[412] Dies erlaubt nicht den Schluß, daß diese Götter nicht gleichermaßen aktiv am Beginn des Lebens der Knaben im *koryos*-Bund gewesen sind. *Rites d'separation* neigen dazu, sehr geheimnisvolle Angelegenheiten an abseits gelegenen Orten, gewöhnlich im Wald, zu sein, während *rites d'agrégation* öffentliche Ereignisse sind.

[413] Diese Szene wurde als Menschenopfer für den Teutates interpretiert, doch eine solche Deutung ist, wie de Vries gezeigt hat, nur dann möglich, wenn man das Bild nicht in seiner Gesamtheit betrachtet. Der Kessel wurde zwar in Dänemark gefunden, ist aber eindeutig eine keltische Anfertigung und stammt aus dem zweiten oder ersten Jahrhundert v.Chr., wenn er nicht noch älter ist; de Vries 1961, 147f. Siehe auch McCone 1987, 112.

McCone fügt dem hinzu: „Der Stand der vor dem Faß stehenden Fußsoldaten, die mit Speer und Schild bewaffnet sind, wird von de Vries nicht besprochen. Da ein unverkennbarer Wolf als bezeichnendes Merkmal ihrer Reihe voransteht, liegt es angesichts der vorhergehenden Untersuchung nahe, daß sie als wölfischer Junggesellenverband oder **koryos* aufzufassen sind und daß die Gesamthandlung den rituellen Übergang vom **koryos* zur **teutā* schildert" (McCone 1987, 113).

Häufig finden wir in der Lebensgeschichte eines Gottes oder Heros eine Episode, die so wirkt, als solle sie das Paradigma eines bestimmten Rituals darstellen. Es sind keine Geschichten von Mars als Kind überliefert, doch wir verfügen über drei Bilder des jungen Gottes, auf denen er sich offensichtlich einer Jugendweihe unterzieht. Auf allen drei wird er in ein großes Gefäß getunkt oder aus diesem wieder herausgezogen. In einer *cista* aus Praeneste, die man in das ausgehende 4. Jhdt. v.u.Z. datiert, wird ein als ‚Mars' bezeichnetes männliches Kind von einer ‚Menerva' entweder in einen Tiegel mit Flammen oder kochendem Wasser hineingehalten oder aus diesem hinausgehoben (Versnel 147 [Text], 170 [Abbildung]; Scholz 143). Zwei etruskische Spiegel, auf 300 v.u.Z. datiert, zeigen ein Kind namens ‚Maris', das lediglich eine Halskette trägt und in eine Amphore getaucht oder aus dieser gezogen wird; die kourotrophe Gottheit ist wiederum Minerva.[414] Meiner Ansicht nach wird das Kind hineingetaucht, da es im Fall des Herausziehens wohl nicht mehr wie ein Kind aussehen würde, aber es ist de Vries zuzustimmen, daß dies alles ein Geheimnis bleiben wird, solange wir über den Ritus oder Mythos, auf den sich die Bilder beziehen, im Unklaren sind.

Die Szene von Gundestrup erinnert McCone an einen Abschnitt im Leben von Cú Chulainn, in dem der zurückkehrende Held dreimal in Fässer mit kaltem Wasser getunkt wird, um seine Kampfeslust abzukühlen, die jetzt sein eigenes Volk bedroht, „und den Weg zur Wiederaufnahme in das Leben des Stammes zu bereiten" (1987, 113; vgl. Dumézil 1942, 37f., 44). Die Geschichte von Cú Chulainn illustriert, wie sehr die Beschreibung eines Rituals verzerrt werden kann; bemerkenswerterweise wurden alle Hinweise auf das *fian*-Leben, die diesen Passageritus bedeutungsvoll erscheinen lassen würden, getilgt. „Trotz eines erheblichen Zeitabstandes sind die Szene auf dem Kessel und diese frühirische Erzählung wahrschein-

[414] Versnel 147 u. 171; Scholz 144f. Der Spiegel von Chiusi hat zwei Marskinder, der aus Bolsena drei; sie sind bis auf eine Halskette nackt und unbewaffnet. Bezüglich der Vielheit der Marskinder und ihrer Namen schlägt Scholz besondere Charakterzüge des Mars, wie wir sie von den Tafeln aus Iguvium kennen, vor (146). Seine eingehende Analyse dieser Szenen (142-157) ist sehr erhellend, doch er erkennt in dem Eintauchen lediglich ein Bad, die übliche Reinigung nach der Geburt.
Die *cista Praenestina* ist mit Bezug auf eine Geschichte aus Praeneste besonders interessant: Es gab einmal einen Ausonier namens Mares, „der dreimal starb und dreimal wiedergeboren wurde, was ein unmißverständlicher Hinweis auf die Bedeutung der Tauchszene auf der *cista Praenestina* ist. Dieser Mares war laut der Geschichte halb Mensch halb Pferd. Hier ergibt sich erneut eine klare Beziehung zu dem Gott Mars" (Versnel 147f.). Zusätzlich zu weiteren Angaben, die die Sage bezüglich Mars' Rolle bei Initiationen macht, stellt die Mares-Geschichte ihn neben Kentauren und Gandharven und verbindet ihn folglich mit den ubiquitären, aber schwer faßbaren Pferdemasken, die wir kennengelernt haben, sowie mit Dumézils *jeu du Cheval* (1929).

lich auf denselben gemeinkeltischen rituellen und sozialen Gebrauch bezogen. Dabei diente die Tauchzeremonie wohl als Symbol nicht nur des Todes und der Wiedergeburt, sondern auch der Auslöschung von übermäßiger Hitze, um die Eingeweihten den neuen gesellschaftlichen Verhältnissen der **teutā* anzupassen“ (McCone 1987, 114).

Sicherlich weist der Symbolgehalt dieser heidnischen Taufe viele Ebenen auf. Der Tod des Knaben, die Geburt des Mannes, ist eine; die Abkühlung der kriegerischen Wut ist eine andere. Eine dritte muß die Läuterung sein, denn der Knabe hat in der *marge* Taten verübt, welche Männern, die in der Gesellschaft leben, verboten sind. Und schließlich ist der Junge des **koryos* schon deshalb, weil er geweiht ist, unabhängig von dem kriegerischen Feuer in ihm, eine Gefahr für das Dorf; er muß entsakralisiert werden, bevor er wieder ein Mitglied der gewöhnlichen Welt werden kann.

Am Ende dieser Entwicklung wird der junge Mann den **koryos* verlassen und seinen Gehorsam gegenüber dem **koryonos* aufgeben, um seinem *rēgs* als Mitglied der **teutā* zu dienen. Zur selben Zeit beendet er sein besonderes Verhältnis zu dem **koryos*-Gott und überantwortet sich dem Schutzgott der **teutā*. Ich glaube, daß wir einen schriftlichen Bericht dieses Ritus besitzen; wir werden ihn in Kapitel 12 näher kennenlernen.

Dritter Teil: Die Vrātyas

Kapitel 10: Krieger-Brahmanen

Heestermann nennt sie Krieger-Brahmanen; Hauer nannte sie Krieger-Ekstatiker (Heestermann 1985; Kap. 8, bes. 126; Hauer 2). Beide Begriffe sind angemessen. Wir hatten Gelegenheit, in vielen unterschiedlichen Zusammenhängen auf die Vrātyas zu verweisen und versprachen stets, daß ihnen noch ein eigenes Kapitel gewidmet würde. Dies ist nun ihr Kapitel. Doch zunächst sei noch einmal kurz das bereits über die Vrātyas Gesagte zusammengefaßt.

Die Vrātyas waren eine Eidgemeinschaft. Im Sommer, der „Jahreszeit der Krieger", zogen sie auf Raubzug aus und kehrten vor der Regenzeit wieder in ihre Dörfer zurück (7.5.2). Oft werden sie als wahnsinniges, widerwärtiges Gesindel oder als Räuberpack verteufelt; doch ihre Räuberei war ebenso wie ihr Wahnsinn von kultischer Art, und ihr Gott Rudra war der Gott der Diebe (7.1). Bei großen Festen wie dem *Mahāvrata* war die Teilnahme von „ausgebildeten Sängern, Tänzern und Waffenträgern, die von besonderen Könnern in der Vrātya-Gemeinschaft unterwiesen wurden", unbedingt notwendig; tatsächlich hatten die vergöttlichten Ahnen der Vrātyas diese Riten begründet (3.5). In Kultus und Mythos sind sie gleichermaßen eng mit den Maruts verbunden (5.4.5.5). Häufig werden in diesem Zusammenhang Frauen erwähnt, die ihre Begleiterinnen gewesen sein könnten, obwohl zumindest einige anscheinend kultische Prostituierte waren (8.2.3.2).

10.1. Eine Eid-Bruderschaft

Vrata bedeutet ‚Eid'. *Vrāta* ist die ‚Schar', der ‚Bund' – aber nicht jede Schar oder jeder Bund; das Wort wird stets in einem kultischen Zusammenhang verwendet. Antike Schriftsteller leiteten es von *vrata* ‚Eid' ab: „*Vrāta* bezeichnet die Genossen, die durch ein Gelübde an einen Gott gebunden sind" (Hauer 180). Im Ṛgveda wird *Vrāta* für die Maruts[415] und den *thiasos*, der dem Opferpferd folgt, gebraucht (RV 1.163; Hauer 182).[416] Ein *Vrātya* ist ein Mitglied eines *Vrāta*. Eine Gruppe von Priestern sagt (TS 1, 8, 10, 2): „Wir sind die *vrātyāḥ* des Mitra geworden, dies wurden alle *vrātāḥ* des Varuna."[417]

---

[415] „Die Maruts scheinen die mythischen Prototypen der Vrātyas zu sein" (Heesterman 1962, 17, 32). Sie „werden von Baudh[ayana] als Vrātyas betrachtet" (7, Anm. 21).

[416] Jeder, ob Mensch oder Tier, wird im Innersten von dieser Zeremonie berührt. Am Ende der Schar folgen die Priester, deren Gilden in RV 9.14.2 *vrāta* genannt wird (182). Wenn Indra zu Eroberungen auszieht, ist er von einem großen *vrāta* umgeben; er wird als *bhadravrāta* „von Glücksscharen begleitet" und als *mahāvrāta* „von einer großen Schar angerufen" (183); siehe 5.5.4.5.

[417] Heesterman 1962, 36 Anm. 102. Hauer zitiert einen gewissen Haradatta: „ein im Gelübde, d.h. im heiligen Werke Tüchtiger ist ein Vratya; derselbe wird auch Vrātya genannt. Dies ist ein Ehrenname." Außerdem findet sich „vratya in der Bedeutung ‚durch ein Gelübde gebunden, jemandem (einem Gotte) verbunden, mit einem heiligen Werke verknüpft', [...]

10.2. Vrātyakleidung und -bewaffnung

Die Kleidung der Vrātyas war schwarz, entsprechend der Kleidung der Männerbünde in Germanien und dem Iran.[418] Der Vrātya trägt zusätzlich eine Art Umhang, der aus zwei zusammengenähten Tierhäuten angefertigt ist; eine Quelle benennt Schafsfell als Material, doch Falk ist der Ansicht, daß es, aufgrund der auch woanders üblichen Symbolik der Wandlung, ursprünglich Wolfsfell gewesen sein muß (3.3). Wir haben bereits die Wolfsmaskenträger des Julfestes und Karnevals in Schafsfellen und die *Luperci* mit ihren Ziegenhäuten kennengelernt.[419]

Ein drittes Kennzeichen ist ein Strick, den Falk als Ziergürtel auffaßt und als symbolisches Band interpretiert (Falk 1986, 22; Widengren 1968, 141). Der Gürtel ist ein weiteres charakteristisches Merkmal männerbündischer Kleidung; man denke an den Mann von Finglesham, der weiter nichts als einen gehörnten Helm und einen Gürtel trägt (5.5.3). Die Vrātyas haben zwei dieser Gürtel, ihr Anführer einen: er ist an Rudra als seinen Gott, die anderen sind sogar zweifach gebunden: an den Gott und an ihn (Falk 1986, 23). Der Vrātya-Führer, der *Gṛhapati*, trägt einen schwarzen Turban[420] und hat einen unbespannten Bogen sowie einen Köcher mit drei Pfeilen.[421]

---

schon in der ältesten vedischen Literatur" (179). Wir bemerken den Zusammenhang von vrata, vratya und vrātya, „denn vratya und vrata sind in diesem Abschnitt doch im Grunde als Synonyme aufzufassen: vrata bezeichnet die Genossen, die durch ein Gelübde an einen Gott gebunden sind" (180). Vratya/Vrātya können gleichermaßen leicht von *vrata* oder *vrāta* abgeleitet werden (das a darf lang oder kurz sein, aber tatsächlich ist es fast immer lang).

418 *Germania*, 4.1; Höfler 1934, 36, 43, 45ff.; Widengren 1969, 51 u. Iran 35. Die Maruts wurden – wie Indra (Mbh. 1.3.152) – ebenfalls in schwarzer Kleidung dargestellt oder, wie Aēšma (9.2) in 3.43.8 mit einer schwarzen Fahne (Bollée 1981, 174 Anm. 13; Widengren 1983, 343).

419 Ebenso wie der in Ziegenfell gehüllte hethitische Knabe, dessen Aufgabe darin bestand, unablässig wie ein Wolf zu heulen (8.2.3.2). Und man vergesse nicht die (zauberkundigen) Wikinger in Rentierfellen, Thorir Hund und seine Gruppe (7.6.1). Zu Schafsfellen in der Wilden Jagd sowie den *Luperci* vgl. 7.5.1.

420 Falk verweist auf die Wilde Jagd, in der nur der Anführer einen Hut trägt. Der Führer ist selbstverständlich Odin, dessen in sein Gesicht gezogener und das fehlende Auge verdeckender Hut ein so wichtiger Bestandteil seines Erscheinungsbildes ist, daß einer seiner Beinamen *Höttr* lautet (Hj. Falk 89). Der Anführer von Jagd oder Heer im südlichen Germanien ist ebenso für seinen breitkrempigen Hut bekannt (Höfler 1934, 77-79).

421 *tisṛdhanva*: „Dreibogen". Die verwandten Vrātinas sind alle bei ihrem Syena-Opfer mit Pfeil und Bogen ausgerüstet; der Bogen ihres Anführers ist ebenfalls unbespannt; ihre sind jedoch bespannt. Die Bogen ohne Sehne und die drei Pfeile erinnern an das Satarudriya, bei dem Rudra gebeten wird, seine Bogen abzuspannen und seine Pfeile wegzuwerfen. Der nächste Halbvers zeigt an, daß der Gott sich gefügt hat und seinen Anbetern jetzt eine gefällige, ungefährliche Miene zeigt (26). Am Ende des Gesanges werden die Rudras verehrt, deren Pfeile Speise, Wind und Regen darstellen; der Bogen mit drei Pfeilen symbolisiert daher Frieden und Wohlstand (27), Gaben, welche die oft aggressiven und schreckenerregenden Bruderschaften dem Volk, wie bereits gesehen, bringen können. Der *Gṛhapati* bewegt sich in einem Wagen fort, allerdings nicht in einem Kriegs-, sondern eher in einer Art Leichen-

10.3. Jahreszeitliche Tätigkeiten

Das Paradigma des Vrātya-Überfalls liefern die Raubzüge der Kuru-Pañcālas, von denen TB 1.8.4.1-2 berichtet, daß sie im Januar oder Februar, also im Śiśira, loszogen, Richtung Osten ritten und im Spätsommer wiederkehrten (Rau 102). Wir fanden denselben jahreszeitlichen Rhythmus in Irland (7.2), wo die *fiana* die Zeit von Beltine bis Samain mit Jagden und Streifzügen verbrachten. Außerdem bemerkten wir, daß die Dichterlehrlinge in Irland die andere Hälfte des Jahres bei ihren Meistern verbrachten. Da wir wissen, daß bestimmte Fertigkeiten im Verfassen und Rezitieren von Gedichten für die Aufnahme in die *fiana* unabdingbar waren, vermuten wir einen Zusammenhang.

10.4. Der Brahmacārin

In Indien unterliegen die Studien der Veda-Schüler einem Rhythmus, der sich genau komplementär zu demjenigen der Kuru-Vrātyas verhält: Zwischen Sommer- und Wintersonnenwende werden die Schüler von ihrem Lehrer unterwiesen; sodann gibt es eine Pause bis zur nächsten Sommersonnenwende (Falk 1986, 68).

Wir sahen den Brahmacārin, den Brahmanenschüler, von Tapas erfüllt, in ekstatischem Flug („er fliegt in einem Augenblick vom östlichen zum nördlichen Meer," 5.5.2), und zuvor fanden wir ihn rituell tot (4.6.2), schmutzig und in der Bärenhaut der Volksmärchen. Es ist nun an der Zeit, ihn etwas genauer unter die Lupe zu nehmen.

10.4.1. Die Erziehung eines Brahmanen

Sie begann im Alter von acht Jahren damit, daß der Knabe, frischgebadet und mit rasiertem Kopf, zu einem Lehrer gebracht wurde, bei dem er in einer Gruppe mit anderen Jungen seines Alters eine zwölfjährige Ausbildung als eingeweihter Veda-Schüler, oder *Brahmacārin*, aufnahm. Er erhielt neue Kleider, einen Gürtel und ein Tierfell für seinen Oberkörper. Auf ein Jahr der Vorbereitung folgten sieben Jahre des Studiums. Mit sechzehn erfuhr er eine Zwischenweihe, danach ging er für vier Jahre in die Wildnis, den ‚Wald' (*āraṇya*). Er bekam dazu schwarze Kleidungsstücke und einen Turban. Dabei pflegte man zu sagen, daß er durch die erste Weihe sich selbst und durch die zweite die *prajā́ḥ*, die „Lebewesen" (Falk),[422] schütze.

---

wagen (23), gezogen von zwei Zugtieren (131). Er trägt einen Stab, in dem Hauer den Vorläufer von Sivas *Trisula* sieht (131). Der Wagen ist wie alles andere mit einer vielschichtigen Symbolik befrachtet, die wir hier nicht näher behandeln können. Oft erhält man den Eindruck, daß der Symbolismus umso stärker zunahm, je mehr die uspründliche Bedeutung einer Sache in Vergessenheit geriet. Ein Wagen gehörte auch zum Wütenden Heer; man erinnere sich *Woens Wain* und des *reið rōgnis* oben 3.4.3; vgl. auch Höfler 1934, 84-97.

[422] Üblicherweise mit ‚Nachkommenschaft' übersetzt.

Es steht zwar nichts über Krieger, militärische Ausbildung und Viehdiebstahl in den Texten, doch aufgrund seiner schwarzen Uniform, seinem Turban, dem Fellumhang und dem Leben im Walde wirkt dieser Vratacārin wie ein Vrātya (Falk 1986, 68). Felle jeglicher Art waren in Indien nicht üblich; sie wurden ausschließlich vom Brahmacārin, dem Dīkṣita und dem Vrātya getragen.[423]

10.5. Der Vrātyastoma

Von den mythischen Vrātyas, den *daiva vrātyāḥ*, wurde gesagt, daß sie zurückblieben, wenn die Götter in den Himmel aufführen. Sie „schweifen umher, da sie den Stoma [Hymnus], mit dem man den Himmel erreicht, und dessen Versmaß nicht kennen. Schließlich beauftragen die Götter die Maruts, Stoma und Metrum die *daiva vrātyāḥ* zu lehren, die daraufhin zu den Göttern gelangen."[424] Abgesehen von der Himmelfahrt gibt es vier Gelegenheiten, das *vrātyastoma*-Ritual aufzuführen: An Beginn und Ende des Vrātya-Lebens sowie zu Beginn und Abschluß eines Raubzuges.

10.5.1. Vrātyastoma und Sattra

In vielerlei Hinsicht gleicht der Vrātyastoma einer anderen Art von Opfer, nämlich dem Sattra,[425] obwohl der Vrātyastoma-Ritus in klassischer Zeit einen Tag dauerte, während das Sattra zwei oder drei Tage dauerte. Unter Berücksichtigung der gesamten Literatur, in der das Sattra erwähnt wird, stellt Falk fest, daß sich seine ursprüngliche Form sehr von der späteren sowie von den Beschreibungen in rituellen Texten unterschieden hat. Daraus erklärt sich die Verbindung mit dem Vrātyastoma: „Beide Opfer haben ihre Ursprünge im Ritual der Männerbünde. In der ältesten uns faßbaren Zeit gab es kein Sattra ohne nachfolgenden Auszug (*vratyā*) und keine Vrātyas, die nicht als Sattrins begonnen hätten."[426] In beiden Fällen opfert eine Gruppe von Männern, deren wichtigstes Mitglied *Gṛhapati* genannt wird. Entsprechend der Tätigkeit der Vrātyas in der kalten Jahreszeit, soll die Weihung (*dīkṣa*) zum Sattra im Śiśira (Januar/Februar) erfolgen (Falk 1986, 31). Das alte Sattra wurde im *āraṇya*, einem geheimen und unzugänglichen Ort, aufgeführt.[427]

---

[423] Falk 1986, 20f. Wir sahen den *Dīkṣita*, den geweihten Soma-Opferer, in ein Antilopenfell gewickelt, mit einem Turban auf dem Haupt, an seinem Feuer schwitzend und fastend und in der Erwartung, durch Askese und Selbstmarter mit *tapas* erfüllt zu werden, d.h. in einen ekstatischen Zustand zu geraten (5.5.3). Heesterman hat gezeigt, daß der *Dīkṣita* ein direkter Nachfahre des Vrātya ist (1962 *passim*, aber bes. 11-15, 29; 1993, 178f.; jedoch sind sowohl der *Dīkṣita* als auch der *Sattrin* vom Vrātya abgeleitet; 182f.; *Brahmacārin, Dīkṣita, Vrātya*, 1985, 40f.; *Dīkṣita* und *Yāyāvara* (‚Wanderer' [Moody's *go-getter*]) 1982a, 256, 266; zur Eroberungsfahrt des *Dīksita* /*Yāyāvara* ebd. 257.

[424] Heesterman 1962, 4. Auch Rudra wurde zurückgelassen, wenn die anderen Götter in den Himmel auffuhren.

[425] Zum Vergleich von Vrātyāstoma und Sattra siehe Heesterman 1962, 3; Texte 4f.

[426] Falk 1986, 30. „Sattra-Opfer und Vrātya-Wesen trennten sich zur Brāhmana-Zeit und durchliefen eigene Entwicklungen" (31).

[427] Typische Soma-Opfer finden normalerweise in der Öffentlichkeit an Flußufern statt. Man geht zu ihnen hin; man ‚kriecht' zu einem Sattra. „Zum Sattra zu kriechen ist notwendig

10.5.2 Sattra

Im mythischen Urbild des Sattra erscheinen die sieben *Ṛṣis* (Seher)[428] häufig feiernd; manchmal sind sie durch die Devas (Götter) ersetzt. Es gab keine Garantie, daß das Sattra vollständig zu Ende geführt wurde. Falk gibt viele Beispiele von mythischen Sattras, die zu scheitern drohten. Bei einigen wurden die Teilnehmer durch Fragen (Rätsel?) von Außenstehenden geprüft: wenn sie nicht antworten konnten, durfte das Opfer nicht weitergehen. Die Devas waren im Begriff zu scheitern, wenn ihnen die Antwort von einem Schlangen-Ṛṣi gebracht wurde. Manchmal wurde die Opferzeremonie angehalten, nicht wegen einer Störung von außen, sondern weil die Feiernden selbst einen Vers vergessen haben; dies geschah den Aṅgiras[429] zweimal während eines Sattra. „In all diesen Fällen fehlten den Sattrins zeitweise die rechten Worte. Hätten sie sie selbst sehen können,[430] dann wäre das Opfer problemlos zu beenden gewesen. Wie schon gezeigt, sind im AV immer die Ṛṣis mit dem Begriff *sattrá* verbunden, und Ṛṣis sind jene Wesen, die Ṛcas formulieren konnten, die Verse des Ṛgveda."[431]

[...], da sich die Opfernden in einer unzugänglichen Waldlandschaft angesiedelt haben" – im *āraṇya*. Ein Sattra wurde also im Verborgenen vollzogen; tatsächlich verwenden einige Texte den Terminus in Verbindung mit Ausdrücken, die ‚sich verstecken' bedeuten, und an einer Stelle auch als Synonym für ‚Wald' (33f.). [Tatsächlich kommt er von der Wurzel des ‚Sitzens': *sattra*, n. < **sad-tra-* (Schlerath 1980, 196). Man ‚sitzt' ein Sattra.] „Auch aus dem *srauta*-Opfer ist ein *prasarpaṇa* [Hinkriechen] bekannt, wobei die Priester im Gänsemarsch in gebückter Haltung über den Opferplatz schleichen und jeder sich an der Kleidung des Vordermanns festhält. [...] Der *prasarpaṇa*-Ritus im *srauta*-Ritus ist nichts als pantomimischer Nachvollzug eines einstmals unbequemen Ganges durch Unterholz" (34). Goosens hebt die ungerade, kriechende Bewegung von ‚Rudra le Variku' hervor, verweist auf das Raubtier, das sich an seine Beute heranpirscht und verbindet das mit dem Beinamen Apollos λοξίας; Gregoire u.a. 138ff. Man denke auch an die auf der Vase von Chiggi kriechenden *kouroi*, 6.2; Vidal-Naquet 119 und Bild 1, S. 121.

428 Die Ṛṣis sind Weise, Seher und Propheten. Sie sind *manes*, Väter, Menschen aus grauer Vorzeit.

429 „Die Aṅgiras sind die halb-göttlichen Vorfahren der späteren Priestergeschlechter: ‚unsere Väter die Aṅgiras, ‚unsere alten Väter die Aṅgiras', ‚die Brahmanpriester die Aṅgiras'; sie haben ‚die erste Satzung des Opfers ersonnen'; sie haben als Begleiter des Indra durch ihre priesterlichen Gesänge den Felsen, welcher die Kühe umschloss, zerbrochen" (Oldenberg 127). („Die mächtigste Kraft in der Weltanschauung der Indoeuropäer war das gesprochene Wort", Watkins 521; s.a. 540).

430 Man bedenke die Ṛṣis als Seher und Propheten und die Wildnis, den ‚Wald' (*āraṇya*) als Ort der Offenbarung.

431 Falk 1986, 35. Das Ziel eines Sattra war die Erringung von Kühen und Pferden. Nach dem AV erhielten auch die Ṛṣis Kühe durch das Sattra. Das Sattra wurde im Śiśira durchgeführt, wenn das Vieh „dünn und struppig" war und auch „das typische Aussehen eines Dīkṣita" zeigte (36). Mit anderen Worten, der Dīkṣita wurde in alten Zeiten nicht dünn aufgrund planmäßigen Fastens, sondern weil er, wie das Vieh, in der kalten Jahreszeit hungrig war. Hier verbinden sich das Sattra und der Vrātya-Auszug: die Vrātyas weihen sich als Gruppe und gehen auf Nahrungssuche. Diese Ausrichtung auf das Vieh wird in den Hymnen des Ṛigveda reflektiert, in denen die Suche des Dichters nach neuen Versen und das Streben des Kriegers nach Viehbesitz wie zwei Seiten einer Medaille erscheinen. In jener Zeit ging der Krieger auf Raubzug, um Vieh zu erbeuten, das er als *dakṣiṇā* (Gabe,

10.5.3. Dakṣiṇa

Gewöhnlich opfert ein Priester im Namen von einem oder mehreren Schutzherren. Sie profitieren von seinem Bráhman, das ihnen himmlische Gaben spenden kann, und geben ihm dafür eine Dakṣiṇa, gewöhnlich in Form von Rindern. Die Sattrins jedoch hielten ihre eigenen Opfer ab, so daß keine Notwendigkeit für eine Dakṣiṇa bestand. Dennoch, wendet Falk ein, gab es doch eine solche: der Gṛhapati opferte nämlich sich selbst. Falk entnimmt der Ritualsprache, daß diese Darbietung einmal ein echtes Selbstopfer beinhaltet hat und daß der Mann von seinen Gefährten verspeist wurde (Falk 1986, 36ff.). Heesterman zieht dieselbe Passage heran und versteht sie metaphorisch.[432] Aber auf der Basis dessen, was wir über Kannibalismus in männerbündischen Riten[433] und Menschenopfer in Indien bis zur Einführung britischer Gesetze wissen, scheint Falks Auffassung nicht weit hergeholt zu sein.

Lohn) dem Dichter und Weihwart spendet, der es in seinem Namen opfert und dank der Macht seines Bráhman – seiner heiligen Rede, seiner Fähigkeit, Hymnen zu dichten – den Segen des Gottes für sich und seinen Beschützer erlangt. Die Hymnen statuieren eine symbolische Äquivalenz zwischen den Worten des Dichters und dem Rind; das Dichterwort wird dem Rind angeglichen, das er dank seines Bráhman dem Rivalen abnehmen kann. „Es ist also die Folge einer Rationalisierung, bei der die Mittel (die Worte) und der Gewinn (Rinder), den diese Mittel herbeiführen, auf dieselbe Ebene gestellt werden, daß die Hymnen die Metapher hervorbringen, die die Leser häufig verwirrt hat" (Oguibenine 1983, 7). Das mythische Paradigma ist die Beziehung von Indra und den Aṅgiras: diese sind Dichter und arbeiten mit Gesängen, während Indra als Krieger und Beschützer ihnen zum Dank seine erbeuteten Kühe überläßt (Oguibenine 8).

Die Hymnen und die späteren rituellen Texte sind Rationalisierungen vergangener Zeiten. Sie reflektieren eine heroische Vergangenheit, auf die sich auch die anderen Texte beziehen. Daraus erklärt sich die Begeisterung der Dichter und Ritualpfleger für den Streitwagen. Falks Beschreibung mythischer Sattras könnte den Eindruck hinterlassen, daß das Allerschlimmste, was geschah, ein Rätsel des Zwischenrufers war. Tatsächlich war der oben erwähnte Rivale durchaus real. Sein Reflex ist der rituelle Schmäher (Heesterman 1985, 75-79, 148-153). Die Angriffe waren nicht allein verbal; man raubte die Opfertiere von anderen und tötete manchmal den Gṛhapati (Rau 19; Heesterman 1985, 84-87, bes. 85; der ‚Bettelgang' des Dīkṣita verschiebt die Grenze zwischen Bitten und Nehmen, ebd. 92f., 1982b, 20-22). Dieser, für das frühe Indien dokumentierte Sachverhalt erinnert an den Raubzug bei Romulus' und Remus' Opfer und Remus' anschließende Entwendung der *exta*; 8.2.3.2a.

[432] Heesterman 1962, 25 u. Anm. 70. Falk fügt hinzu: „Selbstverbrennung war als Teil der Sattras bekannt, wurde aber soweit es ging von der *srauta*-Orthodoxie durch allerhand Substitute unterlaufen" (37).

(37). Dazu als Erläuterung: Unter *srauta*-Orthodoxie „verstehe ich die Gruppen von Brahmanen, die es fertigbrachten, die einzelnen Opfer in einer Hierarchie zu ordnen, im Agnistoma zu formalisieren und alles Anrüchige, Wilde, den Bruderschaften Zugehörige zu eliminieren oder durch Ersatzhandlungen zu zivilisieren" (37, Anm. 94).

[433] Przyluski lag sicher damit richtig, diesen rituellen Kannibalismus als ein Mittel, in Ekstase zu geraten, zu sehen, siehe bes. 145 u. oben 5.6. Die Ekstase des Kriegers konnte damals nicht von der des Dichters getrennt werden. „Das Sattra verfolgte einst als Ziel die Schöpfung von Dichtung und entstammt damit derselben Tradition, welcher die Sūktas [Verse] des RV ihre Entstehung verdanken" (Falk 1986, 36). Doch während ritueller Kannibalismus in Indien

10.5.4. Vrātyas und Sattrins

Bis hierhin haben wir folgendes gesehen: Um die Zeit der Wintersonnenwende opfert eine Gruppe von Veda-Studenten gemeinsam als Sattrins und zieht los als Vrātyas, um die Früchte ihres Sattra zu ernten. Der Anführer hat sich selbst dargeboten; er wurde zwar nicht getötet, aber er zählt seit dem Augenblick seines Selbstopfers als gestorben. „Als Gṛhapati der Vrātyas zieht er, rituell tot, mit seiner Schar durch das Land."[434] Die Brahmacārins, die die Jahreshälfte von der Winter- bis zur

bis in historische Zeiten bestand und bei einigen Siva-Sekten sogar noch vollzogen wurde, bis die Briten ihn abschafften, weisen die rituellen Texte, die vom Verspeisen menschlichen Fleisches handeln, allesamt Substitute für Menschenfleisch auf. In einem Text heißt es (KS 34.11): „Die mit dem 12-Tage-Opfer opfern lassen, die essen bekanntlich einen Menschen" (38). (Das zwölftägige Sattra ist die Grundform, 32).
Widengren 1938, 331-5 zitiert Abschnitte aus dem *Vendidad*, die das kannibalische Verhalten der „Dāeva-Verehrer" beschreiben. ‚Dāeva-Anhänger' ist der *terminus technicus* für Männerbündler. Sie treffen sich auf Friedhöfen und essen, gemäß einer sehr feindlichen zoroastrischen Quelle, Leichen. So sicher, wie wir über das Stattfinden solcher Riten sein können, so sicher können wir auch sein, daß es sich um Rituale und nicht um ein Essen im normalen Sinne handelte. Ritueller Kannibalismus und Ritualmord dauerten in Indien bei gewissen Siva-Sekten bis weit in geschichtliche Zeiten an. Widengren verweist auf die „bekannte" Sekte der Aghorī oder Aghorapanthī, Siva-Asketen, die auf Grabstätten zusammenkamen, Leichen verspeisten und mit diesem Brauch dem Beispiel ihres Gottes nacheiferten.
Noch interessanter ist die von Severine Silva (1955) dargestellte Sitte, die mit dem Dusserah- (Dasarā, siehe 11.3.2 unten) Fest am Ende der Monsun-Saison verbunden ist. Das Wesentliche an dem für diese Menschen prunkvollsten Fest war ein Menschenopfer. „Das Opfer fand außerhalb des Tempels statt. Dort wurde, auf einem an hervorgehobener Stelle gelegenen Stein, der Nacken des Opfers mit einem Schwert durchtrennt, daß sich das Blut verströmte. Alle Krieger standen im Kreis und beobachteten die Zeremonie, und als das Blut hervorquoll, nahm jeder einen Tropfen davon und benetzte sein Gesicht damit." Am nächsten Tag zogen die Krieger von zu Hause fort „in die militärischen Lager. Sie waren die gesamte schöne Jahreszeit unterwegs." „Mit um ihn herum verspritztem Blut marschierte der Krieger aus seinem Haus, um die Feinde seines Volkes zu erschlagen." Die Briten verfügten 1799 das Ende dieser Opfer, „doch die Erinnerung daran ist nicht ausgestorben" (579).
Dies war zwar ein öffentliches Ritual, kein geheimer Ritus eines Männerbundes, und es gab keinen Kannibalismus, doch man bemerkt die Erinnerung an die Notwendigkeit eines Menschenopfers, wenn Krieger als Gemeinschaft zu Beginn der Kriegszeit zusammenkamen. Andere mit dem Fest in dieser Gegend verbundene Sitten gehen offenbar auf Riten der Männerbünde und ihres Gottes Rudra zurück (s. unten). Die Tatsache, daß das Opfer „üblicherweise ein armer, schutzloser Mann" war, der „entführt oder herbeigelockt und dann ergriffen" wurde, zeigt, daß der Ritus bereits das Meiste seiner Gewalt verloren hat. (Ähnlich wie das Opfer eines Kindes an Zeus Lykaios in historischer Zeit in Arkadien [Jeanmaire 559f.], da neugeborene Kinder von Sklavinnen generell regelmäßig getötet wurden. Obwohl das Kind verspeist wurde, ist dies nur ein ferner Nachhall des Opfers eines Kriegers in seiner Jugend – und es wurde in einem Topf mit anderem Fleisch vermengt, was eine weitere Verdünnung des Ritus darstellt. Sie auch Burkert 1972, 105.)

[434] Falk 1986, 40. Das von Hauer (195-198) detailliert beschriebene Syena-Opfer der nahe verwandten Vratinas findet ebenfalls im Wald statt und ist voll von Todesvorstellungen; im Syena-Ritus kommt etwas vor, was im Zusammenhang mit Vrātyastoma und Sattra nicht

Sommersonnenwende auf ihren Vrātya-Zügen verbrachten, gehörten einer älteren Gruppe, d.h. der Sechzehn- bis Zwanzigjährigen, an. Erhielt wirklich jeder Sechzehnjährige die Zwischenweihe? Oder gab es einige, die wegen mangelnder Begabung zur Dichtkunst ihre Ausbildung früher beendeten? Und was bedeutet die Aussage, daß die Jungen mit ihrer Zwischenweihe die Lebewesen, die *prajā́ḥ*, schützen? Wir wissen nicht, wieviele Heranwachsende die Zwischenweihe bestanden oder was mit den anderen geschah. Die Antwort auf die zweite Frage wird noch etwas aufgeschoben, bis wir den Vrātya-Gott in den Blick genommen haben.

---

erwähnt wird: wilder, ekstatischer Wahnsinn unter dem Einfluß von Manyu bzw. ‚Raserei' (vgl. μένος, μαίνομαι).

Kapitel 11: Rudra

Rudra (*Rudráḥ*) ist eine ausnehmend vielschichtige Erscheinung. Im Ṛgveda sind ihm nur drei Hymnen und ein Teil einer vierten gewidmet (RV 1.114; 2.33; 7.46; 1.43.1-6), und er wird nicht öfter als fünfundsiebzigmal erwähnt. Trotzdem ist er der am eingehendsten charakterisierte vedische Gott.[435] Im RV ist er jugendlich (2.33.11) hat schöne Lippen (2.33.5) und geflochtenes Haar (1.114; 1.5); er leuchtet wie die Sonne oder wie Gold (1.43.5) und ist mit glänzendem Gold geschmückt (2.33.9); er thront auf einem Wagen (2.33.4) „und scheint angesprochen zu sein, wenn Indra mit dem Bogenschützen auf dem Wagensitz verglichen wird“ (6.20.9; VM 74). Er ist der Schützengott und kann wie Apollo Smintheus Plagepfeile versenden; jedoch ist er, wie Apoll, auch der beste Heiler,[436] und deshalb wird Rudra

[435] „Eine vage Charakterisierung der Götter wird generell als besonderes Merkmal der vedischen Mythologie hervorgehoben. [...] Rudra hat eine klar umrissene Persönlichkeit, die überall durch besondere Konkretheit gekennzeichnet ist. Tatsächlich werden in den Veden – angesichts der Tatsache, daß Rudra keine herausragende Stellung in der vedischen Götterhierarchie oder im Kult einnahm – mehr Angaben zu seiner Persönlichkeit und zu seinem Charakter gemacht, als eigentlich zu erwarten wäre“ (Dandekar 1953, 95). Das KEWA verbindet den Namen Rudra etymologisch mit *ródas-*, *ródasī*, „dessen Singularbedeutung ‚Erde‘ gewesen sein mag“ und mit dem lat. rudis „wild, unkultiviert“ sowie mit *„rullus* ‚ländlich‘, das, wenn aus **rudlo-* stammend, mit *Rudrá-* (der ‚Wilde, Rohe‘) identisch wäre“ (KEWA III 66). Das ordnet ihn eindeutig der āraṅya, der unbebauten Wildnis jenseits der menschlichen Behausungen, zu, in der das Sattra gefeiert wird und der Brahmacārin, rituell tot, im Unrat haust. E.C. Polomé leitet jedoch **rud-lo* von **reud-* ‚zerreißen‘ her (Ecyc. 642), wobei an die Jagdgebräuche der Dionysos-Anhänger zu denken ist; er legt jedoch noch weitere Möglichkeiten wie ‚Heuler‘ (lat. *rudere* ‚heulen‘) nahe; vgl. die Odin-Heiti, die sich auf Lärm und Geheul beziehen.

[436] „Ein Gott, der abwechselnd heilt und tötet, dessen bevorzugte Waffe der Bogen ist und dessen Pfeile plötzlichen Tod, Seuchen über Mensch und Vieh bringen“ (Goosens in Grégoire u.a., 132). Sogar Versnel hat einige Aspekte Apolls, vor allem die Zweiheit von Plagegott und Heiler, ‚orientalischen Einflüssen‘ zugeschrieben. Goosens Untersuchung zeigt, daß dies ein altes indoeuropäisches Merkmal war. Er schlägt vor, daß Asklepios eine Hypostase Apolls oder vielleicht sogar ein Epitheton war. Als Apoll aufstieg, legte er seine dämonischen Aspekte ab, delegierte an seinen ‚Sohn‘ die heilenden, aber auch die mörderischen Eigenschaften (Goosens 130), an Dionysos das Ekstatische und Unbezähmbare und an seinen kleinen Bruder Hermes die Beziehung zum Tod und eine Mischung weiterer Merkmale, einschließlich eine niedere Form von Wahrsagekunst und die Herrschaft über Tiere – vgl. Rudra als *pasupati* –, die dem Jüngling als Viehdieb *par excellence* sicher sehr gemäß war! (All dies findet sich in den Hymnen an Hermes ausgesprochen.) Was übrig blieb, ist der blitzsaubere Apoll, den wir alle kennen.
Odin sehen wir niemals als jemanden, der Plagen sendet; zunächst einmal ist er kein Bogenschütze, doch wir treffen auf ihn als Heiler im Zweiten Merseburger Zauberspruch sowie als Heiler und Drachentöter in einem altenglischen Zauber (s. Watkins 1995, 540, 424). Dies ist nicht viel, doch wir verfügen in Germanien nicht über solche Mengen an schriftlichen Zeugnissen, wie sie anderenorts den Indologen und Klassischen Philologen

angefleht, nicht die ihm Huldigenden zu töten, sie, ihre Kinder oder ihr Vieh nicht zu versehren, sondern vielmehr zu erscheinen, „in der Hand die heilenden Arzneimittel haltend" (1.114.5), und Schutz, Schirm und Nahrung zu bringen. Außerdem bittet ihn der Sänger, nicht zu erzürnen, was dann passieren kann, wenn jemand ihn nicht aufrichtig (2.33.5) oder zusammen mit einem anderen Gott (2.33.4) anruft, doch wenn Rudra auf richtige Weise verehrt wurde, darf der Betende hoffen: „O Rudra, habe Erbarmen mit dem Sänger, der dich gepriesen hat. Laß deine Heere andere niederwerfen als uns" (2.33.11). Im *Śatarudriya* wird er als „eine Erscheinungsform der Wut (Manyu)" angesehen (Gonda 1980, 75). In späteren Schriften ist er insgesamt schrecklicher; sein Bauch ist rot und seine Rückseite schwarz (die Todesfarben; AV 15.1.7-8); er hat tausend Augen (AV 11.2.2,7; VM 74). „Nach dem *Aitareya Brāhmana* [...] ist Rudra der Inbegriff alles Furchtbaren, während uns das *Satapatha Brāhmana* mitteilt, daß sich sogar Götter vor ihm fürchteten."[437]

11.1. Rudras Heere

Rudra wurde Sturmgott, Berggott, Totendämon oder auch ein Gott, der „sitzt und spukt", genannt.[438] Von Schroeder kam der Wahrheit am nächsten; er sah in Rudra „einen hervorragend wichtigen Typus von Göttern, welche als Oberste und Führer der Schaar abgeschiedener Seelen [...] zu gewissen Zeiten des Jahres [...] an der Spitze jener Schaar in wildem Zug durch die Luft über das Land hinjagen. Ihre Gestalt ist von allen wilden Schrecken des Todtenreiches umgeben, gleichzeitig aber waltet die Vorstellung, daß der Zug des Seelenheeres [...] Gedeihen und Fruchtbarkeit schafft in der Vegetation, wie auch im Viehstand und unter den Menschen" (1895, 238). Als von Schroeder ‚Mysterium und Mimus im Rigveda' (1908) schrieb, war er zu dem Schluß gekommen, daß diese „Schaaren" zu bestimmten Zeiten des

zugänglich sind. Karl Hauck hat anhand von einigen der hoch stilisierten Verzierungen auf Münzen und anderen Artefakten, die er mehr als vier Jahrzehnte lang studierte, Odin bei heilkundigem Zauber aufgewiesen. Goosens war überzeugt, daß Odin ursprünglich ein Gott wie Apollo und Rudra gewesen ist.

[437] Dandekar 95. „Rudras Name wird niemals direkt ausgesprochen. Nach dem Ait. Br. III 34.7 muß ein bestimmtes Mantra aus dem Ṛgveda rezitiert werden, um die bösen Folgen einer solchen Namensnennung zu vermeiden" (Anm. 1). Er wird nur als „jener Gott" (ayam devaḥ) angesprochen. „Ich kann hier die Vermutung nicht unterdrücken, daß Rudra doch vielleicht hie und da im RV vorkommt, obwohl man ihn aus mehreren Gründen nicht erkannt hat. Sein schrecklicher Name war vielleicht etwas, das man überhaupt nicht gern aussprach [...]. Kann vielleicht der berühmte Hymnus an Ka [‚Wer?'], RV 10.121 [...] unter diesem Gesichtspunkt beurteilt werden?" (Charpentier 1909, 152f. Anm. 1.) Ich vermute, daß dies früher auch für Odin galt, daß wir daher auch so wenige Namen – Orts- oder Personennamen – finden, die von seinem Namen abgeleitet sind und daß der Eid beim isländischen Allthing im Namen von Freyr, Njord und „hinn almátki Áss" geschworen wurde (de Vries 1931, 46). Vgl. Dumézil 1973, 33f. Die olympischen Götter fürchten Apoll, wenn er mit gespanntem Bogen unter ihnen erscheint (vgl. die Hymne ‚An den delischen Apoll').

[438] Bzw. die alte *communis opinio*, Oldenberg, Arbmann, R. Otto.

Jahres auch am Boden durch die Lande stürmten, von sterblichen Männern dargestellt, wie es noch zu seiner Zeit in germanischen Ländern üblich war.

Er hatte damit zweifellos recht, und Höfler ging noch einen Schritt weiter, indem er diesen *Mimus* mit den kultischen Kriegerbruderschaften in Afrika und anderswo verband. Ich kann nichts Besseres tun, als in meinem Abriß über Rudra Höflers Worte über Odin zu zitieren: „Ich glaube, daß uns sein vielumstrittenes Wesen erst faßbar wird, wenn wir ihn als Gott der ekstatischen Männerbünde sehen [...] erst da wird er zur Gestalt“ (1934, 324; siehe 5.1).

Wenn wir richtig liegen, sollten wir imstande sein, bei Rudra die meisten, wenn nicht alle Züge wiederzufinden, die wir in Kapitel 9 als zu dieser Art von Gott gehörig herausgestellt haben. Einige finden wir bei Siva, falls wir sie nicht bei Rudra bemerken, und wenn nicht im Śiva der Epen und des frühen Hinduismus, dann im Śiva des Volksglaubens. Wir wissen, daß sich sehr archaische Züge in späteren Texten und Ritualen zeigen können, weshalb es völlig berechtigt ist, unser Bild dieses Gottes auch durch Überlieferungen außerhalb des Veda zu vervollständigen. Jene Merkmale schließlich, die wir nicht in der Gestalt des Gottes selbst erkennen, finden wir mit seinen Anhängerscharen verbunden.

11.1.1. Ganapati

Viele von Rudras Beinamen charakterisieren ihn als Anführer von Scharen: Er ist *ganapati* ‚Herr der Scharen‘; *vrātapati* ‚Herr eines kultischen Bundes‘ (10.1); *bhūtapati* ‚Herr der Wesen‘ (oder ‚Herr der Geister‘; O’Flaherty 1975; vgl. Odin als *draugadróttinn*). *Bhūta* bedeutet ganz einfach ‚Wesen‘, wobei der Begriff in einem doppelten Sinn verwendet wird: Dämonen im allgemeinen, d.h. „göttliche Wesen niederer Ordnung“, und „böse Wesen“ (Arbman 179). In den Epen sind sie „unheimliche, kannibalistische und blutdurstige Wesen. Sie folgen dem Kriegsheere, begierig nach Blut“ (Arbman 171). Es gibt auch weibliche Geister in Rudras Gefolge, „Lärmerinnen, Fortschafferinnen, Zischerinnen, Fleischfresserinnen“ (RV 4.19,4; Gonda 1960, 86), die Vieh und Menschen Tod und Verderben bringen. Siva macht seinen Sohn Skanda zum Anführer (*senapati*) des Götterheers (Mbh. 9, 46), das zu weiten Teilen eine Ansammlung von Dämonen aller Art ist, einschließlich weiblicher (EM 227; Arbman 215ff.). Er ist Führer eines dämonischen Heeres und „Herrscher der ganzen Dämonenwelt“ (Arbmann 117). Wesenhaft mit der Dämonenwelt verbunden, ist er „dadurch klar von anderen wichtigen vedischen Göttern geschieden“ (Dandekar 102).

11.1.1.1. Die Rudras

Es gibt „unzählige Tausende“ von Rudras (*Śatarudriya* 10); wie ihr Führer haben sie Pfeil und Bogen und „verfolgen Mensch und Tier mit Krankheit und Tod“ (VM 76). Sie sind auf der Erde und in der Luft anzutreffen, sitzen an Wegkreuzungen und auf Dunghaufen, ja sogar auf Bäumen und in Trinkgefäßen; sie sind überall. Da Rudra selbst überall anwesend ist, weiß man nicht immer, ob man es mit einem der Rudras oder mit dem Gott selbst zu tun hat.[439] Sie scheinen daher sowohl allein als auch in Horden spukend vorgestellt zu werden, als *gana* oder *śardha*.

Die zehnte Strophe des *Śatarudriya* ist eine Litanei zur Abwehr aller nur denkbaren Arten von Rudras. Wo all diese Wesen herkommen, weiß niemand. Ein Gott mit einem dämonischen Gefolge – ‚Dämon' im oben (11.1.1) angegebenen, ersteren Sinn als Manen, als die ‚guten Toten' verstanden – wird weitere Gleichgeartete mitziehen, wie Wodan als Wilder Jäger unvermeidlich die Seelen der ungetauften Kinder und anderer nach christlichem Glauben Unglücklicher um sich versammelt. Die wichtigsten Rudras sind die Maruts.

11.1.1.2. Die Maruts

Die Maruts sind eine Untergliederung der Rudras; sie sind stets als *gana*, *mahāgramá*, *vrāta* oder *śardha* zusammen.[440] „Die Marut [...] haben durchaus den Charakter einer riesigen Schar. *Grāma* und *grāmaṇi* erscheinen neben *senā* und *senānī* in militärischer Funktion" (Rau 100). Im RV werden sie meistens Rudras und manchmal auch Rudriyas genannt. Sie sind die Söhne Rudras.[441] Rudra wird als „Vater der Maruts" zu Beginn von RV 2.33 und 1.114. 6 u. 9 angerufen, und sie werden mit ihm in 1.114.11 sowie alleine in 2.33.13 beschworen. Das RV weist dreiundreißig Hymnen an sie allein auf, sieben mit Indra zusammen und jeweils eine mit Agni und Pūṣan. Sie sind glänzend und golden; sie sind Feuer oder sie leuchten wie Agni. Sie tragen goldene Mäntel und goldenen Schmuck und reisen im Streitwagen oder zu Pferd (Falk 1994, 93, 98ff.). In all dem gleichen sie ihrem Vater in seinen ‚helleren Augenblicken'. Manchmal sind sie mit Pfeil und Bogen bewaffnet und werden Bogenschützen genannt, aber ihre gewöhnliche Waffe ist die Lanze, und sie werden vor allem mit Blitzen zusammengedacht;[442] sie haben „Lanzen als Blitzstrahlen" (RV 1.168.5; Renou). In dieser Hinsicht ähneln sie Indra, mit dem sie hauptsächlich verbunden werden.[443]

---

[439] Das *Śatarudriya* zählt verschiedene Klassen von Rudras auf, z.B. *bhava-* und *śarva-*, die Beinamen des Gottes tragen. Sie repräsentieren „die unbestimmte Menge der Teilerscheinungen von Rudras eigenem Wesen" (Gonda 1960, 88). Am Schluß führt das SR 150 Rudras in drei Divisionen zu je fünf mal zehn an (vgl. 7.6.2). „Das TA (5,8,4) unterscheidet neben Göttern, Verstorbenen und Menschen als vierte Wesensklasse die Rudras" (Gonda 1960, 87). Anderswo wird von den Rudras gesagt, sie seien acht oder (später) elf, und jeder hat einen Namen (O'Flaherty 1975, 351). Elf ist eine bedeutsame Zahl in den Śiva-Kulten des Deccan; vgl. die Aufsätze von Sontheimer.

[440] „Begriffe, die nicht leicht zu klären sind, aber darin übereinstimmen, daß sie den Herden- oder Scharencharakter der Maruts herausstellen" (Renou 1962, 2). „*Gana* wird im Ṛgveda häufig für das Heer der Maruts, im *Kātyāyana* für die Vrātyas verwendet. Im *Pali Vinaya* ist dies der Fachausdruck für eine Gruppe oder einen Gruppenteil von Mönchen und bei den Jainas für eine einzige Gruppe von Mönchen" (Bollée 184).

[441] Ihre Mutter war eine Kuh. Es gibt weitere Andeutungen hinsichtlich ihrer Eltern, aber Rudra und die Kuh Pṛsni werden am weitaus häufigsten genannt.

[442] „Der Blitz ist für sie so typisch, daß alle fünf Aspekte des *vidyut* im RV mit den Maruts verbunden sind und zwar, mit einer Ausnahme, mit ihnen allein" (VM 78f.).

[443] Indramarutaḥ ist der einzige *dvandva* mit dem Namen der Maruts (Renou 2). Wikander fragte sich, warum Indra die Maruts führte: „Es ist ganz natürlich, Rudra mit den Marut's als den Bundesgott mit dem himmlischen Männerbund zu fassen: warum aber Indra den Rudra eben als Führer des Männerbundes zurückgedrängt und im RV fast ganz ersetzt hat, diese

11.1.1.2.1. Ein Heer

Als Schar sind sie auch eine *senā*, ein Heer; sie sind „die „Spitze der göttlichen Streitkräfte, *devasenānām ágram*, 10.103.8“ (Renou 2). Sie werden als Indras Gefährten und Helfer bildlich dargestellt, die ihm Kraft und Freude spenden und dafür mit ihm gemeinsam Soma trinken dürfen. Kaum jedoch „haben die Maruts“, wie Renou hervorhebt, „Anteil an Indras Heldentaten; nur auf konventionelle Weise werden sie im Kreise Indras erwähnt, ähnlich wie dieser im Kreise der Maruts kaum einen bevorzugten Platz einnimmt.“[444] Es ist wichtig, diese Tatsache zu betonen, da viele Gelehrte die Maruts von ihrem Vater Rudra zu trennen wünschen.[445] Es ist zwar richtig, diesen nicht als ihren Begleiter anzusehen, aber es gibt keinen Zweifel, daß sie in den beiden oben angeführten Rudra-Hymnen in seiner Nähe vorgestellt werden. Und weit davon entfernt, nur als kleine Wettergeister zu blitzen, haben auch sie ihre dunkle Seite. Tatsächlich verdeutlichen sie genau jene Polarität, die wir von Männerbünden erwarten.

11.1.1.2.2. Die Maruts und Rudra: Gleichheit und Differenz

In den Hymnen des siebenten Mandala des RV werden die Maruts, wie Wikander hervorhebt, „ganz wie Rudra als rächende, zürnende, in ihrem ganzen Charakter unberechenbare Götter“ dargestellt (1938, 70). Man vergleiche, sagt er, mit den Worten der oben in Abschnitt 11 zitierten Rudra-Hymnen die folgenden Bitten:

Möge dein Blitz, der Mensch und Tier vernichtet, fern von uns bleiben! Schenke uns, Vasus, Deine Gunst. (7.56.17)

Mögen eure leuchtenden Donnerkeile fern von uns bleiben, o ihr Maruts, welchen Frevel wir auch, Menschen, die wir sind, gegen euch begangen haben: O ihr

---

Frage dürfte weitausholende Untersuchungen über die Indra-Mythen nötig machen. Wenn nämlich die Beziehung zwischen diesem größten Gott des vedischen Pantheons und den Marut's so intim sind, so müssen sie m.E. auf sehr wichtige rituelle Beziehungen zurückgehen“ (1938, 79). Etwas später schreibt er: „Indra ist ja der Götterkönig, um ihn scharen sich die Marut's als seine Untertanen oder auch nächste Gefolgschaft. Man könnte sich denken, daß in diesem Verhältnis sich die politischen Aspekte der Männerbünde reflektieren, wie in dem Verhältnis zu Rudra ihre religiös-ekstatischen“ (80). Price bemerkt „die eigenständige Stellung des Kriegerbundes und die Beziehung seines Führers zum Stammeskönig,“ die er im Nibelungenlied im Verhältnis von Hagen und Gunter gespiegelt findet (1990, 44).

[444] Renou 2. Indra ist *marutvat* ‚von den Maruts begleitet‘ und *marudgana* ‚vom Heer der Maruts bedient‘ (VM 57); es gibt dem Indra und den Maruts gewidmete Triaden, die wahrscheinlich eine rituelle Herkunft haben; aber es gibt keine Anspielung auf Vṛtra in den Hymnen an die Maruts (oder „nur eine oder zwei unter fragwürdigen Bedingungen, in Pan [...] und Vala [...]“), Renou 2, Anm. 2. Renou erscheint es, „daß die Maruts vermeiden, persönlich am Kampf gegen Dämonen oder Aufrührer teilzunehmen“ (10).

[445] Z.B. Dandekar: „Eine kritische Analyse des Charakters der Maruts und ihrer Verbindung zu den anderen vedischen Göttern würde [...] eindeutig den Eindruck hervorrufen, daß ein Zusammenhang mit Rudra zwar bestand, aber nur von kurzer Dauer war“ (98). Dandekar schließt weiterhin, „daß die Rudras und die Maruts ursprünglich verschiedene Arten von Wesen darstellten“ (103).

Verehrten, verfolgt uns nicht mit der Blitze Gewalt, sondern spendet uns euren Segen. (7.57.4)

Eine auffallende Differenz zwischen den Maruts und ihrem Vater besteht nun darin, daß sie, zusammen mit Indra oder Agni, am Soma-Opfer teilnehmen, eine Ehre, von der Rudra ausgeschlossen ist. Ebenso erhalten sie jedoch Opfergaben, welche gewöhnlich nur den Dämonen zukommen: Wenn beispielsweise die Kuh bei dem Opfer für Mitra-Varuna trächtig ist, wird der rohe Fötus den Maruts geopfert.[446] Arbman bemerkt außerdem, daß die Maruts oft als Vögel dargestellt werden, was sonst allein bei Pitaras (den Vätern bzw. Manen) oder Dämonen üblich ist.[447]

Dandekar, der dies ebenso wie Ähnlichkeiten zwischen Opfern für die Maruts und Gaben an die Pitaras sowie die Stelle in RV 7.58.1 anführt, nach der „die Maruts ursprünglich mit *nirṛti* [dem Ort der Verwesung] assoziiert und erst später aus dem Totenreich in den Himmel erhoben wurden", schließt daraus, daß die Maruts „eigentlich die Geister der Toten verkörperten." Insofern er jedoch darauf Wert legt, Rudra als einen „volkstümlichen, vorarischen Gott", der grundsätzlich „der Gott der Toten" ist, anzusehen, muß er das innewohnende, organische Verhältnis leugnen.[448]

Rudolf Otto, der die *nirṛti* den „Inbegriff alles numinosen Grauens" nennt, sagt von den Maruts: „Nicht Söhne des Himmels sind sie, sondern Söhne des Grauens. Sie sind und heißen ihrem eigentlichen Wesen nach immer und immer wieder rudra's. Und als sich über der wilden Schar der rudra's durch numinose Affinität der **eine**

[446] Arbman 309; Dandekar hebt hervor, „daß *garbha* [Fötus] stets als gefährlich wahrgenommen und deshalb normalerweise nicht beim Opfer dargeboten wird" (120 Anm. 4). „Die Maruts sind bei den Göttern die Empfänger von Gaben außerhalb der Opfer." Mit Bezug auf den Fötus sagt „die Kanva-Erläuterung des *Satapatha Brāhmana*: ‚Gemeine Leute essen rohes Fleisch, und die Maruts sind gemeine Leute'" (120). Die Maruts sind Indras *vis* (Renou 1). Doch kehren wir zurück in eine Zeit bevor die *vaisya* gemeine Leute gemäß der herabsetzenden Äußerung des Kommentators gewesen sind (z.B. SB III.3.2.8: „die einfachen Menschen sind die Speise des Vornehmen", d.h. sie existieren, um ausgebeutet zu werden). Der Terminus bezog sich auf freie Bauern, die sehr wohl imstande waren, ihre Herden zu verteidigen (Staal 1981, 123; Rau 60f.) (oder ihre Köpfe! Heesterman 1985, 56), in einer Zeit vor dem Kastensystem, als die soziale Struktur, grob gesagt, aus der führenden Schicht und den anderen bestand, „der Adel keineswegs absolut über den dritten Stand herrschte (Rau 60) und vieles noch sehr im Flusse war. Rau nennt die Maruts „göttliche Widerbilder der *vaisya*" (100). Ich vermute, daß sie so zu erscheinen begann, als die Erinnerung an die Männerbünde bereits verblaßt war. *Koryos-Bündler aßen rohes Fleisch (Lincoln 1981, 127 [zu Illias 16, 156f.], 154f.); ich nehme an, daß nur Dämonen Föten aßen.

[447] 309. Als der Gṛhapati von den Vrātyas/Sattrins geopfert und verspeist wurde (10.5.3), verwandelte er sich in einen Vogel (Falk 1986, 38).

[448] 120f. Dandekar widmet zwei Bemerkungen Wikander, je eine dem ‚Arischen Männerbund' und eine dem ‚Vayu'. Er scheint jeden, der auf Deutsch schreibt, für einen Sonderling zu halten (selbst Arbman, auf den er sich häufig stützt). Dandekars Aufsatz ‚Rudra in the Veda' steckt voller Information, doch weil er darauf fixiert ist, damit zu enden, womit er begonnen hat, nämlich mit der Prämisse, daß Rudra außerarisch ist, weigert er sich, die von europäischen Forschern dargelegten, offensichtlichen Analogien zu anderen indoeuropäischen Göttern, speziell zu Wodan und dem Wilden Heer, zur Kenntnis zu nehmen.

Rudra erhoben hatte, da sind sie die Söhne und die Mannen des Rudra. Mit ihm fahren sie. Sein Heer bilden sie. Durch *tveshya*, d.h. durch Grausen geschah ihre Bildung. Und ihr Wesen wird bezeichnet durch *tuvimanyavas*, ‚Erzwütige', was genau dem Namen der westlichen Schar der wod entspricht. Oder sie heißen [...] die *saṃtāpanās*, die Söhne der Glut. Durch die Cölisierungstendenz des Rig Veda ist ihr ursprüngliches Wesen verdunkelt worden. In den gana's, die Rudra, der *gana-īśvara* [Herr der Heere], als unheimliche Schar immerfort um sich hat, und denen sie deutlich entsprechen, bricht ihr ursprüngliches rudra-Wesen wieder durch" (1932, 40f.).

Wikander führt dies weiter aus: „Der ganze Mythenkomplex Rudra-Rudra's-Marut's [lässt] sich ungesucht als ein organisch zusammenhängendes Ganzes erklären [...], wenn man ihn als den mythologischen Niederschlag des Kultus des arischen Männerbundes fasst" (1938, 71). Weiterhin: „Als Rudra's Gefolge treten [im SR] die verschiedensten Gestalten auf, die nur das gemeinsam haben können, daß sie verschiedene Aspekte der primitiven religiösen Genossenschaften vertreten: die Ähnlichkeiten mit den Schilderungen der Wilden Jagd und des Wilden Heeres im europäischen Volksglauben sind auffallend." Und noch weiter: „Die Marut's reflektieren eben den kriegerischen Aspekt, den die Männerbünde bei den arischen Stämmen der Wanderungs- und Eroberungszeit vorzugsweise entwickelt hatten" (1938, 74f.).

11.1.1.2.3. Die Maruts als **koryos*

Die am besten belegte Funktion der Maruts ist die der Regenbringer. Wir haben festgestellt, daß der Fruchtbarkeitsaspekt des Wilden Heeres so bedeutsam ist, daß er auch dann noch weiterlebt, wenn der kriegerisch-religiöse Charakter der Bruderschaften längst in Vergessenheit geraten ist, und daß die Waffentänze zu diesen Fruchtbarkeitsriten gehören; außerdem haben wir die Maruts als Waffentänzer kennengelernt (5.5.4.5).

Es ist wiederholt hervorgehoben worden, daß die Maruts zur selben Zeit geboren wurden; sie haben genau dasselbe Alter; keiner ist älter oder jünger. Dies kennzeichnet sie offensichtlich als eine Altersklasse. Sie stammen alle aus demselben Schoß und gleichen sich wie die Speichen eines Rades – was uns an die verschiedenen „Berserkerbrüder" erinnert, denen wir begegnet sind (besonders die zwölf ‚x-Björn' genannten in Kap. 4.2.1), sowie an die homerischen ἑταίροι als ὁμηλικία.[449]

[449] D.h. die im selben Alter Stehenden, die Jeanmaire als Altersklasse interpretiert (37). Die Mitglieder athenischer Bünde waren ὁμογάλακτες, ‚die dieselbe Milch tranken' – sicher ein Indiz für eine fiktive Bruderschaft (139f.). Die Maruts sind *gomātaraḥ* ‚deren Mutter eine Kuh ist – kein Zweifel, daß sie ebenfalls dieselbe Milch tranken.

11.1.1.2.4. I-Ir. **maria-*[450]

Wikander betrachtet i-ir. **maria-* als den „Terminus technicus für die Mitglieder eines Männerbundes", also für „das Mitglied der Jungmannschaft [d.h. des **koryos*] im Gegensatz zu den älteren, verheirateten Männern [der **teutā*]" (1938, 82). Ved. *marya* wird im ursprünglichen Sinne nur als Epitheton der Maruts verwendet (1938, 83). Wikander gibt (S. 27f.) Beispiele an, bei denen der Plural anscheinend als Anrufungsformel verwendet wird, die sich in einem Fall beispielsweise an Indra und die Aṅgiras richtet; in einem anderen Beispiel bezeichnet ein Sucher, offenbar aus Respekt, eine Gruppe von Brahmacārins als *maryāḥ*. In diesen Fällen, bei denen ‚*maryāḥ*' als altertümlich-feierliche Gruppenanrede gebraucht wird, überwiegt die sakrale Bedeutung diejenige von Jugendlichkeit; es handelt sich also um einen Begriff für eine religiöse Gemeinschaft. Sowohl *marya* als auch seine mir. Entsprechung *merak* können eine starke erotische Färbung besitzen,[451] die auf denselben kultischen Ursprung zurückgeht; die Einweihung der Jugend umfaßte, neben anderem, auch die sexuelle Initiation, und es ist bekannt, daß Zeitabschnitte, in denen eine extreme sexuelle Freizügigkeit herrschte, zur Erziehung gehörten.[452] Wikander gibt ved. *marya* als „der junge *mās*" (d.h. Mann; 1938, 22) wieder. Was Götter betrifft, wird es häufig für die Maruts, zweimal für Indra und einmal für Agni verwendet. „Die Marut's, und sie allein von allen Göttergruppen, werden beharrlich *maryāḥ* genannt, man hat den Eindruck, daß es sich in Bezug auf sie gerade um einen Fachbegriff handelt: sie sind *divó maryāḥ*, [...] *rudrásya maryāḥ*" etc. (1938, 24).

11.1.1.2.5. Beinamen der Maruts

Auch andere Epitheta der Maruts gehören zur Welt der Männerbünde. *Śrī* ist „ein primitiver Macht- und Kraftbegriff, besonders in demselben Kreise von Gottheiten zu Hause [...] wie *márya*." Nicht nur für die Maruts, auch für Rudra, Indra und Agni wird es verwendet.[453] *Ayās* ist „unbändig, wild" (1938, 42). Die Wortgruppe *śárdha* (Adj.), *śárdha(s)* (Nomen) und *śardhati* (Verb) findet sich, mit ein

---

[450] *Maria- < indoeur. **mérios* ‚Jüngling' (Encyc. 631), „doch es ist wesentlich einfacher, das vedische *máryah*, av. *mairyō* mit dem air. *muire* ‚Heerführer' zu verbinden und auf ein o-stämmiges indoeur. **moryos* zurückzuführen" [vgl. **kory-o-s* air. *cuire*] und außerdem auf die ‚Todeswurzel' *mr̥ „als Ableitung von *mór-o-s ‚Tod'"; vielleicht ist hiermit auch die altirische Kriegsgöttin Morrigain verwandt (McCone 1987, 141; Encyc. 31).

[451] „Zwar heißt *márya* ‚Jüngling', weniger aber im Sinne der Wehrfähigkeit, sondern hinsichtlich seiner Rolle als gesellschaftliches Wesen, freilich in einem erotischen Zusammenhang" (Renou 10 Anm. 1).

[452] Dies gilt da, wo ‚die mairische Frau' auftritt (*janyōiš mairiiaiiå*); siehe oben 5.6). Wikander gibt verschiedene Beispiele aus dem Iran, 85ff. Mairyo ist im Persischen „meistens auf dem Weg, zu einem rein ‚daêvischen' Worte zu werden" (32). Mairyo ist für die Mithra-Gemeinde der Feind schlechthin (33). Er ist ein gefährliches, feindseliges Wesen, der die Anhänger des Mithra beraubt (34f.).

[453] 1938, 26f. Zu *śri* als Begriff für Macht und zu den transkulturellen Verbindungen von ‚Wohlstand' und ‚Stärke' (vgl. das Wort ‚Reich' im Deutschen) siehe Gonda 1954, 188-203.

oder zwei Ausnahmen, nur im Rigveda und dort fast nur in den Hymnen an Indra und die Maruts. Das Substantiv wird am häufigsten gebraucht und kann generell mit ‚Schar' übersetzt werden, bezieht sich in diesem kollektiven Sinn allerdings speziell auf die Maruts. In manchen Fällen sind diese jedoch nicht gemeint, und Wikander schlägt als grundlegende Bedeutung ‚Stärke' und ‚Macht' vor.[454] Auch dieses Wort ist – prinzipiell jedenfalls – auf die Maruts, Indra und Agni beschränkt.[455] Das Adjektiv *ismin-* tritt viermal im RV auf, dreimal mit Bezug auf die Maruts, und charakterisiert ihr wildes, stürmisches Erscheinen; einmal erscheint es mit einem Hinweis auf Rudra als ihren Vater. Diese und einige andere, auf die Maruts und ihr Umfeld beschränkte Worte wurden im Avestischen mit Ausnahme des letztgenannten unterdrückt, welches nahe verwandt ist mit *Aešma*, das den unzweifelhaft bösen Gott der Männerbünde mit dem blutigen Banner bezeichnet (vgl. Kap. 9).[456] Offenbar waren diese Begriffe zu sehr mit männerbündischen Konnotationen aufgeladen, um in der zoroastrischen Gemeinschaft verwendet zu werden.

11.1.1.2.6. Priesterliche Tätigkeit

Die Maruts treten auch als Sänger auf, deren Liedern große Macht innewohnt: „Durch ihren Gesang lassen sie die Sonne scheinen (8.29.10), und wenn sie auf ihrer Pfeife blasen, spaltet sich der Berg (1.85.10) [...]. Im Gesang eines Liedes entfalten sie die Stärke Indras (1.85.2)." Ihr Lied wird „als preisender Hymnus aufgenommen [...]. Daher werden sie in der Begleitung Indras als Priester angesehen [...] und mit Priestern verglichen" (VM 80). Macdonell verbindet ihr Singen mit dem Wind,[457] aber das Schreiben und Singen von Hymnen war, neben priesterlichen Verpflichtungen, eine typische Tätigkeit der Männerbünde; die Jungen erlernten sie während des halben Jahres, das sie bei ihrem Lehrer verbrachten.

Die zweibeinigen Wölfe im Iran waren ‚sowohl Wolf als auch Helfer'. In Indien scheinen diese beiden Aspekte, der raubgierige und der helfende, zwei Gruppen zugeschrieben worden zu sein: der erste dem Rudra und seinen Truppen, der zweite den Maruts, die, obwohl Rudras Söhne, auch ohne ihn agierten (Falk 1986, 64).

---

[454] „Es ist von ‚Stärke, Macht' (und ihrer Kundgebung) auszugehen; ‚Schar, Truppe' ist demgegenüber sekundär [...]" (KEWA III, 309).

[455] Das Verb findet sich fast ausschließlich in Hymnen an Indra, „wo es in schlimmem Sinn das Verhalten seiner Gegner bezeichnet" (48). Wir werden uns noch weiter mit Agnis Verbindungen zu den Maruts und den Männerbünden befassen.

[456] Zu Aēšma siehe Lincoln 1981, 127. Verwandt mit *οἶ(σ)μα*, lat. *ira*. Verbale Formen treten häufig im Indischen und Iranischen auf; das alte persische *frāišaya-* ist der Terminus technicus für ‚ein Heer aussenden'; Wikander 1938, 59f.

[457] „Zweifellos in Anspielung auf das Heulen des Windes [...]"; „ihr Gesang muß daher zunächst das Geräusch des Windes dargestellt haben" (VM 80).

11.1.2. Kriegsgott

Ein Teil des *Śatarudriya* stellt Rudra als Schlachtengott dar. Otto kommentiert diesen Abschnitt mit den Worten: „Wie Wuotan ist der Rudra hier ganz zum Kriegs- und Ritterherrn geworden."[458] Die Passage zeigt, worauf Wikander hinweist, daß Rudra tatsächlich mit Kriegerbünden, Heeren und Kämpfern auf Streitwagen verbunden war (Wikander 1938, 74). In der Tat bekämpft der vedische Rudra keine Dämonen – das ist Indras Aufgabe, wie im Norden diejenige Thors und nicht Odins. Auch Śiva hat Dämonen getötet, aber er ist weiter über sich hinausgewachsen als Rudra. Im *Mahābhārata* ist es Śiva, der Skanda als göttlichen Heerführer einsetzt; was Śiva selbst betrifft, ist für ihn „das tödliche Schlachtfeld ein Spielplatz" (EM 221). Das stimmt mit Odins Rolle als Kriegsgott überein: Er erwählt einen Helden, gibt ihm eine Waffe oder lehrt ihn eine geheime Taktik; manchmal blendet, betäubt oder lähmt er die feindlichen Truppen, während die von ihm begünstigten Heere seine unverwundbar machende Kraft spüren; sie fühlen seine Anwesenheit, doch er greift niemals direkt in die Schlacht ein, und wenn er jemals eine Waffe gegen jemanden richtet, dann nur gegen seinen eigenen Helden und Liebling. Auch für Odin ist „das Schlachtfeld ein Spielplatz".

Was für eine Art von Kriegsgott ist er? Er ist kein ‚nationaler' Kriegsgott, sondern der Gott des **koryos*, ein Führer von dämonischen Kriegern. Eine seiner Aufgaben besteht darin, zu bestimmten Zeiten des Jahres seine Geister zu Kriegerhorden umzugestalten. Wenn wir uns nun der Vratyastomas, die bei der Zusammenstellung und Auflösung eines Bundes begangen wurden, sowie des über Mars als reinigenden Gott Gesagten erinnern (9.6.1), dann gewinnen wir einen Eindruck von Rudras Tätigkeit. Meines Erachtens waren die Vrātyastomas lustrale Riten, eine urtümlichere Form von Reinigungszeremonien, wie sie das römische Heer an Beginn und Ende der Kriegszeit – und oft auch vor und nach Schlachten – feierte.[459] Wir dürfen uns also, wie ich annehme, Rudra als einen Gott vorstellen, der der rituellen Reinigung sowie der Bildung des Vrātya-Bundes präsidiert, der mit den Jünglingen fortzieht und sie beschützt, selbst aber an keinerlei Kämpfen teilnimmt, und der die Jungen schließlich erneut reinigt und über ihre Entlassung wacht.

---

458 1932, 144. „Verneigung dem mit schneller Heerschar und schnellem (Kriegs-)Wagen. Dem Helm- und Panzerträger. Dem mit der Brünne Gewappneten, dem Schützer. Dem Schlachthelden, dem Zerschmetterer. Dem Hochberühmten und berühmtes Heer Besitzenden. Dem in den Kriegspauken und in den Paukenschlägen Lärmenden. Dem Tapferen und Anpackenden. Dem Schwert- und Köchertragenden. Dem mit dem scharfen Pfeil und Gewaffen. Dem mit gutem Gewaffen und gutem Bogen."

459 Rosivach *passim* und oben 9.6.1. Ich stelle mir die Maruts, bevor sie ihren goldenen Schmuck erhielten, sehr wie die spärlich bekleideten Salier auf der Urne von Bisenzio vor, die Bloch beschreibt (1960, 139 und Tafel 58; 5.5.4.3).

11.2. Der Wilde Jäger

Rudra, der an der Spitze einer Horde von zahllosen Dämonen durch die Lüfte braust, ist der Wilde Jäger mit seiner Jagd. Oldenberg nennt ihn den „wilden Jäger", doch nicht mit Blick auf Wodan, sondern aufgrund der Wildnis, der Wälder und Berge, in denen „der Bogenbewehrte" lebt; allerdings verknüpfte er ihn mit den Faunen und Silvanen, den Waldmännern und anderen europäischen Dämonen der Wälder und Gebirge (Oldenberg 223).

In Rudra erkennen wir den Wilden Jäger als Jäger (*mṛgavyādha*); dies ist eine der Gestalten, in denen er Menschen wie Göttern zu erscheinen vermag (Kramrisch 1981, 61ff.). Die östlichen Völker nennen ihn ‚Sarva', die Bāhīkas ‚Bhava' (vgl. *Śatapatha Brāhmaṇa* I.7.3,8);[460] woanders sind Bhava und Śarva seine Söhne, die „wie gierige Wölfe durch die Wälder jagen" (SS 4.20.1; in Gonda 1960, 85). Bhava und Śarva sind keine reinen Beinamen, wie aus dem *Atharva-Veda* (11.2) sehr deutlich hervorgeht.[461] Sie gehörten zur selben Art von Göttern, die von abgelegenen Völkern verehrt wurden; später hat man ‚bemerkt', daß sie in Wirklichkeit dasselbe Wesen waren, das von der beherrschenden Gruppe als Rudra angerufen wurde – ähnlich wie wir im Fall des Lykeios gesehen haben, der wie sicher manche anderen lokalen *koryos*-Götter unter dem Titel des „Gottes der Apellai" befaßt wurde (9.5).[462]

[460] Dieser Abschnitt ist hochinteressant, denn tatsächlich ist Agni ‚dieser Gott', der deshalb Śarva, Bhava, Paśunam pati (Paśupati) und Rudra genannt wird. Das *Śatarudriya* – Kapitel 16 des *Yajurveda* – folgt unmittelbar auf die Fertigstellung des Feueraltars in Kap. 15: der Altar ist errichtet, und nun wird Rudras Zorn besänftigt. „Agni, die Feuerstätte, ist bei ihrer Vollendung zu Rudra geworden, zum Inbegriff der unbeherrschten, gefährlichen, unvorhersagbaren und deshalb äußerst gefürchteten Natur. Man vergleiche SB 9,1,11: ‚Dann vollzieht er das Śatarudriya-Opfer. Agni wurde hier in seiner Gesamtheit vollendet; er ist nun der Gott Rudra'" (Gonda 1980, 75). „Die Beziehung von Rudra und Agni umkreist einen Punkt der Identität. [...] Diese, in heiligen Schriften immer wieder betonte Homologie [...] ist einer der Natur, nicht der Person nach. In dem Maße, in welchem seine Natur die des Feuers ist, ist Rudra Agni" (Kramrisch 7). Wenn Rudras Feurigkeit auf Agni hindeutet, hat dieser auch eine gefährliche Seite – man kann fast sagen, eine „tückische" Seite (Heesterman 1981, 77; 1982a, 262f.). „Weiter verbirgt sich Rudra wohl öfters unter dem Namen des Agni; besonders der ‚fleischfressende' Agni, den man beim Leichenverbrennen fortbeschwört, ist wohl eine Gestalt des Rudra" (Charpentier 1909, 152f. Anm. 1). Die Homologie Rudra-Śarva-Bhava-Paśupati besteht in personaler Hinsicht.

[461] Griffith nennt AV 11.2 „eine Preishymne und ein Gebet an Bhava, Śarva und Rudra" (Bd. 2, 57). Es beginnt mit den Worten: „Bhava und Śarva, verschont uns, seid uns nicht feindlich. Gehuldigt sei euch, den Zwillingsherrn der Ungeheuer und der Geister!" Bhava und Śarva werden ein weiteresmal geehrt (16), Bharva (3a, 8, 25, 27) und Rudra (3b, 7, 12, 13, 15, 17, 26, 29) einzeln angerufen; ersterer wird mit dem Rudra-Beinamen ‚Paśupati' (5, 9, 28) benannt, und Paśupati ohne anderen Namen angeredet. In AV 6.93.1 wird Sarva als *nilaśikaṇḍa* (schwarz behelmt) und *babhru* (braun) beschrieben; beides sind Eigenschaften Rudras. (Vgl. Arbman 29f. Anm. 2.) Wikanders Begriff ‚Doppelgänger' ist vermutlich der beste für Bhava und Śarva im Hinblick auf Rudra.

[462] Vgl. auch Rosivachs Vorschlag bezüglich der vielen örtlichen Mars-Götter. Die *Encyclopedia of Religion* interpretiert AV 15.5.1-7 so, daß Bhava, Śarva, Paśupati, Ugra, Rudra, Mahādeva und Iśāna allgesamt voneinander unabhängige regionale Vrātya-Götter waren (Bd. 13, 8).

Der Name ‚Sarva' ist von besonderem Interesse, da er im Avestischen als Saurva erscheint (Wikander 1938, 73). I-Ir. **Sarv-á-* wird gewöhnlich von *śáru-* [‚Geschoß, Wurfspieß, Speer, Pfeil'; „nicht von *saráh* ‚Rohr' (und *sárya-* ‚Pfeil', *salyá* ‚Pfeilspitze etc.) zu trennen"] (KEWA III, 307) hergeleitet. Sarva verweist also auf einen arischen Schützengott zurück.[463]

11.3. *Canis*

Bhava und Śarva, Rudras ‚Söhne' oder Doppelgänger, schweifen durch die Wälder in Wolfsgestalt. Im *Śatarudriya* wird allen Rudras und mit Rudra Verbündeten Ehre bezeugt, darunter den „Hundeführern" (*śvapati*), „Hunden und Hundeherren" (27, 28)," und gegen Ende hofft der Dichter von den Rudras: „Mögen sie uns verschonen und beschützen. Zwischen ihre Rachen legen wir den, der uns haßt und den wir verabscheuen" (64), vgl. *Atharva-Veda* 11.2.30: „Rudras Hunde mit mächtigen Mäulern, schreckliche bellende und heulende Hunde, die ihr Futter unzerkaut verschlingen." Rudra hat als Jäger natürlich Hunde um sich herum, doch der Hund und seine nahen Verwandten Wolf und Schakal haben manche Merkmale mit dem Gott gemeinsam: Sie trinken Blut und fressen Aas, spuken über Friedhöfe, um auf menschlichen Leichnamen zu schmausen, und heulen in der Nacht.[464] Soweit mir bekannt, finden sich in der gesamten indischen Literatur keine Hinweise auf Kriegerhunde, und nach Falk gibt es dort weniger Informationen über Vrātyas ‚als Hunde' als bei anderen indoeuropäischen Völkern; gleichwohl „finden wir in der Chāg[aleya]-Upaniṣad (*śunaka*) und Ch[āndogyopaniṣat] (*śvan*) Gruppen von Hunden als Sattrins" (Falk 1986, 40). Daß der Hund – und der Hundetöter – tatsächlich eine sehr große Rolle spielen müssen, sucht uns Falk zu beweisen.

Ich möchte nun jedoch zwei bemerkenswerte Aufsätze von Günther Sontheimer über heutige Praktiken bei einem Śiva-Kult des Deccan heranziehen.[465] Sontheimer hat selbst diesen Ritualen beigewohnt; es handelt sich also um gelebte Volksreligion. Da sie noch lebendig ist, müssen wir davon ausgehen, daß Entwicklungen und

[463] „Wenn Rudra als gefahrbringende und gefürchtete Waffe den Bogen trägt, Odin dagegen den Speer oder den Rohrstab (reyrsproti), welche dem Thyrsos und θυρσόλογχος des Dionysos entsprechen, so ist dazu zu bemerken, daß doch auch Odin mit Bogen und Pfeil bewaffnet erscheint. Nicht nur trägt der aus Woden entstellte engl. Hooden, später Robin Hood, Pfeil und Bogen, sondern man kennt und fürchtet auch in Schweden Odins pilar, die sich ganz den gefürchteten Pfeilen des Rudra vergleichen, und es ist gerade auf diese Vorstellung ein Gewicht zu legen, weil sie eine volksmässige, aller Wahrscheinlichkeit nach uralte ist" (von Schroeder 1895, 250). (Zu Robin Hood als eine späte Hypostase von Wodan siehe R. Wolfram 1932a.)

[464] „Es wird vom Schakal behauptet, daß er *siva* genannt wird, da er das Tier des ebenfalls den Toten zugehörigen Śiva ist." „In AV 15.2.31 wird von Rudras Scharen gesagt, sie seien *saṃbhuṇjanti*, was vielleicht bedeutet, daß sie zusammen Leichen verzehrten usw." (Dandekar 119, Anm. 7 u. 8).

[465] „Dasarā at Devaraguḍḍa-Ritual and Play in the Cult of Mailār/Khaṇḍobā" und „The Mallāri/Khaṇḍobā Myth as Reflected in Folk Art and Ritual." Sie werden entsprechend als ‚Dasarā' und ‚Myth' zitiert.

Veränderungen im Laufe der Zeit stattgefunden haben, aber es gibt ebenso noch Bestandteile, die uralt sein müssen. Obgleich wir sie nicht in den Veden oder den Ritualbüchern finden, haben wir sie anderenorts im indoeuropäischen Kulturkreis angetroffen.

11.3.1. Hunde und der Herr der Hunde

In diesem Kult tritt Śiva unter dem Namen Mallāri auf, den er dadurch annahm, daß er, als Mārtaṇḍa Bhairava,[466] den Dämon Malla[467] besiegte, sowie auch unter dem Namen Khaṇḍoba, den Sontheimer nicht erläutert. In seinem Tempel in Devaraguḍḍa sowie an anderen Kultstätten huldigen geweihte Verehrer dem Gott, indem sie sich wie Hunde verhalten. „Diese Vaggayyas benehmen sich und bellen wie Hunde, wenn Pilger in dem Hain erscheinen. Sie haben ihre Holz- oder Messingschalen mitten im Hain vor dem Tempel auf den Boden gestellt, und die Pilger füllen sie mit Bananen, Milch, Quark, Butter aus Büffelmilch, Zucker, Hirse und Reis. Früher haben die Vaggayyas ihre Rolle noch viel intensiver gespielt."[468] Sogar Brahmanen können zeitweise zu solchen werden: „Sie kleiden sich wie Vaggayyas, bellen aber nicht in der Öffentlichkeit." „Die Anhänger von Māllari in Ujjain gründeten ihre Treue auf die Autorität der *Śatarudriya*-Stelle bezüglich der „Hunde und des ‚Herrn der Hunde'" (*Dasarā* 7). Lebenslange Vaggayas stammen meistens aus den Kurubas, aus Gemeinschaften von Schäfern und Hirten. „In Devaraguḍḍa gibt es 60 Familien [...], die traditionell eines oder mehr Kinder aus

[466] Bhairava, „Śivas Erscheinungsform des Schreckens und der Erhabenheit" (Kramrisch 471).

[467] Die Mythe wird in *Myth* 155f. erzählt. Śiva/Mallāri wird „gemeinhin Khaṇḍobā in Maharashtra, meistens Mailar (Mairāl) in Karnataka und Mallaṇṇa in Andhra genannt" (155). Es ist nicht ganz klar, ob es einen Dämon namens Malla oder ein Paar dämonischer Brüder, Mani und Malla, gab. Es ist gut möglich, daß der Dämon Mani ‚der Malla' war (159). ‚Malla' bedeutet ‚Ringer'; im *Harivamsa* wird die Geschichte erzählt, wie Kṛṣṇa den Namen ‚Mallāri' annahm, nachdem er und sein Bruder Baladeva ein Paar aufrührerischer Ringer getötet hatten. Andererseits waren die Mallas auch ein Volk in Nordindien sowie zuvor eine militärisch-kultische Bruderschaft wie die Vrātyas (Bollée 178). Bollée leitet ihren Namen von *marya* ab (180f.). Eine Bruderschaft gründet einen Staat, dessen Mitglieder später als Ringer berühmt werden. Ersteres haben wir bereits kennengelernt (8.2.1), letzteres hat seine Parallele in dem Wort *magadha*, das ‚Barde' bedeutet: Magadha ist ein nördlicher Staat; *magadhas* begleiten als Barden die Vrātya-Gruppen. Mani und Malla werden als Dämonenkönige vorgestellt, aber vielleicht war ein historischer Mani der Anführer einer Horde Mallas, die Raubzüge in dieses Land unternahmen. Der Dämon Malla, der, nachdem der Tod ihn erlöst hat, zu einem Verehrer Sivas wurde, sieht aus wie einer der plündernden Bergkönige, die berüchtigte Anhänger Sivas wurden (Mythos 158).

[468] „Sie rennen zu ihren Schüsseln, heulen, bellen und zanken miteinander und liegen flach auf dem Boden, um wie Hunde zu fressen. [...] Bei anderen jatrās [Festen] des Mailār sowie auf besonderen Wunsch der Verehrenden führen die Vaggayyas einen von Trommeln und Kultliedern begleiteten Rundtanz auf. In der Mitte des Kreises werfen die Anhänger Münzen auf eine schwarze Wolldecke, und die Vaggayyas heben die Münzen mit ihren Mündern auf. [...] Wenn Speisen in den Schüsseln dargeboten werden, kämpfen sie wie Hunde darum und versuchen, sich gegenseitig wie Hunde das Futter vom Munde wegzureißen" (6).

jeder Familie Vaggayyas werden lassen [...]. Sie verfügen über ein besonderes Recht, dem Gott von Devaraguḍḍa als ‚Hunde' zu dienen, was bedeutet, in seinem Namen zu betteln und ihn zu preisen. Bei den Kuruba-Vaggayas in Devaraguḍḍa behauptet Śiva/Mailār, ebenso wie an anderen Orten, seinen traditionellen Bezug zu Stämmen und fremdartigen Menschen, der bereits im *Śatarudriya* erwähnt wird [...]. Śiva/Mailār führt daher alle zusammen: vom Brahmanen bis zum einfachsten Mann" (Dasarā 7). Alle Vaggayyas kleiden sich schwarz, haben einen Turban und andere Ausrüstungsstücke, die an jene des Rudra oder der Vrātyas erinnern (*Dasarā* 8). Sie unternehmen ausgedehnte Bettelreisen, auf denen sie die Orte „besuchen, wie z.B. Karvar an der Westküste, wo sie als ‚Mailārs Hunde' bekannt sind (*Mailāra kunni*)." Einige Gruppen schwören dem Gebrauch der schwarzen Magie ab, doch andere „sind dafür bekannt, schwarze Magie auszuüben, mit der sie versuchen, Leute einzuschüchtern und ihnen Geld abzunehmen." Dieses ‚einigermaßen räuberische' Betragen gemahnt wiederum an die Vrātyas und ihr aggressives Herumstreunen.[469]

Der Ursprung der Vaggayyas ist nach Sontheimer folgender: „Mallāri pflegte mit einem Rudel Hunde auf die Jagd zu gehen. Als er auf einem Berg in einem Heiligtum verschwand, wurden die Hunde Menschen und dienten ihm als seine Anhänger unter dem [Kannaḍa-]Namen Vaggayyas" (*Dasarā* 5). Sie werden „in Marāthi *vāghyās* genannt [...]. Vāghyā stammt zweifellos ab von Sanskr. *vyāghra* [Tiger]. Es wird gesagt, daß die Vāghyās früher einmal Tiger waren, aber nachdem sie den *darśan* [Anblick] von Mārtaṇda bekamen [d.h. der Gott offenbarte sich ihnen], wurden ihre Körper menschlich. Sie wurden von Mārtaṇda/Bhairava gelehrt, wie Hunde zu bellen."[470] Rudra/Śiva hat sowohl zum Tiger als auch zum Hund Verbindungen: Śiva trägt ein Tigerfell und „Rudra ist wie der Tiger der Herr des Waldes (*āranyānām patiḥ*) [...]. Das Ritual der Vaggayas könnte eine Nachahmung von Hunden oder Tigern sein." Sie haben eine aus Tigerfell gefertigte Tasche, in der sie Kurkumapulver aufbewahren (*Dasarā* 6; dies wird mit der Heilkraft des Gottes assoziiert und ist in seinem Kult sehr verbreitet [*Myth* 165]). „Die Verbindung von Tiger und Hund ist in Mythos, Ritual und Kunst sehr üblich" (*Myth* 166). Dies entspricht der Stellung des Löwen (‚edler Hund') neben Wolf und Hund

---

469 (*Dasarā* 9). Sontheimer zitiert Heesterman (1962, 6): „Es kann sein, daß sie Geschenke und gastliche Unterkunft unter Androhung von Gewalt forderten, tatsächlicher oder magischer." Die Vrātinas waren nach Hauer (199) Experten für schwarze Magie. Sie waren wie die Vrātyas Kriegerpriester; ein Unterschied bestand vielleicht nur im Namen.

470 (*Myth* 166) „Das Äquivalent in Marathi ist das Wort *vāghyā*, gewöhnlich abgeleitet von *vāgh* = Tiger oder *vāghī* = ‚eine Tasche aus Tigerfell' (Molesw.), die die Vāghyās [...] verwenden. Vāghyā (‚Hund') kann also von dem Wort *uggu* = ‚ständig unsinnige Geräusche von sich geben' [vgl. *Talamasca*, 3.4.1] aus der Kannada-Sprache hergeleitet werden; *ogga* ist im Kannada ein Anhänger des Gottes Mailār. Man kann also plausibel ‚Vaggayya' mit dem Kannada-Wort *baggu* = ‚Tiger' erklären. Was auch immer die korrekte Etymologie sein mag, zwei Aspekte des alten Rudra/Siva als *pasupati* (‚Herr der Tiere oder Seelen') stechen hervor: der Hund ist das *vāhana* [Fortbewegungsmittel] des Bhairava, und wir haben Rudras Verbindung mit dem Hund im Satarudriya kennengelernt. Darüberhinaus verknüpft das *Atharvaveda* Hunde nicht nur mit Yama, sondern auch mit Rudra. [...] Andererseits haben wir die Beziehung von Rudra/Śiva zu dem Tiger" (*Dasarā* 6).

bei den Hethitern (8.2b) und der des Bären bei den Germanen (4.2.1, 4.6, 4.6.1). Obgleich *canis* das Krieger- und Jägertier schlechthin bei den Indoeuropäern ist, ist es trotzdem weder verwunderlich, daß der örtliche König der Raubtiere in den Kult eingehen konnte, noch daß sie üblicherweise vermischt wurden – *berserkir* z.B. „wurden ebenso *úlfheðnar* genannt."

11.3.2. Dasarā

Dasarā ist ein zehn Tage dauerndes Fest, das die Kriegszeit eröffnet. Am neunten Tag „geht der Gott zur Jagd ins Gehölz. Oder handelt es sich um einen Kriegszug, um Feinde zu töten oder eher den Dämon [...]?" Einige Traditionen behaupten, daß an diesem Tag Dämonen getötet werden. Der fünfzehn Fuß hohe Bogen des Gottes, mit dem er den Dämon tötete, wird ebenfalls in den Wald geschleppt, wo „ein anderer großer, unbespannter Bogen ist", den der Führer der Vaggayyas erklettert, bis er mit dem Gott in Verbindung tritt und dieser ihm etwas prophezeit" (*Dasarā* 10f.).

„Es ist verlockend [...], den Anführer der Vaggayyas mit seinem großen, alten Vorgänger, dem Ekavrātya, zu vergleichen (11.9). [...] [Der Führer] wird, nachdem er elf [...] Tage lang gefastet hat, ein Seher. Wenn er den Bogen erklimmt, vereinigt er sich mit den kosmischen Mächten. Er wird, wenigstens für einige Augenblicke, Mailar/Rudra, so wie der Vrātya zum Ekavrātya wird, und ist, gemäß des berühmten Kapitels des *Atharva-Veda* (15.1), eins mit *mahādeva* und *īsāna* (d.i. Rudra). In diesem Text wird der Bogen als ein offenbar unverzichtbarer Bestandteil angesehen (15.1.6): ‚Er wurde zum Ekavrātya; er nahm sich einen Bogen; es war Indras Bogen'" (12).

Kriegszüge begannen am zehnten Tag.[471] „An diesem heiligen Tag nahm der Gott die Rolle eines Königs und Jägers an, und seine Gefolgsleute konnten leibhaftig an seinem *līlā* teilhaben."[472] Der Gott ist zu seinem Berg zurückgekehrt; er sitzt in seiner Sänfte, überblickt die Umgebung und raucht *gāñji* [Cannabis] (*Dasarā* 12). Am Nachmittag martern sich als *Kañcavīras* bezeichnete Gottesdiener. Selbstfolter – und sogar ritueller Selbstmord – hat eine uralte Tradition in diesem Kult.[473]

---

[471] Vgl. Silva 579 zum Dusserah (= Dassarā) in Kanara (10.5.3): „Das wichtigste Kennzeichen dieser großen Feier war das Menschenopfer (*nara bali*). An diesem Tag wurde immer ein Mensch geopfert. Blutbespritzt zog der Krieger von zuhause fort, um die Feinde seines Volkes zu schlagen."

[472] „Alles was der Gott verrichtet, ist nämlich sein *līlā* [Spiel]. [...] Um der Welt und der hartnäckigen *bhaktas* [Verehrer] willen wiederholt er seine primordialen Taten, d.h. die Tötung des Dämons. Dies geschieht an einem besonderen günstigen Tag, außerhalb der gewöhnlichen Zeit. Es ist ein Versuch, das mythische Zeitalter des *satyayuga* [das Zeitalter der Wahrheit] wiederzubeleben" (2f.).

[473] Die Vrātīnas waren für die Selbstgeißelung ebenso berühmt wie für ihre schwarze Magie (Hauer 194-211). Hauer sah in den Vrātyas/Vrātīnas Vorläufer der Yogis. Es ist daher bemerkenswert, daß die *Hirpi Sorani* über heiße Kohlen zu laufen pflegten, wofür Yogis berühmt sind. War das einstmals eine übliche Tätigkeit all dieser Gruppen? Vielleicht oder vielleicht auch nicht, doch es gibt Zeugnisse für eine extreme körperliche Disziplin, eigentlich Selbstfolter, die ein Mittel war, um Ekstase oder Wissen zu erlangen; vgl. Odin in sei-

Der Abschluß des Festes ist das Zerbrechen der Fesseln; der Gott ist in seinen Tempel zurückgekehrt (*Dasarā* 13f.).

„Bhairava, Martaṇḍa Bhairava/Khaṇḍobā wird von Hunden oder einem Rudel Hunde begleitet, gleichgültig ob er sich auf der Jagd befindet oder *rākṣasas* [Dämonen, *daityas*, z.B. Malla] bekämpft. Der Hund oder das Rudel werden mit ihm in Kunst, Ritus und Mythologie des Mallāri/Khaṇḍobā-Kultes seit ältesten Zeiten assoziiert" (*Myth* 163). Mit Bezug auf *Śatarudriya* 27-28 schreibt Sontheimer, daß es „eine mündliche Legende in Karnataka gibt, die uns mitteilt, in einem früheren *yuga* [Zeitalter] sei eine Gruppe besonderer Verehrer als Hunderudel mit Śiva zur Jagd ausgezogen oder um ihn beim Kampf gegen Dämonen zu unterstützen [...]. Das *Śri Malhāri Māhātmya* von Śrīdharasvāmī Nājharekar (1580-1651) führt dazu passend an, daß König Mārtaṇḍa von 700 Hunden begleitet wurde [...]" (*Myth* 165). Es wäre erstaunlich, wenn diese nicht in Wirklichkeit ‚Kriegerhunde' gewesen wären.

Sontheimer verweist wiederholt auf die Ähnlichkeit in Kleidung und Verhalten zwischen den Vrātyas und Mallas auf der einen und den Paśupatas – Verehrern von Śiva/Paśupati, die sich als Hunde verkleideten und entsprechend verhielten – auf der anderen Seite. Ebenso hebt er die Gemeinsamkeiten zwischen dem Dasarā-Fest und dem *Mahāvrata* hervor (6.1 und 11.7). All dies zeigt, daß die wichtigsten Aspekte des Kultes – wie auch immer er sich in den dazwischenliegenden Jahrhunderten verändert hat[474] – wahrhaft uralt sind. Śiva/Mallāri/Khaṇḍobā wurde König und Hochgott und behielt doch seinen Charakter als Jäger, Krieger[475] und Herr der Hunde bei. Doch er ist noch mehr!

---

nem Baum und den Brauch von Kelten und Germanen, ihre Körper den härtesten Naturgewalten auszusetzen, um göttliches Wissen oder Inspiration zu bekommen.

[474] Alle Spuren der männerbündischen Ordnung haben sich verloren, und anders als in Europa, wo, wie gezeigt, neue Männergesellschaften auf die Geheimhaltung ihrer Riten achteten, konnte in diesem Teil Indiens jeder Mann schwören, ein Vaggayya oder Kañcavīra zu werden, jeder Mann aus jeder Kaste – und es gab ebenso weibliche Vaggayyas, die dem Gott dienten (*Dasarā* 14) und vielleicht mit der *pumscalī* (Hure) der Vrātyas (28 Anm. 72) verwandt sind. Der Kultus findet völlig außerhalb der Kastenhierarchie oder des klassischen Srauta-Rituals statt. "Die Kañcavīras ähneln noch den Vrātyas und der seltsamen Versammlung von Menschen außerhalb der geordneten Gesellschaft (die im *Śatarudriya* erwähnt werden), die besondere Beziehungen zu Rudra haben" (16).

[475] Und Dämonentöter. Doch Malla war kein Urdämon wie Vṛtra. Er war ein dämonischer König und erinnert sehr an die historischen ‚Bergfürsten' des mittelalterlichen Deccan und Südindiens; nach seiner Niederwerfung wurde er ein Diener von Mallāri. "Die ‚Bergfürsten', die auf Khaṇḍobā verschiedentlich *malapar*, *malavar* oder *malepar* genannt werden, waren notorische Räuber und Diebe, stiegen aber gelegentlich in hohe Positionen auf und gründeten sogar Königreiche. [...] Die Hoysalas z.B. nannten sich selbst *maleparol gandar* = ‚Herrscher unter den Bergfürsten', und von ihnen wurde gesagt, sie hätten als erfolgreiche Räuberhauptmänner begonnen. [...] Sie entstammten den Brigantenhorden der Bedars [...] [u.a.], die berühmte Verehrer des Khaṇḍobā waren. [...] Der Überfall auf Siedlungen von Brāhmanen [...], Viehraub und Entführung von Frauen war nicht nur ihre Tätigkeit, sondern manchmal auch die von königlichen Offizieren. [...] Tapferkeit und Tüchtigkeit wie jene des Malla waren Voraussetzungen für Glück und Machtgewinn" (*Myth* 158). Im folgenden gibt Sontheimer ein Beispiel für einen solchen König, der eine unheimliche Ähnlichkeit mit

11.3.3. *Le jeu du Cheval*

Śiva/Khaṇḍoba ist der Reitergott. Obgleich ein König, „reitet er, ähnlich wie Indra, prunkvoll auf einem Elefanten“ (*Myth* 161), kämpft zu Pferd gegen den Dämon; und die Anweisungen für die Herstellung von *mūrtis* – kleinen Andachtsstatuetten – geben an, daß er entweder als reitender Heros oder vierarmig, stehend und mit dem Pferd in seiner Nähe darzustellen ist.[476] Das Pferd ist „omnipräsent [...] in volkstümlichen Kulten und Ritualen des Deccan und Westindiens [...].“[477] Es folgt eine *Dasarā*-Szene aus Devarugudda:

„Ein Gelübde [...], das von Mitgliedern aller Gemeinschaften abgegeben werden kann, besteht darin, während des Festes wie das Pferd des Gottes aufzutreten. Tatsächlich ist die Unterscheidung zwischen Pferd und Reiter fließend. Wie Pferde galoppieren die Verehrer des Gottes vorwärts und rückwärts und schlagen sich dabei selbst schonungslos mit Peitschen. Laut rufen sie den Namen Mallāris. Andere Priester füttern sie mit Bananen u.ä., die sie ihnen direkt in den Mund stecken bzw. in der offenen Hand darbieten, so als würden sie Pferde füttern. Diese Priester werden Kudurappas genannt (‚Pferdefütterer‘ oder ‚-bändiger‘), und das *jātrā* wird daher auch das ‚Pferdefest‘ genannt [...]. Sich als Pferd des Gottes zu gebärden, ist eine sehr verbreitete Weihe im Mailār-/ Khaṇḍobā-Kult. Der Gott erfaßt die Person als Windhauch; er wird deshalb ‚spielender Wind‘ auf Marathi genannt [...]. Allerdings ist ‚Wind‘ auch allgemein mit *vāru* verbunden oder durchsetzt, welches ein ‚Schlachtroß‘ oder ‚Kavalleriepferd‘ bezeichnet. Skt. *vāru* bedeutet ‚Wind‘ ebenso wie ‚Pferd‘. Es wird daher nicht länger verwundern, daß Vāyu, zusammen mit Rudra, als der Gott *par excellence* der Vrātyas angesehen wird.“[478]

Malla hat. Stammesfeinde waren immer Dämonen (wohingegen **wir** Menschen sind). Die in Mallas Bekehrung kulminierende Geschichte wirkt wie eine mythisierte Version der Niederschlagung und Unterwerfung eines menschlichen Königs, der auch den Göttern der Sieger unterworfen wird. Es könnte sich leicht um ein Paradigma jener ständigen Kleinkriege handeln, die Rau als für das frühe Indien typisch beschreibt. In der Tat sieht der historische Hintergrund sehr wie jener aus, vor dem wir uns die Vratyabanden bei ihrem aggressiven und räuberischen Umherschweifen vorstellen.

[476] (*Myth* 167.) Gewöhnlich werden eine oder zwei seiner Frauen mit ihm dargestellt, Pārvatī (eventuell auch mit einem anderen Namen) und die Frau, die er sich aus den einheimischen Frauen nahm.

[477] “Es findet sich bereits in den Megalith-Grabstätten des 7. Jhdts. v.u.Z. im Deccan und gehört zu einer archaischen Kulturstufe weit außerhalb der brahmanischen Ritualistik und Kultur. Asko Parpola [*Arguments for an Aryan Origin of the South Indian Megaliths*, Madras 1973] hat behauptet, daß sich Rudra, die Vrātyas und Aiyanār auf die Megalithgräber beziehen” (*Myth* 162). [Parpola argumentiert zugunsten einer früheren Einwanderungswelle von Ariern nach Indien, die bereits etabliert waren, als die zweite Welle, aus der die Veden stammen, ankam.] Anm. 18 des Verfassers: ‚Ausgrabungen von Megalithgräbern, die von S.B. Deo bei Mahurjhari und Naikunth in der Region von Vidarbha durchgeführt wurden, haben Pferdeskelette mit Gebiß *in situ* sowie Hundeskelette zutage gefördert. [...] Lanzen von 2m Länge und Pfeilspitzen in den Körpern von Feinden verweisen auf eine nomadische kriegerische Gemeinschaft, die über Ackerbauern dominierte. Der Ausgrabungsplatz befindet sich in der Nähe eines heutigen Goṇd-Dorfes. Die Goṇds dürfen jedes Fleisch bis auf Pferdefleisch (und möglicherweise solches von Hunden) opfern und essen. [...] Daraus er-

Zwar wird nichts über Masken und Kostüme gesagt, aber das ist nicht entscheidend: es handelt sich hier um *le jeu du cheval*, um Pferdemasken, Vettern der dämonischen Pferde der *Mesnie Hellequin* und der Wilden Jagd!

11.3.4. *Têtes coupées*

Śiva trägt einen Kranz menschlicher Schädel und hat einen Schädel als Trinkgefäß. Köpfe, keine Schädel, finden sich bei allen Darstellungen von Mallāri, gewöhnlich unter seinen Füßen. Es sind die Köpfe der von ihm getöteten Dämonen, aber sie erinnern mehr an die *têtes coupées* der Kelten als an Śivas Schädel.[479] Fig. 6 auf Seite 167 im *Myth* beispielsweise zeigt den Gott zu Pferde. In seiner Linken hält er das Haupt eines Dämonen; ein anderer Kopf liegt auf dem Boden. In der Rechten ist eine große Lanze und hinter ihm der unvermeidliche Hund. In Fig. 3, S. 161, ist er mit seiner ersten Frau auf einem Pferd zu sehen; die vorderen Hufe des Pferdes „stehen auf den Köpfen der Dämonen Mani und Malla." Auch eine freundliche und häusliche Szene mit dem Gott und seinen beiden Frauen auf einer Gußform für Hausgötzen zeigt ihn stehend auf Dämonenköpfen (Fig. 1, S. 160).

Beim Tempel des Khaṇḍobā in Jejurī, seiner wichtigsten Kultstätte, sind auf der Seite der Stufen, die zum Tempel herauf führen, steinerne Skulpturen der „Köpfe von Heroen, die in Schlachten gefallen sind. Diese Steinmale leiten sich von den unzähligen älteren Heldenskulpturen [...] im Deccan und in Westindien her. Auf diesen alten, stark variierenden Steinmalen wird der Held oft dargestellt, wie er bei der Verteidigung von Weib und Vieh ums Leben kam. [...] Auf den *vīragalas* [Kannaḍa: ‚Heldensteine'] sieht man die *apsaras*, die ihn in den Himmel tragen. Dort wohnt er bei Śiva."[480] Die Verehrung (*bhakti*) Śivas war manchmal so inbrün-

klärt sich die fortwährende Bedeutung von Pferd und Hund im Kultus, vor allem in dem des Khaṇḍobā. Lanze und Bogen treten in seinen Darstellungen besonders hervor. [...] Die fortdauernde Hochschätzung des Pferdes findet sich auch in seiner Verehrung bei Stämmen wie den Goṇds, den Bhīls und anderen wiedergespiegelt. Sie besitzen selbst keine Pferde, lassen aber zumindest ihre Götter auf Pferden reiten." Dies erinnert an das von Jettmar bei seinen Ausgrabungen in den Bergen Gefundene und an das von ihm bei den Ritualen lokaler Stämme Beobachtete (1966).

478 (Myth 9.) Anm. des Autors 34: „Nach der Jaiminīya-Upaniṣad-Brāhmana ist Vāyu der Ekavrātya. JUB 3.4.5.2.1-4 [...]" (25). Siehe Hauer 306f. und unten 9. „Es ist der Gott, der den Menschen besitzt und die Peitsche gebraucht." In Anm. 35 vergleicht der Autor diese Erfahrung mit jener des langhaarigen Asketen von RV 10.136: „Besessen von Askese, reiten wir auf dem Wind" (3a). „Der Hengst des Windes, Freund des Sturmes, von den Göttern gegeißelt [...]" (5a, O'Flaherty; vgl. 5.5.1).

479 Von den Kelten ist bekannt, daß sie die Schädel vornehmer Feinde zu Trinkgefäßen verarbeiteten (Reinach 43 Anm. 1), aber sie waren nicht die einzigen: Zu lombardischen Schädeltassen vgl. 44 Anm. 1, zu skythischen 46. Zum Schädelsammeln anderer indoeuropäischer Völker 43-49. Ein Schädel, der zu einem Trinkgefäß umgearbeitet wurde, fand sich in einem Wagengrab der Hallstatt-Kultur aus dem 6. Jhdt. v.u.Z. in Moravia (Schutz 1983, 216). Mallāris Köpfe sehen wie keltische Köpfe aus Stein aus, vgl. die Bilder bei Schutz sowie in Ross 1967.

480 (*Myth* 163.) „Bemerkenswerterweise wurden der Yogi mit seinem *tapas* und der rasende Krieger auf dem Schlachtfeld oft miteinander verglichen [...; vgl. 5.5.2]. Daher finden wir

stig, daß sich Menschen selbst töteten, um in seine Nähe zu gelangen oder um sich mit ihm zu vereinigen. Die Selbstmarter der Kañcavīras führte nicht selten zum Selbstmord. Manchmal schwuren Helden, sich für einen Sieg in der Schlacht selbst zu töten, oder sie töteten sich, nachdem ihr Feldherr gefallen war. Eine größere Zahl Khaṇḍobā-Monumente ist von Widderschädeln sowie von menschlichen Köpfen umgeben. „Aus Kannaḍa-Inschriften wissen wir, daß solche Gedenkstätten auf rituelle Selbsttötungen hinweisen“ (*Myth* 159). „Der Tod ermöglicht dem Helden die Nähe [*sālokya*] zu Śiva, wenn nicht sogar die Einheit mit ihm [*sāyujyatā*]“ (*Dasarā* 14).

11.3.5. Der Jäger mit dem Speer

Ein Text aus dem dreizehnten Jahrhundert „überliefert, daß Mailār der Gott derer ist, ‚die gerne mit dem Speer jagen‘“. Der Speer ist „eine weitere Verkörperung des Gottes“. Bis heute „tragen Hirten ihre zeremoniellen Speere“ zu einem Fest nach Jejuri, wo sie an der „zeremoniellen Jagd des Gottes“ teilnehmen. Der Speer ist, noch mehr als der ebenfalls wichtige Bogen, das bevorzugte Kennzeichen des Gottes;[481] er wird „in alten bildlichen Darstellungen als Khaṇḍobās Waffe gezeigt“. Viele Vāghyās und Vaggayyas tragen Speere.

11.3.6. Einige Schlußfolgerungen

In der volkstümlichen Religion des Deccan haben wir Rudra/Śiva als Gott der jungen Krieger und Jäger gesehen: er ist außerdem selbst ein junger Krieger und Jäger. In seiner *mesnie* bemerkten wir Hunde, die zu Menschen, und Menschen, die zu Hunden wurden, auch dämonische Pferde, die von dem Gott bis zur Raserei geritten und gepeitscht wurden. Das Fest selbst hat vieles mit dem alten Mahavrata gemeinsam; zwar findet es nicht zur Wintersonnenwende statt, aber das ist auch nicht zu erwarten, denn die Sonnenwenden sind in Indien nicht so bedeutungsvolle Naturerscheinungen wie in nördlichen Ländern. Der Wechsel von Erwartung und Furcht ist nicht mit dem Wachsen und Schwinden des Lichtes, sondern mit dem Kommen und Gehen des Monsunregens verbunden, und genau dieses Ereignis markiert das *Dasarā*: das Ende des Regens, wenn die jugendlichen Krieger ausziehen, um die Dämonen zu bekämpfen. Daher treten im *Dasarā* die Träger von Hun-

eine reiche Tradition, die Krieger und ganze Dynastien [...] aus einer tribalen, viehzüchterisch-nomadischen oder auch räuberischen Vergangenheit in einen religiösen Zusammenhang erhebt, in dem Kulte Śivas und verwandter Götter vorherrschen.“

[481] (*Myth* 168.). Liegt das daran, daß der Krieger-/Jägeraspekt des Gottes über den Seuchen schickenden (von dem Sontheimer überhaupt nichts mitteilt) dominiert? Immerhin tötete er den Dämon (oder die Dämonen) mit seinem Bogen. Sontheimer schreibt: „Seit vedischen Zeiten, wenn nicht schon früher, ist Rudra/Śiva der große, mit einem Speer oder Pfeil und Bogen bewaffnete Jäger.“ Ich konnte keine Andeutungen eines Speers feststellen, aber es gibt keinen Grund, nicht anzunehmen, daß der Speer nicht genauso alt wie der Bogen ist. Der Bogen scheint mit dem Senden von Seuchen verbunden: Daher tragen Rudra, Apollo Smintheus/Loimios und Veiovis Bogen, nicht jedoch die Götter, bei denen dieser Aspekt völlig vergessen wurde. Zweifellos war der Speer auch eine ‚Verkörperung‘ des Mars; man denke ebenso an die Lanzen der Maruts.

de- und Pferdemasken auf, die in Europa im Mittwinter, aber auch an Karneval, am Ende des Winters und Beginn der Kriegszeit, tätig sind.

In Mallāris Hunden erkennen wir zweifellos die Kriegerhunde der Skythen und Iren, Brüder der Wolfsmänner in Germanien und Griechenland (8.3.3). Und obwohl männerbündische Strukturen völlig fehlen, lassen sich doch viele Spuren von Tracht und Sitte der Vrātyas ausmachen. Wir haben einen Śiva gefunden, der genau dem Rudra/Śiva der alten Schriften entspricht, und erkannten eine noch nicht durch gelehrte Spekulation verkomplizierte Śiva-Verehrung, eine Gottesfurcht von Menschen, die länger als anderswo am alten Stammesleben mit Viehzucht, Jagd und Freibeuterei festhielten. Es handelt sich zwar nicht mehr um die reine, archaische Rudra-Verehrung, schließlich gab es den Einfluß von Nichtariern ebenso wie die natürliche Entwicklung, der jede lebendige Religiosität unterliegt. Die Veden und Epen haben einige Aspekte Rudras und diese Menschen haben andere bewahrt. Was hier zu fehlen scheint, ist die schreckliche Seite des Gottes, seine Gefahr für die eigenen Anhänger. Es kann sein, daß dies einfach nicht der zentrale Punkt in Sontheimers Aufsätzen war. Aber ein Sicherheit gewährender Gott ist Rudra nicht – ein Gott der durch Selbstfolterungen verehrt wird und Selbstentleibungen empfängt! Sontheimer liefert gute Gründe dafür, daß Mallāri/Khaṇḍobā oder Śiva, ähnlich wie Wodan und andere Götter dieser Art, mehr Verwendung für seine Verehrer hat, wenn sie gestorben sind.

11.4. Tod

Eine Seite Rudras, für die kein Beweis nötig ist, ist Rudras Beziehung zum Tod. Wie Dandekar sagt, „wird in der vedischen Literatur, namentlich im *Rig Veda*, eine größere Aufmerksamkeit auf Rudras Verbindung zum Tod und die Schrecken, die er erregt, gerichtet als auf jeden anderen Bereich seiner komplexen Persönlichkeit und seines Charakters". Es stellt sich nur die Frage: Worin besteht Rudras Verbindung zum Tod? Dandekar hebt hervor, daß „eine gründliche Untersuchung des [Ṛg]Veda einen geradezu zwingt, Rudra als den vedischen Todesgott anzusehen" (Dandekar 118). Es ist richtig, daß Rudra sowohl Rinder wie Menschen tötet. Aber macht ihn das zu einem ‚Todesgott'?

Rudra ist durchaus nicht für den Tod alles Lebendigen verantwortlich. Er tötet wann und wen er will, doch seine Pfeile können auch umgelenkt werden und jemand anders treffen. Im *Mahābhārata* wird erzählt, wie Brahmā, als die Erde übervölkert wurde, den Tod (Mṛtyu, eine sehr fromme und unwillige Dämonin) schuf, um dafür zu sorgen, daß früher oder später alle Kreaturen sterben werden.[482] Rudra dagegen ist wählerisch.

Wir erfassen Rudras Verhältnis zum Tod richtig, wenn wir ihn als Gott der ekstatischen Männerbünde verstehen. Rudra ist der Führer der Toten – der rituell und der tatsächlich Toten, der gefallenen Krieger und derjenigen, die sich mit ihnen in

[482] Die Geschichte wird in O'Flaherty 1975, 37-43 wiedergegeben; die Stellen aus dem Mhb. usw. finden sich auf S. 315.

sakraler Einheit befinden. Wenn wir uns erinnern, daß diese Toten für den Schutz des Stammes nicht nur vor äußeren Gefahren sondern auch vor innerlicher Zerrüttung sorgten, daß sie über die Beibehaltung der einst dem Stamm von den Ahnen gegebenen Ordnung wachten und schnell und unbarmherzig Strafe schickten (3.4), dann erkennen wir unzweifelhaft, wie ihre Pfeile – und die ihres Führers – Mensch und Tier töten konnten. Wir werden dies im nächsten Kapitel genauer sehen. Weder haben wir Schwierigkeiten, uns vorzustellen, wie sich zu dieser Schar der Manen, der guten, beschützenden – wenngleich strengen – Kriegerahnen, nachdem die Bruderschaften nicht mehr existierten, alle möglichen Geister, Spukgestalten und Dämonen gesellen konnten, auch solche, die einer Dämonin wie Hekate folgen, noch müssen wir uns darüber verwundern, daß gerade solche Göttinnen im Hausstande des Śiva als dessen Ehefrauen enden konnten.

11.5. Fruchtbarkeit

Die andere Seite dieser Totenheere ist, wie wir gesehen haben (3.1; 9.5.4.2), das Leben. In zweierlei Sinn spenden sie Fruchtbarkeit. Wenn ihre Nachfahren ein richtiges Leben geführt haben, segnen sie diese durch das Gedeihen von Herde, Herd und Haushalt. Andererseits hat schon die Bewegung allein, das Leben erzeugende Leben, eine magische Bedeutung: daher wird der Größte Kouros gebeten zu springen (5.5.5.4), und deshalb hat die Landbevölkerung in Germanien den rasenden Ritt der Wilden Jagd immer und trotz der Gefahr herbeigesehnt. Die landwirtschaftlichen Aspekte dieser fruchtbarkeitsspendenden Macht gewannen enorm an Bedeutung, als die Stämme seßhaft wurden und von den Früchten ihrer eigenen Felder anstatt von denen der unglücklichen Bauern, die sie überfielen, zu leben begannen.

In Indien ist es nicht Rudra mit seiner Schar von Dämonen, der Land und Haus gedeihen läßt, sondern es sind seine Söhne, die Maruts, die – obgleich sie immernoch, wie wir gesehen haben, mit kriegerischen Beinamen angesprochen werden, obwohl sie furchtbar und mächtig sind – den Regen bringen, der Leben bedeutet.

„Wahrlich sind sie furchtbar und mächtig; selbst in die Wüste bringen die Rudriyas Regen, der niemals versiegt" (RV 1.38.7).

„Die Mächtigen, Brausenden, die Verschlinger der Feinde, sie schaffen die Winde und Blitze durch ihre Gewalt."

„Die Erschütterer melken die himmlischen Wolken, sie besprengen die ganze Erde mit Milch (Regen)."

„Die großmütigen Maruts gießen das Wasser aus, machtvollen Opfers, die üppige Milch (der Wolken). Sie scheinen die mächtigen Pferde zu führen, die Wolken, um es regnen zu lassen; sie melken die nie versiegende Quelle." (1.64.5,6).

„Gebt uns, ihr Helden, wackere Nachkommen in Fülle!" (1.85.12d, nach Müller)

Es fällt nicht schwer, sich vorzustellen, daß die fruchtbringenden Mächte als regenspendend angesehen wurden, wobei der Beginn der Regenzeit nach der Dürreperiode das deutlichste Zeichen ihrer Macht ist. Und obwohl sich die Maruts von ihrem Vater gelöst haben, ist doch die Erinnerung noch sehr stark, daß sie eigentlich Rudriyas sind.

Rudras Gefolge hat sich aufgeteilt. Die Rudras müssen ursprünglich gleichermaßen wild/gefährlich und wohlwollend/gütig gewesen sein, genauso wie ihre menschlichen Entsprechungen, doch als sich diese von ihren religiösen und sozialen Strukturen ablösten, wurde das Wütende Heer dämonisiert, während die freundlichen Wetterdämonen leidenschaftlich verehrt wurden – trotz der Spuren ihres gefährlichen Herkommens.

11.6. *Ekstasis*

Rudra ist der Gott der ekstatischen Männerbünde. Rudra ist der Gott, aus dessen Kelch der *keśin*, der langhaarige Ekstatiker aus RV 10.136, seinen berauschenden Trank trinkt (5.5.1). Śiva/Mallāri raucht *gāñjī* an seinem großen Fest. Śiva ist der tanzende Gott, die Maruts tanzen (5.5.4.5), und es ist schwer vorstellbar, daß ihr Vater Rudra nicht ebenfalls ein Tänzer war. Die Toten, deren Führer er war, wurden in einem ekstatischen Zustande dargestellt: es ist derjenige Zustand, in dem Menschen ihre größten Fähigkeiten erlangen und sich den Göttern nähern, und die Toten waren sehr mächtig. Ein Weg, in Ekstase zu geraten, ist Askese, und Śiva ist ein großer Asket. Seine heutigen Anbeter im Deccan werden, wie wir gesehen haben, zu ‚Pferden des Windes', die von dem Gott geritten und bis zum Wahnsinn gepeitscht werden; andere Verehrer dienen ihm mit Ritualen der Selbstfolterung; weder sie noch die Pferde spüren Schmerzen, da der Gott ihnen innewohnt.

11.7. Das Fest der Jahreswende

Wir haben behauptet, daß es gute Gründe für die Annahme gibt, das große indoeuropäische Neujahrsfest habe ursprünglich zur Wintersonnenwende stattgefunden, doch die Tochtervölker ließen das Jahr manchmal zu einer anderen Zeit beginnen, die unter den klimatischen Bedingungen ihrer neuen Heimat einen stärker zwingenden Charakter hatte. Wenn wir in Indien mancherlei mit der Wintersonnenwende verbundene Riten und Praktiken entdecken, dann wissen wir also, daß es sich um sehr altes und geheiligtes Brauchtum handelt.

Das Mahāvrata-Fest zur Wintersonnenwende war das große Neujahrsfest. Es ist ein Fest, das, wie wir bemerkten, die gesamte Bevölkerung ergreift: es gibt volkstümliche und geheime Riten, alle Arten von Magie, rituellen Geschlechtsverkehr, dichterischen Wettstreit und anderes mehr[483] – all dies vor langer Zeit von den *daivā vrātyāḥ* eingeführt und seit jeher von ihren irdischen Vertretern aufgeführt. In enger zeitlicher Nachbarschaft liegen zwei weitere Winterbräuche: Am Nachmittag des Winterfestes Cāturmāsya findet das große Totenopfer statt (*Pitṛyajña*: „Väterverehrung"), das Oldenberg „eine Art Allerseelen" nennt und für das alte indoeuro-

[483] Kurz beschrieben in Oldenberg 444f. und Gonda 1960, 161f., sowie sehr detailliert bei Hauer 246-296; siehe auch 3.5 oben.

päische Totenfest hält. Das Opfer findet südlich des Hauptfeuers statt, da im Süden die Pitaras beheimatet sind. Nördlich davon, in Rudras Bezirk, wird dem *Rudra Tryambaka* an einem Kreuzweg, einem seiner bevorzugten Orte, des seltsame *Traiyambakahoma*-Opfer dargeboten (Gonda 1960, 146f.; Oldenberg 442; Arbman 56ff.).

Das dritte Ritual ist das der *Ekāṣṭakā*. Die *āṣṭakā* ist die achte Nacht einer Hälfte des lunaren Monats, doch tatsächlich ist es nur die achte Nacht der dunklen Hälfte, die gefeiert wurde, und auch dies nur im Winter.[484] Die *āṣṭakāhomas* sind Opfer an die Pitaras. Sie sind dreitägige Rituale; der zweite Tag ist die eigentliche *āṣṭakā*, in der ein Rind geopfert wird. Die *ekāṣṭakā* ist die der Wintersonnenwende zunächst gelegene *āṣṭakā*, d.h. die *āṣṭakā* schlechthin, die (mutmaßlich) dunkelste Nacht des Jahres. Die *Ekāṣṭakā* ‚gleicht' der Wintersonnenwende.[485] In dieser Nacht wurde Indra geboren und gelangten die Götter zur Macht.

Die *Ekāṣṭakā*, brennend in heißester Glut, gebar ihr Kind,
den großen und ruhmreichen Indra.
Mit ihm unterwarfen die Götter ihre Widersacher.
AV 3.10.12a-c (nach Griffith)

Dem entspricht die Tatsache, daß die Tage anfangen, länger zu werden. Diese Hälfte des Jahres ist der *devayāna*, der Gang der Götter. Zur Sommersonnenwende beginnt die Sonne, Richtung Süden zu rücken, ins Reich der Manen. Es ist der *pitṛyānā*, der Gang der Väter (s. Anm. 75); die Toten haben jetzt die Macht inne, wie am Kürzerwerden der Tage gesehen werden kann (Falk 1986, 97, 135, 140ff., 144ff., 152f., 189).

In der *Ekāṣṭakā*-Nacht werden die schreckenerregenden Rudras in die Maruts verwandelt, deren Vater Rudra, deren Mutter aber eine Kuh ist, das Symbol alles Guten. „In dieser Nacht wird Indra ‚geboren', jener Gott, der zusammen mit den Maruts das folgende Halbjahr bestimmen wird" (Falk 186, 153). Mit anderen Worten, die Rudras zogen mit Rudra von der Sommer- zur Wintersonnenwende; an dieser wurde Indra ‚geboren'; sie folgten ihm durch das nächste halbe Jahr und gehörten zu den Göttern; sie trugen dieselben Gewänder wie er und wurden jetzt ‚Maruts' genannt. In der Entstehungszeit der ältesten Texte heißen sie immernoch ‚Rudras', aber sie sind nicht identisch mit ‚den Rudras', und es ist offenkundig, daß der ursprüngliche Zusammenhang in Vergessenheit geriet.

Doch zurück zum Jahreslauf: Nicht nur gehört das halbe Jahr von der Sommer- bis zur Wintersonnenwende den Manen; der letzte Teil des *pitṛyānā* ist eine Zeit der Beschäftigung mit den Toten. Zwar steht bereits das ganze Halbjahr unter der Herrschaft Rudras, der abseits von den Göttern lebt und besondere Opfer erhält, doch die Zeit um die Wintersonnenwende ist in besonderer Weise Rudras Zeit.

---

[484] Drei oder vier wurden gefeiert; die Angaben sind unterschiedlich, siehe Falk 1986, 140.
[485] Auch wenn dies – wie meistens – nicht der Fall ist. Zur *Ekaṣṭākā* Gonda 1960, 137; Oldenberg 446, bes. Anm. 4.

11.7.1. Der Drachentöter

Nach dem Material, das Hauer heranzieht, war das Mahavrata Indras Fest *par excellence* – und passend genug: Ein neues Jahr ist ein neuer Anfang, und in Indien steht der Mythos der Drachentötung noch immer dort, wo er hingehört, nämlich am Anfang der Geschichte.[486] Widengren hat gezeigt, daß der Drachentöter dem Milieu der Männerbünde entstammt.[487] Im Iran wurde Mithra – in einigen Kreisen der Männerbund-Gott – durch allmähliche Absorption des Heros Verethragna selbst zum Drachentöter (Widengren 1938, 124f. sowie oben 8.2). Unter der Annahme, daß die griechische Version des Drachen Python ist, kann der **koryos*-Gott Apollo selbst als der Drachentöter gelten. Sigmund oder Sigfrid, ein Nachfahre und Schützling des Wodan, ist *Fafnisbani*; die Geschichte ist geheimnisumwittert genug, um anzunehmen, daß sie auf einen alten und nicht mehr verstandenen Mythos zurückgeht.

[486] An Neujahr muß der Mythos der Drachentötung „nacherzählt und das Ritual wieder vollzogen werden, um sich des Triumphes der wirkmächtigen Wahrheit über das Chaos zu versichern“ (Watkins 300).

[487] 1969, 16; vgl. Binder 58-62. Zu Siegfried und den Nibelungen als Männerbund siehe Magoun 1945, 107f.; Price 1974, *passim*; 1981, 561. Man bedenke auch die Verbindung des Drachentöters mit den Waffentänzen (5.5.3). Worin bestand die Bedeutung der Drachentötung durch einen Einzelnen für die Männerbünde? Vielleicht war sie die paradigmatische Große Tat, die die Eignung des Neulings für die Aufnahme in die *teutā* anzeigte (4.5.1).
Viṣṇu, mit dem Indra, der Drachentöter, nahe verwandt ist, weist ebenfalls Vrātya-Verbindungen auf:
(1) Als die Kuru-Vrātyas einstmals opferten, fragte sie jemand, wer sie sind. ‚Die Maruts‘, antworteten sie. ‚Wer ist ihr Stapati‘ (=Gṛhapati)? Sie antworteten‘ ‚Viṣṇu‘ (BSS 18.26; Falk 1986, 55f.). Die Maruts gehören zu Viṣṇu in RV 2.3.4.11 und 5.8.7.1,4,(5),8; vgl. den Refrain: „Evayāmarut, der schnelle Marut, kann ein Name von Viṣṇu sein“, Müller: Vedic Hymns 365; s.a. Renou 3; Falk 18 u. Anm. 7.
(2) Nach einer ziemlich späten Quelle (Bhattikāvya IV, 12) zog der Viṣṇu-Avatara Rāma, als er im Exil weilte, als Vrātinā durch den Wald und wurde ein Beschützer der Einsiedler in der Region als Mitglied einer Gemeinschaft von „Großbrahmanen“. „Das besondere Charakteristikum, das ihn auszeichnet, ist die Bewaffnung eines ‚reißenden Tieres‘ mit brennendem Geschoß. Diesen Ausdruck erläutert der Komm. dahin, daß es unter den Vrātinā ‚reißende Tiere‘ gebe, die brennende Geschosse hätten und unheimlich gefährlich [...] seien. Damit ist, wenn der Komm. mit seiner Erklärung im Rechte ist, ein interessanter Zug der späten Vrātinā-Genoßenschaften gegeben: Besonders wilde und zaubermächtige Gesellen unter ihnen wurden *vyāla* ‚reißende Tiere‘ genannt; ihre Bewaffnung bestand in (von Gift oder Zauberhitze) glühenden Geschoßen. Sie dürfen wohl mit den nordischen Berserkern gleichgesetzt werden“ (Hauer 210f.) Obwohl die Quelle spät ist, bildet diese Episode – Exil, Leben im ‚Wald‘ als Mitglied eines Männerbundes – einen Teil der Biographie so vieler Könige, wie wir gesehen haben (z.B. bei Romulus und Kyros), daß sie durchaus eine sehr alte Geschichte sein kann.
(3) Viṣṇu-Avatara Kṛṣṇa (‚schwarz‘, die Vrātya-Farbe) entstammt derselben Art von Familienverhältnissen wie Romulus und Remus und Kyros: der Onkel, der ihn zu töten trachtete; sein Aufwachsen bei ländlicher Bevölkerung; das Nichtwissen um seine reale Abstammung und sein Leben als Rinderhirte.
Schließlich wird der vedische Viṣṇu oft mit Indra zusammen angerufen. Der Hindu-Viṣṇu

Obwohl der Drachentöter dem Männerbund entstammt, ist er, während er seine Tat vollbringt, allein; sie ist einzig seine Tat. Der Dichter des Beowulf hebt diesen Punkt sehr energisch hervor: Sinfjötli, Sigmunds Sohn und Schwestersohn sowie sein treuer Gefährte, war immer an dessen Seite, außer zu der Zeit, als er den Drachen tötete. Und während es später für die Gläubigen so aussah, als ob die Maruts Indra im Stich gelassen hätten, als er auszog, um gegen Vṛtra zu kämpfen, war sein Alleinsein in Wirklichkeit notwendig.

Wir haben keinerlei Information über eine Verbindung zwischen Indra und den Vrātyas oder Indra und Rudra. Allerdings zitiert Hauer ausgiebig aus Quellen, die er für sehr alt hält und Indra als Allgott oder Hochgott des von ihm so genannten „Vrātya-Mystizismus" (Hauer 294f.) zeigen. Da die Vrātyas für eine Jahreshälfte Veda-Studenten waren, ist es nicht unwahrscheinlich, daß sie über einen großen Gesetzeskodex verfügten, der in der neueren Gesellschaft überflüssig oder womöglich subversiv wurde. Ich verweise an dieser Stelle auf das frühere Kapitel 11.1.1.2.5., in dem wir den Sprachgebrauch hinsichtlich der nächsten göttlichen Verwandten der Maruts, also Indra, Rudra und Agni, untersuchten. Vieles alte Wissen über Indra und Rudra muß offenbar für immer als verloren gelten.

11.7.2. Initiation

Das Mahāvrata war ein Fest für das gesamte Volk (3.5; 11.2.7). Andererseits umfassen die in verschiedenen Ritualbüchern überlieferten Anweisungen bezüglich dieses Festes zahlreiche Vorschriften und Tabus im Hinblick auf die Weitergabe oder sogar die Erwähnung dieser Lehre. Hauer vergleicht diese Bestimmungen mit den geheimen Unterweisungen einer Mysterienreligion; die Adepten sind hier die Vrātyas. Wenn beides richtig ist – wenn also das Mahāvrata ein großes öffentliches Fest und der heilige Mysterienritus einer eingeweihten Bruderschaft war – dann dürfen wir in ihm sicher das zentrale Jahresfest erkennen, bei dem die älteste Altersklasse des **koryos* in die **teutā* aufgenommen wurde. Leider scheint es keine näheren Belege darüber zu geben.

Nach J.G. Held[488] ist Rudra der „Initiationsdämon". Zweifellos ist er das, doch er ist noch mehr. Er ist der *sthaṇu*, der zentrale Pfosten der Initiationshütte bzw. des kosmischen Hauses (Held 212). Dieser Pfeiler repräsentiert oder ‚ist' die Hauptsäule des Weltalls (Eliade 1963, 299f., 380). Das Loch für ihn wird unter unablässigem Gebet ausgegraben – „Seien die Welten rein, in denen die Väter wohnen!" (*SB* 3.6.1.13) – da es hinunterreicht in den Bezirk der Manen; sein höchster Punkt ist dagegen in den Himmeln: „Stütze du den Himmel!" (*SB* III.6.1.15).[489] Rudra ist der Initiationsdämon, der den Initianden verschlingt (Held 231); die Tür zu der Hütte ist sein Mund.[490]

---

hat viele Eigenschaften des vedischen Indra in sich aufgenommen; s. Gonda 1954, 167; Kṛṣṇa und Indra werden 155f. verglichen.

488 The Mahābhārata – An Ethnological Study, 1935.

489 Der Pfeiler reicht von der Wohnung der Manen zu derjenigen der Götter, sehr geeignet für ein Fest zwischen dem Gang der Väter (Pitṛyāna) und dem der Götter (Devayāna).

490 Held 212. Auch Held läßt die Initiation in der Regenzeit stattfinden, da er die Regenzeit als ‚Rudras Zeit' ansieht. Die Regenzeit ist diese in dem Maße, in dem sie mit Rudras

11.8. Natarāja

Wenn das Wissen, das die Brahmacarins im Wald erlernten, Geheimwissen war, dann ist nicht überraschend, daß das Meiste davon verloren oder das über ihren Gott Bekannte genau das ist, was eben nicht geheim war: sein öffentliches Selbst, der Rinder- und Menschenschlächter, der böse Zwingherr. Aber ebensowenig ist verwunderlich, daß dieser Gott später zum Gott des Wissens und aller Künste wurde. Daher „erscheint Śiva nur in der späteren Epik als Beschützer von Kunst und Literatur“ (EM 224); es handelt sich also um die Entwicklung eines alten Merkmals in Analogie zu Apoll und Odin. Und schließlich ist es auch nicht erstaunlich, daß Śiva der tanzende Gott schlechthin, *natarāja*, sein soll, auch wenn wir Rudra niemals tanzen sehen. Wie im Kapitel über tanzende Götter gezeigt wurde, waren die Tänze oft kleine Dramen und konnten zu richtigen Theaterstücken anwachsen. Dieser Prozeß wird im Sanskrit an den Worten *nata-* ‚Schauspieler‘, *nātaka-* ‚Theaterstück‘ von *nṛt-*, *nṛtyati* ‚tanzen‘ deutlich. „Er wird häufig dargestellt, wie er eine *ḍiṇḍima* (eine kleine Trommel) und eine *tamburā* hält (das Instrument, dessen Dröhnen mit der mystischen Silbe *Oṁ* identifiziert wird)“ (Chakravarti 1986, 62). *Oṁ* selbst geht zurück auf Vrātya-Mystik (Hauer 285). „Von den sechs *rāgas* [Melodien der indischen Musik] werden fünf dem Munde Śivas zugesprochen und eine seiner Braut Pārvatī.“ Śiva ist „ein großer Lehrer des *yoga*, *vīṇā* [Musik] und *jñāna* [Wissen] und ein Exponent des *śāstras* [Wissenschaft]“ (Chakravarti 62). Er ist der Verfasser jeglicher Literatur (EM 224) und der Inspirateur der Künstler (EM 223). Sein Sohn Ganeśa trägt noch den kriegerischen Namen ‚Herr der Heere‘ (*gana-*, *īśa-*; einmal auch ein Epitheton des Śiva), ist aber der Gott der Weisheit.

11.9. Der Ekavrātya

Die Bemerkung im ŚBr, daß der Vrātya-Führer Dyutāna Māruta der Wind ist, „er, der dort bläst“, zeigt nach Hauer, wie weit die Mythologisierung und Vergöttlichung des Vrātya-Führers gehen konnte. Diese Apotheose ist vollständig in der Figur des Ekavrātya durchgeführt, die mindestens in die frühesten vedischen Zeiten zurückgehen muß, für das *Atharva-Veda* ist er „schon eine anerkannte kosmogonische

Jahreshälfte zusammenfällt, sie ist die Hälfte, die er mit den Manen teilt. Hauers Abschnitt ist deshalb interessant, weil der ursprüngliche Errichter der Weihehütte ein Gṛhapati der *daivā vrātyāḥ*, Dyutāna Māruta gewesen ist, der gemäß der Tradition der Ṛṣi von RV 7.96 war; in der Brāhmanenzeit wurde er zu einem Sohn der Maruts und zu einem Gott; „Dyutāna, der Sohn der Maruts, ist zweifellos der hinüber Wehende“ (Vayu) (SB 3.6.1.16). SB 3.6.1,1 nennt die Hütte Viṣṇus Bauch. Doch nicht alles ist verloren, denn Held zeigt, daß sich im Mhb. *moietie*-Beziehungen wiederspiegeln: Kauravas-Pāndavas, Kṛṣṇa/Viṣṇu – Rudra/Śiva. In der Ausübung dieses Systems gibt es eine andauernde rituelle Rivalität zwischen zwei entgegengesetzten Gruppen, die sich rituell oder andersartig ergänzen: Daher ist Kṛṣṇa der göttliche Initiierte, Rudra der göttliche Initiator; aber dies konnte ebensogut umgedreht werden – was auch geschah, wenn etwa ein Kaurava initiiert wurde. (Held erinnert uns daran, daß Rudra der Schutzherr verschiedener Gruppen ist, die zur Aufnahme eine Einweihung erforderten.)

Urmacht". Im Jaim.Br. ist der Ekavrātya der eigentliche Gott der Vrātyas, von dem sie sich abwandten, als sie sich zu Prajāpati-Anhängern „bekehrten". Vor allem ist er der *daivā vrātyāḥ*, doch er ist noch mehr: Er ist der Gott schlechthin (Hauer 306). Nach Griffith's Übersetzung des AV 15.1:

4. Er [der wandernde Vrātya von 1] wuchs, er wurde groß; er wurde zum Mahādeva [zum ‚großen Gott', Epitheton von Rudra].

5. Er errang die Herrschaft über die Götter. Er wurde Herr [*īśāna*, Epitheton von Rudra].

6. Er wurde der Obervrātya [Ekavrātya]; er hielt einen Bogen, sogar den des Indra.

7. Sein Bauch ist dunkelblau, sein Rücken rot [Beschreibung von Rudra].

Der Ekavrātya ist also nicht nur die Apotheose eines Vrātya-Führers, sondern eher die Identifikation des Führers mit einer altertümlichen Gottheit, dem höchsten Gott im Reich der Vrātya-Mythologie (Hauer 306).

Eindeutig ergibt sich dies aus Jaim.Up.Br. III, 21, einem, wie Hauer sagt, seltenen Fragment der religiösen Welt der Vrātyas, das, inmitten brahmanischer Spekulationen eingebettet, in deutlichem Gegensatz zu diesen Zeugnissen steht und offenbar Teil eines sehr alten Dokumentes sein muß, zumal es niemals seinen Weg in eine orthodoxe Schrift gefunden hätte, „wenn es nicht als alte Tradition sein Daseinsrecht zäh geltend gemacht hätte."[491] Ein Gläubiger führt ein mystisches Gespräch mit verschiedenen Göttern, die ihn an ihrer Hand durch alle Reiche geleiten. Ein Beispiel: „Agni spricht: ‚Wohin (soll ich dich tragen)?' (Der Gläubige spricht:) 'Zum Winde' (*vāyu*). Er (der Gläubige) redet Vāyu so an: 'Wenn du von Osten her wehst, wehst du als König Indra. Wenn du von Süden her wehst, wehst du als Īsāna [Rudra]. Wenn du von Westen her wehst, wehst du als König Varuna. Wenn du von Norden her wehst, wehst du als König Soma. Wenn du von oben herab wehst, wehst du als Prajāpati. **Du bist der Vrātya, der Eine Vrātya (ekavrātya), unerschaffen, die Höhle der Götter, der Grenzpunkt** [Hervorhebung der Autorin]." „Der Sinn des Satzes wird sofort klar, wenn man ihn mit AV 15.1 vergleicht, wo der Vrātya der Urgott ist, aus dem (wie aus einem Abgrund, *bila*) die Götter emanieren. *Avadhi-* ist Grenze, Grenzpunkt, das non plus ultra [...]; über ihn hinaus gibt es keine Gottheit" (Hauer 306f.)

Der Ekavrātya ist also Allgott, Hochgott, „Urprinzip aller göttlichen Mächte", „er ist Īśāna und Vāyu, er ist Rudra-Mahādeva [...]" (Hauer 308f.) Doch er ist auch ein Weiser, der Einzige Weise, der Ekarṣi (*Eka-ṛṣi*). "Vrātya bist du uns, o Prana [Atem],[492] der Eine Rṣi (*eka ṛṣi*), Esser des Alls,[493] wahrhaftiger Herr."[494] Dieselben

[491] Sehr ähnlich den seltsamen Passagen in den ältesten Teilen unserer Bibel, welche bei deren Zusammenstellung offenbar nicht mehr verstanden, aber doch aufgrund einer kanonisierenden Wirkung des hohen Alters aufgenommen wurden.

[492] „der Atem", sowohl das belebende Prinzip in der Natur als auch das beseelende Element im Menschen (Gonda 1960, 52).

[493] Der Stärkere steht zum Schwächeren im selben Verhältnis wie der Essende zur Speise, Rau 34. Der Ekavrātya ist daher das mächtigste Wesen.

[494] *Praśnopaniṣad* II, 11, in Hauer 310. Hinsichtlich des ‚Essers des Alls' siehe Hauer 286f.

Elemente wie vorher: "Der höchste Gott ist der Vrātya, innig verbunden mit seinen Gläubigen, als Wind[495] sich manifestierend, zugleich aber ein Weiser, der Eine Ṛṣi" (Hauer 310).[496]

rē ‚Speisemystik' 289ff. rē *Prana*, alles verbunden mit Vrātya-Mystizismus, in Kap. II, 4: ‚Das Mahavratā als Mysterium'.

[495] Begügl. des Windes (*vāyu*) siehe Gonda 1960, 51f.

[496] Hauer 310. Die grammatische Bildung *ekavrātya*, *eka-ṛṣi* ist dieselbe wie *ekāṣṭakā* (vgl. *einheriar*, 2.5). Der Ekaṛṣi ist der Seher, der Seher schlechthin. Der Ekavrātya ist wesenhaft mit ihm identisch. In AV 10.7.14 wurde auch der Ekaṛṣi zu einem Gott (311), und „im Zusammenhang mit der Meditation der Silbe Oṁ wird der Eine Seher zur höchsten Macht, wird mit dem Puruṣa [dem Menschen] und dem Iśāna in eins gesetzt" (313). „In ihm [Oṁ] meditiert man schließlich den höchsten Herrn, Iśāna, dessen Gottherrlichkeit zur ersten Ursache, zum Weltall geworden ist, er ist śiva, ekaśiva." Dies zeigt das Umfeld, in dem der Ekaṛṣi angebetet wurde; es ist dasjenige von Rudra-Śiva, genau jenes also, in dem der Ekavrātya der höchste Gott war. Die Ṛṣis waren priesterliche Sänger und Seher; „also müssen auch die Vrātya in ihrem Bereich diesen Typ dargestellt haben, auch sie sind Priesterseher gewesen, deren Vergöttlichung in dem Ekavrātya zur Vollendung kam. [...] Der Ekavrātya ist nach den uns vorliegenden Texten eine viel schärfer umrissene Gestalt als der Ekaṛṣi und ist viel früher zu fassen. [...] Es scheint, daß in der Religion der Vrātya der Kult des Ekavrātya eine ganz zentrale Stelle einnahm und daß hier vor allem die Ineinssetzung von göttlicher Urmacht mit dem Urseher vorgenommen worden war" (314).

Kapitel 12: Die Wahl eines Führers

Wir haben bei Rudra, bzw. Rudra/Śiva, jedes Merkmal erkannt, das wir beim *koryos*-Gott erwarten dürfen. Besonders aber tritt bei diesem Bild eines äußerst vielschichtigen Charakters die Polarität der Tötung von Menschen oder Vieh und der Befruchtung hervor.

12.1. Das Sūlagava-Opfer

Eines Nachts im Jahr, nach Mitternacht, führt der Landmann seinen besten Stier zu einem Ort außerhalb und nördlich des Dorfes, weiht ihn dem Rudra und schlachtet ihn. Durch diese Tat erlangt er Gesundheit für die übrige Herde und für seine Familie.[497]

Schriftliche Aufzeichnungen belegen, daß Rudras *senās* herbeigerufen wurden, die ‚lärmend' und ‚mit Köchern versehen' waren, ‚einander folgend sich nähernd', ‚einsammelnd', ‚zerteilend' und ‚zusammen essend'. Rudra wurde als ‚Herr der Diebe' angerufen. Eindeutig sahen die Dorfbewohner eine Schar mit ihrem Führer, die am Opferplatz ein Fest feierten. Hinter diesem Ritus, bei dem der Viehzüchter selbst sein eigenes Tier zum Opfer führt, steht eine ältere Praxis, bei der Vrātya-Horden des Nachts die Höfe stürmten, Vieh raubten, aus dem Dorf trieben, ein Tier schlachteten und zusammen ein Gelage begingen. Als die Vrātyas verschwanden, führten die Farmer das Ritual weiter, um sich Rudras Wohlwollen und damit Gesundheit und Wohlergehen für das kommende Jahr zu versichern.[498]

12.1.1. Zwei Geschichten[499]

a) Die *daivā vrātyāḥ* saßen einst ein 61-Tage-Sattra mit Budha als Sthapati.[500] „Nun war damals weder Saft in den Pflanzen, Fett in der Milch, Substanz im Fleisch, noch Haare auf der Haut oder Grünes an den Bäumen. Seit jedoch die den Deva verehrenden Vrātyas dieses 61-Tage-(Sattra) begingen, seit der Zeit waren die Wesen mit diesen Kräften versehen (und) hatten Kraft und Saft. 4. Diesbezüglich wurde folgender Śloka gelehrt: 5. Söhne! Wenn ihr wiederholt mit den Worten: ‚Was habt ihr getan?' nach den Daivas fraget: Die Erde war die *dīkṣā* Budhas. Er hat Fett in die Milch gebracht. [...] 7. Arm dran waren die Tiere, mager und mit abstehenden Knochen. Bei [...] der Dīkṣā Saumāyanas wurden sie mit Fett versehen. 9. Sie er-

---

[497] Kein Teil des Tieres durfte zurück ins Dorf gebracht werden; dies hätte bedeutet, den Tod in das Dorf zu tragen. Zur Sūlagava vgl. Gonda 1960, 86, 128; Falk 1986, 60f.

[498] Der Ritus wurde später abgeschwächt, so daß keine Schlächtung mehr stattfand (Falk 1986, 60f.).

[499] Aus Falk 1986, 57-60.

[500] Anführer (=Gṛhapati). Dabei beleidigten sie Varuna, der sie verfluchte, so daß sie die Wege zu den Göttern nicht finden konnten.

reichten vollständigen Erfolg. Vollständigen Erfolg erlangen die, die (Sattra) begehen."

Die mißliche Lage von Mensch und Tier wird hervorgehoben: Beiden mangelt es an Fett. Die Menschen werden vom Hunger gequält, und das Vieh ist kurz vor dem Verenden. Dann unterzieht sich Budha der Dīkṣā, und alles wird wieder gut. Die Verse 5 bis 7 sind älter als die sie umgebende Prosa, die Budhas Erfolg um einiges anders erklären.[501] „Immerhin wird das Wohlergehen von Flora und Fauna auf das Wirken von Vrātyas zurückgeführt" (Falk 57f.).

b) „Die Naimiṣyas[502] hielten einst ein Sattra ab. Als sie damit fertig waren, verlangten (und erhielten) sie bei den Kurupañcālas 27 junge Stiere. Vaka Dālbhi [ihr Sthapati] sprach zu ihnen: ‚Ihr teilt euch die, ich aber werde zu Dhṛtarāṣṭra Vaicitravīrya gehen.[503] [...].' Zu dem ging er. Der sorgte sich nicht um ihn, (sondern) trieb ihn vor sich her: ‚Diese Kühe hier, du Brahmabandhu', sprach er, ‚die Kühe tötet Paśupati. Gehe weit weg und koche sie dir!' ‚Ihr (der Kühe) Devasū[504] hat mir Königsspeise (anzunehmen) erlaubt', (dachte Vaka), schnitt sich die Schenkel (toter Tiere) ab und kochte sie. Als er kochte, hörte (das Tiersterben) auf [wörtlich: (Rudra) verschwand]. Er legte für Agni Rudravat [den von Rudra begleiteten Agni] einen Puroḍāśa aus schwarzen Reiskörnern auf acht Scherben ab. Alles, was Dhṛtarāṣṭra gehörte, war bei Sonnenaufgang ausgeschüttet und weggelaufen. Die Wahrsagerinnen befanden: ‚Dieser Brahmane zaubert gegen dich. Stelle dich in seinen Schutz!' Er rief ihn herbei und schenkte ihm viel. Der legte einen Puroḍāśa aus weißen Reiskörnern auf acht Scherben für Agni Surabhimat [‚Der Duftende', eine Art Feuer] ab. Da schwand dieser (Spuk).

Auch wenn hier das Wort *vrātya* nicht fällt, so dürfen wir doch den Gṛhapati Vaka Dālbhi aus dem Naimiṣa-Wald, der mit seiner Schar nach einem Sattra Kühe einzieht und Rudra verehrt, bedenkenlos den Vrātyas zuordnen."

Doch was geschieht nun zwischen dem König und dem Sthapati?

„Der König ist wütend, denn es stirbt ihm das Vieh, weil Rudra in der Form Pasupati es tötet. Vaka kann durch eine Opferspende an den Gott dem Viehsterben ein Ende bereiten. Das heißt, die Rudra-Verehrer entscheiden über das Wohl und Wehe der Rinderherden anderer! Dies erklärt den Ärger Dhṛtarāṣṭras, denn die Seuche zeigt ihm, daß der Gott nicht zufriedengestellt ist, und dafür macht er Vaka verantwortlich.

---

[501] „Nach Sūtra 3 hätte Budha nicht aus einer momentanen Notlage geholfen, sondern zum allerersten Male Saft und Kraft in die Lebensmittel und Wesen gebracht. Diese Interpretation der alten Ślokas ist geprägt vom Verlangen, den legendären Erfolg Budhas zu erklären, ohne sein Handeln als vorbildhaft darzustellen. Nach der behaupteten erstmaligen, aber endgültigen Schaffung von Saft und Kraft ist eine Wiederholung unnötig. Von Budhas Tat bleibt nur das einleitende Sattra übrig, der folgende Vrātya-Auszug kann entfallen. Die Vrātyas mit ihrem Vorgehen werden in Sūtra 2 den Brahmanen gegenübergestellt, die ihren Erfolg aus dem Opfer (*yajña*) beziehen und Varuna ehren." (58).

[502] Anm. des Verfassers (159): „Eine Gruppe von Waldbewohnern, die zumeist als Sattrins Erwähnung finden. [...] Vgl. auch das Sattra der Śunakas [Hund?] im Naimiṣa -Wald [...]."

[503] Das ist der Dhṛtaraṣṭra des Mhb.

[504] Ein Gott, der ‚belebt', hier Rudra Paśupati, Herr des Viehs.

Blickt man nun zurück auf das Sattra der Daiva-Verehrer unter Budha, dann erklärt sich auch, was dieses Opfer mit dem bis auf die Knochen abgemagerten Vieh zu tun hatte: Budha unternahm die Dīkṣā, das Sattra und den Vrātya-Zug, um Rudra zu versöhnen" (Falk 1986, 59f.).

Es zeigt sich also, wie die Brahmacārins die Lebewesen – sowohl zwei- als auch vierbeinige – durch ihre Zwischenweihe beschützen. Sie ziehen als Vrātya-Schar aus, um von einem Bauern den Stier zu holen, der sodann dem Rudra geopfert wird, damit er den Rest des Viehs und die Familie des Mannes verschone.

Dasselbe Prinzip findet sich im Iran: Zarathustra hat Ahura Mazda gefragt, warum die Priester (die Karapan und Usig) dem Aēšma eine Kuh überlassen. Die Antwort lautet: „Der Stier soll geschlachtet werden, der den Todabwender zur Hilfe (zum Nutzen) entflammen wird." Aēšma bekommt einen Stier und hält dafür den Tod von der verbleibenden Herde fern. Mit Blick auf jene Passage bei Denkart, wo der Männerbündler sagt: ‚Ich bin sowohl Wolf als Helfer', kommentiert Falk: „Das Heer der zweifüßigen ‚Wölfe' [...] dient dem Aēšma, aber indem es ihn zufriedenstellt, auch dem Viehzüchter.[505]

Der Raub dieses Viehs geschieht, wie Falk herausstellt, ohne Gewalt. Nur wenn der Eigentümer des Viehs die Herausgabe eines Stieres verweigert, werden die Vrātyas aggressiv.[506] Erinnern wir uns noch einmal der Geschichten von der Wilden

[505] Falk 1986, 62. Christinger u. Borgeaud erzählen von Banden in der Schweiz, „sie stahlen die schönsten Kühe und die besten Kälber, [...] doch im Gegenzug für das gestohlene Vieh waren die Besitzer versichert, daß sie ihren Wohlstand vermehren und daß die von den nächtlichen Wesen überquerten Felder fruchtbarer würden" (15).

[506] Oder wenn die Vrātyas ihm Fragen stellen, die er nicht beantworten kann. Das erinnert an die den Brahmanen gestellten Fragen der hundert königlichen Jünglinge, die das Aśvamedha-Pferd während des Jahres, in dem es freigelassen ist, begleiten. Wenn ein Brahmane bei einer Antwort, die sehr verzwickt sein kann, scheitert, kann er ausgeplündert werden. Diese Jungen sind, nebenbei bemerkt, ausgestattet und gekleidet wie Vrātyas.
Falk denkt anscheinend, daß die Gewalt, für welche die Vrātyas berüchtigt waren, insgesamt nur von den Älteren ausgeübt wurde, den Männern ohne Viehbesitz, die nicht den Übergangsritus für die Klasse der Hauseigentümer absolvieren konnten und deshalb so verzweifelt waren, daß sie mit allen Mitteln Land und Vieh erwarben (51-54); vgl. 7.7.2. Allerdings waren die Jugendbanden überall gewalttätig, und im frühen Indien war das Leben, nach den von Rau zusammengetragenen Texten, insgesamt voller Gewalt. Man muß vermuten, daß die „Fragen" so eingerichtet waren, daß sie eine Ausrede für die Plünderungen gaben. Heesterman hat das Leben bei Raub- und Kriegszügen in zahlreichen Aufsätzen beschrieben, besonders z.B. in 1985, 50-70; 1982b, 19f. Das grundlegende Schema ist der ewige Krieg zwischen Devas und Asuras; die Devas sind tüchtiger und schneller und gewinnen. Er zeigt, wie sich Rituale aus dem oft eindringlichen Versuch, Traditionen zu bewahren und Gewalt auszumerzen und sogar zu leugnen, entwickeln. Dies ist ein guter Anlaß, Agnis Verbindung mit den Maruts und dadurch mit den Vrātyas anzudeuten. Agni kam bei Wander- und Raubzügen mit und lebte dabei entweder im Feuerkessel oder (potentiell) in den Feuerstäbchen. Als sich die Krieger auf Wanderschaft befanden, erhielt Agni keine Nahrung, wurde zornig und begann, seinen Ärger an den Kriegern und ihrem Vieh auszulassen. Heesterman behandelt die Auseinandersetzung zwischen Agni und den Kriegern in seinem Aufsatz von 1981 *passim* und 1982a, 263, und untersucht, inwiefern sie verschiedene ungewöhnliche Riten erklärt. Der Punkt ist, daß die Beziehung sehr intensiv und intim war

Jagd: Die Jagd braust mit großem Getümmel durch das Dorf und in die einzelnen Gehöfte, doch ein kluger Bauer wird ihr sein bestes Tier außerhalb seines Anwesens bereitstellen, damit die Jagd es mitnimmt und nicht die Scheunentür herausreißt oder auf andere Weise dem Vieh und sonstigem Besitz Schaden zufügt. Danach schlachten die Jäger den Stier, grillen ihn, halten ein Mahl und nähen die Knochen in das Fell ein. Am nächsten Morgen steht der Stier wieder vor der Scheune und ist so gut wie unversehrt, vielleicht bis auf ein kleines Stück seines Schwanzes, das ihm fehlt.[507]

12.1.2. Die Vrātyas als Rudras

Wichtig ist hier, daß die Jünglinge der Vrātya-Horde Rudras Scharen ‚sind', und daß ihr Sthapati (Gṛhapati) Rudra ‚ist': Sie selbst glauben dies und ebenso die Viehzüchter, die ihnen Vieh im Tausch für Gesundheit und Wohlstand geben. *Sthapati* ist ein Beiname Rudras in *Śatarudiya* 19. „Rudra wirkte durch seine Heerscharen (*senā*), so wie der Gṛhapati – selbst untätig [man denke an den ungespannten Bogen] – seine Scharen (*gaṇa*, *grāma*, *śardha*) gewähren ließ. Da die menschlichen Vrātyas in all ihren Erscheinungs- und Wirkungsformen nicht von Rudra und dessen Heer zu trennen sind, andererseits auch die Vrātyas wie die Rudras mit ihren Opfern eine gewisse Verantwortung für das Wohlergehen der Rinder trugen, möchte ich schließen, daß in älterer Zeit die Rudras in Form von menschlichen Bünden bei den Niederlassungen der Viehzüchter erschienen" (Falk 1986, 61f.).

12.2. Das Würfelspiel im alten Indien

Das ‚Würfelspiel', das wir nun beschreiben, wurde weder mit Würfeln gespielt noch war es ein Spiel in unserem Verständnis. Es scheint zu jedem Ritual, das Tieropfer umfaßte, gehört zu haben und war im Rājasūya, dem königlichen Weiheritus, von besonderer Wichtigkeit.

---

und dadurch mit Ärger befrachtet (man vergesse nicht die Rudra-Seite von Agni). Wikander, der den Rudra-Agni-Wortschatz in den Veden sowie sein Fehlen im Avestan untersucht hat, nahm die Existenz eines indo-iranischen Feuerkultes an (1938, 78). Da dieser Kult mit den Männerbünden zusammenhing, verschwand das Wort **egni* für Feuer aus dem Persischen, so bedeutend das Feuer selbst für Zoroastrier war und immer noch ist.

[507] Falk 1986, 65. Der kluge Bauer ist natürlich im Hause und hat die Fenster geschlossen, wenn all dies geschieht. Thor vermochte ähnliches mit seinen Böcken: Am Ende einer Tagesreise schlachtete und aß er sie und war bedacht, alle Knochen in den Fellen aufzubewahren. Am Morgen weihte er das Bündel mit seinem Hammer. Die Böcke sprangen auf und waren so gut wie neugeboren; er legte ihnen das Zaumzeug an und fuhr weiter (*Gylfaginning* 44); ARG II, 122. Falk zitiert Höfler 1934, 121-126 bezüglich germanischer Beispiele von Vieh, das dem Wilden Jäger, mit oder ohne nachfolgender Wiederbelebung, geopfert wurde.

12.2.1. Der ‚Würfel'

Das Spiel wurde – wenn man so sagen darf – ‚gespielt' mit den Nüssen des Vibhīdaka-Baumes (*Terminalia bellirica*), den es mit Ausnahme der Wüstenregionen überall in Indien gibt. Innerhalb einer harten, äußeren Schale befindet sich die 10 bis 13 mm lange und 8 bis 10 mm dicke, einem Auge sehr ähnlich geformte Nuß.[508] Diese Nüsse sind die ‚Spielsteine'.

Atharva-Veda 4.19 ist diesem Baum gewidmet,[509] dessen ‚Vater' ‚Spalter' heißt (*vibhindán nā́ma te pitā́*). Ein anderer Abschnitt erwähnt die berauschende Frucht des Vaibhītaka-Baumes; dies ist der Patronym: der Vater des Baumes ist Vibhītaka. Falk macht deutlich, daß Rudra dieser Vater, also Vibhītaka selbst ist.[510] Rudra ist der Spaltende unter den Göttern; außerdem ist er der Keśin, der haarige Gott, gleichwie der Vibhīdaka der haarige Baum ist.[511] Gewöhnlich würde *vaibhīdaka* ein Produkt des Baumes, nämlich das Holz oder die Nüsse, bezeichnen.

12.2.2. Wie es gespielt wurde[512]

Zwei Spieler sitzen einander um eine flache Grube von 50 cm Durchmesser gegenüber, in der sich ein Haufen von 150 Nüssen befindet. Einer greift mit beiden Händen in den Haufen und nimmt eine reichliche Menge Nüsse heraus – sein *glaha*, seinen „Griff". Von dieser Menge legt er dann immer vier Nüsse beiseite, bis am Ende vier, drei, zwei oder eine Nuß übrig bleiben, d.h. das Ergebnis war *kṛta*, *treta*, *dvapara* oder *kali*.[513] Wenn es *kṛta* war, konnten diese vier weggelegt werden, und keine Nuß blieb übrig; dieses Ergebnis, „fertig zerlegt" (*kṛtam vicinoti* ‚er sammelt *kṛta*'), war das beste; der Spieler hat gewonnen und erhält bei einem profanen Spiel den Einsatz seines Gegners.

Wenn eine Nuß übrigblieb, hatte er verloren, und bei einem profanen Spiel konnte er, wie wir aus RV 10.34 und dem *Mahābhārata* wissen, durchaus alles, seinen gesamten Besitz bis zu dem, was er am Leibe trug, verlieren – sogar, wenn er dann noch weiterspielte, seine Ehefrau, und zuletzt verlor er sich selbst, seine Freiheit,

---

[508] Falk zeigt ein Bild dieser tropfenförmigen Nuß in 1984, 17.

[509] Nach Griffith bezieht es sich auf die Apāmārga-Pflanze, aber angesichts des Wortspiels ist Falk zuzustimmen.

[510] Falk 1986, 102. Dem Fruchtfleisch der Nuß wird zu Unrecht eine berauschende Wirkung nachgesagt. Möglicherweise resultiert diese Vorstellung daraus, daß das Spiel wie ein ‚Rauschmittel' wirkte. Das mit ihm einhergehende Risiko machte manch einen süchtig, woraus sich ein profanes Würfelspiel mit besessenen Spielern entwickelte, wie RV 10.34 und AV 7.109 sowie das Mhb. bezeugen. Freilich kann die Vorstellung auch mit Rudras allgemein bekannter Beziehung zu berauschenden Substanzen zusammenhängen. (Anm. d. Verl.: Der Ethnopharmakologe Dr. Christian Rätsch gesteht ihr jedoch narkotische und halluzinogene Wirkung zu; in: Enzyklopädie der psychoaktiven Pflanzen, S. 584)

[511] Nicht nur ist der Baum ‚haarig', sondern von der Frucht wird behauptet, daß sie das Haar wachsen lasse.

[512] Der folgende Abschnitt ist eine Paraphrase von Falk 1984, 14.

[513] Wie tief dieses ‚Spiel' in der Religion verwurzelt war, zeigt sich daran, daß diese Ergebnisse, *ayas*, die Namen der vier Zeitalter (*ayas*) haben, durch welche die Welt in Ewigkeit kreist.

und endete als Sklave.[514] Die übrigbleibende Nuß war Kali.[515] Wir wissen nicht, was geschah, wenn zwei oder drei Nüsse zurückblieben, außer daß der Spieler dann nicht ‚verloren' hatte.

12.2.3. Eine Würfelschar

In RV 10.34.8 ist von „ihrer (der Würfel) Schar" die Rede, „zu dreimal fünfzig spielt ihr Bund"; der „Bund" ist hier *vrāta*. BŚS 12.15 spricht von den „dreimal fünfzig goldenen Würfeln", die dem Rājasūya vorgeschrieben sind. Lüders bemerkte Parallelen in der ‚Schar' (*śárdha*) von dreimal fünfzig Hexen (RV 1. 133.3,4) und der Stelle in AV 19.34.2, die von einem Kraut handelt, das „die Macht von dreimal fünfzig gierigen Frauen und hundert Zauberern" überwindet, doch er sah in der Formulierung den „Ausdruck einer unbestimmten Menge". Er bemerkte nicht, daß die dreimal Fünfzig in jedem besonderen Fall auf Gruppen (*ganá*, *śárdha*) bezogen wurde. Falk erkennt in der Fünfzig eine „Grundeinheit", und Renou verstand den Terminus *ganá*, der auf den Würfel angewandt wurde, als einen „offensichtlich militärischen Ausdruck" (EVP 16, 132; in Falk 1986, 104). „*Ganá* wird in der Tat für militärische Einheiten gebraucht, auch wenn einzelne Texte ihn unterschiedlich definieren." Den widersprüchlichen Angaben ist das Aufbauprinzip gemeinsam: Drei *patti* bilden ein *senāmukha*; diese werden weiterhin mit drei zu einem *ganá* multipliziert. In Mhb 5.152, 24, einem alten Textteil, stellen fünf mal fünfzig (*pañcapañcaśat*) Männer eine *patti* dar. Rudra wird in ŚR 19 mit den Worten *pattīnām pátaye námah* ‚Heil dem Herrn der *pattis*' angerufen (Falk 1986, 104f.). Wir haben reichlich Belege für Einheiten von Fünfzig, insbesondere dreimal Fünfzig, im Aufbau des **koryos* und in der militärischen Organisation der Indoeuropäer gesehen, sowohl in realer als auch in mythischer Hinsicht (7.6.2).

12.2.4. Der Hund und der Hundetöter

Der Gewinner des ‚Würfelspiels' – derjenige der mit einem *kṛta* endet – wurde *śvaghnín*, „der, welcher den Hundetöter (auf seiner Seite) hat", genannt, nicht der Hundetöter selbst, wie häufig übersetzt wird, da es in diesem Fall **śvaghná*, wovon *śvaghnín* abgeleitet ist, heißen müßte. „Der ‚Hundetöter' **śvaghná* muß jene Gottheit sein, die für das Gewinnergebnis *kṛta* zuständig ist und die den ‚Hund' *káli* [...] tötet. Ein *śvaghnín* ist folglich ein Mann, der (bei einem ganz speziellen Spiel) den Hundetöter (auf seiner Seite) hat, und der deshalb gewinnt."[516] Welche Gottheit ursprünglich mit der Bezeichnung ‚Hundetöter' gemeint war, wissen wir nicht.[517]

---

[514] Vgl Tacitus: Germania 24 zur germanischen Würfelleidenschaft, die ebenfalls die Selbstversklavung zur Folge haben konnte (37).

[515] Im Mhb. ist Kali ein Dämon, der in Nala fährt und ihn zwingt, weiterzuspielen und zu verlieren.

[516] Falk 1986, 101; dort auch genaue etymologische Angaben und Erläuterungen.

[517] Wir haben schon unsere *aporia* zu dieser Figur mitgeteilt (8.2). Schlerath (1954), Sittig und Haas beziehen den ‚Hundswürger' Kandaules auf den ‚Hundetöter' dieses Spiels. Haas zitiert einen gewissen Russu bezüglich einer Interpretation von *Kandaules* mit Hilfe von κυνάγχης und σκυλλοπνίκτης durch die Alten. Hermes und Herakles werden beide genannt;

12.2.4.1. Kali, der Hund

Der Hund ist Kali, die Verlierernuß, die der *kṛta* des Gewinners überwältigt. Doch Kali ist nicht nur diese, er stellt auch eine Macht dar, „wie der ‚Vater' Vibhīdaka". Dies ergibt sich aus der Nala-Geschichte des *Mahābhārata*. Und ähnlich wie der Vibhīdaka-Baum wird auch Kali, nach AV 7. 109.1, mit Rudra identifiziert:

idám ugrāya babhráve námo yó aksesu tanūvaśi
ghṛténa kálim śikṣāmi sá no mṛḍātidṛśé

„Diese (Opferspende) dem Schrecklichen (*ugrá*), dem Braunen (*babhrú*), der den Leib (des Spielers) in seiner Gewalt hat. Mit Butterschmalz sind wir dem Kali förderlich. Er möge uns in gleicher Weise gnädig sein" (Falk 1986, 109).

Ugrá und *babhrú* sind Beinamen Rudras; ‚gnädig sein' (Wz *mṛḍ*) erinnert an das *Śatarudriya*, in dem der Verehrer Rudra immer wieder um sein Wohlwollen bittet (7, 8, 29, 49, 50, 51).[518]

„Rudra in seiner Form als Kali wird nur in einem Fall indirekt als Hund bezeichnet: Aus der Tatsache, daß er sich als Hund unter den Würfeln verbirgt, erklärt sich die Wirkungsweise des sogenannten *śvagrahaprāyaṣcitta* in vier Gṛhyasūtras:[519] Ein Kind, das in den ersten Tagen nach der Geburt zu sterben droht, wird als *śvagrahagṛhīta* (ĀpGS) betrachtet, ‚vom Hundegriff ergriffen', also sinngemäß ‚in

---

Kandaules war ein Heraklide. Hermes, neben anderem, ein Gott des Glücks, wurde daher mit dem Würfel assoziiert. „Im Hermeshymnus 129 und bei Aristophanes im Frieden 365 wirft Hermes das Los und erlangt den ῾Ερμού κλήρος. Im Hymnus 550ff. schenkt [Apollo] dem Hermes die drei *Θριαί*. Es sind das die Erfinderinnen der Weissagung aus Steinchen, *θριαι'*[...]" (Sittig 205). Hermes also, der Gott mit der Fähigkeit, den Hundswurf zu töten, soll weissagen im Würfelorakel [...]" (208). „Ich kann die Vermutung nicht unterdrücken, daß die im Hermeshymnus 550ff. erwähnten drei Schwestern, die *Θριαί*, nichts weiter als drei Steinwürfel sind, und daß da am Parnaß nahe Delphi in ältester Zeit ein Würfelorakel bestanden hat" (209). Die *vibhidaka*-Nüsse konnten auch als Orakel verwendet werden, wie Mhb. 5.140,7ff. zeigt; Kṛṣṇa befragt das Spiel nach Karna und ruft aus, daß es nicht die Drei oder Vier, ja nicht einmal die Zwei gebe: für Karna sei nur Kali, der Tod, bestimmt (Falk 1986, 132). Doch was bedeutet das alles? Der *śvagnín* ist der mit dem Hundetöter an seiner Seite, und der Hundetöter ist derjenige, welcher den Tod überwinden („töten") kann. Herakles besiegte den Tod, als er Kerberos aus dem Hades entführte; er tötete den Hund freilich nicht. Man denke auch an den Odin-Schützling Helgi Hundingsbana, der kein ‚Hundetöter', aber der Töter von Hunding war, welcher ‚vom Hunde' wie Helgi, der Ylfing ‚vom Wolf' stammte.

[518] Falk fügt ergänzend hinzu, „daß Rudra mit seinen Waffen über den Körper gebietet, versteht sich von selbst [...]." „Rudra tötet, wenn er sich nicht gnädig stimmen läßt. Auch als Kali gibt er sich aggressiv" (AVPO 1.49,3):
ubhau hastau pratidīvne brahmaṇāpombhāmasi
kalir enaṃ yathā hanad āsya vedo bharāmahai
„Wir fesseln die beiden Hände des Gegenspielers mit der Dichtung, damit Kali ihn töte und wir seinen Besitz an uns nehmen."

den Fängen des Todes‘. Der Vater bringt das Kind in eine Sabhā[520] und legt es dort mit dem Rücken auf die in der Spielgrube ausgebreiteten Würfel, redet den Krankheitsversucher mit *kurkura, śunaka* und *sārameya*[521] an und bittet ihn, sich ein anderes Opfer zu suchen.

Apte [...] hat aus diesem Ritus den Begriff *śvaghnín* erklären wollen als den ‚Hundetöter‘, der den Krankheits-Dämon tötet. Doch wird der als Hund verstandene Verursacher der Krankheit gar nicht getötet, sondern wir dürfen schließen, daß er durch die Nennung seiner Namen und Abstammung gezwungen wird, wieder dahin zu gehen, wo er herkam: in den Hunde-Würfel, auf den das kranke Kind in der Sabhā gelegt wird. Es ist somit Rudra, den der *śvaghnín* mit seinem Gewinnergriff *kṛta* abwehrt!“ (109f.)[522]

12.2.4.2. Kali als *eko'kṣaḥ* und *ekākṣa*

Als Ergebnis einer Würfelrunde stellt sich heraus, daß Kali **eine** Nuß ist: *eko'kṣaḥ*. Personifiziert ist er einäugig, *ekākṣa*. In seinem Artikel über den Hund als Totentier bei den indoeuropäischen Völkern hebt Schlerath ein deutliches Interesse an den Augen des Hundes hervor (1954, 36). Im nächsten Kapitel werfen wir einen Blick auf *canis*' Verbindung zum Tod, unabhängig von seinem Bezug zu den Männerbünden; an dieser Stelle möchte ich nur betonen, daß die Vorstellung von Kali als einäugig weitaus mehr als die wohlbekannte Neigung der Inder zu Wortspielen oder auch die Ähnlichkeit mit einer augenförmigen Nuß ist. Es gibt eine ungeheure Fülle an Symbolen, die Hunde, Blindheit, Einäugigkeit, Dunkelheit, Schwärze und Tod umfaßt und die ich wegen ihrer Menge in einem besonderen Kapitel behandeln muß. Falk liegt jedoch richtig, wenn er sagt: „Es ist nun nicht mehr überraschend, daß das Abzeichen des Todesboten Hund, sein einziges Auge, auch zur Bezeichnung Rudras im MHB (13.146,2 *ekākṣa*) dient, wo die grausamen Formen Śivas genannt werden“ (Falk 1986, 109).

12.2.4.3. Die Eins und der Hund

Bei den Griechen war κύων der schlechteste Wurf, egal ob mit *astragaloi, psêphoi* oder *kuboi* gespielt wurde.[523] Es gab freilich – nach RE (XIII, 1958-60) – einige Verwirrung im Detail, da nicht immer klar war, welche Art von ‚Würfel‘ ein antiker Autor beschrieb, ob der schlechteste Wurf immer die Eins war oder ob in einem

[519] Anweisungen für die häusliche Verehrung.

[520] Der Platz, an dem das Würfelspiel stattfindet; siehe unten 12.4.1.

[521] Alles Hundenamen: *kurkura* ist noch ein Wort für ‚Hund‘, *śunaka* ‚kleiner Hund‘, *sārameya* ‚Junges der Hündin Sarama‘, Indras Helfer (die beiden *sārameyas* sind Yamas Hunde).

[522] Falk 1986, 109-110. (Die alten Balten verwendeten Würfel zur medizinischen Diagnose; Jouet 157.)

[523] *Astragaloi* (ἀστράγαλοι) waren Fußknöchel von Schafen, die als Würfel verwendet wurden, weil sie vier flache Seiten hatten; ψῆφοι waren kleine runde Kieselsteine, κύβοι sind die bekannten sechsseitigen Würfel. „Die einfachste und ursprünglichste Form des Spieles war wohl die, welche die Griechen ἀρτιάζειν nannten: sie wurde mit verschiedenen kleinen runden Naturobjekten, Nüssen, Bohnen, Mandeln, Knöcheln (Poll. IX 101) gespielt, von denen man eine größere Anzahl mit der Hand packte, worauf man die andern raten ließ,

Spiel, in dem zwei oder mehr mit Zahlen gekennzeichnete Würfel benutzt wurden, alle eine Eins aufweisen mußten. Ein großer Tonwürfel aus Tarent hat die Zahlenwerte auf seine sechs Seiten geschrieben, also FEΞ, ΠΕΝτε, τΕΤΟρα, ΤΡΙΑ, DUC sowie, an der Stelle der Eins, ΚVων. Dies belegt, „daß κύων nicht (nur) das Resultat eines Falles von vier Würfeln bedeutet [...], sondern (auch; oder nur?) den Wert einer Seite.“[524] Im Lateinischen war der schlechteste Wurf *canis* oder *canicula*. Die Römer können diese Bezeichnung sehr leicht von den Griechen übernommen haben; auch die gleichlautende Formulierung im Griechischen und Sanskrit konnte als „südindoeuropäisch“ abgetan werden; und doch denke ich nicht, daß es zu kühn von Schlerath war, zu behaupten: „Bei den Indogermanen hieß der schlechteste Wurf beim (ursprünglich kultischen) Würfelspiel ‚Hund‘ [...].“[525]

Was bedeutete ‚Hund‘ in diesem Zusammenhang? Sicher wird damit nicht nur ein gewöhnlicher Pejorativ, also der schlechte Wurf, gemeint gewesen sein. Wir wissen zuviel über den Hund als Krieger, als Ahnherrn von Heroen und mythischen Gründer stolzer Stadtstaaten,[526] um uns mit einer solchen Erklärung zufriedengeben zu können. Schlerath liefert die Antwort: „Bei den Indogermanen hieß der schlechteste Wurf beim (ursprünglich kultischen) Würfelspiel ‚Hund‘, das heißt doch wohl ‚Tod‘.“ Es soll im folgenden noch klarer werden, daß die mit dem schlechtesten Wurf, dem Hund, und dem Tod verbundenen Vorstellungen so eng miteinander verknüpft sind, daß wir – mit Schlerath und trotz der spärlichen Überlieferung – die Bezeichnung des ungünstigsten Wurfes als ‚Hund‘ bei den Indoeuropäern insgesamt als gesichert annehmen dürfen.

---

ob es eine gerade oder ungerade Zahl sei“ (Kretschmer 1927, 88). Das ist das Spiel, das Lysis und seine Freunde spielten (Plato, Lysis 206E); bei rituellem Gebrauch war es als Ja-Nein-Orakel tauglich. Kretschmer sah das indische Spiel als eine Version von Ungerade und Gerade mit Teilbarkeit durch Vier (89).

524 RE XIII, 2022. (Der Würfel, mit einer Größe von 5,5 cm^3, befindet sich im *Museo Civico di Storia ed Arte* in Triest.) Stützt es unseren Standpunkt, daß die Eins der entscheidende Wurf ist, daß die Griechen das indoeuropäsche Wort für ‚eins‘ ausschließlich auf die Eins des Würfels bezogen, οἴνη (vgl. lat. *unus* < *oino*; got. ains). (DELG III, 784)?

525 Schlerath 1954, 36. Wilhelm Schulze, der eine Anregung Grimms aus dem Deutschen Wörterbuch aufgreift, überlegt, ob sich nicht ein Reflex davon im Deutschen erhalten habe: „Mit welcher leidenschaft unsere vorfahren dem würfelspiel oblagen, ist bekannt. *Extremo ac novissimo iactu de libertate ac de corpore contendunt, victus voluntariam servitutem adit; alligari se ac venire patitur* [Wenn sie alles andere verloren haben, setzen sie auf den äußersten und letzten Wurf ihre Freiheit und ihre Person. Der Verlierer geht freiwillig in die Sklaverei; er duldet es, gefesselt und verkauft zu werden; Tacitus: *Germ.* 24.] Sollte von einem solchen Germanen, den die würfel um alles gebracht zuerst mit prägnanter beziehung die redensart gebraucht worden sein: Er ist auf den hund gekommen?“ (1885, 604f.) (Das RE verneint dies.)

526 Siehe unser Kapitel 8, besonders die Abschnitte 2 und 3.

12.3. Das rituelle Würfelspiel[527]

Das alte Spiel mit den Nüssen lebt in Indien auf ritualisierte Weise in den Riten des *Agnyādheya*[528] und *Rājasūya* fort. Ursprünglich ging es einem Stieropfer voran; jetzt leitet es die Aufteilung des Reisbreies ein, die das blutige Opfer ersetzt hat. Es wurde angenommen, daß das Spiel mit der Vergabe der Fleischportionen zu tun hatte, aber die Texte sagen darüber nichts.

„Im Ritual, das oft blindlings überliefert, was einmal lebendiger Brauch war" (Staal 1981, 102), gibt es zwei ‚Spiele'. Im ersten gewinnt der Haushaltsvorsteher (im *Agnyādheya*) oder der König (im *Rājasūya*), übergibt aber als Sieger, anstatt einen Preis zu erhalten, ein Stück Vieh an eine Gruppe von gewöhnlich vier Untertanen. Diese spielen um die Kuh, doch sie trachten nicht, einen Gewinner festzustellen, sondern sie suchen einen Verlierer. Der Verlierer ist der, der Kali bekommt, derjenige, welcher in alter Zeit die Kuh geschlachtet hätte.

Die Verbindung von ‚Spiel' und Opfer kann aus den Regeln bezüglich des Pferdeopfers (*Asvamedha*) in einem Ritualbuch aus dem 8. Jhdt. v.u.Z. ersehen werden: der Mann, der das Opferpferd tötet, wird enthauptet. „Die Tötung eines Tieres ist zwar für das Opfer als solches unerläßlich, doch ist sie mit einem Verlust ritueller oder sozialer Reinheit verbunden, und dieser Verlust trifft sowohl den Schlachter wie auch die Gemeinde, der er angehört. In Indien wurde deshalb der verunreinigte Tiertöter beim Pferdeopfer hingerichtet" (Falk 1984, 15). Wir kehren zu unseren Sattrins und Vrātyas zurück: Ein Viehzüchter bringt zu dem Ort ihrer Zusammenkunft, der Sabhā, eine Kuh, die sie schlachten. MS 4.2.3 sagt von dieser Kuh: „Sie ist Hunger. So töten sie den Hunger. Wenn sie deshalb so wissend am Ekāṣṭakā-Tag die Kuh töten, töten sie den Hunger des (kommenden) Jahres." Ein anderer Text (KS 8.7) erläutert dies: „Dadurch wird er (Rudra) ihm (dem Viehzüchter, *Yajamāna*) wohlgeneigt." „Das Opfer bewirkt ein Jahr ohne Hunger und Todesfälle beim Vieh: ‚Ohne Hunger wird er sein [...]. So tötet Rudra, in das Jahr eingesetzt, sein Vieh nicht'" (MS 1.6.10). „Die Kuh stirbt also stellvertretend für andere, und damit ist dem Opferherrn ein hungerloses Jahr garantiert."

Auch hier gibt es zwei Würfelspiele. Der Eigentümer der Herde spielt und gewinnt mit *kṛta*.[529] „Kali bedeutet den Tod, das Gegenstück *kṛta* folglich das Leben. Mit dem *kṛta*-Ergebnis [...] zeigte sich, daß der Opferherr mit der Tötung nichts zu tun hatte." Er übergibt die Kuh den jungen Männern; diese spielen, und der Verlierer schlachtet das Tier.

---

[527] Das Folgende stammt aus Falk 1984, 15 und 1986, 135f., wie angemerkt. Ich habe jene Teile ausgewählt, die sich unmittelbar mit meiner Untersuchung berühren. Ich hoffe, daß ich bei der Auswahl von Falks Beispielen und der Änderung der Reihenfolge nicht die Bedeutung verfremdet habe. Falls etwas durcheinander geraten ist, ist dies meine Schuld.

[528] Die Gründung des heiligen Feuers, d.h. das Ritual, bei welchem ein Mann, der zu einem Hausherrn geworden ist, sein eigenes häusliches Feuer entzündet.

[529] Falk sagt nicht, wodurch das *kṛta*-Ergebnis garantiert wird. Nimmt der Hausherr einfach weiterhin *glahas*, oder wird es irgendwie manipuliert?

„Nehmen wir alle Momente zusammen, so erhalten wir hier [...] ein Bild, das uns von den Jugendbünden her geläufig ist: Ein Hausherr, der auf der Seite des Lebens steht, gibt anderen in der Sabha eine Kuh. Diese wird dort nach einem Würfelspiel getötet. Damit ist Rudra für ein Jahr beruhigt [...].“ Spätere Texte kennen keinen Zusammenhang zwischen Rudra und dem rituellen Würfelspiel. Das Viehopfer wird durch ein Reisgericht ersetzt, und es gibt nichts mehr, das anzeigen könnte, daß dessen Vorläufer „im ursprünglichen Opfer zur Beruhigung dieser bedrohlichen Gottheit diente“ (Falk 1986, 135f.).

12.4. *senānír maható ganásya*[530]

Das ‚Heer der Würfel‘, die „drei Bünde von Fünfzig“ (RV 10.34.8), haben einen Führer (V12). Die Bünde der Jünglinge ernennen ebenfalls eines ihrer Mitglieder zu ihrem Führer. Er wird mit Hilfe des Würfels gewählt.

12.4.1. Sabhā und Irina

Der Ort, an dem die jungen Männer zusammenkommen und das Spiel stattfindet, ist die Sabhā (V6). Während im Mhb. die Sabhā ein festliches, prachtvoll geschmücktes Gebäude ist,[531] lag die frühe Sabhā unter freiem Himmel im Süden des Dorfes (der Richtung der Manen) im Wald. Sie sollte an einer *śmaśāna*, einer Stätte, an der Leichen verbrannt oder begraben wurden, lokalisiert sein; dies ist einer der bevorzugten Orte Rudras.[532] Die Manen hatten ihren Wohnsitz an der Sabhā, und die Jünglinge, die sich dort trafen, waren mit ihnen vereint. Diese Jünglinge hatten ein Alter von 16 bis 20 Jahren und wurden *yúvan*, *vratacārín* oder *márya* genannt.[533]

Die Spielgrube hieß *irina*.[534] Sabhā und Irina sind derselbe Ort, letztere unter dem Gesichtspunkt der Lage, erstere als Treffpunkt. Charakteristisch für die Sabhā waren der Genuß von *surā* (einer Art Bier) sowie sexuelle Freizügigkeit; eine Frau wurde bei der Sabhā als ‚Hure‘ angesehen.[535] Ebenso war die Sabhā, wie wir gese-

---

[530] Alles nach Falk 1986, 75-136, wenn nicht anders gekennzeichnet.

[531] Held 233. Held führt in Kap. IV reiches Material zur epischen Sabhā und zu deren Verbindung mit den Manen an.

[532] Falk 88. „Er ist *śmaśānavasin, śmaśānagrihasevaka, śmaśānabhaj* und wohnt bevorzugt auf *śmaśānas*,“ Held 224; vgl. Arbman 267 Anm. 5.

[533] DerJunge ist von 8 bis 16 ein *brahmacārin* (siehe oben 10.4 u. 10.4.1). Diese Einteilungen entsprechen denen im alten Iran: dem Schüler von 7 bis 15 Jahren (*kotak, retak*) und dann dem Jüngling von 15 bis 20 (*yuvān mart*; 94), siehe Widengren 1969, 84-95.

[534] Sie war eine Erdvertiefung, die sich während der Regenzeit mit Wasser füllte und einen von Natur aus salzigen Boden hatte.

[535] Daher Draupadīs Geschrei, als sie in die Sabhā geschleppt wurde, Mhb. 2.62.9. *Sabhā, samiti* (Zusammenkunft), *senā* (Heer) und *surā* gehören nach AV 15.9 zum Vrātya. „Im Taittirīya-Brāhmana [...] werden das Soma als beste Nahrung der Götter und Surā als die der Menschen bezeichnet. Sie gehören wie Ehemann und Ehefrau zusammen“ (Griffith, AV 192).

hen haben, eine Opferstätte. Es ist nicht verwunderlich, daß Rudra der *sabhápati*, der Herr der Sabhā (ŚR 24), und *irinyá*, der zur Irina Gehörige ist (SR 43; Falk 1986, 75-92).

12.4.2. Sabhā und Sonnenwende

Sabhā wird in AV 7.13 – wie Samitī (das Treffen) – als Tochter des Prajāpati, des Herrn der Lebewesen, d.h. des Schöpfers, bezeichnet. Auch Uṣas (Dämmerung) wird oft Prajāpatis Tochter genannt, und in AV 3.10.13 heißt die Ekāṣṭakā so. Uṣas ist mit dem Neujahr verbunden, und Ekāṣṭakā ‚ist' selbst das Neujahr.

Die Versammlung an der Sabhā fand in der Zeit um die Wintersonnenwende statt: „Wenn man annimmt, daß die Feierlichkeiten der Ekāṣṭakā eine Variante oder Weiterentwicklung der Sabhā-Feiern bilden, dann erklärt sich, warum beide als ‚Töchter Prajāpatis' gelten, und warum man in der Sabhā wie bei der Ekāṣṭakā Kühe schlachtet und in der Sabhā wie bei der Ekāṣṭakā der Manen gedenkt. Kuhtötungen waren nach RV 10.85.13 zeitlich gebunden: *aghā́su hanyante gā́vaḥ* – ‚unter dem Sternzeichen *aghā́* werden Kühe geschlachtet'. Diesem Sternzeichen *aghā́* entspricht in jüngster Zeit der Monat *Māgha*, in dem die Ekāṣṭakā liegt. Da aber der RV den Ausdruck *ekāṣṭakā* nicht kennt, dafür umso besser die verwandte Sabhā, liegt es nahe, die Sabhā [...] ebenfalls unter dem Zeichen *aghā́*, im Monat Maghā, in der kalten Jahreszeit Śiśira zu suchen, so wie auch die Luperkalien am Jahresende, im Totenmonat, stattfanden."[536]

Rudra und Tieropfer gehörten zur Sabhā, und „ebenso die sexuellen Ausschweifungen, der Alkohol und die Beziehung des Ortes wie der Versammelten zu den Verstorbenen. Die Sabhā lag einst in der Wildnis, war in gewisser Weise unrein. Die Mitglieder der Bünde trafen sich bei ihr, wahrscheinlich zur Zeit des Śiśira. Dort in der Wildnis wurde der Führer der Gruppe bestimmt oder bestätigt" (Falk 1986, 99).

12.4.3. *Herjann*

Die drei Gruppen von je fünfzig Nüssen entsprechen den drei Gruppen der fünfzig Maryāḥ als Vrātyas oder Sattrins. Die dreimal fünfzig Nüsse bestimmen, wer der Führer der Vrātyaschar sein wird.

Kali ist der Hund, Kali ist einäugig, Kali ist Rudra. Kali ist das entscheidende Moment des Spieles. Ebenso ist Kali der Führer des ‚Heeres der Nüsse', was belegt, daß der ursprüngliche Sinn des Spiels darin bestand, einen Anführer zu wählen. Rudra kann, als Kali, in einen Menschen eintreten, wie wir aus der Nala-Geschichte wissen. „Wer also das Hundeergebnis hatte, in den fuhr Rudra, der wurde zu Rudra, zum Hund, zum Führer der wilden Schar" (Falk 1986, 111).

---

[536] Falk 1986, 97. Zu Würfelspielen an Neujahr und anderen Ausnahmefesten in Griechenland sowie an den römischen Saturnalien (und dem späteren Fest der Kalenden des Januar) siehe Graf 1985, 90-92.

Im ursprünglichen Spiel gab es keinen Gewinner: die Suche galt allein dem Verlierer. Die Spieler nahmen ihre Anteile vom Nußhaufen, und jeder zog sich zurück, als er vier, drei oder zwei Nüsse behielt. Das Spiel endete mit dem Erscheinen Kalis. Wer eine Nuß übrigbehielt, „in den fuhr Kali, wie er in Nala fuhr: Er wird zu Kali, zum Hund in der Wildnis."

„Von den Vrātyas her kennen wir den einen Führer, der als Nicht-Lebender über Leben und Tod derjenigen entschied, die er mit seiner Schar besuchte. Wenn wir diese Verhältnisse in die vor- und frühvedische Zeit übertragen, dann wird verständlich, warum Kali gleichzeitig zum Führer machte und den Führer als ‚Hund' dem Reich der Lebenden entzog" (Falk 1986, 133).

Wir können dies jedoch bis in die vorvedische Epoche zurückverfolgen: Drei Gruppen zu fünfzig sind eine spezifisch indoeuropäische Einteilung.[537] Der Männerbund mit seinem wilden, hundegestaltigen, nekromantischen Gott ist indoeuropäisch. Ich bin sicher, daß auch das rituelle Würfelspiel, mit dem ein Führer, der kein Gewinner sondern ein Verlierer ist – der zum Hund, zum rasenden Gott, zum Tod wird – bestimmt werden soll, indoeuropäisch ist. Es wurde bei den anderen Tochtervölkern wie bei den Ariern ererbt; es entwickelte und veränderte sich überall wie in Indien und verschwand, wenn es keine Funktion mehr hatte, jedoch wie in Indien nicht immer, ohne eine Spur zu hinterlassen.

Kali ist einäugig, weil das Kali-Ergebnis ein Auge bzw. eine Nuß ist. Zwar sind die *vibhīdaka*-Nüsse auch augenförmig, aber jeder kleine, dunkle Gegenstand, der rund oder oval ist, kann, ähnlich wie Punkte auf einem *astragalos* oder Kubus, ein Auge darstellen: Im Altnordischen, den modernen skandinavischen Sprachen sowie im Deutschen heißen die Punkte auf dem Würfel ‚Augen'. Dies ist nach meiner Überzeugung auch der Grund, warum Odin, der wilde nekromantische Gott des Nordens, einäugig ist. Der Führer wird durch das Ergebnis des einen Auges bestimmt, und der einäugige Gott fährt in ihn: er wird selbst zum einäugigen Gott. Rudra ist nicht ‚wirklich' einäugig, obgleich er an einer besonders bedeutsamen Stelle des *Mahābhārata* ‚einäugig' genannt wird. Auch Wodan war nicht ‚wirklich' einäugig (siehe Kap. 1), doch seine Einäugigkeit war ein übliches Epitheton, das in der Dichtung weiterlebte, nachdem die alte Methode, einen Führer zu wählen, nicht mehr gebräuchlich war. Dann aber mußte als einzige Erklärung für das Beiwort eine Beschreibung herhalten, bei der dem Gott ein Auge fehlte; und da es seltsam für einen Gott ist, in dieser Weise verstümmelt zu sein, kam die Geschichte auf, wie er sein Auge für einen Trunk aus Mimirs Quell tauschte – eine Geschichte, die aufgrund Odins allgemein bekannter Neigung zur Weisheit vollkommen glaubwürdig ist, und einen Charakterzug des Gottes darstellt, der die Jungen anleitet, während sie das Wissen erwerben, das sie später als erwachsene Männer und Träger der Überlieferung ihres Volkes benötigen werden.[538]

---

[537] Sergent (1995, 254-258) betont den indoeuropäischen Charakter des Würfelspiels. Er scheint allerdings anzunehmen, daß es sich um ein profanes Spiel handelt. De Vries erkannte das Würfelspiel der Germanen als vollkommen im Kult verwurzelt, ARG II, 154.

[538] Charpentier sah in den Vrātyas die Prototypen des Śiva-Asketen, Hauer die des Yogi. Beide faßten sie als Arier außerhalb des brahmanischen Systems auf. Wie Heesterman als

Ich hoffe, genügend Aspekte des Männerbundes und seines Gottes dargestellt zu haben, um ein detailliertes Bild des Gesamtzusammenhangs zu entwerfen – ein Bild, das auch das Würfelspiel mit seiner Schar von Nüssen und seinem Kali-Ergebnis umfaßt. Doch es gibt noch mehr!

Exkurs: Die Vrātyastomas

Vorerst jedoch ein letztes Wort zu den Vrātyastomas: Diejenigen Gelehrten, die die Vrātyas für nichtarisch hielten, glaubten, daß es sich bei den Vrātyastomas um Riten gehandelt habe, die sie in die Gemeinschaft der Arier integrieren sollten, während Forscher, die, wie Hauer und Charpentier, die Vrātyas als ‚Ketzer' ansahen, in den Vrātyastomas Riten erkannten, durch welche die Vrātyas zu Gliedern der orthodoxen Gesellschaft wurden. Man spürt eine gewisse Wehmut bei Hauer, wenn er über diese Bekehrung schreibt; er beklagt den Verlust des großen Reichtums der Vrātya-Lehre, von der er sagt, sie sei „gesättigt mit einer Gottinnigkeit, wie wir sie in dieser Kraft in der vedischen Literatur nicht häufig entdecken" (Hauer 310f.).

Wir wissen heute, daß eine Bekehrung niemals vorlag. Doch wenn der Zweck der Vrātyastomas nicht darin bestand, Ketzer zu frommen Lämmern zu machen, worin lag er dann? Wir wollen kurz zusammenfassen, was die Quellen dazu sagen:

1) Himmelfahrt: Wie wir oben gesehen haben, waren die mythischen Vrātyas (*daivā vrātyāḥ*) befähigt, durch die Vrātyastomas in den Himmel aufzusteigen. Dies beinhaltet freilich einen Wechsel der Zugehörigkeit von Rudra oder Vāyu zu Prajāpati oder Varuna.

2) Erlangung von Tüchtigkeit für ein Leben in der Gesellschaft: Lat. VIII, 6, 19: „Nachdem sie mit dem *vrātyastoma* geopfert haben, sollen sie von dem *vrātya*-Leben ablassen. Dann werden sie zum menschlichen Zusammenleben befähigt" (Charpentier 1911, 369). Nach BaudhŚS „ist der Vrātya vom sozialen und rituellen Umgang ausgeschlossen [...], bis er das Vrātyastoma vollzieht" (Heestermann 1962, 5).

3) Vereinigung einer Vrātyagruppe an Beginn und Ende eines Raubzuges: LātyŚS 8.6.2: „‘Alle Vrātyas, die in eine Gruppe aufgenommen werden wollen, müssen das erste Vrātyastoma ausführen [...]'. Diese Sūtra sollte mit Bezug auf KātyŚS 22.4.3 gelesen werden [...], das im Prinzip dasselbe meint" (Heestermann 1962, 5). Desweiteren ĀpŚS 22.5.4, wo Heestermann Calands Übersetzung zitiert: „Wenn die Vrātyas ausziehen (um ein Vrātyaleben zu führen), sind die Vrātyastomas abzuhalten" (5f.). KātyŚS: Wenn Menschen das Vrātyaleben beenden oder mit ihm beginnen, dann sollten sie, nachdem sie ihre (Opfer-)Feuer zusammengebracht haben, gemeinsam um der Läuterung willen die Vrātyastomas feiern" (6). Heesterman korrigiert MānŚS 9.3.3.2 in: „Ausgelernte (Vrātyas?) sollten am Ende ihres

erster gezeigt hat, standen sie nicht außerhalb, sondern vor dem System. Sie waren die „echten Vorläufer des Śrauta-Opferer und Dīkṣita" (1962, 34). Sie scheinen in der Tat ein Zentrum zu sein, von dem alle Riten und Traditionen ausstrahlen. Und genau dies haben wir, wenn unsere Untersuchung des indoeuropäischen Männerbundes richtig liegt, erwartet.

Vrātyalebens (die Vrātyastomas) zum Zwecke ihrer Reinigung vollziehen." Und Baudh. schließlich berichtet, „daß die Söhne der Kurubrahmanen, nachdem sie die Vrātyastomas abgehalten haben, als Vrātyas gegen die Pañcālas auszogen" (6). Aus diesem schließt Heesterman, daß „der Vrātyastoma in erster Linie den Bund unter den Vrātyas zu Beginn eines Vrātya-Zuges feiert, während bei ihrer Rückkehr eine ähnliche Feier stattfindet" (7). Dies alles scheint klar genug, aber es bezieht weder die drei Geschichten der *daivā vrātyas* mit ein, noch erklärt es das Vrātyastoma als Mittel, die Vrātyas auf ein Leben in Gemeinschaft vorzubereiten. Folgendes möchte ich vorschlagen: Nach KŚS 22,4,1-28 gibt es vier Vrātyastomas. Der Kommentar versucht sie zu erklären; bei dem dritten und vierten opfern jeweils der Jüngste und der Älteste (Charpentier 1911, 363f.). Die Bedingungen für das erste und zweite sind etwas vage formuliert. Wenn die Vrātyas – wie ich annehme – die indische Version des *koryos*-Männerbundes darstellten, dann waren (zumindest) vier verschiedene Zeremonien erforderlich, die alle unter die Bezeichnung des Vrātyastoma fallen könnten und von denen zwei größere Übergangsriten gewesen sein müssen:

1. Die Zwischenweihe (siehe 10.4.1 und 12.1.1b).

2. Jedes Jahr vor dem Raubzug wurden die Jugendlichen einem speziellen Reinigungsritual unterzogen. Ihre Altersklasse, die in der ersten Zeremonie zu einem Bund geweiht wurde, hat man nun sicher in einige kleine Gruppen unterteilt; bei diesem Ritus feierten sie den Bund, der sie zu einer Gemeinschaft formte, bevor sie auszogen.

3. Am Ende der räuberischen Plünderungszeit wurden sie ebenfalls geläutert und, wie ich annehme, entweiht, um sie aus der Gruppe zu entlassen und für den Rest des Jahres der menschlichen Gemeinschaft einzugliedern.

4. Wenn die Jungen in das mannbare Alter eintreten, findet die größte dieser Zeremonien statt, denn sie werden jetzt Mitglieder der **teutā*, sie werden Hausherren und Väter. Sie verließen nun den Dienst des *koryos*-Gottes Rudra oder Vāyu, um sich dem *teutā*-Gott Prajāpati oder Varuna zu überantworten.

Mit anderen Worten, die berühmten Vrātya-Führer waren keine Abtrünnigen, und das Vrātyastoma war kein ‚Ausverkauf'. Jedes Jahr beim Mahāvratafest wurde die älteste Gruppe des **koryos* durch einen neuen Kult geweiht; sie ließ den *koryos*-Gott hinter sich, nicht weil sie ihn verwarf, sondern weil sie seiner Obhut entwachsen war. Die Geschichten um die *daivā vrātyas* sind die mythischen Paradigmen dieser Übergangsriten. (Da wir über eine Zeit sprechen, in der die Gesellschaft in Stämmen organisiert war, können wir die Abweichungen in diesen Mythen kaum in Betracht ziehen.)

Es handelt sich lediglich um einen Vorschlag. Wenn er zutrifft, dann ist der vierte derjenige Ritus, den wir auf dem Kessel von Gundestrup dargestellt finden; er ist von gemeinarischer Verbreitung.

Kapitel 13: Finsternis, Hunde und Tod

> „Von jeher gilt der Blut leckende, Leichen fressende und deshalb Leichenstätte mit Vorliebe aufsuchende, bei Nacht besonders lebhafte und in Schrekken erregender Weise heulende Hund für ein höchst widerwärtiges, unheimliches und mit den furchtbaren Mächten des Todes, der Nacht und der Unterwelt in geheimnisvoller Verbindung stehendes Thier."

So beginnt der zweite Abschnitt von Roschers berühmtem Aufsatz über ‚Kynanthropie',[539] in dem er die Verbindungen des Hundes zu den Totendämonen auseinanderlegt; im dritten Teil behandelt er die des Wolfes, und es stellt sich heraus, daß sie dieselben sind. Die Darlegung dieser Beziehungen war durch die Frage motiviert, die sich Roscher im ersten Abschnitt stellt:[540] Welche Art von Krankheit ist es, die mit austauschbaren Begriffen als κυνανθροπία – λυκανθροπία; κυνάνθροπος – λυκάνθροπος; κύων – λυκάων bezeichnet werden kann (Roscher 1-25)? Sie ist, wie er feststellt, „eine Entrückung in das Reich der Totendämonen" (Roscher 65), da „Wolf und Hund eben nur im Kult und Mythus der unterweltlichen Dämonen gleich bedeutend sind, sonst aber [...] immer streng voneinander geschieden werden [...]."[541]

Die Bezüge des *canis* zum Tod sind mannigfacher Art.[542] Hunde, oder gewisse Verhaltensweisen von Hunden, lassen den Tod erahnen. Hunde – speziell große schwarze – sind Verkörperungen von Ahnengeistern (Roscher 26ff.), oder Totendämonen erscheinen als Hunde oder sind hundeköpfig (Roscher 31ff.; RE 2577f.); dieselben Dämonen, z.B. Hekate, könnten auch als Wölfe erscheinen (Roscher 61). Hunde sind *psychopompoi*, Seelenführer (Schlerath 1954, 27ff.). Furchterregende Hunde wie Garmr und Kerberus bewachen das Totenreich (Schlerath 1954, 31f.; RE 2580f.). Dies gilt für ganz Indo-Europa, doch gleiche Vorstellungen finden sich weltweit (Lurker 1968).[543]

---

539 „Das von der ‚Kynanthropie' handelnde Fragment des Marcellus von Side" (1897, 25).

540 „Das Märchen von den Töchtern des Pandaros und deren ‚Hundekrankheit' (κύων)."

541 Roscher 63. Z.B. der Wolf des Apoll und der Hund des Asklepios. Auf der Wolfsgottinsel Delos war es streng verboten, Hunde zu halten (63 Anm. 176). In manchen Regionen war Apoll aber κύννειος oder κύννιος, etwa in Hymettos in Attika, wo die *Kynidai* ein erbliches Priestertum innehatten, in Korinth und dem äolischen Temnos, wo er als Hundebeschützer verehrt wurde. Apollo wird als Jäger auf manchen Münzen von Hunden begleitet (RE 2575). Der Wolfsgott Mars erhält (wie Ares) Hundeopfer, und der mit Mars eng verbundene Lar (5.5.4.3) trägt ein Hundefell und wird oft mit einem Hund als Gefährten dargestellt.

542 Siehe besonders Schlerath 1954. Roscher ist immernoch unverzichtbar.

543 Tatsächlich ist nichts in diesem Kapitel ausschließlich indoeuropäisch. Entweder haben wir es mit ‚Naturmetaphern' – also mit Analogien, die so natürlich sind, daß sie sich von selbst so vielen verschiedenen Völkern auf der Welt unabhängig voneinander aufdrängten – oder mit Vorstellungen, die so alt sind wie der Mensch selbst, zu tun.

Wenn wir Roschers oben zitierten Satz betrachten, finden wir genau die Kennzeichen des Hundes aufgezählt, die mit dem Tode selbst verbunden sind und ihn dadurch zu einem natürlichen Totentier machen. An erster Stelle steht seine Freßlust: Er ist ein Vielfraß, und obwohl *canis familiaris* und *canis lupus* vorzugsweise Jäger sind, fressen sie auch Aas, und *canis aureus*, der Schakal, der ebenfalls in diesen Zusammenhang gehört, sucht mit Vorliebe nach Abfällen. *Canis* als gieriger Schlinger ist, wie ich meine, der Ausgangspunkt für *canis* als Totentier: denn der Tod ist ebenfalls der große Verschlinger, der Fleischfresser oder *sarkophagos*.

Desweiteren ist *canis* bei Nacht besonders lebhaft und dadurch unheimlich. *Canis* steht in der Tat im Zentrum eines ganzen Komplexes von Anschauungen, die, wie Dunkelheit und Blindheit, den Tod betreffen und den Kriegerkultus, obgleich sie außerhalb seiner stehen, doch an manchen Stellen berühren. Sie verdeutlichen daher, wie ich hoffe, warum Schlerath so zuversichtlich behaupten konnte, daß der Hund beim Würfelspiel den Tod bezeichnete – womit er meine Überzeugung unterstützt, daß das altindische rituelle Würfelspiel den Mythos von Odins Auge erklärt.

Ich beginne mit Herodots Bemerkung, daß „die Skythen wegen der Milch alle ihre Sklaven blenden [...]. Daher kommt es, daß die Skythen alle [Gefangenen], die sie ergriffen haben, blenden; denn sie sind keine Pflüger, sondern wandernde Hirten“ (IV.2). Diese Information ist weit davon entfernt, selbstverständlich zu sein und wurde lange für das Ergebnis eines Mißverständnisses gehalten. Heinz Kothe hat einige mögliche Gründe für dieses Mißverständnis vorgeschlagen.

Die Vorgänger der Skythen in Südrußland waren die Kimmerier, und Kothe erinnert an die ewige Dunkelheit, in der die Kimmerier gemäß der Odyssee am Eingang zur Unterwelt hausen. Diese kimmerische Finsternis könnte die gemutmaßte Blindheit der Sklaven erklären, denn ‚dunkel‘ und ‚blind‘ sind oft Synonyme. In Bulgarien ist der Südwind „nicht nur dunkel, sondern auch [...] blind oder einäugig“; die Griechen nennen den Nordostwind καικίας, das – mit dem lat. *caecus* verwandt – sowohl ‚dunkel‘ als auch ‚blind‘ bedeuten kann (von PIE **kai-ko-* ‚einäugig‘, Buck 1949, 322), und auch der Südwind Typhon ist dunkel und blind. Daher haben die Pontos-Griechen vermutlich mit τυφλός ‚dunkel, blind‘ ein entsprechendes skythisches Wort übersetzt (Kothe 103f.; vgl. Buck 1949, 1055).

Die Kimmerier sind die Kerberier von Sophokles und Aristophanes, und Plinius belehrt uns, daß die ‚Kimmerium‘ genannte Stadt früher Kerberium hieß (NH VI.6; Kothe 104, 110, Anm. 73). Der Name der Σκολότοι, die die Griechen ‚Skythen‘ nannten (Herodot VI.6), hängt mit σκύλαξ[544] ‚Welpe‘ zusammen. Kothe benennt zahlreiche Hundemänner, von denen auch uns einige begegnet sind, sowie blinde und einäugige Heroen und Giganten. „Interessant ist vor allem, daß man iranisch *kōr* in der Bedeutung ‚blind‘ mit jenen Hundewörtern in Verbindung gebracht hat. [...] *Kurkura-* ist für die alten Inder ein Dämon in Hundegestalt, *Kaurava-* der blinde Sohn des *Kúruh*, des heldenhaften Ahnherrn der indischen Nationalsage, und

[544] Buck 1949, 180; Kothe 104: „Kola- oder Skoloten, ein Wortpaar, das man zu recht zu der Hesychglosse κύλλα: σκύλαξ gesellt [...].“ „Zugehörig sind sicherlich auch die litauischen Hundewörter *kaláicikas* und *skalikas*“ (Anm. 74). Der Hundewürger Kandaules wird σκυλοπνίκτης genannt (Sittig 204).

von dem gleichnamigen Perserkönig *Kurus* bezeugt die Überlieferung ausdrücklich, daß seine Amme eine ‚Hündin' war" (Kothe 104).[545]

Warum, fragt Kothe, wurden alle diese heroischen oder göttlichen Hundemenschen für einäugig, blind oder in ewiger Dunkelheit hausend gehalten? Die Antwort wird durch jene ‚blinden Hundehessen' und blinden Schwaben, auf die wir in 8.2.3.3c stießen, angedeutet, über die gesagt wurde, ihre Kinder seien neun Tage lang nach ihrer Geburt blind wie Welpen gewesen (Kothe 105).

‚Dunkel' kann mit ‚blind' gleichbedeutend sein insofern, jedenfalls in germanischen Sprachen, im Lateinischen, Griechischen und Indo-Iranischen, Dinge ‚blind' sein können, die eigentlich glänzen sollten, aber dies nicht tun, die dunkel oder trübe geworden sind. Daher können im heutigen Deutsch ein Spiegel, der nicht reflektiert, Glas, das nicht transparent ist, oder angelaufenes Silber ‚blind' genannt werden.[546] Finsternis aber, besonders Schwärze, die Dunkelheit der Nacht, ist ebenso das Verhüllende schlechthin – man denke an den Ausdruck ‚im Schutze der Dunkelheit' – und ‚blind' wird in diesen Sprachen nicht nur verwendet, um das Nichtsehen, sondern auch um das Nichtgesehene auszudrücken, nicht nur Nichtsehenkönnen, sondern auch Unsichtbares, was auch für das mittelpersische *kōr* gilt.[547]

Nun sind gerade Totendämonen sowohl Verhüllende als auch selbst verborgen. Günterts *Kalypso* ist die ‚Verhüllerin', ‚Verbergerin' (s.a. Encyc. 612). καλύπτω bedeutet ‚bedecken, verbergen' (Buck 1949, 849) und ebenso ‚begraben'. καλύπτρα

---

[545] *Spako/Kyno*, siehe 8.2.2. „Mehr Berechtigung hätte die etymologische Verbindung mit dem altindischen Heldengeschlecht Kuru [...], wenn Sicherheit über die Quantität des ersten Vokales in altpers. Kurus bestünde." Weissbach im RE, zit. bei Eilers 1964, 232, der ein kurzes *u* für den altpersischen Personennamen *Kuru-* nachgewiesen hat (192ff.) und iranische und indische Ortsnamen als Beleg für eine weitverbreitete Herkunft anführt. „Hinzu tritt eine weitere Besonderheit: einer der Haupthelden der indischen Nationalsage, Dhratarāstra, ist der *Kaurava* (‚*Kuru*-Sohn') schlechthin; er ist blind, und ‚blind' heißt bei den Persern seit mitteliranischer Zeit *kôr*, ein Wort ohne sonstige Etyma, wohl aber die natürlich entwickelte Weiterbildung etwa eines *Kaurava-*. Die Inder kennen nach dem Stande unseres Wissens nur das alte arische Wort *andhá-* für ‚blind', welches auch altiranisch belegt ist (Awesta), aber später fast überall – sieht man vom Osten ab – durch das rätselhafte Wort *kôr* verdrängt wurde, welches seinerseits wieder sogar die angestammten Wörter für ‚blind' bei Armeniern und Türken verdrängt hat" (233).

[546] Vgl. τυφλός und Verwandtes, Buck 1949, 322.

[547] blind < **bhlendh* ‚dunkel, verdunkeln', Encyc. 147. Wörter für ‚blind' von ‚dunkeln': Schrader 474. „Daß auch das Unsichtbare als ‚blind' gilt, hängt mit der uralten Vorstellung zusammen, wonach das Licht, welches von einem Gegenstande ausgeht, eine selbständige Kraft sei und nicht nur der Reflex des Sonnenscheines oder eines anderen Lichtes" (Eilers 223; s.a. Buck 1949, 1041). *Kūr*, *kōr* wird im Persischen und in anderen Sprachen des Nahen Ostens von Flüssen, deren Wasser wie der armenische Kura, früher Kyros, dunkel und schlammig ist, gesagt, aber auch von Flüssen, die das Meer nicht erreichen (cf. *blind alley* ‚Sackgasse'). Skt. *andhá-* wird in derselben Weise verwendet, 214-231. Der Hauptteil von Eilers Aufsatz behandelt ‚blind' in Gewässer-, insbesondere Flussnamen. Ähnliche Formen waren auch im Englischen verbreitet, gerieten aber größtenteils außer Gebrauch, sind als archaisch erkennbar oder überdauerten als besondere Relikte, z.B. *blind seam*, *blind intersection, duck blinds, Venetian blinds*.

bezeichnet den Schleier; Güntert gibt die ionische Form als FPN Καλύπτρη, ‚die Verschleierte' wieder (Güntert 1919, 30). Die PIE Wurzel ist **k'el-* ‚bedecken, hüllen': nhd. *hehlen*; ais. *Hel*, ae., neuengl. *hell*, etc. (Güntert 34f.). Die letzteren gehen auf proto-germ. **halja* < PIE **k'ol-io-*, eine PIE Totendämonin, zurück.[548]

So wie die ais. *hel* den Namen von ihrer Eigentümerin *Hel* hat, so heißt der griechische Hades nach seinem Herrscher 'Αίδης. Er ist ‚der Unsichtbare',[549] da er sich unter der Erde, bei den Toten, befindet; außerdem ist seine κύνέη eine Tarnkappe.[550] Zu den von Güntert, 66f., erwähnten Tarnkappenträgern gehört der Teufel selbst, der heutige Beherrscher des Hades bzw. der Hölle. Aber auch Odins breitkrempiger Hut ist eine Art Tarnkappe: daher das wiederkehrende Motiv seines unerkannten Auftretens bis derjenige, der mit ihm Umgang hat, seine leere Augenhöhle - aber zu spät - erkennt. Ursprünglich müssen der Hut und sein blauer Mantel aus einem Stück, ein Umhang mit Kapuze,[551] gewesen sein. Hut und Mantel sind Täuschungsmittel. Odins Hut erinnert Jan de Vries an „die Tarnkappe der Zwerge [ebenfalls chthonische Wesen], den *huldrehat* der norw. Erdgeister, aber auch an die Kappe des Hades oder an Hermes petasos." Er hält es für äußerst unwahrscheinlich, daß Odin dieses Merkmal erst unter dem Einfluß klassischer Auffassungen annahm: viel wahrscheinlicher ist, daß klassische und germanische Vorstellungen auf gemeinsame Anschauungen von Totendämonen als verborgen oder verlarvt zurückgehen. „Wir dürfen also erwarten, daß in einem Totenkult ein derart vermummter Repräsentant des Gottes eine Rolle gespielt hat" (ARG II, 191f.).[552]

Der *Síðhöttr* ist heruntergezogen, verdeckt die leere Augenhöhle, verbirgt den einäugigen Gott. ‚Einäugig' ist proto-indoeur. **kai-ko-*, got. *haihs*, air. *caech* und auch lat. *caecus*, ‚blind';[553] und *caecus* ist ebenso ‚dunkel, verborgen, unsichtbar'. Wie leicht die Begriffe ‚einäugig' und ‚blind', ‚blind' und ‚dunkel' sowie ‚unsichtbar' ineinander übergehen, wird aus Eilers Aufsatz deutlich. „Wenn Odin mit seinem ‚Zauberhut' als chthonische Gottheit *blindr*, *Helblinde* geschildert wird [...], so ist dies nur ein anderer Ausdruck für die ‚verhüllte' Gottheit."[554]

548 Güntert 36. Eine Dämonin, da das Wort grammatisch weiblich ist. Worte für ‚schwarz' und ‚dunkel' leiten sich ab von (oder sind verwandt mit) Worten für ‚verdecken, verbergen'; Buck 1949, 61f., 1952f., z.B. engl. dark, vgl. Ahd. *tarchanjan* ‚verstecken, verbergen' (62, vgl. Schrader 474).

549 Eine häufig vorgeschlagene Etymologie ist α-privativ, ἰδεῖν ‚sehen'; verlockend, aber kaum noch vertreten, s. Frisk u. Ecyc. 611.

550 Was zu Kleidersymbolik unserer dämonischen Krieger paßt, 8.5.3.

551 *A hooded cape*; deshalb *Hooden* als Name für Wodan und später für Robin Hood. Blau und schwarz werden in den Sagas nicht eindeutig unterschieden, und wir haben an ein sehr dunkles Blau wie das der keltischen Briten zu denken (Kap. 3). (Insgesamt gab es große Schwankungen und Überschneidung von Farbbezeichnungen in den indoeuropäischen Sprachen, Buck 1949, 1053.) Dieterich beschreibt „einen Hadesdämon Eurynomos (ein alter Name des Unterweltsgottes) [...] von einer Farbe zwischen dunkelblau und schwarz, wie die Fliegen aussehen, die sich ans Fleisch setzen" (1893, 47). Das ist wohl die gemeinte Farbe.

552 Ich erinnere daran, daß der Führer – und nur dieser – eines Vrātya-Bundes einen Turban trug.

553 Und Skr. *keka-ra-*, mir. *leth-chaech* ‚schielend', altcorn. *cuic* ‚schielend, um zu zielen', ‚einäugig', etc.; siehe Walde-Hofmann, ‚caecus', Buck 1949, 322.

Eitrem behandelt u.a. die Augen der Toten,[555] und Schlerath verweist auf die Bedeutung von Hundeaugen (Schlerath 1954, 36). Dämonische Hunde und Wölfe haben feurige Augen. Odin ist Báleygr, der „Flammenäugige“ (Odensheite 6). Charons Name leitet sich von seinen feurigen Augen ab (Roscher 31 Anm. 77; 34 Anm. 88), die für übelwollende, ursprünglich hundegestaltige Totendämonen[556] wie die Erinnyen charakteristisch sind. Die Keren wurden als wilde „schwarze Hunde mit feurigen Augen“, die die Zähne blecken, dargestellt (Roscher 46f.). Hekate zeigt sich hundeköpfig, „ohne Zweifel nach ältester Vorstellung“ (Rohde 1903, II 83, Anm. 3). „Dämonen wie Hekate, die Erinnyen und Keren [stimmen] insofern [überein], als ihnen allen genau dieselben Beziehungen zum Hunde eigen sind.“[557]

Dieterich beschreibt blutschlürfende Erinnyen und Herzen zernagende Keren (54f.), während Lincoln die Aufmerksamkeit auf den Appetit des Hel-Hundes Garmr

---

[554] Güntert 67 Anm. 6. “Die Analogie mit anderen Vorstellungen von einäugigen Wesen wie den Kyklopen des griechischen Altertums oder den *tomte* der skand. Neuzeit führt [...] dazu, an einen Totendämon zu denken” (ARG II, 193). Der Kyklop ist μονόφθαλμος; Kyklopen sind von Natur aus einäugig im Gegensatz zu einem Wesen wie Odin, *der altero orbus oculo*, ἑτερόφθαλμος, ist. Ich weiß nicht, was für eine Bedeutung – wenn überhaupt eine – das hat. Sicher muß es einen Sinn haben, wenn Gutorm Gjessing feststellt: “Einäugige mythische Wesen, gewöhnlich mit dem Totenreich verbunden, erscheinen in der Tat ziemlich häufig in ostasiatischer und nordwestamerikanischer Folklore; und zweifellos im Zusammenhang mit diesen Mythen finden sich einäugige Masken sehr häufig auf steinernen Skulpturen und Bildern an der Nordwestküste.” Dies muß eine sehr weitverbreitete Vorstellung gewesen sein, worauf ich bereits hingewiesen habe. Leider ist alles, was von Gjessings Vorlesung dazu gedruckt ist, eine halbseitige Zusammenfassung.

[555] Man schließt die Augen eines Verstorbenen; “deshalb kann ein römischer Todesgott *Caeculus* heißen, *qui oculos sensu exanimet* (Tertull. ad. nat. II 15).” Tertullian irrt sich natürlich, schließlich war Caeculus ein Gründungsheros und kein Gott. Tertullian knüpft an Varro an, der *Caeculus* von *caecus*, da seine Augen zusammengekniffen waren und wegen Rauches blinzelten, was auf seiner Abstammung von Vulcanus beruht. *Caeculus* ist nach Walde-Hofmann ein etruskischer Name und hat nichts mit *caecus* zu tun. Interessant ist, daß Tertullian einen Zusammenhang zwischen Blindheit oder einer anderen Besonderheit der Augen und dem Tod sieht.

[556] Roscher zitiert als Beispiele Aeschylos (Cho. 924f. und 1054, μητρὸς ἐγκότους κύνας: der Mutter übelwollende Hunde), Sophokles (Elect. 1387, μετάδρομοι κακῶν πανουργημάτον ἄφυκτοι κύνες (Rächer des Bösen, schändlicher Taten, unvermeidlicher Hunde), Aristophanes (Frösche 472, Κωκυτοῦ περίδρομοι κύνες: herumschleichende Hunde des Kokytos d.i. Hades) (48).

[557] Roscher 42. Dieser Begriff ist keinesfalls eine Metapher, sondern ein “Nachklang aus uralter Zeit [...], welche sich die furchtbaren Rachegöttinnen noch in der Gestalt wüthender blutgieriger Hunde dachte. Eine schlagende Bestätigung dieser Annahme gewähren uns nicht bloß die bisher angeführten Analogien sondern namentlich auch jene grausigen Schilderungen des größten und ältesten Tragikers von dem völlig hündischen Treiben der alten ‚Todtengeister‘, die z.B. Menschenblut trinken und von dessen Geruch angelockt werden.” Roscher bezieht sich hier auf Aesch. Eumen. 246 und 254. “Wie Hekate und die Keren heissen demnach auch die Erinyen κυνώπιδες [hundeäugig] [...]; bisweilen wird ihr Gebell, ihre schwarze Farbe und ihr furchtbarer (feuriger) Blick hervorgehoben” (49). Es ist daran zu erinnern, daß Erinys und Ker zunächst, wie die Mitglieder von Hekates Scharen, die Toten und erst in zweiter Hinsicht Totendämonen sind.

richtet, „angezeigt durch seine von Blut starrende Brust, besudelt durch seinen greulichen Schmaus“:[558] *Sá var blóðugr um bríóst framan* (BD 3, 1-2) Geri und Freki – beide Namen meinen ‚gierig‘ – sind Odins Wölfe,[559] die er nach Snorri an seiner Tafel füttert (Gylf. 38), doch sie sind nach Hhu I 13,8 *val-giörn*, gierig nach Leichen, und werden von ihm mit Leichen, *val*, gefüttert.

Die Bezeichnung des Todes als Verschlinger ergibt sich natürlich aus der Beobachtung, daß das Fleisch ‚verzehrt‘ wird, und ist kulturübergreifend feststellbar. „Der Kerberos ist von Haus aus nichts anderes als ein fressendes Ungeheuer der Tiefe, die fressende Erdtiefe selbst in Gestalt eines furchtbaren Hundes“ (Dieterich 49). Hekate ist σαρκόφαγος, eine Fleischfresserin, Hades παντόφαγος, der Allesverschlinger. Hades packt zuweilen die Leidenschaft, einen Festschmaus mit Menschenfleisch abzuhalten (Güntert 41); als Träger der κυνή muß auch er als Hund vorgestellt worden sein.

Die ‚Tarasque‘ von Noves ist ein „böses, wolfsartiges Monster mit einem schuppigen Rücken wie ein Drachen; sie mag ein Symbol des fressenden Todes sein, zumal sie einen menschlichen Arm in ihrem Maul zerbeißt und einen Menschenkopf in jeder ihrer Vorderpfoten hält“ (Davidson 1988, 95). Die große Skulptur wird in die La-Tène-Zeit II datiert (de Vries 1961, 252). Die ihr zugrundeliegende Anschauung muß bei den Kelten weitergelebt haben, da zu Beginn unserer Zeitrechnung eine Reihe von Reliefs und Skulpturen entstanden, die das Thema der *fauve androphage*, der menschenfressenden Bestie, variieren. Viele davon sind zweifelsfrei Wölfe, einige durchaus weiblich: keltische Schwestern von Hekate und den Keren, die ebenfalls Wölfe sind. *La louve androphage d'Arlon* beispielsweise ist das Relief eines Wolfes mit übergroßen Zitzen, der dabei ist, einen Menschen zu verschlingen, dessen Kopf, Arme und Schultern bereits im Rachen der Bestie verschwunden sind“ (Renard 1949, 256 u. Fig. 1). Der Wolf ist in diesen Darstellungen überproportional groß, um seinen Charakter als übernatürliches Wesen anzuzeigen (Renard 260).

So abstoßend diese Wesen uns erscheinen und so furchterregend sie offenbar für die Menschen waren, die sie sich vorstellten, übten sie doch einen kultischen Dienst aus, dem der weitverbreitete Glauben zugrundelag, daß die Seele erst frei

---

[558] 1991, 97. Altnord. *garmr* bedeutet ganz einfach ‚Hund‘ (vgl. das färöische *garmur* ‚Hund‘); bezogen auf den Höllenhund ist es ein Eigenname.

[559] Snorri nennt sie Wölfe; seine zitierte Quelle, Grm. 19, nennt nur ihre Namen, während Hhu. I von *Viðris grey*, Odins Hunden, spricht; aber Odins Hunde können Wölfe gewesen sein. Das späte *Fjölvinnsmál* kennt zwei Hunde (*garmar*), *Gífr* (‚gierig‘) und *Geri* (20, 1-2). Siehe Lincoln 1991, 97-99 u. 104 Anm. 35). Das andere, von Lincoln hervorgehobene Kennzeichen des Höllenhundes ist sein Gebell: *oc galdrs föður / gó um lengi*, ‚und lange bellte er nach dem Vater des Zaubers‘ (BDr. 3,3-4). Das Bellen hat wie sein Hunger Parallelen bei Kerberus, dem Verschlinger des rohen Fleisches, dem Hades-Hund mit der metallenen Stimme (Hesiod, Theog. 311): Κέρβερον ωμηστήν, Ἀίδεω κύνα χαλκεόφωνον. Schramm, der Namen wie ‚Waldhund‘ und *Witu-gauuo* (‚Waldbeller‘) als Wolf-Kenningen erörtert, zitiert die folgenden Verse aus dem Annolied, das dem 11. Jhdt. entstammt (Strophe XL, 17ff.): Daz di gidouftin lichamin / Umbigravin ciworfin lagin, / Ci ase den bellindin, / Den grawin walthundin. ‚Daß die Leichen der Getauften / unbestattet lagen / ein Schmaus den Bellern, / den grauen Waldhunden‘ (83 Anm. 1). Vgl. 8.4.2.

war, wenn das Fleisch, in dem sie sich verkörpert hat, vergangen ist: der Totenfresser befreit also die Person. Es ist daher nicht schwierig einzusehen, inwiefern der Verzehrer der Toten auch deren Führer werden konnte (Ranke 341). Ein Nachhall dieser beiden Vorstellungen zeigt sich in der Haltung der Trauernden gegenüber Yamas beiden Hunden in RV 10.14: „Diese Hunde werden (wie viele vedische Götter) als gefährlich angesehen, weil sie einen töten (Verse 10 u. 12), aber auch als potentiell gütig, da sie einen in den Himmel geleiten (Vers 11).“[560] Auch die schreckliche menschenfressende Bestie scheint eine solche Rolle gespielt zu haben; „das keltische (d.h. hier walisische) Nomen *gweil-gi*, das die mythische Wölfin bezeichnet, ist gleichzeitig der Name des Ozeans, den die Abgeschiedenen zu durchqueren hatten, um ins *au-delà* einzugehen“ (Renard 261).

Kerberos ist ὠμηστής (Anm. 21) wie auch Dionysos, der Wilde Jäger; seine Anhänger zerrissen lebendige Geschöpfe nach Art jagender Hunde und fraßen rohes Fleisch. In seinen Aufsätzen, die Jeanmaire als ‚epochemachend‘ bezeichnete, behauptete Karl Dilthey die Verwandtschaft zwischen den Bakchen oder Mänaden und den Erinnyen, die nicht nur, wie gesehen, als Hunde, sondern auch als Jägerinnen vorgestellt wurden.

„Es zeigen sich zwei scheinbar verschiedene Mythenbilder, Bakche und Erinys, in ihren Wurzeln tief und unzertrennlich verschlungen, und diese Wurzeln gehen in die Unterwelt [...]. Es ist das Bild der wilden Jagd, das hier überall zu Grunde liegt, und diese uralte Vorstellung hat lange Erinys und Bakchantin nicht geschieden: sie

---

[560] O'Flaherty 43.

10 [*zu dem Toten*:] Laufe den rechten Weg entlang, vorbei an den zwei scheckigen, vieräugigen Hunden, den Söhnen von Sarama, und komme sodann mit Leichtigkeit zu den Vätern, die sich auf demselben Fest wie Yama ergötzen.

11 Yama, übergib ihn deinen zwei Wachhunden, den vieräugigen Hütern des Pfades, die über Menschen wachen. O König, gewähre ihm Glück und Gesundheit.

12 Die beiden finsteren Boten des Yama streichen mit geblähten Nüstern bei den Menschen umher und lechzen nach dem Odem des Lebens. Mögen sie uns hier und heute ein glückliches Leben zurückgeben, auf daß wir die Sonne sehen können.

Wo Totenverbrennung üblich gewesen ist, war das Feuer Verzehrer und Totengeleit. Das Verhalten der Trauernden gegenüber Agni zeigt dieselbe Ambivalenz, wie wir in RV 10.16,9 sehen: „Ich sende das fleischfressende Feuer hinaus in die Ferne. Laß' ihn zu denen gehen, deren König Yama ist, und alle Unreinheiten vertilgen. Doch laß' das andere [Feuer], das die Kreaturen [*Jātavedas*] kennt, hierher kommen und das Opfer den Göttern bringen, da er den Weg im voraus weiß“ (50).

Die anderen Totentiere sind die aasfressenden Vögel und das Pferd. (Zum letzteren siehe 3.4.2 u. 3.) Die Aasvögel sind ebenso natürlich wie *canis* und dienen demselben Zweck, den Geist durch Lösung vom Fleisch zu befreien. Herodot verweist auf eine solche Praxis bei den Persern (I, 140); er wird durch die Anweisungen des Vendîdâds zum Verlassen des Körpers (VIII.11.10) – auf einer Anhöhe, den leichenfressenden Hunden und Vögeln preisgegeben – sowie von der Archäologie (s. Jones-Bley 1997, 196f.) gestützt. Im indoeuropäischen Raum wird der aasfressende Vogel als real und verewigt als Harpye gedacht, und es ist kein Zufall, daß irische Schlachtgöttinnen als Krähen erscheinen oder Odin von Raben begleitet wird, wenngleich der Vogel keinen Platz im Kultus neben den *canidae* und dem Pferd innehat.

wusste nur vom tobenden Schwarm der Nymphen der Artemis“ (Dilthey 1874, 90f.).

Das Verb, das typischerweise die Tätigkeit der Wilden Jagd charakterisiert, ist θύω /θυίω, was bei Homer und Hesiod „vom einherbrausenden Wind und Gewässer, vom schäumenden Blut, vom Wüten in der Schlacht [...]“ gesagt wird. „Mit Vorliebe wird das Wort von der leidenschaftlichen Bewegung gebraucht, welche die Folge göttlicher Begeisterung ist“ (Dilthey 1870, 327). Jagen ist nicht die ursprüngliche Berufung der Artemis. Eigentlich ist sie die Bogenschützin, ihre Pfeile treffen die Frauen; sie wurde von der Totenjägerin zur Jägerin schlechthin (Dilthey 1870, 329).

„Rauschend stürmt Artemis daher mit dem goldenen Bogen und den tödtlichen Pfeilen, in leuchtendem Glanz. Die Häupter der Berge erzittern, der Wind heult auf, es schauert die Erde und das Meer; der Schwarm hurtiger Nymphen umgibt sie und gellender Jagdruf und Hundegebell“ (Dilthey 1870, 331f.).

Die volkstümliche Religiosität hatte ein dunkleres, angstvolles Bild vor Augen. Die ‚orphischen‘ Hymnen bewahrten viele Elemente des Volksglaubens, von denen Dilthey die Vorstellung der mit einem Schwarm abgeschiedener Seelen durch Wald und Feld brausenden Artemis/Hekate erwähnt. Hekates *komos* ist die Wilde Jagd, das Wütende Heer (Dilthey 1870, 332). Daher konnte sich Diana mit Holda, Perchta und anderen ähnlichen Jägerinnen der germanischen und keltischen Sage verbinden.[561]

‚Der Tod als Jäger‘ ist eine weltweit verbreitete Figur, die sicher ebenso natürlich und spontan gebildet wurde wie die Verbindung des Hundes mit dem Tod. Es erscheint nicht verwunderlich, daß der Gott, welcher das dämonische Heer anführt, auch der Jäger sein soll, wenn wir uns der Bedeutung der Jagd im Leben der Jungkrieger erinnern. In Wales wird die Seelenjagd, *Cwn Annwn* – auch ‚Wolkenhunde‘, *Cwn y Wybr*, genannt – von Gwyn fab Nudd geführt, der etymologisch die walisische Version des irischen Finn ist. In späterer Tradition war Gwyn „ein böser Herr des Jenseits [...] in Verbindung mit den *ellylon* (Dämonen, Kobolden, Elfen, Phantomen) und deren Verwandtschaft.“[562]

[561] Und wie ‚Diana‘ in Rumänien zur Anführerin der ‚Feen‘, die sicher die Seelen der Abgeschiedenen sind, werden konnte (3.4). An dieser Stelle sei daran erinnert, daß die Manifestation solcher Dämoninnen in Fleisch und Blut stets in Männergesellschaften geschieht (3.4). Lediglich im Gefolge des Dionysos finden wir Frauen in der Rolle mythischer weiblicher Geister, doch die Mänade hatte sich schon anders entwickelt als die Erinys und ihre Schwestern in Griechenland und anderenorts.

[562] Carey 1984, 14-15. Finn, Gwyn und ihr Vater Nodons stehen deutlich mit Hunden in Verbindung (20f.). Carey hält nicht viel von neueren Volksmärchen, trotzdem nimmt er an: „Die Möglichkeit, daß diesen Behauptungen eine echte Tradition zugrundeliegt, ist nicht von der Hand zu weisen. [...] Doch die späten literarischen Hinweise auf Gwyn sind eher eine in Nordeuropa weitverbreitete Romantisierung des Volksglaubens zu einer gespenstischen, vom Teufel geführten Jagd“ (15). In der Tat hat der Teufel viele frühere Jäger ersetzt, oder der heidnische Jäger wurde mit dem Teufel identifiziert.

Mit Dionysos sind Hunde nicht verbunden; seine Jagdtiere sind Panther. Panther sind exotisch, und es mag ein Hinweis auf ältere Zusammenhänge sein, daß manchmal der Schakal mit dem Panther verwechselt wurde, wobei die Ähnlichkeit in der gefleckten oder gesprenkelten Farbe besteht.[563] Dionysos setzt jedoch seine Mänaden auf die Beute an, wie ein Jäger seine Hunde losläßt: ὁ Βάκχιος κυναγέτας / σοφὸς σοφῶς ἀνέπηλεν ἐπὶ θῆρα / τούδε Μαινάδας (Bacchae 1189ff.); eben deswegen tritt der Hund meines Erachtens nicht in Erscheinung: die κύνης haben als κυναγέτιδες Μαινάδες menschliche Gestalt angenommen. Nilsson war der Ansicht, daß Dionysos seine Herrschaft über die Seelen als Ergebnis seiner Verbindung mit den Anthesterien annahm (Nilsson 1906, 273), aber Jeanmaire hat sicher darin Recht, daß Dionysos von Anfang an und vor allem anderen *le Grand Chasseur* gewesen ist (246-257).

„Die Vorstellung vom *Grand Chasseur* und seiner Gefolgschaft von heulenden Schemen erweitert das Spektakel, welches der Thiasos des Dionysos (oder der der Artemis) darstellt, und projeziert es auf eine mystische Ebene, ähnlich wie die *Mesnie furieuse* eine imaginäre Projektion des Durcheinanders ist, das die Teilnehmer der winterlichen Maskeraden aufführen. Wenn die antiken Autoren die *Chasse sauvage* beschreiben wollten, waren es dem Dionysoskult entliehene Ausdrücke, die sich natürlicherweise aufdrängten" (Jeanmaire 250).

Masken stehen, wie gezeigt, immer mit dem Totenkult in Beziehung, und Maskengötter sind stets auch Thiasos-Götter und Komos-Götter (3.4).[564] Im indoeuropäischen Kulturkreis gehören Masken zum Winter und namentlich zu den Rauhnächten um die Wintersonnenwende; die finsterste Zeit des Jahres ist die Zeit der Masken und Werwölfe (3.5). Und Dunkelheit ist eine natürliche Metapher für den Tod; „die Sonne sehen," wie Schlerath sagt, „heißt soviel wie ‚leben'" (Schlerath 1954, 28); der irische Herrscher des Totenreiches ist daher ‚der Dunkle', *Donn* (de Vries 1961, 82; Davidson 1988, 176). Aber Dunkelheit verdeckt und verschleiert auch. Odin ist *Grímr* und *Grímnir* (47 u. 48), der Maskierte, nach *gríma*, einer Kopf- oder Gesichtsbedeckung, Maske oder Kapuze; und in der Dichtung ist *gríma* auch gleichbedeutend mit ‚Nacht'. Nacht ist eine natürliche Metapher für den Tod und kann ihn im Deutschen, Griechischen und Lateinischen bezeichnen, und das

---

563 Gibt es einen Zusammenhang mit Yamas „gefleckten, mehrfarbigen" (Lincoln 1991, 96) oder – in O'Flahertys Übersetzung – gescheckten Hunden? Nach Schleraths Dafürhalten ist das Adjektiv ein *dvandva*: Ein Hund ist schwarz, der andere weiß; das läßt sich gut mit den beiden Hunden an der Cinvat-Brücke in der zoroastrischen Todeslehre verbinden, mit dem weißen Hund, der ‚den Guten' beim Erreichen der ewigen Belohnung behilflich ist, und dem schwarzen, der über den Sturz der Übeltäter in den Abgrund wacht. Mir erscheint das zu modern gedacht; außerdem treten Yamas Hunde als ein Paar auf und rufen als Paar die oben angedeuteten ambivalenten Gefühle hervor. Lincoln pflichtet Schlerath bei und verweist auf zwei Höllenhunde im altnordischen Kontext, die „gierigen" Hunde/Wölfe, die wir einige Seiten zuvor in einer Anmerkung erwähnt haben; aber da nichts über ihre Farbe ausgesagt ist, sollten wir sie uns, im Einklang mit allem, was sonst mit *hel* zusammenhängt, als grau vorstellen.

564 „‚Sich zu maskieren' ist die einzige Weise, um ‚einen Komos zu feiern' angemessen wiederzugeben" (Jeanmaire 561).

lateinische *nox* kann ebenso auch ‚Blindheit' bedeuten, was uns wieder zu unserem Ausgangspunkt zurückbringt.

Dies alles unterstützt und ergänzt das Bild von Odin als einäugigem Gott. Es ermöglichte der ursprünglich aus dem rituellen Würfelspiel stammenden Bezeichnung, mit solcher Zähigkeit Jahrhunderte zu überdauern, nachdem sie längst unverständlich geworden war.[565]

---

[565] Es gibt eine Menge indoeuropäischer Götter und Helden, die einäugig oder blind sind. Ich zähle an dieser Stelle einige auf, ohne allzusehr ins Detail zu gehen; man kann sich nicht genug darüber verwundern, wie viele von ihnen aus einem Mißverständnis nach Art der ‚blinden Sklaven' oder des ‚blinden Hundehessen' resultieren, in einem etwas weltläufigeren Sinne aus einem Irrtum wie Varros falscher Ableitung von Caeculus von *caecus*, oder auch möglicherweise vom rituellen Würfelspiel abstammen.
Unter den Gottheiten findet sich der blinde Gott Höðr, ein Sohn Odins und der Mörder seines Bruders Baldr. Wir haben es bei ihm mit einem Gott zu tun, der nirgendwo sonst erscheint und keine andere Funktion aufweist als Brudermord (unter Täuschung) zu verüben. Die beste Erläuterung ist die von Jan de Vries (1955) gegebene und von E.C. Polomé (1970, 63-81) weiterentwickelte Erklärung: die Geschichte von Balders Tod ist der kultische Mythos einer, von Snorri und Saxo ausgeschmückten Kriegerweihe (78). Der blinde Höðr (< germ. **haþu-* ‚kämpfen') ist eine Hypostase seines ‚Vaters', des ‚blinden' Odin (76). Der erschlagene Baldur ist wirklich tot und wird niemals zurückkehren (74); er wird als Váli (< **waihalaR* ‚kleiner Krieger') wiedergeboren, dessen Ähnlichkeit mit der chattischen Jugend unmittelbar einleuchtet (80). Ein Kultmythos liefert das Paradigma für ein Ritual: die Tat wurde in *illo tempore* vollzogen.
Der litauische Gott Velinas, der Odin in mancherlei Hinsicht entspricht, ist einäugig (9.4). Der iranische Gott, der die Scharen mit dem blutigen Banner befehligt, ist „der schlechtäugige Aēšma" (9.2). Der irische Gott Lug schließt ein Auge in der Schlacht; stellt dies die Rationalisierung einer früheren Einäugigkeit dar? (Zu Parallelen zwischen Lug und Wodan siehe Polomé 1992, 177, und Christingers Kapitel über Lug, 87ff.; man bedenke auch Cú Chulainns Verwandlung.)
Auch der spartanische Lykurgos – „der Wolftätige" (McCone 1987, 148) – war einäugig; außerdem gab es den Edonier Lykurgos, der den Dionysos verfolgte und von den Göttern geblendet wurde (8.3.4). Livius (2.10) sagt niemals, daß der römische Held Horatius Cocles blind war, doch genau das bedeutet *Cocles*. „Der Führer der britischen *diberga* in der irischen Sage *Togail Bruidne Da Derga* 44 heißt Ingcél Cáech ‚I. der Einäugige', der *diberg*. [...] Macuil moccu Greccae in Muirchús *Vita Patricii* I 23 war *cyclops*" (McCone 1987, 147). Finn mac Cumaill hat einen großen Gegenspieler, *Goll mac Morna*, auch *Aed* genannt; *goll* bedeutet ‚einäugig' und *aed* ‚Feur'; man ist versucht, in dem Paar Finn – Goll die neuerliche Personifizierung eines Mythos zu sehen, dessen Protagonisten in der älteren Sage Lug und Balor waren" (Meid 1997, 253). Derjenige Kyros, der Persien zu einem großen Reich verwandelte, war der dritte dieses Namens (siehe oben). In Germanien waren Wieland der Schmied und der Hagen der Siegfriedsage einäugig (Kothe 104; zu Hagen als männerbündischem Führer Price 1990, 36f.), ebenso der historische Rebellenführer Civilis (4.2.1.1). Svipdagr, einer der Helden Hrolf Krakis, verlor ein Auge im Kampf, und in der Ynglingsaga gibt es einen Svipdagr blindi (1.3.4). Dies ist nur eine lose Zusammenstellung, die nicht die Dämonen von den Peripherien, etwa die Kyklopen oder die einäugigen, hundeköpfigen *Pescoglavci* (8.5.2) berücksichtigt. Zu weiteren einäugigen/blinden (geblendeten) Göttern/Helden/Wesen siehe Encyc. 70f.; Christinger 88f., 101f.; zu einäugigen Totendämonen ARG II, 193.

Kapitel 14:

Der Wolfsgott und das Auge im Brunnen

Ich habe zu zeigen versucht, daß die Erklärung für das fehlende Auge des nordischen Gottes Odin in einem Ritual der Vrātya-Bruderschaften des frühen Indien gefunden werden kann. Da die Abstände in Raum und Zeit gewaltig sind, war es mein Bestreben, diese Annahme plausibel zu machen, indem ich dartat, daß die Institution des Männerbundes, der kultischen Kriegerbruderschaft, die in Indien von den Vrātyas verkörpert wurde, in das gemeinindoeuropäische Altertum zurückreicht. Außerdem habe ich gezeigt, daß dieser Kriegerkult zum Ahnenkult gehörte, daß er eine große Rolle in der Erziehung derjenigen Jünglinge spielte, die sich anschickten, die Träger von Kultur und Tradition zu werden, daß diese Einrichtung deshalb im Mittelpunkt des nationalen Lebens stand und ihrer eigensten Natur nach so konservativ war, daß die Tochtervölker nicht nur den Kult noch lange fortsetzten, als sie längst getrennte Wege gegangen waren, sondern daß auch die kultischen Formen und Symbole, lange nachdem der Kult selbst verdrängt wurde, noch fortbestanden, und schließlich, daß sich die heranwachsenden Krieger in kultischer Einheit mit einem ihnen eigentümlichen Gott befanden, der gleichermaßen ihr Schutzherr und tatsächliche Anführer gewesen ist.

Keine dieser Behauptungen, noch ihre Summe, ist irgendwie erstaunlich. Keines dieser Elemente ist ausschließlich indoeuropäisch, vielleicht auch nicht der Gesamtzusammenhang. Wichtiger als die Frage, ob dieser Sachverhalt einzigartig ist, ist die Tatsache, daß er auf jeden Fall indoeuropäisch ist; und wir vermuten, daß er durch Jahrtausende bestehen konnte und bestand: während eines so langen Zeitraum nämlich, wie der Tochterstamm noch ein Leben führte, das dem glich, welches zur Ausbildung dieser Institution Anlaß gegeben hatte. Dies sollte nicht schwer einzusehen sein, wenn wir bedenken, daß es, etwa in abgelegenen Teilen der indonesischen Inselwelt oder des Amazonasbeckens, lebende Gesellschaften gibt, die noch weit archaischer als unser gesamtindoeuropäisches Modell strukturiert sind, und daß Veränderungen in der europäischen und asiatischen Vorgeschichte in Jahrtausenden gemessen werden. Es ist also nicht unglaubwürdig, aber – stimmt es auch?

Wir müssen hier die Formen und Symbole heranziehen. Das wichtigste Symbol ist *canis*, der Wolf und der Hund. Nicht nur ist *canis* das kriegerische Tier *par préférence*, sondern oft finden wir auch ein kourotrophes weibliches mythisches Wesen in Gestalt eines Wolfes oder Hundes oder eines, das einen Namen trägt, der anzeigt, daß es einst diese Gestalt gehabt habe, als Amme von urbildlichen *koryos*-Kriegern. Wolf und Hund haben, wie wir betonten, dieselbe kultische Bedeutung, und dennoch taucht eine geheimnisvolle Gestalt, der Hundetöter oder Hundewürger, immer wieder auf, wobei noch die Merkwürdigkeit hinzukommt, daß ‚Würger' zwar das gebräuchlichste Ersatzwort für ‚Wolf' ist, daß es aber keinen ‚Wolfstöter' oder ‚Wolfswürger' gibt. Bei jenen Aspekten des Todes, die außerhalb dessen stehen, was für den Kriegerkult gilt, ist *canis* wiederum das Hauptsymbol; als Totenführer und Leichenfresser erscheint er oft als Symbol des Todes selbst.

Auch das Pferd ist mit dem Tod verbunden; es kann den toten Krieger im Triumph hinübertragen oder die Lebenden ins Totenreich mitreißen. Wir finden zwar keine Pferdekrieger, aber wir sehen das Pferd im Zusammenhang mit kultischen Kriegern. Es gibt Paare von hippomorphen mythischen Wesen bei Griechen, Indern und Germanen.[566] Der Kentaur Cheiron ist der Erzieher von griechischen Helden, während der Vrātya im *Puruṣamedha* den Gandharven geweiht ist.[567] Das Pferd ist nicht minder häufig als der Hund unter den Maskenträgern der Wilden Jagd anzutreffen (3.4.2); in Rumänien bestand ein männlicher Geheimbund von ‚kleinen Pferdetänzern' bis ins zwanzigste Jahrhundert (3.4.2), und wir haben das ‚Pferdespiel' im Rahmen eines heutigen Śiva-Kultes kennengelernt (11.3.3), bei dem junge Männer dazu geweiht wurden, dem Gott als Hunde zu dienen (11.3.1 u. 2).

Wir sehen diese Symbole also im gesamten indoeuropäischen Raum verbreitet, so daß auch die rätselhaften Aspekte, wie der Hundetöter, gleichmäßig verteilt sind; ebensoweit sind sie zeitlich erstreckt, insofern Hunde und Pferde an einem sehr alten Śiva-Kult partizipieren, während skandinavische Julreiter sowie die Masken von Halloween und Karneval, obgleich vollständig ihrer kultischen Bezüge entäußert, bis in die Gegenwart fortdauern.

Wenden wir den Blick zu den Männern des *herr* zurück, so finden wir wiederum Ähnlichkeiten, die nicht zufällig sein können. Odins Einheriern entsprechen die *fravašis* im Iran, „Seelen der Krieger, schön ausgerüstet" (Wikander 41, 45), und wir erkennen dasselbe Phänomen: Die Einherier sind ebenso wie die *fravašis* unzweideutig hilfreich und ‚gute Seelen', während ihre lebenden Entsprechungen (meistens) eindeutig destruktiv und böse sind. Die *fravašis* kämpfen aufseiten von Mithra und Vāta (den positiven Seiten dieser Götter; νσrσθrαγαn-), während die iranischen Männerbündler *daēva*-Verehrer und selbst Dämonen sind (9.2). Ähnlich werden die Einherier das Bollwerk gegen den Wolf in der letzten Schlacht sein; sie beschäftigen die poetische Phantasie ebenso wie ihre irdischen Entsprechungen, die Berserker,[568] rüpelhaft und menschenfeindlich, eher wie Giganten als Helden, dargestellt werden.

---

[566] Die Dioskuren führten den *Pyrriche*, einen Kriegstanz, bei der spartanischen Jugend ein; Hengist und Horsa führten die angelsächsische Einwanderung nach England an. Mit Jan de Vries glaube ich, daß die zahlreichen legendären Bruderpaare, die bei Wanderungen von Volksstämmen voranzogen, oder die Alcis, die Zwillingsgötter der *Naharnavali* (*Germania* 43), auf einen Dioskurenkult in Germanien verweisen. Die indischen Aśvins tragen einen Pferdenamen. Anders als der Wolfsgott oder das Totenroß scheinen diese Zwillinge durchaus nur hilfreiche Wesen zu sein; siehe ARG 1, 187.

[567] (Hauer 54), während der langhaarige Ekstatiker (*keśin*) von RV 10.136, der den Kelch mit Rudra teilt, auf dem Gandharva-Pfad wandelt.

[568] Die *úlfheðnar* sind zweifellos in diese Bezeichnung miteingeschlossen. Die Maruts haben den Aspekt des *feralis exercitus* eingebüßt, aber es gibt Beweise dafür, daß auch sie die toten Krieger waren. Die Vrātyas sind dagegen zu Dieben und Mördern geworden; sie wurden

Dann gibt es das Würfelspiel. Es enthält nichts Außergewöhnliches hinsichtlich der Wahl eines Anführers durch das Los, obgleich man wohl kaum erwarten würde, daß der schlechteste Wurf den Führer bestimmt. Außerhalb Indiens ist nichts mit dieser Besonderheit Vergleichbares bezeugt, jedoch ist auch in Griechenland und Rom der die Niederlage anzeigende Wurf, die Eins, der ‚Hund', und dieser kann nur den Tod bezeichnen. Lassen wir Rom beiseite, da wir eine Entlehnung nicht ausschließen könnten; der griechische Beleg ist besonders interessant, weil wir hier den Hundewürger finden, zwar nicht im Kontext der Männerbünde, aber im Zusammenhang mit den niederen Formen des Orakels, mit Glück, Würfelspiel – und mit Hermes. Wir sehen Hund und Hundetöter in Griechenland und Indien also mit dem Würfeln verbunden, weshalb diese Beziehung indoeuropäisch sein dürfte.

Der männerbündische Gott selbst wird häufig, anstatt mit der Gesellschaftsform, deren Schutzherr er ist, zu verschwinden, zu einem zentralen Gott oder sogar zu einem Hochgott: Die Wolfsgötter Mars und Apoll wurden zu solchen Zentralgöttern, während Rudra zum Hochgott Śiva und ***Wōđanaz* zum höchstverehrten germanischen Gott, zum Zauberer-Herrscher, dem Vater und König der Götter im Norden, wird.

Mir scheint es klar, daß der indeoeuropäische Männerbund, wie ihn Höfler, Jeanmaire, Alföldi, Wikander, Widengren, Falk, McCone und andere beschrieben haben, **eine** Institution war; der Komplex der Riten und Symbole, auf die er sich gründete, war so offenkundig ein einheitliches Phänomen, daß noch seine letzte Entwicklung, zu sehr unterschiedlichen Zeiten, dazu neigte, nach einem festen Schema zu verlaufen. Und der *koryos*-Gott, der Führer von gerüsteten Seelen, dieser Ekavrātya und *megistos kouros*, der ‚zum großen Gott emporgewachsene Lar militaris', war **ein** Gott, der Wolfsgott, wie auch immer seine zahlreichen Namen lauteten. Daher halte ich die Annahme nicht im mindesten für abwegig, daß ein lediglich für Indien belegtes Ritual einer Einrichtung, die zu der Zeit schon aufgehört hatte zu existieren, als die frühesten Kommentatoren versuchten, die wenigen diesbezüglichen Texte zu erklären, eine Erklärung für die Entstellung eines nordeuropäischen Gottes liefern kann, welche erstmals in Schriften aus dem neunten Jahrhundert bezeugt und (wahrscheinlich) nur zwei oder drei Jahrhunderte früher bildlich dargestellt wurde.

Nehmen wir jedoch einmal an, Odins Einäugigkeit sei ein rein germanisches Kennzeichen. Um mit Prof. Polomé zu sprechen, „die germanischen Götter haben ein Pfand zu liefern, um spezielle Kräfte zu erlangen (man denke an Tyrs Hand, vielleicht auch an Heimdalls Hörvermögen ...), und im Falle Odins verleiht ihm das Opfer seines Auges seherische und zauberische Gewalten, die Fähigkeit zur Weissagung der Zukunft etc."[569] Das ist für Germanien sicher richtig – oder eher für Skandinavien; denn, während wir außerhalb Skandinaviens wenig über Tyr, nichts

als ‚unarisch', wie ihre iranischen Entsprechungen als ‚turanisch', angesehen, oder zumindest für fremdartig gegenüber dem brahmanischen Kultus gehalten, ähnlich wie die iranischen Männerbündler Dämonenverehrer sind. Und doch blieb eine Erinnerung an den *daivā vrātyāḥ* zurück, der unter die Götter aufgenommen wurde.

[569] In einem Brief an mich vom 24. Juni 1996.

über seine Hand und so gut wie gar nichts über Heimdall wissen, stehen wir mit Odin etwas günstiger da, obgleich es, wie im ersten Kapitel betont, keinerlei Hinweis gibt, daß Wodan, Wuotan, Woden – oder Gaut – einäugig war. Die wenigen Bilder, über die wir verfügen, zeigen ihn mit zwei Augen.

Die Geschichte von Odins Opfer seines Auges im Tausch für einen Trunk Weisheit erscheint mir, wie ich gesagt habe, als zu künstlich, um wirklich alt zu sein; jedoch kann weder der Verlust des Auges noch das Auge im Brunnen sehr jung sein, da beide tief in der Dichtung verwurzelt sind. Andererseits ist der überlieferte Zustand des Mythos problematisch. Snorris Erzählung verweist auf Vsp. 28, 7-10, nach der Odins Auge sich in Mimirs Brunnen befindet; er berichtet uns, daß ‚Odin um einen Schluck aus dem Brunnen bat, aber nicht eher einen nehmen durfte, bis er sein Auge als Pfand hinterließ'.[570] Aber nach Vsp. 28, 11-13, ‚trinkt Mimir jeden Morgen Met aus Odins Pfand'. Wenn das Auge das Pfand ist, dann mutet das ziemlich seltsam an. Snorri sagt, Mimir ‚ist voller Weisheit, da er mit dem Horn Giallarhorn aus dem Brunnen trinkt', aber Vsp. 46 identifiziert Giallarhorn, wie Snorri selbst zuvor, mit dem Horn, auf dem Heimdall blasen wird, um die Götter zur Schlacht zu rufen, was seinem Namen, wie ich angedeutet habe,[571] eher entspricht. Und dann gibt es noch das Problem des mumifizierten Kopfes, den Odin in der *Ynglinga Saga* mit sich herumträgt und zu Rate zieht.

Snorri macht wie immer das Beste aus dem Mythos einer Religion, an die er nicht glaubte. Ich denke, wir können das Zeugnis der Völuspa akzeptieren, daß Mimir der Eigentümer der Quelle war und daß Odins Auge und das Giallarhorn sich darin befanden. Doch zu jener Zeit hatte die Geschichte bereits eine Entwicklung durch viele Stufen hinter sich. Ich bin nicht so kühn, diese verschiedenen Stadien rekonstruieren zu wollen, aber ein paar Andeutungen möchte ich mir erlauben. Das Bild von Odins Pfand als einem reißenden Strom legt meines Erachtens die Vermutung nahe, daß in einer sehr alten Geschichte das Auge selbst die Quelle gewesen sei. Diese Anschauung wird durch die vielen Beispiele bestärkt, die Eilers von einer Quelle oder einem Brunnen als einem ‚Auge' gibt.[572] John Carey hat

[570] Gylf. 15 (Faulkes 1987, 17); vgl. 1.1. Man denke an die seltsame Geschichte aus dem Litauen des 16. Jahrhunderts (Kap. 9), nach der Männer zu einer gewissen heiligen Quelle gehen, um einäugig wie ihr Gott Velnias zu werden. (Die Geographie macht eine germanisch-baltische Beeinflussung möglich.)

[571] 1.2. Zu den Themen des Hornes, des Flusses Gjöll und Mímirs Brunnen hat Bruce Lincoln, wie immer, interessante Gedanken, 1991, 54ff. Aber vielleicht wurde das Giallarhorn, entsprechend Klingenbergs Ausführungen zum Runenhorn von Gallehus, als Mehrzweckinstrument angesehen: „ein Opfergefäß oder (und) ein Blashorn oder (und) ein Trinkhorn; vielleicht ein Gerät mit mehreren Funktionen, wenn man ein abnehmbares Mundstück ansetzen darf" (1973, 43).

[572] 224-226. Im Altnordischen ist eine mit Wasser gefüllte Mulde ein *auga* (C-V). Van Hamel notiert *Morska Oka* (See-Augen) als Namen von Seen im Tatra-Gebirge und gibt zahlreiche walisische Beispiele von ‚Augen' (*llygad*) „in den Namen von Flußquellen" an und verweist auf den besonders auffallenden „Gebrauch von *llygad* im Walisischen als verbreitetes Substantiv für die Stelle, wo das Wasser aus der Erde sprudelt, z.B. *llygad y ffynnawn* ‚das Auge des Brunnens'" (1925, 304-305). *Vélnio akis* ‚Vélnios Auge' wird in Litauen gewöhnlich

verschiedene Geschichten in der irischen Literatur angeführt, die das Motiv von Auge und Brunnen nahelegen.[573] Selbstverständlich ist es Met und nicht Wasser, was Mímir aus Odins Pfand trinkt, aber es scheint nicht problematisch, daß Met aus einer mythischen Quelle fließt, und schließlich ist Odin derjenige Gott, der den Dichtermet für Götter und Menschen errungen hat und ihn verteilt (Skáldsk. 1; Háv. 104-110; ARG 2, 180-185; Simek 355-358).

Bedenken wir all das, wofür der indoeuropäische Dichter stand: Der Trunk verleiht kein Talent zum Versemachen, sondern inspirierte Weisheit, göttliche Wahrheit. Der Gewinn des inspirierenden Trunkes ist ein indoeuropäisches Erbe, aber die Inspiration ist Odins Anteil, mit Met oder ohne; sie führt uns zu seinem Namen zurück (5.1): „Die Auffassung, daß dem Dichter seine Geisteskraft oder auch seine Gedanken, insbesondere die Wahrheit, die er verkündet (*ṛtám*: RV 10,13,5; Yasna 44,18), seine ‚recht geredeten Worte‘ (Y. 9,25), von der Gottheit ‚eingeblasen, angefacht‘ oder ‚eingeblasen, inspiriert‘ werden, [ist] schon indogermanisch“ (Thieme 1968, 202). Der indoeuropäische Begriff des kosmischen Brunnens mag hier auch mit hineinspielen: „Die Quelle ist der Ort, an dem der Mensch mit den Mächten der Unterwelt in Kontakt tritt und, da *Ṛta* [Wahrheit] in diesen Wassern wohnt (RV V.62,1), auch mit *Ṛta* selbst.“[574] Ich gehe davon aus, daß neue *aitia* nicht ‚erfunden werden‘; wenn eine Einzelheit, wie ein wichtiger Beiname oder ein Komplex von Beinamen, sich aus ihrem ursprünglichen Kontext löst, wird sie sich von selbst einem neuen, geeigneten Kontext einfügen.

Was Mímir betrifft, gibt es zahlreiche Beispiele aus dem keltischen Raum für Köpfe in Brunnen, aber das Motiv muß nicht von den Kelten entlehnt sein: Germanien hatte seine eigenen *têtes coupées*, von denen einige auch sprechen konnten (Davidson 1988, 76f.). Köpfe in Brunnen und Quellen treten in europäischen Märchen auf und mögen ein indoeuropäisches Motiv sein,[575] während wahrsagende Köpfe durchaus nicht selten sind (Dodds 147 u. 168, Anm. 78).

Odins kontinentale und englische Entsprechungen erscheinen also niemals einäugig, weil der Gott nur unter bestimmten Umständen ‚einäugig‘ war und wir au-

---

ein Teich im Wald genannt, Bader 1989, 46. „Das litauische *aka* ‚Brunnen‘ entspricht dem russischen *oko* ‚Auge‘; siehe Puhvel 1989, 194, Anm. 1, wo sich Weiteres (Indoeuropäisches und Semitisches) findet.

573 Bezüglich einer Geschichte über St. Brigit schreibt Carey: „Es ist zumindest möglich, [...] daß das von uns der Einfachheit halber ‚Auge-und-Brunnen-Motiv‘ Genannte auf eine weiter verbreitete Geschichte einer willkürlichen Verstümmelung aufgepfropft wurde“ (1983, 214). Diese „Parallelen“, die für für sich genommen wenig besagen, verweisen zusammen „auf einen einzigen Komplex von Ideen“ (217).

574 Kuiper 1960, 249. „Das Auftreten ähnlicher Ideen in Delphi und Rom mag nebenbei erwähnt werden.“

575 Zum keltischen Kulturkreis: Ross 1967, 105-107; über Figuren, die dem Mímir ähneln: 109f. Sprechende/prophetische Köpfe: Ross 1957, 39f.; bei den Germanen: Simpson 1962, Köpfe in Brunnen/Quellen 41-50, Köpfe und Gewässer als indoeuropäisches Motiv 46, Varianten zu Mímirs Namen 41-44, heilige Brunnen und Bäume 50, Opfer in heiligen Brunnen 51, Mímir-Mythos 50-53, bes. 50. Siehe auch Bauchschatz 1975, *passim*, sowie insbesondere zu Mímirs Brunnen und Odin 77ff.

ßerhalb Skandinaviens zu wenig Zeugnisse von ihm haben, um ihn in einem solchen Augenblick zu fassen. Wenn sich die Umstände änderten – was vermutlich dann geschah, wenn eine neue Methode, den Führer zu wählen, eingeführt wurde – wurden die Attribute ‚einäugig' und ‚blind' deskriptiv verstanden; wenn sie aber deskriptiv waren, mußte der Gott einäugig sein, was eine Erklärung verlangt. Die Äquivalenz von Quelle/Brunnen und Auge war allgemein gegeben, und ab einer gewissen Zeit wurde diese Quelle zu einer ganz bestimmten, die sich mit dem Weltbaum verband.[576]

Eine lebendige Religion arbeitet kontinuierlich an ihrer Selbsterklärung, und das germanische Heidentum war in Skandinavien mehrere Jahrhunderte länger gelebte Religion als woanders. In derselben Zeit entwickelte sich eine sehr anspruchsvolle Dichtkunst. Dies könnte, wie ich meine, ein geeigneter Augenblick sein, in dem der neue Gedanke von einem Gott aufkommt, der etwas außerordentlich Wertvolles opfert, um eine größere Macht oder ein höheres Gut zu erlangen; in diesem Sinne opfert Týr, der Schwert- (und Eid-)gott seine Hand, um den Wolf zu bändigen und dadurch etwas Zeit für Götter und Menschen zu gewinnen, bevor das Chaos entfesselt wird. Odins Opfer paßt zu seiner Rolle als Gott des *Wōd*, der zum Hochgott aufgestiegen ist: er schenkt dichterische Inspiration und läßt das feindliche Heer erstarren, aber er überschaut auch alle Welten von seinem Hochsitz aus. Dies fügt sich leicht in das Charakterbild eines Gottes ein, der sich einer Selbstfolter unterzog, um die Runen unter seine Botmäßigkeit zu zwingen: Er wächst als ein Gott, der davon besessen ist, die Macht des Wissens zu erwerben.

Aber Wissen – das dürfen wir nicht vergessen – ist das wesentliche Anliegen dieses Gottes von Urbeginn an. Die Jünglinge, die er auf ihren Streifzügen während eines halben Jahres führte, verbrachten das andere Halbjahr mit dem Erlernen des gesamten Wissens ihres Stammes (7.5.2). Daraus ergibt sich, daß der Wolfsgott oft zum Patron des Wissens und der Künste wird.

Sicher gibt es weitere Aspekte von Wodans ‚vielumstrittenem Wesen', die ähnliche Reinterpretationen von archaischen Merkmalen sind; ich hoffe, mich eines Tages noch näher mit ihnen zu befassen. Alle gehen, meiner Überzeugung nach, zurück auf * *Wōđanaz* als *Herjann*: Gott und Anführer der ekstatischen Männerbünde.

[576] Mímirs Bezüge dazu behandelt Simpson 50f.

Anhang

Abkürzungen

AAH	Acta antiqua. Academiae scientiarum Hungariae
Ae.	Altenglisch
Afrk.	Altfränkisch
Afrz.	Altfranzösisch
Ahd.	Althochdeutsch
Ais.	Altisländisch
Air.	Altirisch
AJP	American Journal of Philology
Aks.	Altkirchenslawisch
ANEW	Jan de Vries: Altnordisches etymologisches Wörterbuch
ANEF	Arkiv för nordisk Filologi
APS	Acta philologica scandinavica
ARG	Jan de Vries: Altgermanische Religionswissenschaft
ARW	Archiv für Religionswissenschaft
As.	Altsächsisch
At.Mitt.	Athenische Mitteilungen (Mitteilungen des deutschen archäologischen Instituts, athenische Abteilung)
AV	Atharva-Veda
BaudhŚS	Baudhayana Śrauta Sutra
Bayer.	Bayerisch
BD	Baldrs draumar
Beow.	Beowulf
BNF	Beiträge zur Namensforschung
C-V	R. Cleasby u. G. Vigfusson: An Icelandic-English Dictionary
DCA	O. Seyffert: Dictionary of Classical Antiquities
DELG	P. Chantraine: Dictionnaire etymologique de la langue Grecque
DH	Dionysius von Halikarnassos
DM	J. Grimm: Deutsche Mythologie
EM	E.W. Hopkins: Epic Mythology
Encyc.	Mallory-Adams: Encyclopedia of Indo-European Culture
ER	Encyclopedia of Religion
FFC	Folklore Fellows Communications
Flat.	Flateyarbók
Fms.	Fornmanna sögur
FMS	Frühmittelalterliche Schriften

Fränk.	Fränkisch
Frz.	Französisch
Gall.	Gallisch
Ger.	Germanisch
Got.	Gotisch
Griech.	Griechisch
Grm.	Grímnismál
Gylf.	Gylfaginning
Hdl.	Hyndluljóð
HHu.	Helgakviða Hundingsbana (I u. II)
Hkr.	Heimskringla
HR	History of Religions
IBS	Innsbrucker Beiträge zur Sprachwissenschaft
IE	Indoeuropäisch
IF	Indogermanische Forschungen
IIJ	Indo-Iranian Journal
Illyr.	Illyrisch
JB	Jaiminīya-Brāhmaṇa
JEFDSS	Journal of the English Folk-Dance & Song Society
JIES	Journal of Indo-European Studies
Kelt.	Keltisch
Ka.	Kannaḍa
Kāth.	Das Kāthakagryasūtra
Kāty.Śr.S.	Kātyāyana Śrauta Sūtra
KEWA	Kurzgefaßtes etymologisches Wörterbuch des Altindischen
KZ	Kuhns Zeitschrift (Zeitschrift für vergleichende Sprachforschung auf dem Gebiete der indogermanischen Sprachen)
Lat.	Latein
Lit.	Litauisch
L&S	Liddell & Scott: Greek-English Lexicon
Lang.	Langobardisch
Mars.	Marsisch
MB, MBe	Männerbund, Männerbünde
Mhb.	Mahābhārata
Mhd.	Mittelhochdeutsch
NGerm.	Nordgermanisch

NH	Plinius: Naturalis historia
Nhd.	Neuhochdeutsch
NWGerm.	Nordwestgermanisch
OGerm.	Ostgermanisch
Osk.	Oskisch
PBB	Paul und Braunes Beiträge (Beiträge zur Geschichte der deutschen Sprache)
PD	Paulus Diaconus
PGerm.	Proto-Germanisch
PIE	Proto-Indoeuropäisch
PN (MPN, FPN)	Personenname (mask., fem.)
PW	Procopius: Persian Wars
RC	Revue celtique
RE	Pauly/Wissowa: Real-Encyclopädie der classischen Altertumswissenschaft
REG	Revue des études grecques
RHR	Revue de l'histoire des religions
RM	Rheinisches Museum für Philologie
RNor.	Runisches Norwegisch
RV	Ṛg Veda
SAVk	Schweizerisches Archiv für Volkskunde
SB/ÖAW	Österreichische Akademie der Wissenschaften, philosophisch-historische Klasse, Sitzungsberichte
Scand. St.	Scandinavian Studies
Skaldsk.	Skáldskaparmál
Skt.	Sanskrit
ŚB	Śatapatha Brahmaṇa
ŚR	Śatarudriya
TĀ	Taittiriya Āranyaka
TB	Taittiriya Brāhmaṇa
TM	J. Grimm: Teutonic Mythology
TMBr.	Taṇḍya Mahābrāhmaṇa
Umbr.	Umbrisch
VM	A.A. Macdonell: The Vedic Mythology
VN	Volksname
Völs.	Völsunga Saga
Volsk.	Volskisch

Vsp.	Völuspá
VSWG	Vierteljahrsschrift für Sozial- und Wirtschaftsgeschichte
Wgerm.	Westgermanisch
WPZ	Wiener prähistorische Zeitschrift
WZKM	Wiener Zeitschrift für die Kunde des Morgenlandes
Yng.S.	Ynglinga Saga
ZKP	Zeitschrift für keltische Philologie
ZDMG	Zeitschrift der deutschen morgenländischen Gesellschaft
ZDP	Zeitschrift für deutsche Philologie
ZfdA	Zeitschrift für deutsches Altertum
ZfVk	Zeitschrift für Volkskunde
ZPE	Zeitschrift für Papyrologie und Epigraphik

Glossarium

Altersklasse „Eine Altersklasse (*age set*) ist eine Gruppe von Personen desselben (meist männlichen) Geschlechtes, die deshalb Mitglieder in ihr sind, weil sie zur gleichen Zeit geboren oder initiiert wurden" (Bock 1988, S. 148). Ein anderer Name lautet Altersgruppe (*age group*). In einem Altersklassensystem durchläuft ein Heranwachsender verschiedene Stadien, in denen er jeweils gewisse Pflichten hat und bestimmte Fähigkeiten erwirbt. Der Übergang von einer Stufe zur nächsten kann so bedeutsam sein und derart abrupt ablaufen, daß er als eine Art Tod, auf den eine neue Geburt folgt, wahrgenommen wird. Ein Teil – aber nur ein Teil – der Ausbildung ist militärisch ausgerichtet. Am Ende dieser Entwicklung (im Alter von 20 oder 21 Jahren bei den Indoeuropäern) wird der Junge zu einem Mann, der für alle militärischen, rituellen, sozialen und ökonomischen Angelegenheiten, die einen Mann seines Volkes betreffen, zuständig ist. Altersklassensysteme sind üblich in Stammesgesellschaften; wenn eine Gesellschaft in die nächste Entwicklungsstufe eintritt, kann das Altersklassensystem von der Aristokratie beibehalten werden. Viele Stammesgesellschaften haben auch Altersklassensysteme, um Mädchen auf ihre Rolle als Frau vorzubereiten; doch ist dieser Prozeß gewöhnlich kürzer und einfacher gegliedert.

Komos (κῶμος) Eine festliche kultische Prozession, bei der die Teilnehmer maskiert sind.

Kult Ein System religiöser Verehrungsformen und Rituale. Im hier verwendeten Wortsinn muß der Gegenstand des Kultes entweder ein Gott, z.B. Odin, oder eine reale oder mythische verstorbene Person sein (Heroen- oder Ahnenkult). Ein Kult kann weitverbreitet oder lokal begrenzt, wie z.B. der des Hyakinthos in Amyklai, öffentlich oder privat sein (wie etwa die Gaben, die einem eigenen Vorfahren am heimischen Herd dargebracht werden).

Dvandva (*dvaṃdva-*) ‚Paar', *Terminus technicus* für zwei Gegenstände, z.B. Götter, die mit einem Wort benannt werden, z.B. *Indrāmarutaḥ* ‚Indra und die Maruts', wodurch eine enge Beziehung zwischen beiden ausgedrückt wird.

Ekstase, ekstatisch (auch *ekstasis* [ἔκστσις]) Obwohl es heute üblich ist, die Worte ‚Ekstase' oder ‚ekstatisch' auf den Höhepunkt eines individuellen Gefühls (gewöhnlich der Lust) zu beziehen, ist es einleuchtend, daß Ekstase in altertümlichen Religionen nichts weniger meinte als die Erregung des Nervensystems einer Person. Sie wurde als Rausch erfahren und war die Quelle außerordentlicher Fähigkeiten; wie auf jeden Rausch folgte ihr die Ernüchterung. Geist oder Bewußtsein wurden bis zu dem Punkt gesteigert, an dem sie sich von den körperlichen Gefühlen ablösten, und die reale Welt mit ihren Grenzen wurde überschritten. In allen archaischen Berichten ist die Ekstase mit einem Kult verbunden; in jedem Fall wird der Zustand der Ekstase durch den Kult herbeigeführt oder dient dem Kult; stets ist sie in irgendeinem Sinn eine religiöse Erfahrung (Maass 1954, 297-301).

Heiti (pl. ***Heiti***) ‚Name', *Terminus technicus* für die poetische Verwendung eines (besonderen oder gewöhnlichen) Substantivs anstelle eines anderen: Wolf = Krieger.

Kenning (pl. *Kenningar,* dt. *Kenningen*) Dichterische Umschreibung: ‚Freyjas Tränen' = Gold.

Männerbund Eine kultische Kriegerbruderschaft junger Männer, die durch Eid mit einem Gott sowie untereinander verbunden sind, sich in ritueller Einheit mit den Ahnen befinden und darauf vorbereitet werden, die Rolle der Männer – oder der führenden Männer – in ihrer Gesellschaft zu übernehmen. Der Begriff wird bei Altersklassensystemen verwendet, in denen der militärische Aspekt bei der Erziehung der Jugend besonders bedeutsam ist. Die Bezeichnung ist etwas irreführend, da die Jugendlichen noch keine Männer sind, sondern erst zu solchen werden. Außerdem löst das Wort wegen seines Mißbrauchs im Nationalsozialismus Irritationen bezüglich seiner „politischen Korrektheit" aus, aber die an seiner Stelle verwendeten Begriffe – Jungmannschaft, Junggesellenverband, Bruderschaft, *conférie, brotherhood, sodality*, Kriegerverbände – treffen die Bedeutung nicht besser oder wirken ungeschickter. Deshalb – und zumal ‚Männerbund' ein gängiger anthropologischer Terminus gewesen ist, lange bevor es die Hitlerjugend gab – wird dieser Begriff hier verwendet.

Thiasos (θίασος) Eine kultische Festprozession.

Thulur (***Þula***, pl. ***Þulur***) *Þulur* sind altnordische Listen stabreimender Verse, in denen mythologische Informationen aufbewahrt und weitergegeben wurden. Obwohl viele Gedichte der Edda auf *Thulur* beruhen oder solche beinhalten, wird der Begriff gewöhnlich auf die Kenning- und Heiti-Listen beschränkt, die in der Snorra Edda (der jüngeren oder Prosa-Edda) den Dichtern als Hilfsmittel an die Hand gegeben werden.

Vratyas (***vrātyāḥ***) Prävedische Elemente der altindischen Gesellschaft. Berüchtigte Reiterscharen, die zuerst im Industal, später in Magadha auftraten; lange Zeit wurde von diesen proto-śivaitischen Ekstatikern, deren Kult Ähnlichkeiten mit präzoroastrischen persischen Kulten aufweist, angenommen, daß sie Gruppen von nomadisierenden, nichtarischen Stämmen seien, die erst spät in die vorherrschende Kultur und Religion integriert wurden.

Index

K

L

M

N

O

P

R

S

T

Literatur

Primärquellen

Ammianus Marceffinus
1971 *Rerum Gestarum.* W. Seyfarth (ed.) Berlin: Akademie-Verlag.

Atharva Veda
1968 *Hymns of the Atharvaveda.* Ralph T.H. Griffith, trans. Varanasi: Chowkhamba.

Beowulf
1950 *Beowulf and the Fight at Finnsburg.* Fr. Klaeber (ed.), Lexington, Mass.: Heath.

Cicero, Marcus Tullius
1933 *De natura deorum. Academica.* With trans. by H. Rackham. Loeb Clasical Library.
1968 *De officiis.* With trans. by Walter Miller. Loeb Classical Library.

Dionysius of Halicarnasss
1937 *The Roman Antiquities of Dionysius of Halicarnassus.* With trans. by Ernest Cary. Loeb Classical Library.

Edda (The Elder Edda)
Edda. *Die Lieder des Codex Regius nebst verwandten Denkmälern.* Gustav Neckel (ed.). Heidelberg: Winter.
I. Text. 4. Auflage, 1962.
II. Kommentierendes Glossar. 2. Auflage, 1936.

Egil's Saga
1976 Hermann Pálsson & Paul Edwards (trans.) London: Penguin.

Finnur Jónsson (ed.)
1929 *Carmina Scaldica.* København: Gads.

Gautrek's Saga
1985 "King Gautrek,"in H.Pálsson & Paul Hermann (trans.), *Seven Viking Romances.*London: Penguin, pp.138-170. Grene, David & Richmond Lattimore (eds.)
1942-1959 *The Complete Greek Tragedies*, 7 vols. New York: Modern Library.

Herodotos
1920 *Herodotus.* With an Eng. trans. by A.D.Godley. Loeb Classical Library.
1954 *The Histories.* Aubrey de Sélincourt (trans.) Harmondsworth: Penguin.

Livy
1914 Titus Livius, *Ab urbe condita libri.* W. Weissenborn & M. Müller (eds.). Part 1. Stuttgart: Teubner.

Paulus Diaconus
1974 *Paul the Deacon. History of the Lombards.* Edward Peters (ed.), William Dudley Foulke (trans.) Philadelphia: U. of Pa. Press.

Pliny
1969 *Natural History.* With trans. by H. Rackham. Loeb Chemical Library.

Polybius
1889 *The Histories of Polybius*. Evelyn Shuckburgh (trans.) London: Macmillan.

Procopius
1932 *History of the Wars*. With trans. by H.B.Dewing. Loeb Classical Library.

Ṛg Veda
1951 *Der Rig Veda*. K.F.Geldner (trans.) Cambridge: Harvard U. Press.
1891 *Vedic hymns*. Max Müller (trans.) Oxford: Clarendon.
1981 *The Rig Veda, an Anthology*. Wendy Doniger 0'Flaherty (trans.) London: Penguin.

Śatapatha-Brāhmana
1882 *Śatapatha-Brāhmana*. Accg. to the text of the Mādhyandina School. J.Eggeling (trans.) Oxford: Clarendon.

Saxo Grammaticus
1979 *The History of the Danes*. P.Fisher (trans.); H.R.Ellis Davidson (ed.) Cambridge (Eng.) & Totowa, NJ: Brewer, Rowman & Littlefield.

Schröder, Franz Rolf
1933 *Quellenbuch zur germanischen Religionsgeschichte*. Berlin & Leipzig: de Gruyter (*QB*).

Snorri Sturluson
1875 *Edda*. Þorleift Jónsson (ed.) Kaupmannahöfn: Gyldendals.
1987 *Edda*. Trans. & Introd. by Ánthony Faulkes. London: Everyman
1929 *Heimskringla*. Reykjavík: Íslenzk Fornrit.
1990 *Heimskringla or the Lives of the Norse Kings*. Erling Monsen (ed. & trans.) New York: Dover.

Sommer, Ferdinandd, & Adam Falkenstein
1938 *Die hethitisch-akkadische Bilingue des Hattusili I* (Labama II). München: Bayerische Akad. der Wissenschaften. (*HAB*)

Strabo
1960 *The Geography of Strabo*. With trans. by Horace Leonard Jones. Loeb Classical Library.

Tacitus
1967 *Die Germania des Tacitus*, erläutert von Rudolf Much. 3. Auflage. Heidelberg: Winter.
1984 *Historiae*. Joseph Borst (ed.) München: Artemis.
1942 *The Complete Works of Tacitus*. Alfred John Church & William Jackson Brodribb (trans.) New York: Modern Library.

Yajurvada
1987 *The Text of the White Yajurveda*. (Rev. ed.) T.H.Griftith (trans.) New Dehli: Munshiram Manoharlal.

Xenophon
1959 *Xenophon's Anabasis. The March Up Country*. W.H.D.Rouse (trans.) New York: Mentor.278 The

Zitierte Schriften

Abels, Kurt
1965 *Germanische Überlieferung und Zeitgeschichte im Ambraser Wolf Dietrich* Phil. Diss.: Albert-Ludwigs-Universität zu Freiburg-im-Breisgau.

Alföldi, Andreas
1951a *"Königsweihe und Männerbund bei den Achämeniden."* SAVk 47, pp. 11-16.
1951b "*Die Geburt der kaiserlichen Bildsymbolik*." Museum Helveticum 8, pp. 190-215.
1952 *Der Frührömische Reiteradel und seine Ehrenabzeichen*. Baden-Baden: Verlag für Kunst und Wissenschaft.
1957 *Die trojanischen Urahnen der Römer*. Basel: Reinhardt.
1959 "*Cornuti: A Teutonic Contingent in the Service of Constantine the Great and its Decisive Role in the Battle at the Milvian Bridge*." Dumbarton Oaks Papers 13, pp. 169-188.
1963 *Early Rome and the Latins*. Ann Arbor: U. of Michigan Press.
1972 "*Redeunt Saturnia regna. III. Juppiter-Apollo und Veiovis*." Chiron 2, pp. 215-230.
1974 *Die Struktur des voretruskischen Römerstaates*. Heidelberg: Winter.

Almgren, Oscar
1934 *Nordische Felszeichnungen als religiöse Urkunden*. Sigrid Vrancken (trans.) Frankfurt a M.: Diesterweg.

Altheim, Franz
1931 *Terra Mater*. Religionsgeschichtliche Versuche und Vorarbeiten XXIl/ 2. Giessen: Töpelmann.
1938 *A History of Roman Religion*. Harold Mattingly (trans.). New York: Dutton.
1951 *Geschichte der lateinischen Sprache*. Frankfurt a. M.: Klostermann.

Arabagian, Ruth Katz
1984 "*Cattle Raiding and Bride Stealing*." Religion 14, pp. 107-142.

Arbman, Ernst
1922 *Rudra. Untersuchungen zum altindischen Glauben und Kultus*. Uppsala Universitets Årsskrift.

d'Ardenne, S.R.T.0.
1962 "A Neglected Manuscript of British History." English and Medieval Studies presented to J. R. R. Tolkien. Norman Davis & C. L. Wrenn (eds.). London: Allen & Unwin, pp. 84-93.

Arent, A. Margaret
1969 "The Heroic Pattern: Old Germanic Helmets, Beowulf, and Grettis saga," in Polomé (ed.) 1969, pp. 130-199.

Arntz, Helmut
1935 *Handbuch der Runenkunde*. Halle: Niemeyer.

Avanzin, Anton von
1956 "Hundemenschen und Hundekönig." *Österreichische Zeitschrift für Volkskunde 59*, pp. 140-144.

Bader, Françoise
1989 *La langue des dieux, ou l'hermétisme des poétes indo-européens*. Pisa: Giardini.

Bauschatz, Paul C.
1975 "Urth's Well." *JIES* 3, pp. 53-86.

Bayet, Jean
1957 *Histoire politique et psychologique de la religion Romaine*. Paris: Payot.

Beck, Heinrich
1968 "Die Stanzen von Torslunda und die literarische Überlieferung." *FMS 2*, pp. 237-250.

Benveniste, Emil
1929 "Un rite zervanite chez Plutarch." *Journal Asiatique* 215 no2, pp. 287-296.
1973 *Indo-European Language and Society*. Elizabeth Palmer (trans.). Coral Gables: University of Miami Press.

Benveniste, Emil, and Louis Renou
1934 *Vṛtra et Vṛθragna*. Paris: Imprimerie Nationale.

Binder, Gerhard
1964 *Die Aussetzung des Königslandes. Kyros und Romulus*. Meisenheim am Glan: Verlag Anton Hain.

Birkhan, Helmut
1965 "Gapt und Gaut." *ZfdA* 94, pp. 1-17.

1976a "Altgermanische Miszellen 'aus fünfzehn Zettelkästen gezogen'." In: Birkhan 1976b, pp. 15-82.

1976b (Ed.) Festgabe für Otto Höfler zum 75. Geburtstag. Wien/Stuttgart: Wilhelm Braumüller.

Blaney, Benjamin
1972 *The Bersekr - His Origin and Development in Old Norse Literature*. Ph.D. Dissertation, U. of Colorado.

Bloch, Raymond
1958 "Sur les danses armées des Saliens." *Annales: Economies, Sociétés, Civilisations*, 13 Année, No 4, pp. 706-715.
1960 *The Origins of Rome*. New York: Praeger.

Bock, Philip K.
1969 *Modern Cultural Anthropology*. New York: Knopf

Bollée, Willem B.
1981 "The Indo-European Sodalities in Ancient India." *ZDMG* 131, pp. 172-191.

Bosworth, Joseph
1882 *An Anglo-Saxon Dictionary*, ed. & enlarged by T. Northeote Toller. Oxford: Clarendon.

Bremmer, Jan
1977 "Heroes, Rituals and the Trojan War." Studio Storico Religiosi 2, pp. 5-38.
1982 "The Suodales of Poplios Valesios." *ZPE* 47, pp. 133-147.

Bremmer, Jan, and N.M. Horsfall
1987 *Roman Myth and Mythography*. Bulletin of the University of London Institute of Classical Studies, Suppiement 52.

Briquel, Dominique
1980 "Trois études sur Romulus." Hautes études du monde Gréco-Romain 10, pp. 267-346.

Brückner, A.
1926 *Die Slaven* (= *Religionsgeschichtliches Lesebuch*, Heft 3. Hrsg. v. Alfted Benholet) Tübingen: Siebeck.

Buck, Carl Darling
1949 *A Dictionary of Selected Synonyms in the Principal lndo-European Languages*. Chicago: University of Chicago Press.
1955 *The Greek Dialects*. Chicago: University of Chicago Press.

Burkert, Walter
1962 "ΓΟΗΣ. Zum griechischen 'Schamanismus'." *RM* NF 105, 36-55.
1966 Review, "Marie Delcourt: *Pyrrhos et Pyrrha*." *Gnomon* 38, pp. 436-440.
1972 *Homo Necans*. Berlin: Walter de Gruyter.
1974 "Apellai und Apollon." *RM* 118/1-2, pp. 1-21.
1977 *Griechische Religion der archaischen und klassischen Epoche*. Stuttgart: Kohlhammer.

Buti, GianGabriella
1987 "The Family and the Tribe. Remarks on Indo-European Social Setting." In: Meid (ed.) 1987, pp. 9-20.

Buxton, Richard
1986 "Wolves and Werewolves in Greek Thought." In: Jan Bremmer (ed.), *Interpretations of Greek Mythology*. Totowa, N.J.: Bames & Noble, pp. 60-79.

Campanile, Enrico
1979 "Meaning and Prehistory of Old Irish *Cú Glas*." *JIES* 7, 237-247.
1987 "Indogermanische Dichtersprache." In: *Meid* (ed) 1987, pp. 21-28.

Campbell, A.
1977 *Old English Grammar*. Oxford: OUP.

Cardona, George, Henry M. Hoenigwald & Alfred Senn, eds.
1970 *Indo-European and Indo-Europeans*. Philadelphia: U of Pennsylvania Press.

Carey, John
1983 "Irish Parallels to the Myth of Odin's Eye." *Folklore* 94, 214-218.
1984 "Nodons in Britain and Ireland. " *ZCP* 40, pp. 1-22.

Chadwick, Nera Kershaw
1952 *Poetry and Prophecy*. Cambridge: Cambridge U Press.

Chakravarti, Mahadev
1985 *The Concept of Rudra-Śiva through the Ages*. Delhi: Motilal Banarsidass.

Chantraine, Pierre
1971 *Dictionnaire etymologique de la langue Grecque*. Paris: Klincksieck.

Charles-Edwards, Thomas M.
1973 "Native Political Organization in Roman Britain and the Origin of MW *brenhin*. " In: Meid, et. al. (eds.), pp. 35-45.

Charpentier, Jarl
1909 "Über Rudra-Śiva". *WZKM* 23, pp. 151-179.
1911 "Bemerkungen über die vrātyas." *WZKM* 25, pp. 355-388

Chauduri, Nanimadhab
1939 "Rudra-Śiva as an Agricultural Deity." *Indian Historical Quarterly* 15, pp. 183-196.

Christinger, Raymond & Willy Borgeaud
1963 Mythologie de la Suisse ancienne. Genéve: Librairie de l'Université Georg.

Cleasby, Richard & Gudbrand Vigfusson
1984 *An Icelandic-English Dictionary*. Oxford: Clarendon.

Craigie, W.A.
1906 *The Religion of ancient Scandinavia*. London: Archibald Constable.
Dahlmann, Hellfried
1947 "Vates." *Philology* 97, pp. 337-353.

Dandekar, R.N.
1953 "Rudra in the Veda." *Journal of the University of Poona* 1, 94-148.

Daraki, Maria
1980 "Le héros a menos et le héros daimoni isos: une polarité homérique." *Annali della Scuola Normale Superiore di Pisa*. Classe di Letteri e Filosofia, III,X, 1, pp. 1-24.

Davidson, H.R.Ellis
1964 *Gods and Myths of Northern Europe*. London: Penguin.
1969 *Scandinavian Mythology*. London: Paul Hamlyn.
1988 *Myths and Symbols in Pagan Europe*. Syracuse: Syracuse UP.
1993 *The Lost Beliefs of Northern Europe*. London: Routledge.

Davidson, H.R.Ellis (ed.)
1979 Saxo Grammaticus, *The History of the Danes*. Trans. Peter Fisher. Vol. 1 Text; Vol.2 Commentary. Cambridge (England) & Totowa (NJ): DS Brewer & Rowman & Littlefield.

Della Volpe, Angela
1993 "On evidence of ranked status in Indo-European: PIE *wik-pot-i-." Word 44/2, pp. 255-271.

Detienne, Marcel
1986 "L'Apollon meurtier et les crines de sang." *Quaderni Urbinati di Cultura Classsica* 22, pp. 7-17.

Detter, Ferdinand
1893a "Zur Ynglingsaga." *PBB* 18, pp. 72-105.
1893b "Hárr." *PBE* 18, pp. 202-203.

Dexter, Miriam Robbins, and Edgar C. Polomé (eds.)
1997 Varia *on the Indo-European Past. Papers in Memory of Marija Gimbutas. JIES* Monograph #19.

Dieterich, Albrecht
1893 *Nekyia*. Leipzig: B.G.Teubner.

Dilthey, K.
1870 "Die Artemis des Apelles und die wilde Jagd." *RM*25,pp.321-336.
1874 "Tod des Pentheus, caleinsche Trinkschale." *Archäologische Zeitung* 31, pp. 78-94.

Dodds, E.R.
1963 *The Greeks and the irrational*. Berkeley: U of Catifornia Press.

Dottin, G.
1923 "Les Razzias épiques." *RC* 40, pp. 127-134.

Dumézil, Georges
1929 *Le Probléme des Centaures*. Paris: Librairie Orientaiste Paul Geuthner.
1942 *Horace ei les Curiaces*. Paris: Librairie Gallimard.
1961 "Quaestiunculae Indo-Italicae, 8-10." *Latomus* 20, pp. 253-265.
1973 *Gods of the Ancient Northmen*. Einar Haugen, ed. Berkeley/ L.A.: U. of Califomia.
1988 *Mitra-Varuna*. Derek Coltman (trans.) New York: Zone.

Düwel, Klaus
1983 *Runenkunde*². Stuttgart: Metzler.

Ebenbauer, Alfred
1970 *Helgisage und Helgikult*. Phil.Diss., Wien.

Eilers, Wilhelm
1964 "Kyros. Eine namenkundliche Studie." *BNF* 15, pp. 180-236.

Eitrem, Sam
1909 *Hermes und die Toten*. (= Chistiania Videnskabs-Selskabs Forhandlinger for 1909, No.5.) Christiania: Jacob Dybwad.

Eliade, Mircea
1948 "Le 'dieu lieur' et le symbolisme des næuds." *RHR* 134, pp. 5-36.
1963 *Patterns in Comparative Religion*. Rosemary Sheed (trans.). Cleveland: Meridian Books.
1972 *Zalmoxis. The Vanishing God*. Willard Trask (trans.). Chicago: University of Chicago Press.
1976a *Occultism, Witchcraft, and Cultural Fashions*. Chicago: U of Chicago Press.
1976b "Some European Secret Cults." In: Birkhan 1976, pp. 190-204.
1977 "Mythologies of Death: An lntroduction." In: Frank E. Reynolds & Earle H. Waugh (eds.), *Religious Encounters with Death*. University Park: Pennsylvania U P, pp. 13-23.
1994 *Rites and Symbols of Initiation*. Willard Trask (trans.). Dallas: Spring Publications.

Eliade, Mircea (ed.)
1986 *The Encyclopedia of Religion*. New York: Macmillan.

Evans, Elizabeth C.
1939 *The Cults of the Sabine Territory*. New York: The American Academy in Rome.

Falk, Harry
1984 "Der Gott des Chaos. Würfelspiele in Indien." *Journal für Geschichte* 6, pp. 12-17.
1986 *Bruderschaft und Würfelspiel*. Freiburg: Hedwig Falk.
1994 "Das Reitpferd im vedischen Indien. " In: Bernhard Hänsel & Stefan Zimmer (eds.*), Die Indogermanen und das Pferd*. Budapest: Archaeolingua, pp. 91-101.

Falk, Hjalmar
1924 *Odensheite*. Kristiania: Jacob Dybwad.

Faulkes, Anthony (ed.)
1982 Snorri Sturluson, *Edda: Prologue and Gylfaginning*. Oxford: Clarmdon Press.
1991 Snorri Sturluson, *Edda: Háttatal* Oxford: Clarendon Press.

Faulkes, Anthony (trans.)
1987 Snorri Sturluson, *Edda*. London: Everyman.

Feist, Sigmund
1909 *Etymologisches Wörterbuch der gotischen Sprache*. Halle: Niemeyer.

Fischer, Rudolf W.
1963 "Vinculo Ligatus: zur Akzessvorschrift des Kultes im Semnonenhain. " *Antaios* 5, pp. 285-301.

Fisher, Robert L., jr.
1970 "lndo-European Elements in Baltic and Slavic Chronicles. " In: *Puhvel* 1970, pp. 145-157.

Flasdieck, Hermann M.
1937 "Harlekin. Germanischer Mythos in romanischer Wandlung." *Anglia* 61, pp. 225-341.

Fleck, Jere
1970 "Konr-Òttarr-Geirroðr: A Knowledge Critehon for Succession to the Germanic Sacred Kingship. " Scand.St. 42, pp. 39-49.
1971 "The 'Knowledge-Criterion' in the Grímnismál: the Case against 'Shamanism'." *ANF* 86, pp. 49-65.

Frings, Theodor
1973 "AHD *pt* gleich *ft*." *PBB 75*, pp. 478-9.

Frisk, Hjalmar
1960 *Griechisches etymologisches Wörterbuch*. Heidelberg: Winter.

Gaechter, Paul
1970 *Die Gedächtniskultur in Irland*. Innsbruck: IBS.

Gelling, Peter, and Hilda Ellis Davidson
1969 *The Chariot of the Sun*. New York: Praeger.

Gelzer, H.
1880 "Das Zeitalter des Gyges, " II. *RM* 35, pp. 514-528.

Gennep, Arnold van
1909 *Les Rites de passage*. Paris: Librairie Critique Émile Nourry.

Gering, Hugo
1903 *Vollständiges Wörterbuch zu den Liedern der Edda*. Halle: Verlag der Buchhandlung des Waisenhauses.

Gernet, Louis
1936 "Dolon le loup. " *Mélanges Franz Cumont, Annuaire de l 'institut de philologie et d'histoire orientales et slaves*, IV. Bruxelles: Secrétariat de l'Institut, pp. 189-298.

Gershenson, Daniel E.
1991 *Apollo the Wolf-god*. *JIES* Monograph No. 8.

Gerstein, Mary R.
1974 "Germanic *Warg*: the Outlaw as Werwolf." In: *Larsen* 1974, pp. 131-156.

Gimbutas, Marija
1974 "The Lithuanian God Velnias. " In: *Larsen* 1974, pp. 87-92.

Gjessing, Gutorm
1960 "The One-eyed God — a Study in Diffusion." Congrés International des Sciences Anthopologiques et Ethnologiques, Comte-Rendu de la Troisiéme Session, Bruxelles 1948, Tervuren 1960, p. 95.

Gonda, Jan
1954 *Aspects of Early Viṣṇuism*. Utrecht: Gosthoek's Uitgevers.
1960 *Die Religionen Indiens, I. Veda und älterer Hinduismus*. Stuttgart: Kohlhammer.
1980 "The Śatarudriya." *Sanskrit and Indian Studies, Essays in Honour of Daniel H. H. Ingalls*. Ed. M. Nagatoni, B. K. Matilal, J. M. Masson & E. C. Dimock, Jr. Dordrecht (Holland): D. Reidel, pp.75-90.

Goodenough, Ward H.
1970 "The Evolution of Pastoralism & Indo-European Origins." In: Cardona, et. al. (eds.) 1970, pp. 253-265.

Graf, Fritz
1985 *Nordionische Kulte*. Rome: Schweizerisches Institut in Rom

Grégoire, Henri, R. Goosens et M. Mathieu
1949 *Asklépios, Apollon Smintheus et Rudra*. Bruxelles: Académie Royale de Belgique.

Grimm, Jakob
1966 *Teutonic Mythology*. Trans. James Stallybrass. New York: Dover.

Grønbech, Vilhelm
1932 *The Culture of the Teutons*. Oxford: OUP.

Gropengießer, Erich
1992 "Die Neckarsueben. " In: G. Neumann, et.al.(eds.), pp. 91-123.

Gruber, Joachim
1961 "Zur Etymologie von lat. l*upercus*. " *Glotta* 39, pp. 273-6.

Güntert, Hermann
1919 *Kalypso*. Halle a.S.: Niemeyer.

Gutenbrunner, Siegfried
1940a "Eddica." *ZfdA* 77, pp. 18-25.
1940b "Die Deanas im Widsith. " *ZfdA* 77, pp. 28-30.

Haas, Otto
1943 "Zu den gallischen Sprachresten." *Zeitschrift für keltische Philologie und Volksforschung* 23, pp. 285-301.

Hall, J.R.Clark
1988 *A Concise Anglo-Saxon Dictionary*. Toronto: U. of Toronto Press.

van Hamel, A.G.
1925 "Völuspá 27-29. " *ANF* 41, NF 37, pp. 293-305.
1932 "Oðinn Hanging on the Tree." *APS* 7, pp. 260-288.

Hanison, Jane Ellen
1962 *Themis*. Cleveland: Meridian.
1991 *Prolegomena to the Study of Greek Religion*. Princeton: PUP.

Hauck, Karl
1954 "Herrschaftszeichen eines Wodanistischen Königtums." Jahrbuch für fränkische Landesforschung, 1954, pp. 9-66
1955 "Lebensformen und Kultmythen in germanischen Stammes- und Herrschergenealogien." *Saeculum* 6, pp. 186-223.
1993 "Die bremische Überlieferung zur Götter-Dreiheit Altupsalas und die bornholmischen Goldfolien aus Sorte Muld." (Ikonologie der Goldbrakteaten LII) *FMS* 27, pp. 409-479.

Hauer, J.W.
1927 *Der Vrātya*. Stuttgart: Kohlhammer.

Havers, Wilhelm
1944-46 *Neuere Literatur zum Sprachtabu*. SB/ÖAW 223.

Hawkes, Sonia Chadwick, H.R.Ellis Davidson & Christopher Hawkes
1965 "The Fingelsham Man." *Antiquity* 39, pp. 17-32.

Heesterman, Jan C.
1962 "Vrātya and Sacrifice." *IIJ* 6, pp. 1-37.
1981 "Other Folk's Fire." In: *Staal* 1981, pp. 76-94.
1982a "Householder and Wanderer." In: T.N.Madan (ed.*), Way of Life. King, Householder, Renouncer. Essays in Honour of Louis Dumont*. New Delhi: Vikas, pp. 251-271.
1982b "Opferwildnis und Ritual-Ordnung." In: Gerhard Oberhammer (ed.), *Epiphanie des Heils*. Wien: De Nobili, pp. 13-25.
1985 *The Inner Conflict of Tradition*. Chicago: U of Chicago Press.
1993 *The Broken World of Sacrifice*. Chicago: U of Chicago Press.

Held, G[errit] J[an]
1935 *The Mahābhārata. An Ethnological Study*. Amsterdam: Uitgeversmaatschappij Holland.

Hellmuth, Leopold
1975 *Die germanische Blutsbrüderschaft*. Wien: Halosar.

Heim, Karl
1947 "*Ver sacrum* bei den Germanen?" *PBB* 69, pp. 285-300.

Henry, P.L.
1982 "Furor Heroicus. " *ZCP* 39, pp. 235-242.

Hertz, Wilhelm
1862 *Der Werwolf*. Stuttgart: Kröner.

Heubeck, Alfred
1969 "Gedanken zu griech. λαόι In: *Studi linguisitici in onore di Vittore Pisani*, Vol.2. Brescia: Editrice Paideia, pp. 535-544.
1978 "Κοίρανοι, κόρραγοι und Verwandtes. " *Würzburger Jahrbücher* 4, pp. 91-98.

Heubeck, Alfred, und Günter Neumann
1985 "Zwei weitere griechische Belege für idg. **ieudh-?*" *Glotta* 63, 2-7.

Heyne, Moritz
1866 *Glossar zu Héliand*. Paderborn: Schöningh.

Higgins, William Edward
1976 "Wolf-god Apollo in the Oresteia." *La Parola del Passato* 31, pp. 201-205.

Höfler, Otto
1934 *Kultische Geheimbünde der Germanen*. Frankfurt a. M.: Disterweg.
1940 "Cangrade von Verona und das Hundsymbol der Langobarden." In: Ferdinand Hermann und Wolfgang Treutlein (eds.), *Brauch und Sinnbild. Eugen Fehrle zum 60 Geburtstag*. Karlsruhe: Südwestdeutsche Druck- und Verlagsgesellschaft, pp. 101-137.
1952a *Germanisches Sakralkönigtum*. Tübingen: Niemeyer.
1952b "Das Opfer im Semnonenhain und die Edda." In: Hermann Schneider (ed.), *Edda, Skalden, Saga. Festschrift zum 70. Geburtstag von Felix Genzmer*. Heidelberg: Winter, pp. 1-67.
1973 *Verwandlungskulte, Volkssagen und Mythen*. SB/ÖAW.

Holleman, A.W.J.
1974 *Pope Gelasius I und the Lupercalia*. Amsterdam: Hakkert.

Holmqvist, Wilhelm
1960 "The Dancing Gods. " *Acta Archaeologica* 31, pp. 101-127.

Hoops, Johannes
1932 *Kommentar zum Beowulf*. Heidelberg: Winter.

Hopkins, E. Washburn
1915 *Epic Mythology*. Strassburg: Trübner.

Huizinga, Johan
1955 *Homo ludens*. Bosten: Beacon.

Hutton, Ronald
1991 *The Pagan Religions of the Ancient British Isles: their Nature and Legacy*. Oxford: Blackwell.

Ivancik, Askold
1993 "Les guerriers-chiens: loups-garous et invasions scythes en Asie Mineure." *RHR* 210, pp. 305-329.

Ivanov, V.V.
1960 "L 'Organisation sociale des tribus indo-européenes d'aprés les données linguistiques." *Cahiers d'histoire mondiale* 5, pp. 789-800.

Jacob-Rost, Liane
1966 "Zu einigen hetitischen Kultfunktionären. " *Orientalia* 35, Fase.4, pp. 417-422.

Jacoby, Michael
1974 wargus, vagr 'Verbrecher ' 'Wolf' eine sprach- und rechtsgeschichtliche Untersuchung. Uppsala: Almqvist & Wiksell.

Jakobson, Roman
1969 "The Slavic God Veles and his Indo-European Cognates." In: *Studi linguitici in onore di Vittore Pisani*, Vol.2. Brescia: Editrice Paideia, pp 579-599.

Jakobson, Roman & Gojko Ruzicic
1950 "The Serbian Zmaj Ognjeni Vuk and the Russian Vseslav Epos." In: *Annuaire de l'Institut de Philologie et d'Histoires Orientales et slavs*, X (*Mélanges Henri Grégoire*) pp. 323-355.

Jameson, Michael
1980 "Apollo Lykeios in Athens." *Archaiognosia* 1-2, pp. 213-235.

Jarnut, Jörg
1972 *Prosoporaphische und sozialgeschichtliche Studien zum Langobardenreich in Italien* (568-774). Bonn: Röhrscheid.

Jeanmaire, Henri
1939 *Couroi et Courétes*. Lille: Bibliothéque Universitaire.

Jettmar, Karl
1966 "Traditionen der Steppenkulturen bei indo-iranischen Bergvölkern. " *Jahrbuch des Südasien-Instituts der Universität Heidelberg*, 18-23.

Jones, Gwyn
1968 *A History of the Vikings*. London: Oxford University Press.

Jones-Bley, Karlene
1997 "Defining Indo-European Burial." In: M.R.Dexter & E.C.Polomé (eds.) 1997, pp. 194-221.

Jouet, Philippe
1989 *Religion et mythologie des Baltes*. Milan/Paris: Arché.

Kabell, Aage
1973 "Harja." *ZfdA* 102, pp. 1-15.

Kazarow, Gawril
1916 *Beiträge zur Kulturgeschichte der Thraker*. Sarajevo: J.Studruchka.
1938 *Die Denkmäler des thrakischen Reitergottes in Bulgarien*. Dissertationes Pannonicae, Ser. II, Fasc. 14.
1953/54 "Zum Kult des thrakischen Reiters in Bulgarien. " *Wissenschaftliche Zeitschrift der Karl-Marx Universität Leipzig*, 3.Jg, pp. 35-39.

Kirfel, Willibald
1948 *Die dreiköpfige Gottheit*. Bonn: Dümmler.

Kirk, Geoffrey S.
1968 "War and the Warrior in the Homeric Poems." In: Jean-Pierre Velmant (ed.), *Problémes de la guerre en Gréce ancienne*. Paris: Mouton, pp. 93-117.

Klingenberg, Heinz
1972 "Hávamal." In: *Festschrift für S. Gutenbrunner*. Heidelberg: Winter, pp. 117-144.
1973 *Runenschrift-Schriftdenken-Runeninschriften*. Heidelberg: Winter.

Kluge, Friedrich
1989 *Etymlogisches Wörterbuch der deutschen Sprache*. Berlin: de Gruyter.

Kothe, Heinz
1968 "Die königlichen Skythen und ihre blinden Knechte." In: *Das Verhältnis von Bodenbauern und Viehzüchtern in historischer Sicht*. (=Deutsche Akademie der Wissenschaften zu Berlin, Institut für Orientforschung, Veröffentlichung Nr. 69.) Berlin: AkademieVerlag, pp. 97-110.

Köves-Zulauf, Thomas
1977 "Helico, Führer der gallischen Wanderung." *Latomus* 36, pp.40-92.

Kraemer, Ross S.
1979 "Ecstasy and Possession: the Attraction of Women to the Cult of Dionysos." *Harvard Theological Review* 72, pp. 55-80.

Krahe, Hans
1959 *Sprachliche Aufgliederung und Sprachbewegungen in Alteuropa.* Abhandlungen der Geistes- und Soziaiwissenschaftlichen Klasse, Akad. der Wissenschaften und der Literatur in Mainz, Nr. 1.)

Kramrisch, Stella
1981 *The Presence of Śiva*. Princeton: Princeton University Press.

Krause, Wolfgang
1971 Die Sprache der urnordischen Runeninschriften. Heidelberg: Winter.

Kretschmer, Paul
1927 "Weiteres zur Urgeschichte der Inder." *KZ* 55, pp. 75-103.
1930 "Der Name der Lykier und andere kleinasiatische Völkernamen." *Kleinasiatische Forschungen* 1, pp. 1-17.

Kretzenbacher, Leopold
1968 *Kynokephale Dämonen südosteuropäischer Volksdichtung*. München: Trofenik,

Kuiper, F.B.J.
1960 "The Ancient Aryan Verbal Contest." *IIJ* 4, pp. 217-281.

Larsen, Gerald James (ed.)
1974 *Myth in Indo-European Antiquity*. Berkeley: U of Califonia Press.

Le Roux, Françoise, & Christian-J. Guyonvarc'h
1986 *Les Druides*. Renes: Ouest-France.

Leuner, Hanscarl
1985 "Die historische Rolle magischer Pflanzen und ihrer Wirkstoffe," In: Herbert Jankun (ed.), *Vorgeschichtliche Heiligtümer und Opferplätze in Mittel- und Nordeuropa*. Abhandlungen der Akademie der Wissenschaften in Göttingen, philologisch-historische Klasse, 3. Folge, Nr.74. Göttingen: Vandenhoeck & Ruprecht, pp. 279-296.

Lewis, Charlwn T. & Chules Short
1958 *A Latin Dictionary*. Oxford: Clarendon.

Lexer, Matthias
1986 *Mittelhochdeutsches Taschenwörterbuch*. Stuttgart: Hirzel.

Liddell, Henry George, & Robert Scott
1925 *Greek-English Lexicon*. Oxford: Clarendon.

Lincoln, Bruce
1981 *Priests, Warriors, and Cattle*. Los Angeles: U of California Press.
1986 *Myth, Cosmos, and Society*. Cambridge. Harvard University Press.
1991 *Death, War, and Sacrifice*. Chicago: U of Chicago Press.

Long, J. Bruce
1971 "Śiva and Dionysos — Visions of Terror and Bliss. " *Numen* 18, pp. 180-209.

Lonnoy, Marie-George
1985 "Arés et Dionysos dans la tragéle grecque: le rapprochement des contraires." *REG* 98, pp. 65-71.

Lüders, Heinrich
1951 *Varuna*. Aus dem Nachlaß hrg. v. Ludwig Alsdorf. Göttingen: Vandenhoeck & Ruprecht.

Luria, S.
1927 "Ein milesischer Männerbund im Lichte ethnologischer Parallelen." *Philologus* 83 (NF 37), pp. 113-136.
1963 "Kureten, Molpen, Aisynmeten." *AAH* 11, pp. 31-36.

Lurker, Manfred
1968 "Hund und Wolf in ihrer Beziehung zum Tode." *Antaios* 10, pp. 199-216.

Maass, Fritz
1954 "Zur psychologischen Sonderung der Ekstase." *Wissenschafliche Zeitschrift der Karl-Marx-Universität Leipzig* 3, Gesellschafts- und Sprachwissenschafliche Reihe, Heft 2./3, pp. 297-301.

Magoun, Francis P., jr.
1945 "Geographical and Ethnic Names in the Nibelungenlied." *Mediaeval Studies* (Toronto) 7, pp. 85-138.

Malmoud, Charles
1989 "Village et forét dans l' ideologie de l' Inde brahmanique." In: Malameud, *Cuire le monde: rite et pensée dans l' Inde ancienne*. Paris: Découverte, pp. 93-114.

Mallory, James P.
1989 *In Search of the Indo-Europeans*. London: Thames & Hudson.

Mallory, J.P. and D.Q.Adams (eds.)
1997 *Encyclopedia of Indo-European Culture*. London & Chicago: Fitzroy Dearborn.

Malone, Kemp
1926 "Agelmund and Lamicho." *AJP* 47, pp. 319-346.
1962 (Ed.) *Widsith*. Copenhagen: Rosenkilde & Bagger.

Malten, Ludolf
1914 "Das Pferd im Totenglauben." *Jahrbuch des archäologischen Instituts* 29, pp. 179-256.

Marstrander, Carl
1934 "A West-Indoeuropean Correspondence of Vocabulary." *Norsk Tidsskrift for Sprogvidenskap* 7, pp. 335-343.

Mayrhofer, Manfred
1956-80 *Kurzgefaßtes etymologisches Wörterbuch des Altindschen*. Heidelberg: Winter (*KEWA*).

Macdonell, A.A.
1963 *The Vedic Mythology*. Varanasi: Indological Book House (*VM*).

McCone, Kim R.
1984 "*Aided* Cheltchair Maic Uthechair: Hounds, Remes and Hospitalers in Early Irish Myth and Story. " Ériu 35, pp. 1-30.
1985 "Olr Olc, Luch- and IE *wḷk^{w}os, *luk^{w}os 'wolf. " Ériu 36,171-176.
1986 "Werwolves, Cyclopes, Díberga, and Fíanna: Juvenile Delinquency in Early Ireland." *Cambridge Medieval Celtic* Studies 12, 1-22.
1987 "Hund, Wolf und Krieger bei den Indogermanen." In: *Meid* (ed.), 1987, pp. 101-154.

Meid, Wolfgang
1957 "Das Suffix -no- in Göttenamen." *BNF* 8, pp. 72-108; 113-126.
1971 *Dichter und Dichtkunst im alten Irland*. Innsbruck: IBS.

1974 "Dichtkunst, Rechtspflege und Medizin im alten Irland. Zur Struktur der altirischen Gesellschaft." In: *Meid*, et.al. (eds.), pp. 21-34.

1978 *Dichter und Dichtkunst in indogermanischer Zeit*. Innsbruck: IBS.

1987a "Zur Vorstellungswelt der Indogermanen anhand des Wordschatzes." In: *Meid* (ed.) 1987, pp. 155-166.

1987b (Ed.) *Studien zum indogermanischen Wortschatz*. Innsbruck: IBS.

1991 *Aspekte der germanischen und keltischen Religion im Zeugnis der Sprache*. IBS, Vorträge und kleinere Schriften 52.

1997 "Der mythologische Hintergrund der irischen Saga.* In: M.R. Dexter and E.C.Polomé (eds.) 1997.

Meid, Wolfgang, M. Mayrhofer, B. Schlerath & R. Schmitt (eds.)

1974 *Antiquitates Indogermanicae*. Gedenkschrift für Hermann Güntert. Innsbruck: IBS.

Mellaart, James

1981 "Anatolia and the Indo-Europeans." *JIES* 9, pp. 133-149.

Merkelbach, Reinhold

1955 "Spechtfahne und Stammesage der Picentes." In: Luisa Banti, et. al. (eds.), *Studi in onore di Ugo Enrico Paoli*. Firenze: Felice le Monnier, pp. 513-520.

Meulen, R. von den

1914 "Über die litauischen Vēlēs." *ARW* 17, pp. 125-131.

Meuli, Karl

1935 "Scythica." *Hermes* 70, pp. 121-176.

1975 *Gesammelte Schriften*. Thomas Geltzer, ed. Basel: Schwabe.

Miller, Dean A.

1998 "On the Mythology of lndo-European Heroic Hair." *JIES* 26, 41-60.

Moody, Timothy Floyd

1980 *The Agnyādheya: Establishment of the Sacred Fires*. Ph.D. Diss., McMaster University.

Moreau, J.

1947 "A propos de la danse des Saliens." *Latomus* 6, pp. 85-89.

Much, Rudolf

1967 *Die Germania des Tacitus*. Erläutert von Rudolf Much. 3. Auflage, erweitert von Herbert Jahnkuhn, hsg. von Wolfgang Lange. Heidelberg: Winter.

Müller, Günter

1967 "Zum Namen *Wolfhetan* und seinen Verwandten." *FMS* 1, 200-212.

1970 *Studien zu den theriophoren Personennamen der Germanen*. Köln/ Wien: Böhlau.

Nagy, Gregory

1979 *The Best of the Achaeans*. Baltimore & London: JHU Press,

Nagy, Joseph F.

1985 *The Wisdom of the Outlaw*. Berkeley & L.A.: U of California P.

Napoli, Antonio

1966 "I rapporti tra Bruzi e Lucani. " *Studi e Materiali di Storia delle Religioni* 37, pp. 61-83.

Neumann, Günter

1992 "Der Name der Sweben." In: Neumann & Seemann, pp. 153-166.

Neumann, Günter & H. Seemann (eds.)
1992 *Beiträge zun Verständnis der Germania des Tacitus*, II. Göttingen: Vandenhoeck & Ruprecht.

Nilsson, Martin P.
1906 *Griechische Feste von religiöser Bedeutung, mit Ausschluß der Attischen.* Leipzig: Teubner.
1912 "Die Grundlagen des spartanischen Lebens." *Klio* 12, pp. 308-340.

Noreen, Adolf
1903 *Altnordische Grammatik* I. Halle: Niemeyer.

O'Callaghan, Roger T., S.J.
1950/51 "New Light on the *Maryannu* as 'Chariot-Warrior'." Jahrbuch für kleinasiatische Forschung 1, pp. 309-324.

O' Flaherty, Wendy Doniger
1975 *Hindu Myths*. London: Penguin.
1981 (trans.) *The Rig Veda*. London: Penguin.

Oguibenine, Boris
1983 "Le Symbolisme de la razzia d'apres les hymnes vediques." *Études Indo-europées* 5, pp. 1-17.

Oldenberg, Hermann
1884 *Die Religion des Veda*. Berlin: Hertz.

O'Riain, Pádraig
1973 "The 'Crech Ríg' or 'Regal Prey.'" *Eigse* 15, pp. 24-40.

Otto, Rudolf
1932 *Gottheit und Gottheiten der Arier*. Gießen: Töpemann.

Otto, Walter
1909 "Religio und Superstitio." *ARW* 12, pp. 533-554. *Oxford English Dictionary*. Oxford: Clarendon, 1933 (*OED*).

Palmer, Lconard R.
1989 *The Latin Language*. Norman & London: U of Oklahoma Press.

Parpola, Asco
1981 "The Pre-Vedic Background of the Śrauta Ritual. " In: *Staal* 1981, pp. 41-75.

Patzer, Harald
1982 *Die griechische Knabenliebe*. Wiesbaden: Steiner.

Paul, Martha
1981 *Wolf, Fuchs und Hund bei den Germanen*. Wien: Halosar.

Pauly, August Friedrich von
1884 *Real-Encyclopädie der classischen Altertumswissenschaft*. Georg Wissowa (ed.). Stuttgart: Metzlerscher Verlag. (*RE*)

Peters, Martin
1980 *Untersuchungen zur Vertretung der indogermanischen Laryngale im Griechischen*. SB/ÖAW 377, Heft 8.

Pettazzoni, Raffaele
1954 *Essays on the History of Religions*. H.J.Rose trans. (= Supplement 1 to *Numen*) Leiden: Brill.

Philippson, Ernst Alfred
1929 *Germanisches Heidentum bei den Angelsachsen*. Leipzig: Tauchnitz.

Phillpotts, Bertha Surtees
1973 *Edda and Saga*. London: Folcroft Library Editions.

Piggott, Stuart
1950 *Prehistoric India to 1000 B.C.* Harmondsworth: Penguin.

Pokorny, Julius
1959 *Indogermanisches etymologisches Wörterbuch*. Bern: Francke.

Polomé, Edgar C.
1953 "L'Ètymologie du terme germanique *ansuz 'dieu souverain.'" *Ètudes Germaniques* 8, pp. 36-44.
1969 "Some Comments on *Völuspá*, Stanzas 17-18." In: Polomé (ed.) 1969, pp. 265-290.
1970 "The Indo-European Component in Germanic Religion." In: Puhvel (ed.) 1970, pp. 55-82.
1972 "Germanic and the other Indo-European Languages." In: Franz van Coetsam & Herbert Kufner (eds.), *Toward a Grammar of Proto-Germanic*. Tübingen: Niemeyer, pp. 44-69.
1974 "Approaches to Germanic Mythology". In: Larsen (od.), pp. 51-65.
1982 "A Few thoughts about Reconstructing Indo-European Culture and Religion." In: *Language, Society and Paleoculture*. Essays by Edgar C. Polomé, selected and edited by Anwar S. Dil. Palo Alto: Stanford University Press, pp. 296-315.
1987 "Althochdeutsch *hag(a)zussa* 'Hexe.' Versuch einer neuen Etymologie." In: Rolf Bergmann, Heinrich Tiefenbach & Lothar Voetz (eds.), *Althochdeutsch*. Bd.II. Heidelberg: Winter, pp. 107-112.
1992 "Die Religion der Suebi." In: Neumann & Seemann, pp. 167-189.

Polomé, Edgar C. (ed.)
1969 *Old Norse Literature und Mythology*: a Symposium. Austin: University of Texas Press.

Price, Arnold H.
1974 "Die Nibelungen als kriegerischer Weihebund." *VSWG* 61,199-211.
1981 "Early Places Ending in *-heim* as Warrior Club Settlements and the Role of Society in the Germanic Administration of Justice." *Central European History* 14, pp. 187-199.
1994 *The Germanic Warrior Clubs. An Inquiry into the Dynamics of the Era of Migrations & into the Antecedents of Medieval Society*. Tübingen: Universitas.

Przylusid, Jean
1940 "Les confréries de loups-garous dans les sociétés indo-européenes." *RHR* 121, pp. 128-145.

Puhvet, Jaan
1971 "Hittite *hurkis* und *hurkel*." *Die Sprache* 17, pp. 42-45.
1989 *Comparative Mythology*. Baltimore: Johns Hopkins U. Press.
1970 (Ed.) *Myth and Law among the Indo-Europeans*. Berkeley: University of Califomia Press.

Radke, Gerhard
1965 *Die Götter Altitaliens*. Münster: Aschendorff.
1972 "Acca Larentia und die Fratres Arvales." In:, Hildegard Temporini (ed.) *Aufstieg und Niedergang der römischen Welt,* I.2. Berlin: de Gruyter, pp. 421-441.

Ranke, Kurt
1951 *Indogermanische Totenverehrung*. (=*FFC* 140).

Rau, Wihelm
1957 *Staat und Gesellschaft im alten Indien*. Wiesbaden: Harrassowitz.

Rees, Alwyn and Brinley
1975 *Celtic Heritage*. London: Thames & Hudson.

Reinach, Adolphe
1913 "Les Têtes coupées et les trophées en Gaule." *RC* 34, pp. 38-60, 253-286.

Renard, Marcel
1949 "La louvre androphage d'Arlon." *Latomus* 8, pp. 255-262.

Renou, Louis
1962 Ètudes védiques et pâninéennes X. Paris: Èditions E.de Boccard.

Ridley, Richard A.
1976 "Wolf and Werewolf in Baltic and Slavic Tradition." *JIES* 4, pp. 321-331.

Rohde, Erwin
1903 *Psyche*. Seelencult und Unsterblichkeitsglaube der Griechen. Tübingen: Mohr.

Roscher, W.H.
1897 "Das von der 'Kynanthropie' handelnde Fragment des Marcellus von Side." *Abhandlungen der philologisch-historischen Klasse der königlich sächsischen Gesellschaft der Wissenschaften*, 17. Leipzig: S.Hirzel, pp. 1-93.

Rosenfeld, Hellmut
1966 "Die Namen der Heldendichtung, insbesondere Nibelung, Hagen, Wate, Hetel, Horand, Gudrun. " *BNF* NF 1, pp. 231-265.

Rosivach, Vineent J.
1983 "Mars, the Lustral God." *Latomus* 42, pp. 509-521.

Ross, Anne
1957/8 "The Human Head in Insular Pagan Celtic Religion." *Proceedings of the Society of Antiquaries of Scotland* 91, pp. 10-43.
1967 *Pagan Celtic Britain*. London: Routledge & Kegan Paul.

Rudolph, Kurt
1970 "Zarathustra-Priester und Prophet." In: Bernfried Schlerath (ed.), Zarathustra. Darmstadt: Wissenschaftliche Buchgesellschaft, pp. 270-313.

Runes, M.
1926 "Geschichte des Wortes *vates*." In: *Festschrift für Universitäts-Professor Hofrat Dr. Paul Kretschmer*. Wien: Deutscher Verlag für Jugend und Volk, pp. 202-216.

Schlerath, Bernfried
1954 "Der Hund bei den Indogermanen." *Paideuma* 6, pp. 25-40.
1980 *Sanskrit Vocabulary*. Leiden: Brill.

Schlesinger, Walter
1959 "Über germanisches Heerkönigtum." In: Th. Mayer (ed.), *Das Königtum. Seine geistigen und rechtlichen Grundlagen*. (= Vorträge und Forschungen, hrsg. vom Institut für geschichtliche Landesforschung des Bodenseegebietes in Konstanz III) Lindau & Konstanz: Thorbecke, pp. 105-141.

Schmaus, Alois
1953 "Zur altslawischen Religionsgeschichte." *Saeculum* 4, pp. 206-230.

Scholz, Udo W.
1970 *Studien zum altitalischen und altrömischen Marskult und Marsmythos*. Heidelberg: Winter.

Schrader, Otto
1901 *Reallexikon der indogermanische Altertumskunde*. Straßburg: Trübner.

Schramm, Gottfried
1957 *Namenschatz und Dichtersprache. Studien zu den zweigliedrigen Personennamen der Germanen*. Göttingen: Vandenhoeck & Ruprecht

Schroeder, Leopold von
1895 "Bemerkungen zu Oldenbergs *Religion des Veda*." *Wiener Zeitschrift für die Kunde des Morgenlandes* 9, pp. 109-132; 225-253.
1908 *Mysterium und Mimus im Rigveda*. Leipzig: Haessel.

Schubert, Gabriella
1986 "Kopfabdeckung als Statussymbole bei den Balkanvölker." *Central Asiatic Journal* 30, pp. 92-115.

Schultz, Walther
1932 "Die Langobarden als Wodanverehrer." *Mannus* 24, pp. 215-231.

Schultze, Wilhelm
1885 "Etymologisches." *KZ* 27, pp. 604-605.

Schurtz, Heinrich
1902 *Altersklassen und Männerbünde*. Berlin: Georg Reimer.

Schutz, Herbert
1983 *The Prehistory of Germanic Europe*. New Haven: Yale U. P.

Schützeichel, Rudolf
1981 *Althochdeutsches Wörterbuch*. Tübingen: Niemeyer.

See, Klaus von
1968/9 "Der Spottvers des Hjalti Skeggjason." *ZfdA* 97, pp. 155-158.

Sergent, Bernard
1986 L' Homosexualité initiatique dans l'Europe ancienne. Paris: Payot.
1994 "Svantovit et l'Apollon d'Amyklai." *RHR* 211, pp. 15-58.
1995 *Les Indo-Européens*. Paris: Payot.

Seyffert, Oskar
1967 *Dictionary of Classical Antiquities*. Rev. & ed. by Henry Nettleship & J.E.Sandys. NewYork: Meridian (*DCA*).

Sharpe, Richard
1979 "Hiberno-Latin *Laicus*, Irish Láech and the Devil's Men." *Èriu* 30 pp. 75-92.

Shaw, Brent D.
1982/3 "'Eaters of Flesh, Drinkers of Milk": The Ancient Mediterranean Ideology of the Pastoral Nomad." *Ancient Society* 13/14, pp. 5-31.

Silva, Severine
1955 "Traces of Human Sacrifice in Kanara." *Anthropos* 50, pp.577-592.

Simek, Rudolf
1984 *Lexikon der germanischen Mythologie*. Stuttgart: Kröner.

Simek, Rudolf, & Hermann Pálsson
1987 *Lexikon der altnordischen Literatur*. Stuttgart: Kröner.

Simpson, Jacqueline
1962-65 "Mimir: Two Myths or One?" *Saga Book of the Viking Society* 16, pp. 22-40.

Sinclair, John (ed. & trans.)
1981 *The Divine Comedy*. 3: *Paradiso*. Oxford: OUP.

Sittig, Ernst
1923 "Zwei etymologische Vermutungen." *KZ* 52, pp. 204-211.

Sjoestedt, Marie-Louise
1949 *Gods and Heroes of the Celts*. Trans. Miles Dillon. London: Methuen.
1926 (ed. & trans.) "Forbius Droma Damhghaire." *RC* 43, pp. 1-123.

Snoek, Johannes A.M.
1987 *Initiations*. Pijnacker: Dutch Efficiency Bureau.

Solmsen, Felix
1911 "Zeus Thaulios." *Hermes* 46, pp. 286-291.

Sontheimer, Günther-Dietz
1981 "Dasarā at Devaraguḍḍa: Riwal & Play in the Cult of Mailār/ Khaṇḍobā." *The South Asian Digest of Regional Writing* 10, 1-28.
1984 "The Mallāri-Khaṇḍobā Myth as Reflected in Folk Art & Ritual." *Anthropos* 79, pp. 155-170.

Staal, Frits
1981 *Agni: The Vedic Ritual of the Fire Altar*. Berkeley: Asia Humanities Press.

Stegmann von Pritzwald, Kurt
1933 "Zu umbr. *fratreks*." *Glotta* 21, pp. 134-136.

Steindorff, Ludwig
1985 "Wölfisches Heulen. Ein Motiv in mittelalterlichen slavischen Quellen." *Byzantinoslavica* 46, pp. 40-48.

Steller, Walther
1930 "Phol ende Wodan." *ZfVk* NF 2, pp. 61-7 1.

Stewart, Frank Henderson
1977 Fundamentals of Age-Group Systems. New York: Academic Press.

Ström, Åke
1966 "Die Hauptriten des wikingerzeitlichen nordischen Opfers." In: Kurt Rudolf, Rolf Heller & Ernst Walter (eds.), *Festschrift Walter Baetke*. Weimar: Hermann Böhlaus Nachfolger, pp. 330-342.

Thieme, Paul
1968 "Die Wurzel *vat*." In: Rudiger Schmitt (ed.), *Indogermanische Dichtersprache*. Darmstadt: Wissenschaftliche Buchgesellschaft, pp. 187-203.

Timpe, Dieter
1992 "Der Sueben-Begriff bei Tacitus." In: G. Neumann & H.Seeman (eds.), pp. 277-310.

Tornay, Serge
1988 "Vers une théorie des systémes de classes d'âge." *Cahiers de Etudes Africaines* 110, pp. 281-291.

Tucci, Giuseppe
1963 "The Tombs of the Asvakayana-Assakenoi." *East and West* (Rome) NS 14/ 1-2, pp. 27-28.

Turner, Victor
1967 *The Forest of Symbols*. Ithaca, NY: Cornell University Press.
1978 "Comments and Conclusions." In: Barbara A. Babcock (ed.), *The Reversible World*. Ithaca: Cornell U. Pess, pp, 276-295.

Turville-Petre, Gabriel
1964 *Myth and Religion of the North*. London: Weidenfeld & Nicolson.
1972 "The Cult of Óðinn in Iceland." In: G.Turville-Petre, *Nine Norse Studies*. London: Viking Society.

Turville-Pete, Joan
1988 "Ilustrations of Woden and his Sons in English Genealogical Manuscripts." *Notes & Queries* (Oxford) 233/2 (N.S.35), pp. 158-159.

Ungnad, Arthur
1924 "Luwisch = Lykisch." *Zeitschrift für Assyriologie* 35, NF 1, pp. 1-8.

Ustinova, Yulia
"Corybantism: the Nature, Role and Origins of an Ecstatic Cult in the Greek Polis." *HOROS*, forthcoming.

Versnel, H.S.
1986 "Apollo and Mars One Hundred Years after Roscher." *Visible Religion* 4, pp. 134-172.

Vetter, Emil
1953 *Handbuch der italischen Dialekte*, I. Band. Heidelberg: Winter.

Veyne, Paul
1960 "lconographie de la 'transvectio equitium' et des lupercales." *Revue des études anciennes* 62, pp. 100-112.

Vian, Francis
1960 "La triade des rois d' Orchoméne: Ètéoclés, Phlégyas, Minyas." In: *Hommages á Georges Dumézil*. Bruxelles: Collection Latomus XLV, pp. 215-224.

Vidal-Naquet, Pierre
1986 *The Black Hunter*. Trans. Andrew Szegedy-Maszak. Baltimore: The Johns Hopkins University Press.

Vries, Jan de
1931 *Contributions to the Study of Othin, Especially in his Relation to Agricultural Practices in Modern Popular Lore*. (=FFC 94, Vol.33)
1937 *Altgermanische Religionsgeschichte*. Berlin: de Gruyter. (ARG)
1944 "HagustaldaR." In: K.G.Ljunggren (ed.), *Festskrift till Jöran Solgren*. Lund: Håkan Ohlssons, pp. 93-104.
1954 "Über das Verhältnis von Óðr und Óðinn." *ZDP* 73, pp. 337-352.
1956 "Das Königtum bei den Germanen." *Saeculum* 7, pp. 289-309.
1960 "Sur certains glissements fonctionnels de divinités dans la religion germanique." In: *Hommages á Georges Dumézil*, Collection Latomus XLV, pp. 3-95.

1961a *Keltische Religion*. Stuttgart: Kohlhammer.
1961b *Altnordisches etymologisches Wörterbuch*. Leiden: Brill. (ANEW)
1964 *Altnordische Literaturgeschichte*. Berlin: de Gruyter.

Vuia, R.
1935 "The Roumanian Hobby-horse, the Calusari." *JEFDSS* 2, pp. 97-107.

Wagner, Norbert
1960 "Dioskuren, Jungmannschaften und Doppelkönigtum." *ZDP* 79, pp. 1-17; 225-247.

Walbank, Michael
1981 "Artemis Bear-Leader." *Classical Quarterly* 31/2, pp. 276-281.

Walcot, Peter
1979 "Cattle Raiding, Heroic Tradition, & Ritual: the Greek Evidence." *History of Religions* 18, pp. 326-351.

Walde, A. & J.B.Hofmann
1982 *Lateinisches etymologisches Wörterbuch*. Heidelberg: Winter.

Watkins, Calvert
1995 *How to Kill a Dragon: Aspects of Indo-European Poetics*. New York: OUP.

Weber, Gerd Wolfgang
1973 "Odins Wagen. Reflexe altnordischer Totenglaubens in literarischen und bildlichen Zeugnissen der Wikingerzeit." *FMS* 7, pp. 88-99.

Weidner, Ernst
1912/13 "βάρβαροι." *Glotta* 4, pp. 303-304.

Weiser, Lily
1927 *Altgermanische Jünglingsweihen und Männerbünde*. Bühl (Baden): Konkordia.

Weitenberg, Jos
1991 "The Meaning of the Expressien 'to become a wolf' in Hittite." In: *Perspectives on Indo-European Language, Culture and Religion. Studies in honor off Edgar C. Polomé*, Vol. 1. *JIES* Monograph #7, pp. 189-198.

Weniger, Ludwig
1906 "Feralis exercitus," parts I & II. *ARW* 9, pp. 201-247.
1907 "Feralis exercitus," parts III & IV. *ARW* 10, pp. 61-81; 229-256.

Wenskus, Reinhard
1961 *Stammesbildung und Verfassung*. Köln/Graz: Böhlau.
1992 "Die neuere Diskussion um Gefolgschaft und Herrschaft im Tacitus' *Germania*." In: G. Neumann & H. Seeman (eds.), pp. 311-331.

Wessén, Elias
1934 "Gestumblinde." In: *Festskrift tillägnad Hugo Pipping*. Helsingfors: Mercators Tryckeri, pp. 537-548.

Wide, Sam
1894 "Inschrift der Iobakchen." *At. Mitt.* 19, pp. 248-282.

Widengren, Geo
1938 *Hochgottglaube im alten Iran*. Uppsala: Uppsala Universitets Årsskrift 6.
1965 *Die Religionen Irans*. Stuttgart: Kohlhammerr.
1968 "Le Symbolisme de la ceinture." *Iranica Antiqua* 8, pp. 133-155.

1969 *Der Feudalismus im alten Iran.* Köln und Opladen: Westdeutscher Verlag.

Wikander, Stig
1938 *Der arische Männerbund.* Lund: Håkan Ohlssons Buchdruckeri.
1941 *Vayu. Texte und Untersuchungen zur indo-iranischen Religionsgeschichte*, I. Leipzig: Harrassowitz.

Winter, Werner
1970 "Some Widespread Indo-European Titles." In: *Cardona*, et.al., pp. 49-54.

Wissowa, Georg
1912 *Religion und Kultus der Römer.* München: C.H.Beck'sche Verlagsbuchhandlung.

Wolfram, Herwig
1987 *History of the Goths.* Tmw. Thomas J.Dunlap. Berkeley & L.A.: U of California Press.

Wolfram, Richard
1932a "Robin Hood und Hobby Horse." *WPZ* 19, pp. 357-374.
1932b "Sword Dances and Secret Societies." *JEFDSS* 1, pp. 34-41.
1937 "Die Julumritte im germanischen Süden und Norden." *Oberdeutsche Zeitschrift für Volkskunde* 2, pp. 6-28.

Wrede, Walther
1928 "Der Maskengott." *At. Mitt.* 53, pp. 66-95.

Wright, Joseph
1927 Gramar of the Gothic Language. Oxford: Clarendon.

Zeiß, Hans
1932 "Herzogsname und Herzogsamt." *WPZ* 19, pp. 145-160.

Jenny Blain

Seidr

Die neun Welten der Seidr-Magie
Ekstase und Schamanismus
im nordischen Heidentum

Dieses Buch der amerikanischen Ethnographin Jenny Blain basiert auf ihrer Studie zur nordeuropäisch-schamanischen Technik des Seidr.

Im *Seidr*-Ritual wird die Seherin in Trance versetzt und reist so in eine der Neun Welten. Noch in Trance unternimmt sie eine Heilung oder gibt eine Weissagung.

Selbst eine Anhängerin des *Seidr*, erforscht die Autorin nicht nur die gewaltig wachsende Szene in den USA, England und Schweden, sondern gewährt dem Leser auch tiefe Einblicke in die rituellen Praktiken dieser Gruppen.

Jenny Blain legt hier eine seriöse Studie über eine kommende Bewegung vor, die von niemand anderem in diesem Umfang bisher untersucht und beschrieben wurde.

240 S., Broschur, A5,
ISBN 3-935581-22-X
€ 20,50 / 36,00 SFR

Sonderpressung der CD *Secret of the Runes* von THERION!

Thomas Karlsson

Uthark

Im Schattenreich der Runen

... ist an den mit Runen erfahrenen Leser gerichtet. Basierend auf die Theorie von Prof. Sigurd Agrells, daß die Fehu-Rune die letzte Rune und nicht, wie bisher angenommen, die erste Rune darstellt, legt der Autor ein völlig neues Konzept vor. Er fordert den Leser auf, mit ihm eine Reise ins Reich der Runen zu wagen. Die Reise beginnt bei ᚢ und endet im Reich von ᚠ, wo der Reisende gestärkt mit neuen Ansichten, Erfahrungen und Wissen wieder aus dem Schattenreich emporsteigt und so auf eine höhere Ebene der Runenmagie gelangt.

Mit zahlreichen praxisbezogenen Übungen und einer Vielzahl neuartiger Ideen und Vorschläge, sich dem Thema mit einer anderen, erweiterten Sichtweise zu nähern.

160 S., viele Abb., A5, Broschur
ISBN 3-935581-28-9
€ 15,50 / 27,70 SFR

Hardcover, inklusive streng limitierter CD
Secret of the Runes von THERION
ISBN 3-935581-29-7
€ 28,00 / 49,00 SFR